W0019947

GÜNTER BÖHMER

DIE WELT DES BIEDERMEIER

GROSSE KULTUREPOCHEN

IN TEXTEN, BILDERN UND ZEUGNISSEN

GÜNTER BÖHMER

DIE WELT DES BIEDERMEIER

Mit 350 Abbildungen
und
24 Vierfarbtafeln

Rheingauer Verlagsgesellschaft

Lizenzausgabe mit freundlicher Genehmigung
der Verlag Kurt Desch GmbH, München
© 1968 by Verlag Kurt Desch GmbH, München
Alle Rechte vorbehalten
RVG Rheingauer Verlagsgesellschaft mbH, Eltville 1981
Gesamtherstellung: Salzer-Ueberreuter Buchproduktionen, Wien
ISBN 3 88102 053 5

INHALTSVERZEICHNIS

BIEDERMEIERS NACHLASS

Geborgenheit, Frieden. Bratäpfel in der Ofenröhre. Der Ohrenbackensessel, lange Pfeife und Spucknapf. Rechtschaffenheit, Bescheidenheit. Der Schreibsekretär, die Kirschholzkommode. Besen und Scheuersand, blitzblanke Böden. Ewiger Sonntag. Die frohe Kinderschar, die emsige Hausfrau, der gütige Vater (Hoppe, hoppe Reiter ...), die lieben lieben Großeltern. Ja, der brave Handwerker, die reinliche Magd. Redlichkeit, üb' immer Treu und ... Vergilbtes, Verschossenes, geraffte Tüllgardinen. Die Waldmeisterbowle, die Geißblattlaube. Der Immortellenkranz an der Wand, der Myrtenstrauß unter dem Glassturz. Blümchenbemalte Tassen und Teller, goldene Aufschriften: »Dem lieben Patenkinde«, »Dem Jubelpaar«, »Aus Freundschaft«. Spezialtassen für Schnurrbartträger. Perlenbestickte Klingelzüge, gepreßte Blätter und Blüten zwischen stockfleckigen Buchseiten, Poesiealben, Stammbuchverse, Kalendersprüche. Unter den Röcken hervorlugende Beinkleider mit Spitzenbesatz. Reseda, Vergißmeinnicht, Rosen- und Lavendelduft. Klaviergeklimper, Liedertafel, Frühkonzerte. Kaffeekränzchen, Pfänderspiele. Zylinder und Vatermörder. Die Perle im Plastron, der Spazierstock mit Elfenbeingriff: Herr Schmidt, Herr Schmidt, was kriegt denn Julchen mit?

Strickstrumpf und Brotbacken. Schweineschlachten vor der Haustür, Grützwurst mit Wurstsuppe. Klistier und Bettpfanne. Das rotgewürfelte Schnupftuch, die Schnupftabaksdose – wohl bekomm's, Gott vergelt's! Der würdige Oheim im Bratenrock, die gute gute Muhme, die freundlichen Alten im Silberhaar. Der Aktuarius am Stehpult, den Gänsekiel spitzend, der gähnende Wachsoldat im Schilderhaus. Der Spion am Fenster.

Nachbars Jettchen sitzt im Bettchen. Der Nachtwächter mit Horn und Hellebarde, Schläge von der Turmuhr. Hört Ihr Herrn und laßt Euch sagen ... Laterne und Stiefelknecht. Lichtputzschere, Zipfelmütze und Pottschamperl.

Die Postkutsche, Schwager Postillion mit der Branntweinflasche. Peitschenknall und Wachtelschlag. Die Felder, die Auen, Liebchen ade ... Korkenzieherlocken und bunte Seidenbänder, Häkeldeckchen und Kissen mit Kreuzstickerei auf dem Kanapee. Die züchtig errötende Jungfrau. Ein Küßchen in Ehren. Schwüre der Liebe und unverbrüchlichen Treue. Lebe wohl, lebe wohl. Klapperstorch du guter, Klapperstorch du bester ... Schockschwerenot noch mal.

Ludwig Eichrodt

KLAGELIED DES SCHULMEISTERS
JEREMIAS BIRKENSTECKEN
UM DEN HINGEGANGENEN FREUND
GOTTLIEB BIEDERMAIER

O Spektakel, welch' ein Schrecken!
Das ist Trauersiegellack.
Jeremias Birkenstecken,
Bürste deinen schwarzen Frack!

Welche Botschaft! Biedermaier,
Dieser Edle, lebt nicht mehr!
Bindet Flor an meine Leier,
Denn der Vorgang schmerzt mich sehr.

Bindet Flor an Hut und Hauben,
Daß die Träne besser fließt,
Niemand wird die Nachricht glauben,
Wenn er's nicht im Blättle liest.

Gott! hätt' ich das können ahnen,
Daß der große Mann verschied,
Als wir eben in dem Schwanen
Sangen sein Kartoffellied!

O muß Alles denn von hinnen,
Was da schön und edel ist,
Dieses bringt mich schier von Sinnen,
Solch ein Dichter, Mensch und Christ!

Darf der Bürger denn nicht klagen,
Wo selbst die Regierung klagt,
Die ihm erst vor wenig Tagen
Die Medaille angesagt!?

Klaget, klaget, lieben Leute,
Denn das Klagen ist erlaubt,
Wenn der Tod als seine Beute
Einen Biedermaier raubt.

Linke Seite:

Die gravitätische Selbstgefälligkeit des Spießers, eine Begleiterscheinung der bürgerlichen Emanzipation, fand schon im Biedermeier Kritiker und Spötter. Lange Pfeife und Schmerbauch charakterisieren hier einen Kurgast in Bad Kissingen. Zeichnung von F. Bamberger, um 1840. München, Stadtmuseum.

Mit heiterm Sinn und ohne Sorgen
Durchhüpfen wir des Lebens Morgen.

Freundschaft macht hienieden
Unser Herz zufrieden;
Denn wo sie gebricht,
Wohnet Freude nicht.

Auch schlafend stellt Dein Bild sich
meiner Seele dar,
Ich träume nur von Dir, Geliebte!
es ist wahr!

EIN WUNSCHBILD VERDRÄNGT DAS ZEITBILD

Wandlungen eines Begriffs

Mit dem Wort Biedermeier, das vor rund hundert Jahren einmal mit ziemlicher Abschätzigkeit die Generation von gestern bezeichnete, verbindet sich heutzutage ein ganzes Bukett anheimelnder, vergnüglicher und beglückender Vorstellungen. Schon als phonetisches Gebilde besitzt es eine naive, ja triviale Heiterkeit des Klanges, die an Kinderreime und Klaviergeklimper denken läßt. Erinnerungen solcher Art rühren an altvertraute, unwiederbringliche Dinge, und da sie das Gemüt in einem für Sentimentalitäten sehr empfänglichen Bereich ansprechen, haben sie auch nicht den Beigeschmack des Albernen, des Dümmlichen und Beschränkten.

Im heutigen Sprachgebrauch scheint der Begriff Biedermeier eine von seiner ursprünglichen Aussage losgelöste, zusätzliche Bedeutung gewonnen zu haben. Er läßt sich längst nicht mehr als karikaturhafte Simplifikation oder als ein leicht verkitschtes Abziehbild der damaligen Zeit charakterisieren, sondern »Biedermeier« drückt eigentlich alles aus, was man unter »Gute alte Zeit« versteht. Es ist geradezu ihre Verkörperung, ihr Signalement. Mehr noch: die Verwirklichung des Wunschtraums von einer Welt absoluter Lauterkeit und einfacher, stiller Freuden.

Der Name Biedermeier hat sich nach und nach, das heißt in verhältnismäßig überschaubaren Etappen selbständig gemacht. Als zu Anfang unseres Jahrhunderts der Stoff der Kunstgeschichte um viele Aspekte reicher wurde, entdeckte man auch in der bürgerlichen Wohnkultur der sogenannten Vormärzzeit (1815–1848) Stilformen von ganz eigenem Charakter, die sich von denen des Klassizismus und der Romantik unverwechselbar unterscheiden. Da in dieser Epoche keine großen Künstlernamen, aber auch keine außergewöhnlichen künstlerischen Einzelleistungen Akzente setzen, griff man das altväterische Wort Biedermeier auf, das schon durch Spitzweg viel von seinem ironischen Unterton verloren hatte, um für die nicht auf Repräsentation bedachten kleinen und schlichten Formate, die unprätentiöse Verbindung von Zweck und häuslicher Bequemlichkeit, das Solide, Bescheidene und Maßvolle überhaupt, eine angemessene Stilbezeichnung zu finden.

Das Biedermeier ist ein vornehmlich deutsches Phänomen, und seine Ausbreitung deckt sich im wesentlichen mit den Grenzen des deutschen Sprachraumes, wobei Kopenhagen als nördlicher Außenseiter eine nicht unbedeutende Rolle spielt. Obwohl Wien, Berlin und auch München seine Zentren sind, ist es in seiner reinsten Phase im Milieu der deutschen Kleinstadt beheimatet, man möchte sagen, überall dort, wo auch der wohlbestellte Hausgarten mit seinen Obstbäumen das Holz für Kommode, Servante und Schreibsekretär, die biedermeierlichen Lieblingsmöbel, liefert.

Die mit dem Stichwort Biedermeier plakatierte kunstgeschichtliche Aufwertung dieser ganz im Schatten der Geniezeit liegenden und weitgehend von der Romantik okkupierten Epoche brachte es mit sich, daß der ehedem für die Spanne zwischen dem Wiener Kongreß und der Revolution von 1848 gebräuchliche Name Vormärz von einer Bezeichnung abgelöst wurde, die allein durch das ihr anhaftende Air des Harmlosen nicht wenig dazu beigetragen hat, das geschichtliche Pensum der Biedermeierzeit zu bagatellisieren, ihr offizielles Bild zu verfälschen. So manche große Kulturepoche trägt einen höchst irreführenden Namen – bei Biedermeier steht der verniedlichende Wortklang in nahezu zynischem Gegensatz zu jenen gärenden Jahrzehnten des aufkommenden Massen- und Industriezeitalters, in denen sich das Bürgertum zur tragenden Schicht emanzipiert und die Konturen unserer Zeit bereits ihre endgültige Form annehmen.

Sie Mühlendammscher Jüngling, beplanschen Se uns nich de reine Strümpe mit ihre nasse Achte.

Eine Witzblattfigur namens Biedermeier

Die Zeitgenossen, unter ihnen Denker vom Rang eines Hegel und Schelling, universale Geister wie die Brüder Humboldt, Grimm und Schlegel, Publizisten wie Herwegh und Heine hätten sich sehr gewundert, die von ihnen so entscheidend geprägte Zeit mit einem Namen etikettiert zu finden, dem, sieht man über seine liebenswürdige Seite hinweg, die Enge und Einfalt kleiner Verhältnisse, die Muffigkeit des Spießers und die Schrulligkeit Spitzwegscher Sonderlinge das Gepräge geben. Daß eine nicht ganz ernstzunehmende Gestalt namens Biedermeier zum Prototyp ihrer Epoche erhoben wurde, haben sie letztlich einem Studikerulk zu verdanken. Initiator war der spätere Professor der Medizin Adolf Kußmaul, der weithin bekannte Erfinder der Magenspülung mit Hilfe des Kußmaulschen Schlauches. Als junger Landarzt machte er 1853 eine Entdeckung, die ihn dank der Einmaligkeit ihrer Folgen auch außerhalb seines Fachgebietes zu einer gewissen Berühmtheit gelangen ließ. Anläßlich eines Besuches bei seinem Freund Heinrich Goll in Karlsruhe, wo er nach dem Essen in der sogenannten guten Stube die kleine Bibliothek des Vaters in Augenschein nehmen durfte, drückte ihm der alte Herr, Vorstand des Stadtsteueramtes, ein Buch in die Hand, das er ganz besonders liebte. Den fast 500 Seiten Umfang entsprach die beredte Umständlichkeit des Titels: »Die sämtlichen Gedichte des alten Dorfschulmeisters Samuel Friedrich Sauter, wel-

Von den seligsten Gefühlen durchdrungen sah er die Reizende in's dunkle Gebüsch fliehen. Ihr sehnsüchtiger Scheideblick schien ihm zuzuflüstern: Na so kommen se doch nach, sie sanfter Heindrich.

Een halb Pfund weißen Landsturm mit etwas Schlechten mang.

Vorhergehende Doppelseite:
Elegische Sinnbilder
und humoristische Schnappschüsse
aus Alt-Berlin auf frühen
Neuruppiner Bilderbögen.

cher anfänglich in Flehingen, dann in Zaisenhausen war und als Pensionär wieder in Flehingen wohnt. Mit zwei Abbildungen. Auf Kosten des Verfassers. Karlsruhe in Commission bei Creuzbauer und Hasper. 1845.«

Kußmaul stieß, wie er ein Menschenalter später in seinen »Jugenderinnerungen eines alten Arztes« erzählt, auf einen »bisher ungehobenen Schatz einer eigenartigen Poesie von ungewöhnlicher komischer Kraft. Die Gedichte waren meist ganz und gar ernst gemeint und nicht auf Erregung der Lachmuskeln bedacht. Aber gerade weil sie diese unbeabsichtigte Wirkung hatten, wirkten sie doppelt lustig, und darin lag der Humor.«

In der Weise der Friederike Kempner, einer Schwester im Geiste des Sonntagsdichters im badischen Kraichgau, die in unnachahmlichen Formulierungen der Besorgnis Ausdruck gab, einmal scheintot begraben zu werden, machte sich auch Sauter über Menschliches seine Gedanken. »Einsam schlafen, nichts daneben, nichts vom gleichen Fleisch und Bein ...«, so kommentierte er den Witwerstand, ein drohendes Gewitter dagegen: »Es steht ein Wetter grad über der Erd, wenn's nur ins Württembergische fährt!« und den blutigen Tag der Völkerschlacht, »Leipzigs achtzehnten Oktober schrieb er in das Zeitbuch mit Zinnober«.

Die poetische Hausmannskost des »gutmütigen, biederen Alten, dem« – wie Kußmaul es ausdrückt – »die Natur Gift und Stachel versagt hat« setzte sich überaus abwechslungsreich zusammen aus Gelegenheitsgedichten ernst- und scherzhafter Art für alle erdenklichen Anlässe und Lebenslagen, Sprüchen, Rätseln, gereimten Rechenaufgaben und Lektionen für den Religionsunterricht sowie Kegelregeln. An diesem Schmaus von Sauters kaum erkaltetem Herd – der brave Mann starb 1848 – fand Kußmaul nicht nur seinen Spaß. Zu seinem Erstaunen stieß er auch auf Verse, die längst zum anonymen Repertoire der Rummelplätze und Vorstadtdestillen gehörten, wie etwa das »Kartoffellied«, eine Laudatio des rechtschaffenen Dorfschulmeisters auf Englands Seehelden Francis Drake, »der von seinen Reisen / die Dinger mitgebracht / die wir Kartoffel heißen ... Seitdem wir diese Knollenfrucht / im deutschen Lande sehen / kann keine große Hungersnoth / durch Mißwachs mehr entstehen«. Und es überraschte Kußmaul vollends, als er in Samuel Friedrich Sauter den Urheber des von Beethoven und Schubert vertonten »Wachtelrufs« (»Horch wie schallt's draußen so lieblich hervor«) entdeckte, eine freie und sicher dichterisch schönere Version der »Wachtelwacht« aus »Des Knaben Wunderhorn«.

Von der Ehre, die seinem Liede widerfahren war, hatte der bescheidene Poet wahrscheinlich keine Ahnung. Daß es »mehrere schöne Melodien erhalten«, stellt Sauter in der Vorrede seiner »Sämmtlichen Gedichte« allerdings mit gelinder Genugtuung fest, obschon es ihn bitter kränken mochte, daß viele Liedersammlungen nicht ihn, sondern

Den »Blick vom Fleischmarkt
in die Köllnerhofgasse«
genoß der Wiener Maler
Alois von Saar vom Fenster aus.
Mit dieser bescheidenen, doch
verblüffend gesehenen Mansarden-
szenerie verbindet sich
eine Stimmung von familiärer
Nähe, Enge und Geborgenheit.
In der Kühnheit des Ausschnitts
und der Perspektive zeigt sich
das neue, unkonventionelle Verhältnis
der Kunst zur Wirklichkeit.
Wien, Historisches Museum.

Die

sämmtlichen Gedichte

des

alten Dorfschulmeisters

Samuel Friedrich Sauter,

welcher anfänglich in Flehingen, dann in Zaisenhausen war und als Pensionär wieder
in Flehingen wohnt.

Mit zwei Abbildungen.

Auf Kosten des Verfassers.

Karlsruhe,
in Commission bei Creuzbauer und Hasper.
1845.

Samuel Friedrich Sauter,
1766 – 1848, Verfasser der
»Sämtlichen Gedichte
des alten Dorfschulmeisters«,
vereinte in der altfränkischen Art
des Maria Wuz von Jean Paul
all die liebenswerten Wesenszüge,
die man dem Biedermeier beimißt.

einen gewissen Lieth als Verfasser nannten. »Dessen ungeachtet würde ich es nie (mehr) gewagt haben, von meinen geringen Produkten etwas drucken zu lassen ... Da mich neuerdings mehrere Herren versicherten, daß nicht nur sie, sondern auch noch die und die und die ihrer Freunde mir Exemplare abnehmen würden«, entschloß er sich, »im Vertrauen auf diese Ehrenmänner« und vom Verlangen gedrängt, im Herzen derer, die ihn liebten und schätzten, unvergessen zu bleiben, zur Herausgabe der »gesammten Reimereien – und zwar das Exemplar zu 1fl. 20 kr.«

Er hätte es sich gewiß nicht träumen lassen, daß wenige Jahre nachdem er das Zeitliche gesegnet, seine biederen Verse einmal als Gegenstand allgemeiner Belustigung in einer humoristischen Zeitschrift erscheinen würden. Diese – man kann es wohl so nennen – recht zweifelhafte Ehre, die den alten Dorfschulmeister ein wenig lieblos in eine komische Figur, einen ausgemachten Einfaltspinsel verwandelt, verdankte er einem spontanen Einfall seines Bewunderers Kußmaul: Der überraschende Fund hatte letzteren so animiert, daß er einige zu einem Strauß von Stilblüten vereinte Kostproben und parodistische Abwandlungen einem befreundeten Spaßvogel, dem Amtsrichter Ludwig Eichrodt, schickte und diesen ermunterte (»obschon du den Sauter nicht übertreffen kannst, so dürfte dir's doch gelingen, ihn zu erreichen ...«), Gedichte dieser oder ähnlicher Art gemeinsam mit ihm zu veröffentlichen. Für den schelmischen Plan wußte Eichrodt, als Mitherausgeber des »Allgemeinen Deutschen Kommersbuches« schon ein halber literarischer Routinier, die damals noch jugendfrischen »Fliegenden Blätter« zu gewinnen, wo Sauters um manche dümmlichen Zutaten vermehrten und redaktionell arg entstellten Verse zwischen 1855 und 1857 unter dem Pseudonym Gottlieb Biedermaier erschienen, einer von Victor von Scheffel inspirierten Zusammenziehung der Namen Biedermann und Bummelmaier. Als fingierte Autoren traten daneben der »von der Politik bereits angekränkelte und mit Schiller und Goethe befreundete« Buchbinder Treuherz sowie der »alte Schartenmeier« in Erscheinung, hinter dessen altväterischer Gestalt sich der schwäbische Ästhetiker Friedrich Theodor Vischer verborgen haben mag.

Amtsrichter Eichrodt indessen machte die erfolgreiche Demarche in Sachen Biedermeier so zu seiner eigenen Angelegenheit, daß die unter dem laufenden Titel »Biedermaiers Liederlust« veröffentlichten Beiträge ungeachtet ihrer verschiedenen Urheber und ihres fast in Vergessenheit geratenen plagiatorischen Charakters ein rundes Jahrzehnt später im zweiten Band seiner gesammelten Dichtungen einen endgültigen Platz in der Literatur gefunden haben. Daß Eichrodt so rigoros und selbstverständlich von Sauter Besitz ergriff, hat dessen eigentlichen Entdecker Kußmaul sicher nicht wenig verdrossen. Nach Jahr und Tag läßt er in seinen Jugenderinnerungen durchblicken, daß er für seine Mittäterschaft an der Entzauberung der Sauterschen Naivität, von ihm als »echtes und eigentliches Biedermeier« bezeichnet, durchaus habe büßen müssen. Er schließt das Kapitel »Weiland Gottlieb Biedermaier« mit der lakonischen Feststellung: »Seit ich Gedichte nach seinem Vorgang und Vorbild verübte, hat mich die Muse gemieden.«

Durch Eichrodts Biedermeierporträt schimmert das zeitlose Lineament des Philisters, von dem Clemens Brentano einmal so treffend und großartig sagte, er begreife nur viereckige Sachen. Gilt dieses Bonmot einer in lauter Grundsätzen erstarrten Spezies der Aufklärungszeit, so verbindet sich mit dem boshaften Konterfei des vertrottelten Dorfschulmeisters die nicht zu überhörende Kritik an der bürgerlichen Gesellschaft des Vormärz, die dank ihrer Trägheit und Ignoranz ihre geschichtlichen Möglichkeiten nicht auszuschöpfen wußte.

Wie die Erfahrung lehrt, läßt die nachfolgende Generation an der vorhergehenden selten ein gutes Haar. Heute, aus zeitlichem Abstand und als beinahe gedankenlose Nutznießer jener gesellschaftlichen Ordnung, um die das Bürgertum der Vormärzzeit vergeblich rang, wissen wir es besser: Die Früchte der Revolution waren noch nicht reif, als der Sturm sie vom Baume fegte. Immerhin besaß die 48er-Generation den Elan, diesen Sturm zu entfachen.

Das Engagement der Satire

Ein Zug von Bitternis und Bosheit hat sich in die rosige Physiognomie des Biedermeier schon zu einem frühen Zeitpunkt eingeschlichen – spätestens um 1830, dem Jahr der ganz Europa alarmierenden Pariser Julirevolution. Dieser nie mehr zu annullierende Augenblick des politischen Erwachens teilt auch die Spanne zwischen dem Wiener Kongreß von 1815 und der Wiener Volkserhebung von 1848, von Metternichs Galaauftritt bis zu seiner kläglichen Flucht, in zwei nahezu antipodische Hälften, eine Zeit der Beschaulichkeit, der Selbstbescheidung, auf die der Name Biedermeier in seinem lautersten Sinne zutrifft, und eine des Engagements.

Hohen Anteil an der Aktivierung des »beschränkten Untertanenverstandes« hat die Karikatur – eine scharfe, mörderische Waffe im Kampf gegen die unglaubliche Aufgeblasenheit der Fürsten, die Anmaßung der Regierungen, die Teufeleien ihrer Handlanger und Spitzel. Die Kunst der Verhöhnung, die sich der Untrüglichkeit, der Authentizität des Bildes bedient, unter allen Winkelzügen der publizistischen Strategie die sicherlich primitivste und zugleich raffinierteste Art, eine gehaßte Person öffentlich abzuschlachten, hatte schon im England Georgs III. und Georgs IV. eine

Samuel Friedrich Sauter

Gefühle der Getrennten

Traurig ist es, einsam seyn!
Traurig so getrennt zu leben,
Einsam schlafen nichts daneben,
Nichts von gleichem Fleisch und Bein,
Traurig ist es, einsam seyn!

Drückend ist es, einsam seyn!
Nur verbundne Seelen tragen
In den schwülen Erdentagen
Leichter ihren Sorgenstein –
Drückend ist es, einsam seyn!

Beugend ist es, einsam seyn!
Einsam wird man schief betrachtet,
Nicht wie in der Eh' geachtet,
Dieß ist eine Seelenpein –
Beugend ist es, einsam seyn!

Herbe ist es, einsam seyn!
Wenn wir ausgehn oder kommen,
Wird kein Gatte wahrgenommen!
O, dieß rühret ungemein!
Herbe ist es, einsam seyn!

Ja, betrübt ist's einsam sein!
Wenn das Niesen uns begegnet,
Ist kein Mensch da, der uns segnet,
Dessen Worte wir uns freun –
Ja, betrübt ist's einsam seyn!

Peinlich ist es, einsam seyn!
Nimmer was zu kosen haben,
Nimmer täglich sich zu laben
An dem holden Gegenschein –
Peinlich ist es, einsam seyn!

Einsam bleiben? Freunde, mein!
Mit den Schlafenden dort draußen,
Können Lebende nicht hausen,
Diese müssen wieder frey'n –
Kümmerlich ist's, einsam seyn!

1825

ROSENHEIM.

an Infamie kaum zu überbietende Virtuosität erreicht. Mit der Erfindung und alsbaldigen Perfektionierung der Lithographie – das eine in München, das andere in Paris – bot sich den in ihrer Zeitkritik so hellsichtigen, so genial-ingrimmigen Zeichnern der Epoche die Möglichkeit, nicht nur schneller, aktueller zu reagieren, sondern auch provozierend und meinungsbildend in das politische Geschehen unmittelbar einzugreifen. Griffel und Nadel, die zur Bearbeitung der spröden Kupferplatte gebräuchlichen Werkzeuge, vertauschte man nun zwar mit der leicht und geschmeidig zu handhabenden Lithographenkreide, doch war die mit der Ära Louis Philippes einsetzende neue Welle der Karikatur keineswegs eine weiche. Die geharnischte Polemik der Reformationszeit, selbst die groteske, vor keiner Unflätigkeit zurückschreckende Satire gegen Papst und Pfaffen des unbekannten Illustrators von »Pantagruel und Gargantua« verblassen neben der gezielten Bosheit, mit der die Mitarbeiter der »Caricature« und des »Charivari« den sogenannten Bürgerkönig attackierten, einen fettleibigen Popanz mit feisten Backentaschen, der nach der Form seines sich nach unten stark verbreiternden Kopfes kurzweg »die Birne« hieß und in dieser lächerlichen, unverkennbaren Gestalt durch die Karikaturisten wesentlich populärer wurde als durch sein demonstratives Bemühen, sich mit dem einfachen Mann auf eine Stufe zu stellen, als Bürger unter Bürgern zu gelten. Für die Masse der Patrioten, die den unglücklichen Rußlandfeldzug der Grande Armée als eine ungetilgt gebliebene Schmach empfinden mochte, hatte Louis Philippe ohnehin sein Gesicht verloren: nie verzieh man ihm, daß er dem tapferen kleinen Volk der Polen nicht zur Hilfe geeilt war, als es sich 1831 gegen den Zaren erhob.

Es gab damals viele Leute, die das Erbe der großen Revolution von Heuchlern und Egoisten verwaltet, bedroht und geschändet glaubten. Daß aber auch diesen ehrbar Unzufriedenen nicht ganz zu trauen ist, führt der Satiriker Traviès mit der von ihm erfundenen Gestalt des buckligen Pfiffikus Mayeux vor Augen – er ist genauso häßlich wie die Wahrheiten, die ihm sein hier nach zwei Seiten Kritik übender Schöpfer in den Mund legt.

Einen Buckel wie Mayeux haben nicht nur die Possenreißer der Commedia dell'Arte. Wenn man den Karikaturisten der erregten und noch heute erregenden Dreißiger- und Vierziger Jahre Glauben schenken darf, sind alle Menschen damit ausgestattet. Der große Daumier hat auf ungefähr viertausend Blättern mit geradezu wissenschaftlicher Besessenheit die Abweichungen des Charakters vom humanen Idealfall festgehalten und so eine erschöpfende und wohl auch zeitlose Beispielsammlung menschlicher Fehlerhaftigkeit, Niedertracht und Unmoral hinterlassen. Weil diese Sittenstücke gottlob aber ihre ungemein komische Seite haben, darf man auch über Daumier lächeln und behaupten, daß er in seiner leidenschaftlichen Engagiertheit zugleich an Töpfers

In seinen vier Wänden
fühlt sich das Biedermeier
am wohlsten.
Möbel und Hausgerät
von solider Form und Zweckmäßigkeit
bilden das gemütvolle Ambiente
und zugleich den nicht
übersehbaren Beitrag des Vormärz
zur Kunstgeschichte
des 19. Jahrhunderts.
Ausschnitt aus einem Interieur
von Friedrich Wilhelm Doppelmayr
(nach 1776–1833).
Germ. Nationalmuseum, Nürnberg.

Schmetterlingssammler Monsieur Cryptogam erinnert, der in jeder Lebenslage ein paar aufgespießte Falter auf seinem Hut stecken hat.

Für sein monströses Oeuvre verarbeitete Daumier viele Anregungen aus der englischen Karikatur. Die Gags von Rowlandson und Gillray übernahm er ebenso ungeniert wie etwa das Spitzwegsche Motiv des armen Poeten. Dieses 1838 konzipierte melancholische Idyll des fröstelnden Dachkammermieters mit dem aufgespannten Regenschirm griff er 1847 in einer Philippika gegen die raffgierigen Hausbesitzer auf. Andererseits gab es im Europa der Vormärzzeit kaum einen anderen Zeitkritiker, der so ausgiebig und unverfroren plagiiert wurde wie Daumier. In den deutschen Ländern zündeten nicht nur die revolutionären Parolen aus Frankreich, hier fiel auch Daumiers schockierende Bloßstellung politischer Mißverhältnisse und menschlicher Unzulänglichkeiten auf fruchtbaren Boden. Seine Themen, aber auch seine zeichnerische Handschrift, lassen sich in der Produktion verschiedener lithographischer Anstalten unschwer erkennen und selbst in volkstümlichsten Versionen auf Neuruppiner Bilderbögen nachweisen. Daumier und seine Kollegen vom »Charivari« dürften auch einigen deutschen Bildhumoristen den Boden geebnet haben. Ohne die durch ihr Beispiel so spürbare enthemmende Wirkung der publizistischen Satire wäre womöglich Franz Burchard Dörbeck, wie Adolf Glassbrenner ein kaltschnäuzig origineller Repräsentant des Altberliner Mutterwitzes, oder Adolf Schröder, der das vielbekrittelte Frankfurter Parlament durch die Figur seines Abgeordneten Piepmayer arg verhohnepipelt, die ihnen weithin zuteil gewordene Popularität versagt geblieben.

Auch das Aufkommen humoristischer Zeitschriften wie die »Fliegenden Blätter« und »Kladderadatsch« ist für den damals viel zitierten »neuen Zeitgeist« symptomatisch, wenn nicht die Erklärung näher liegt, daß Zeiten, in denen es nichts zu lachen gibt, gern etwas zu lachen haben. Allerdings hat die langjährige Gängelung der öffentlichen Meinung durch die Zensur auf den Geist dieser Zeitschriften so nachhaltig mildernd eingewirkt, daß dem Humor der scharfe Stachel der Dialektik fehlt und damit auch jede Vergleichbarkeit mit der gallischen Theatralik der »Caricature« und des »Charivari«.

Der postbiedermeierliche Humor eines Wilhelm Busch oder Franz von Pocci (seine Wiege stand in der Redaktion der »Fliegenden Blätter«) entbehrt bereits des aktuellen Zeitbezugs. Selbst Poccis »Hämorrhoidarius«, eine Satire auf die von den Dichtern und Denkern der Vormärzzeit als unerträgliche Quälgeister empfundenen Beamten, ist nicht als Angriff gemeint, sie hat vielmehr den Charakter einer gutmütigen Anpflaumung unter Kollegen.

PETER KRAFFT (1780–1856)
Einzug des Kaisers Franz in Wien
am 27. November 1809 (Ausschnitt)
Enkaustische Wandmalerei
Wien, Hofburg

Carl Spitzweg,
wie ihn sein Malerkollege
Johann Baptist Kirner (1808 – 1888)
im Karikaturenbuch der
Künstlervereinigung »Jung-München«
verewigt hat.

Typisch für die Verflachung des Engagements im ausgehenden und nachklingenden Biedermeier sind die publizistischen Geschäfte von Ernst Keil, dem Gründer der »Gartenlaube«. Befreundet und im Geiste verbrüdert mit Robert Blum, der mit seinem runden Vollbart eine der markantesten Gestalten des linken Flügels im Frankfurter Parlament war und durch seine Exekution nach dem mißglückten Wiener Aufstand von 1848 als Urheber der bekannten Redensart »Erschossen wie Robert Blum«, eine noch größere Popularität erlangte, zog sich Keil als Redakteur einer Reihe suspekter Zeitschriften mit gleichem Inhalt und wechselndem Titel (»Unser Planet«, »Der Leuchtturm«, »Reichsbremse«, »Spitzkugeln«, »Schildwacht«) das Übelwollen von Zensur und Polizei zu. Im Landesgefängnis Hubertusburg kam ihm Anfang Oktober 1852 »in der Dämmerstunde beim Auf- und Niedergehen in der Zelle« die Idee, seine bei allen Verfolgungen verschont gebliebene Gazette »Der illustrierte Dorfbarbier« in ein Familienblatt mit dem Titel »Die Gartenlaube« umzuwandeln. Als die Zeitschrift 1870 eine Auflage von 270 000 erreicht, ist aus dem erbitterten Kämpfer gegen Reaktion, Heuchelei und soziale Mißstände ein emphatischer Mitläufer Bismarcks geworden. Getreu seinem Grußwort an die Leser (»Es soll Euch anheimeln in unserer Gartenlaube, in der ihr gut-deutsche Gemütlichkeit findet, die zu Herzen spricht«) hat er, mitten in den schönsten Gründerjahren, dem Biedermeier – als einer posthumen Welt hausbackenen Glücks und Bildungsstrebens – noch lange eine Heimstatt gegeben.

Einem Pseudo-Biedermeier, das allerdings wie durch ein feines Sieb filtriert erscheint und frei von philiströsen oder sentimentalen Gemeinplätzen ist, gehört auch das Panoptikum Spitzwegscher Sonderlinge an: der gähnende, der eingeschlafene Wachtposten wie auch der mit dem Strickstrumpf, der Alchimist, der Philosoph, der Bücherwurm, der Antiquar, der den Gänsekiel spitzende Aktuar, der Kakteenliebhaber, der geigende Eremit. Der glatzköpfige Herr mit der Nickelbrille auf der voluminösen Nase, als der sich der ehemalige Apotheker Spitzweg mit einem Schuß Selbstironie und Weinseligkeit porträtiert hat, steckt als Grundtyp in dem so oft variierten Bild des alten, unbeweibten Eigenbrötlers, der seinen harmlosen Liebhabereien im Schlafrock und mit langer Pfeife nachgeht und über den Rand der Brille hinweg verstohlen jedem Frauenzimmer nachblickt (Lebensregel: »Stets schaue und sammle, knapp nippe vom Wein, mach' unterwegs auch Bekanntschaften fein ...«).

Von Junggesellen dieser biologisch völlig nutzlosen Art forderte ein militanter Biedermeier wie Turnvater Jahn eine Sondersteuer. Sein Abscheu ging so weit, daß er ihnen nicht einmal ein ehrliches Begräbnis gönnte: »Ein ausgestopfter

Der Alltag von Alt-Berlin
war erfüllt vom Lärm aus den
Werkstätten, dem Geratter der
Droschken auf dem Kopfsteinpflaster,
dem Schreien der Ausrufer,
dem Geplärr der Kinder,
dem Bellen und Knurren der Hunde.
Eine authentische Momentaufnahme
der biedermeierlichen Wirklichkeit
überliefert der große Vedutenmaler
Eduard Gärtner (1801–1877)
mit der um 1831 entstandenen
Ansicht der Parochialstraße.
Berlin, ehem. Nationalgalerie.

Kuckuck gehört auf des Hagelstolzen Sarg, kein jungfräulicher Kranz.« Der als Posaunist germanisch-deutschen Brauchtums unerträglich beflissene und beschränkte Turnvater entspricht immerhin auf exemplarische Weise dem kleinbürgerlichen Realsinn des Biedermeier – kaum aber Spitzweg, der stille Schmunzler, der Poet der Mondscheinserenaden, dem der Lärm der genagelten Soldatenstiefel, die Jahn nach den Freiheitskriegen nicht mehr ausgezogen hatte, unerträglich gewesen wäre. In seinen romantisierenden Lebensbildern aus der »guten alten Zeit« schien er jede Nuance mit der vertrauten Apothekerwage abzuwiegen. Zwar prägte er mit seinen Stimmungsidyllen, die den Charakter liebwerter, besonnter Erinnerungen haben, ein nahezu allgemeingültiges Klischee der Epoche, im Grunde schuf er aber nur eine Version von kompletter Unwirklichkeit.

Daß er, ein zurückschauender und zugleich seiner Zeit weit vorauseilender Künstler, seine ganz und gar anachronistischen Stoffe so überzeugend zu beleben wußte, liegt in der Eindringlichkeit seiner malerischen Mittel. Der Altmünchner Bürger, ein Meister im Sichbescheiden, der in seiner Kunst das Milieu der süddeutschen Kleinstädte zur Wahlheimat erkoren hatte, entwickelt eine sich aus der zeitgenössischen Malerei sichtbar heraushebende Anmut und Freiheit

Der schöne Traum
von der guten alten Zeit
hat eine idyllische Kleinstadt
zum Schauplatz, in der
ein Hochzeitspaar auf der Reise
in die Flitterwochen Station machte.
Moritz von Schwind (1804–1871)
malte sein berühmtes Bild
im Jahre 1862 – es ist
als rein romantische Interpretation,
nicht aber als Selbstzeugnis
des Biedermeier zu betrachten.
München, Schackgalerie.

der Palette, die an die Schule von Barbizon, an Diaz und auch an Delacroix erinnert. Das Raffinement seiner Lichtbehandlung nimmt geradezu die Beleuchtungseffekte des modernen Films vorweg.

Die Bescheidenen und Vergessenen

Für die Gründerjahre war das Biedermeier eine mit Nachsicht bedachte, von den Höhen des Fortschritts herab belächelte Welt von Gestern, gleichwohl doch stets ein Sonntagsziel wehmutsvoll schöner Gedanken, ein Rastort mit Kaffee und Kuchen, ein Schlüssel zur Kommodität für die in Sentimentalitäten schwelgende Seele. Diese Bedeutung reduzierte sich Ende des Jahrhunderts auf konkretere Dinge.

Hausgerät und Mobiliar waren von den Neuformen des Jugendstils in den Rang von Kunstwerken erhoben worden. Die Abkehr vom falschen Prunk, vom Schwulst der Gründerzeit, verband sich dabei mit einer emphatischen Vorstellung reiner, natürlicher Stilformen, die das Augenmerk auch auf die Wohnräume des Biedermeier lenkte. Man darf zugleich

Die Liebe zum Buch,
eine besonders typische Äußerung
des biedermeierlichen Bildungsstrebens,
inspirierte Georg Friedrich Kersting
und Carl Spitzweg
zu sehr verschiedenartigen Bildern,
die 1814 und 1850,
also fast aufs Jahr
zu Beginn und Ende
der Vormärzzeit entstanden.
Kerstings »Lesender Mann«
konzentriert sich mit dem Ernst
des Gelehrten auf seine nächtliche
Lektüre. Von klassizistischer Strenge
ist das Studierzimmer, eine
klar begrenzte, abgeschlossene Welt
wie alle Innenräume des Biedermeier.
Winterthur, Stiftung Oskar Reinhart
(Ausschnitt).

sagen, daß mit dem Aufkommen des Jugendstils, mit der kühnen Angleichung des Ornaments an die Muster der lebenden Natur, die Linie so in Bewegung geriet, daß ganz von selbst auch ein ausgleichendes Bedürfnis nach festen und geraden Formen entstand, das dem Wellenstil des Fin de Siècle, einer Entwicklung ins Maßlose und Exaltierte, entgegenwirkte. Bei den Architekten – um nur Peter Behrens,

Spitzweg hingegen umgibt seinen »Bücherwurm«, einen ironisch gesehenen altväterischen Kauz, mit einer barocken Kulisse, die von der biedermeierlichen Raumvorstellung weit abweicht. Seine Gestalten und Anekdoten entstammen einer bereits im Kalender gelöschten, ewig gestrigen Welt, die Spitzweg, ein Spät- und Nachgeborener des Biedermeier, ein Augenzeuge umwälzender Veränderungen, als eine glückliche Zeit des Friedens und der Geruhsamkeit der Erinnerung bewahrt. Schweinfurt, Sammlung Georg Schäfer.

Hans Poelzig und Richard Riemerschmidt oder die Formschöpfer des deutschen und österreichischen Werkbundes zu nennen –, die für das große Debut unseres Jahrhunderts ein festliches Szenarium schufen, hat die Rückerinnerung an die soliden Zweckformen des Biedermeier sowie an die klare und noble Ästhetik von Empire und Regency-Style unübersehbare Früchte getragen.

Mit seinen Kindern
ließ sich Monsieur Gérard
von Jacques-Louis David
um 1800 porträtieren.
Face-en-face mit dem Betrachter
stellt man sich voll in Positur.

Mit der neuen Bewertung der biedermeierlichen Möbel, der gestreiften und geblümten Tapeten, des Silbers und Porzellans, kam auch die auf vielen schönen Kupfern verbreitete Mode der 30iger Jahre zu neuen Ehren: die liebliche Süße und Anmut der natürlich taillierten Kleider, der Hüte, Frisuren und Accessoirs, die gravitätische Würde des langen Schoßrocks, die Eleganz des geschweiften Zylinders, der bunten Weste, der Seidenkrawatte ... Ein bedeutendes Verdienst an dieser Entdeckung hat die Literatur, vornehmlich der Familienroman, der das ausgesprochen stilvolle Ambiente mit der liebevollsten Einfühlung zu beobachten und zu schildern wußte.

Den ersten Platz unter diesen retrospektiven Zeitberichten nehmen wohl die 1901 erschienenen »Buddenbrooks« ein. Das Jahr 1835, hier beginnt der »Roman eines Verfalls«, charakterisiert Thomas Mann mit der ihm eigenen umständlichen Sorgfalt, indem er ein Zimmer »im ersten Stockwerk des weitläufigen alten Hauses in der Mengstraße, das die Firma Johann Buddenbrook vor einiger Zeit käuflich erworben hatte«, mit der damals für einen Lübecker Patriziersitz wohlangemessenen Einrichtung in all ihrer Penibilität vor Augen rückt: »Der runde Tisch mit den dünnen, geraden und leicht mit Gold ornamentierten Beinen stand nicht vor dem Sofa, sondern an der entgegengesetzten Wand, dem kleinen Har-

Eine Generation später enstand Friedrich Amerlings Bildnis der Familie Arthaber. Es wendet sich an kein Publikum und verewigt einen zwanglosen Augenblick häuslichen Glücks.

monium gegenüber, auf dessen Deckel ein Flötenbehälter lag. Außer den regelmäßig an den Wänden verteilten, steifen Armstühlen gab es nur noch einen kleinen Nähtisch am Fenster und, dem Sofa gegenüber, einen zerbrechlichen Luxussekretär, bedeckt mit Nippes.« Auch in späteren Romanen, etwa in »Königliche Hoheit« und »Lotte in Weimar« widmet sich Thomas Mann mit großer Neigung und gründlicher Kennerschaft der Schilderung biedermeierlicher Wohnräume: ein feiertäglicher Glanz findet sich in ihnen ausgebreitet, und sie scheinen von reinstem humanen Geist erfüllt zu sein.

Zum Genre dieser koloritgetreu ausgeführten Lebensbilder gehören ebenfalls die im Milieu des jüdischen Großbürgertum Berlins angesiedelten Romane »Jettchen Gebert« (1906) und »Henriette Jacoby« (1908) von Georg Hermann. Ihre kulturgeschichtliche Präzision, ihre in Altrosa eingefärbte Genauigkeit im Atmosphärischen, beruhen auf weit über das Maß einer bloßen Liebhaberei hinausgehenden Forschungen des Verfassers. So leistete er auch zu dieser Renaissance der guten, alten Zeit einen weiteren Beitrag, indem er sein in langen Jahren zusammengetragenes Studienmaterial sichtete, kürzte und kommentierte und 1912 eine soziologisch aufschlußreiche Sammlung authentischer Texte aus der Vormärzepoche unter dem Titel »Das Biedermeier im Spiegel

Vorhergehende Doppelseite:

»Das Floß der Medusa«
geht thematisch auf den
Schiffbruch einer Fregatte
im Juli 1816 zurück.
Theodore Géricault verleiht dem
Ereignis eine hochdramatische
Steigerung, die in den Absichten
der romantischen Malerei liegt.
Paris, Louvre

Das Schicksal der Todgeweihten
reduziert sich bei Peter Fendis
»Überschwemmung in der Leopoldstadt« im Jahre 1830
in ein Moritatenmilieu
menschlicher Not und Erbärmlichkeit,
das eine Stallaterne
schauerlich erhellt.
Wien, Historisches Museum

Das Pathos der einen
und der Realismus
der anderen Darstellung
charakterisieren Romantik
und Biedermeier
als grundverschiedene Welten.

seiner Zeit« herausgab, um – wie Hermann es formulierte – »die Wurzeln der Gegenwart« bloßzulegen.

Die Entdeckung des Biedermeier als historische Stilform im Möbelfach, im Kunstgewerbe und in der Mode dehnte sich im Jahre 1906 durch ein wegweisendes Ereignis, das unter dem vielsagenden Namen »Jahrhundertausstellung« in der deutschen Kunstgeschichte Platz und Rang gefunden hat, auch auf die Schönen Künste aus. Bei dieser »Ausstellung Deutscher Kunst aus der Zeit von 1775 bis 1875« in der Königlichen Nationalgalerie zu Berlin nahm ihr Schöpfer Hugo von Tschudi zwar ostentativ die Gelegenheit wahr, das »Werk all jener Bescheidenen und Vergessenen« erstmals groß ins Licht zu rücken, unterließ es indessen, sie mit dem vielleicht noch zu modisch, zu unseriös klingenden Wort »Biedermeier« abzustempeln.

Für Paul Ferdinand Schmidt, der sich in seiner »Biedermeiermalerei« sodann 1922 zu diesem Terminus bekannte, lag das »unvergängliche Verdienst« der großen, in doppelter Hinsicht säkularen Ausstellung Tschudis darin, »daß sie das Verhältnis von Groß und Klein richtig stellte und uns in den lange vergessenen Kleinmeistern die höheren Qualitäten und die wahren Werte der deutschen Ursprünglichkeit erkennen lehrte«. Wie Schmidt in dieser Formulierung ins Allgemeine und Banal-Rhetorische abgleitet, so hat auch seine Vorstellung vom Biedermeier einen zu weiten, zu unverbindlichen, letzten Endes nur als Zeitspanne markierten Rahmen. Bei dem Versuch, für die von unvereinbaren Realitäten beherrschte Epoche unter dem Aspekt der Gleichzeitigkeit die gemeinsame Geistigkeit der verschiedenen Strömungen und Stilarten der Kunst zu ermitteln – das Gleichzeitige und das Gemeinsame sind keine siamesischen Zwillinge –, ist uns Schmidt die Einkreisung, die Isolierung, kurz, eine stichhaltige Verdeutlichung des Begriffs Biedermeier leider schuldig geblieben.

Zwischen Mass und Ekstase

Am Beispiel der Vormärzzeit läßt sich das Generationsproblem, d. h. die Gleichzeitigkeit der in verschiedenen Zeitschichten wurzelnden Ideen und Stilformen wie an einem Musterfall demonstrieren. Klassizistische und romantische Strömungen, umfangreiche und differenzierte Komplexe im Gesamtbild des europäischen Geisteslebens, begegnen sich mit realistischen und nach der Markierung von 1830 zunehmend auch mit sozial-kritischen Auffassungen. So deutlich die neben- und gegeneinander wirkenden Tendenzen auch stets erkennbar bleiben, so verwirrend ist aber zugleich ihr vielfältiges Ineinandergleiten, ihre homogene Verschmelzung – zumal dieses Phänomen ständiger Absorption und

Wandlungsfähigkeit oft genug im Werk ein- und desselben Künstlers zutage tritt.

Eine künstlerisch so groß angelegte, so klar etikettierte Persönlichkeit wie Karl Friedrich Schinkel ist beispielsweise als Baumeister ein überzeugender Repräsentant des Klassizismus, als Maler eine der reinsten, sublimsten Gestalten der Romantik, als Bürger und preußischer Beamter in seiner immensen Pflichttreue und Rechtschaffenheit ein Biedermeier par excellence.

Wie das geistige Bild der Epoche sich in recht unterschiedlichen Formen und Gedanken ausdrückt, so tritt aber auch das Biedermeier selbst als Stilphänomen in zu verschiedenartigen Spielarten auf, als daß es sich auf einen einheitlichen Nenner bringen ließe.

Stilistisch steht das Biedermeier – zumindest in seiner ersten, noch undynamischen Phase – dem Klassizismus nahe. Die gleiche Vorliebe für einfache Formen, für gerade Linien und rechte Winkel läßt zunächst das Gemeinsame stärker vor Augen treten als das Trennende. Man kann die Kontinuität des klassischen Stils, dessen formale Klarheit und Logik auch in dem bürgerlichen Bedürfnis nach geordneten Lebensverhältnissen zum Ausdruck kommt, ganz deutlich in den frühbiedermeierlichen Interieurs von Georg Friedrich Kersting beobachten. Die exakte Begegnung von Senkrechten und Waagrechten in dem mehrfach gemalten nächtlichen »Studierzimmer« mag die strenge Arbeitsdisziplin des Gelehrten charakterisieren und überhaupt den Eindruck persönlicher Wohlanständigkeit und Standeswürde vermitteln. Neu, das heißt biedermeierlich ist jedoch die dem Betrachter abgekehrte, ganz und gar introvertierte Erscheinung des studierenden Mannes. Seine zwar selbstbewußte, aber zugleich vollkommen natürliche und zweckmäßige Haltung hat nichts mehr gemein mit dem Posieren der sich frontal zur Schau stellenden und auch stets betrachtet wissenden klassizistischen Gestalten.

Zugleich gewinnt der bisher nur als Kulisse behandelte Raum eine dem niederländischen Interieur des 17. Jahrhunderts vergleichbare Eigenbedeutung. Hier wie dort betritt eine aus dem Souterrain in die Beletage drängende Gesellschaft das noch ungewohnte, unsichere Parkett der Zeitgeschichte, hier wie dort bilden die »eigenen vier Wände« eine verläßliche, sichere Welt, die man in ihren festen Begrenzungen ständig vor Augen haben will.

Von vertrautem lokalen Gepräge ist auch die Landschaft, die sich bei den holländischen Kleinmeistern unter einem hohen, wolkig bewegten Himmel mit dunsterfüllten Poldern, baumbestandenen Ufern und fernen Ortschaften – sie lassen sich alle beim Namen nennen – flach und silberig ausbreitet. Eine ebenso unbestechliche topographische Treue zeichnet die minuziösen Veduten eines Friedrich Gauermann, Ferdinand Georg Waldmüller oder Franz Steinfeld im Wiener Biedermeier aus. Diese bis ins naturkundliche Detail, bis in

die geologischen Strukturlagen des Gesteins wahrheitsgemäßen Ansichten des Auwaldes und des Hochgebirges bilden eine nur dem Wechsel der Jahreszeiten unterworfene Gegenwart, eine im tiefsten Herzensgrund als Heimat empfundene Wirklichkeit, die so und nicht anders aussieht und beschaffen ist.

Ganz offensichtlich hat die seßhafte, häusliche Art, die Lust an Immobilien und der Hunger danach, als sich der einfache Bürgersmann in einen Emporkömmling verwandelt, auch den Sinn für das Handwerk des Schreiners und des Zimmermanns geschärft. Von den Meistern der architektonischen Vedute, einer höchst brillanten Spezies der Biedermeiermalerei, möchte man geradezu behaupten, daß sie verhinderte Baumeister waren. Vornehmlich gilt diese Feststellung für Eduard Gärtner und Wilhelm Brücke, die das Berliner Architekturbild mit soviel Noblesse repräsentieren. Mit aller Liebe und Pedanterie für das Klitzekleine planen sie doch ins Große und Respektable, breiten – wie auf Meßtischblättern – die illustre Erbschaft des Klassizismus aus, von der sie, ohne eine Spur von Epigonentum, mit gelassener Rechtmäßigkeit Besitz ergriffen haben.

Läßt man die für das biedermeierliche Stadtbild Berlins überaus charakteristischen, allein schon durch das Wirken Schinkels gesetzten klassizistischen Akzente außer acht, so dürften es die antikischen Maßstäbe sein, d. h. das rechte Gefühl für Harmonie und einfache Formen und Verhältnisse, die das eigentliche Vermächtnis des Klassizismus an

Ferdinand Sauter
Meine Grabschrift

Viel genossen, viel gelitten,
Und das Glück lag in der Mitten;
Viel empfunden, nichts erworben,
Froh gelebt und leicht gestorben.
Fragt nicht nach der Zahl der Jahre –
Kein Kalender ist die Bahre,
Und der Mensch im Leichentuch
Bleibt ein zugeklapptes Buch.
Deßhalb, Wandrer, zieh doch weiter,
Denn Verwesung stimmt nicht heiter.
Um 1848

den »armen Vetter« ausmachen. Die gutmütige Abschätzigkeit dieser gern verwendeten Metapher zielt wohl mehr auf den geringeren gesellschaftlichen Glanz der bürgerlichen Welt gegenüber der feudalen, als auf ein Absinken, eine Reduktion der Stilformen. Gerade der biedermeierliche Verzicht auf luxuriöses Zierwerk und aufwendiges Material, das Sichbeschränken und Maßhalten, bestätigen das bekannte Bonmot, Kunst sei eine Kunst des Fortlassens, auf nachdrückliche Weise.

Während die Beziehung zum Klassizismus als eine Stilnachfolge offen zu Tage tritt, läßt sich das Verhältnis des Biedermeier zur Romantik ungleich schwerer bestimmen. Man kann die Begriffe nicht einfach koordinieren, sie neben- oder hintereinanderrücken wie Klassizismus und Biedermeier, denn die Romantik ist – von ihrer Vorliebe für gotische Spitzbögen und Kreuzblumen abgesehen – kein durch bestimmte formale Eigenart und schon gar nicht in der Malerei verdeutlichtes Stilphänomen, sondern eine – wie Dilthey es ausdrückt – »gegenstandslose Macht der Stimmung, eine unendliche Macht der Seelenbewegung, die wie aus unbestimmten Fernen kommt und in sie sich verliert«. Mit einem Wort, sie hat Vorstellungen zum Inhalt, für die das unkompliziert-realistische Lebenskonzept des Biedermeier keine rechten Entsprechungen kennt – es sei denn glatte Antithesen.

Die Romantik ist eine literarisch-philosophische Strömung. Sie nährt sich nicht von der Hausmannskost des bürger-

Des Lebens Auf und Ab beschäftigt
Maler und Poeten.
Caspar David Friedrich vergleicht
das Vergehen der Jahre
mit dem Bild des Seglers,
der fernen unbekannten Zielen zustrebt.
Das Biedermeier dagegen betrachtet das
Stufenalter des Menschen mit
realistischen Augen.
Volkstümliche Bilderbogen mahnen
jung und alt, sich in das
Unvermeidliche zu schicken.

Der Gang durchs Jahr
ist für Kinder
ein langer, vergnügter Spaziergang.
Seine schönsten Stationen
zeigt der um 1820
bei Henry & Cohen, Bonn,
erschienene Bilderbogen.

lichen Realwissens, sondern greift nach den Früchten, die am höchsten, am unerreichbarsten hängen. Ihre geistige Landschaft erfüllt weite Panoramen mit den erhabensten Gegenständen der Natur und der Geschichte, prangt von Zypressen und wilden Klüften, von Abenteuer und Exotik. Das Biedermeier nimmt sich daneben wie ein kleiner Vorstadtgarten mit Gießkanne und Komposthaufen, mit der Sitzbank, der Kaffeetafel unter dem Fliederbusch aus, zugleich aber auch wie ein stiller, trauter Winkel, nach dem man sich vielleicht einmal zurücksehnt.

Ihre – dem biedermeierlichen Verlangen nach Nähe und häuslicher Geborgenheit so abgekehrte – Sehnsucht nach dem Unendlichen erblicken die Romantiker in Johann Gottlieb Fichtes »Trieb nach etwas völlig Unbekanntem«: »Alles Vernunftlose sich zu unterwerfen und nach seinem eigenen Gesetz es zu beherrschen, ist letzter Endzweck des Menschen; welcher letzte Endzweck völlig unerreichbar ist und ewig unerreichbar bleiben muß, wenn der Mensch nicht aufhören soll, Mensch zu sein, und wenn er nicht Gott werden soll. Daher ist die Annäherung ins Unendliche zu diesem Ziele seine wahre Bestimmung als Mensch«.

Wie bescheiden, wie verhalten läßt sich dagegen Adalbert Stifter in der Vorrede zu den »Bunten Steinen« vernehmen, wo sich die biedermeierliche Intention ganz unüberhörbar ausspricht: »... wir wollen das sanfte Gesetz zu erblicken suchen, wodurch das menschliche Geschlecht geleitet wird«. Dem »sanften Gesetz« verleiht das humane Gefühl alle Maßstäbe, ein Gefühl, in dem das Leidenschaftliche verdrängt ist und – nach den Maximen der Schopenhauerschen Philosophie – der Wille zurücktritt.

Novalis, einer der eifrigsten Jünger Fichtes (»Er ist's, der mich weckte!«), macht die »Ekstase zum Maßstab der menschlichen Kraft und der Wirkungen des menschlichen Willens«. Den Anspruch des Dichters, kein Gesetz über sich zu dulden, eine Freiheit der Willkür, die von Tieck und den Brüdern Schlegel als »romantische Ironie« ausgegeben wurde, bezeichnet Hegel mit Groll als »die selbstbewußte Vereitelung des Objektiven, die göttliche Frechheit des Urteilens und Absprechens, ohne sich mit der Sache einzulassen«.

Im gleichen Maße, in welchem die romantische Phantasie jede Rücksicht auf das Wirkliche, auf die empirische Erfahrung hinter sich läßt, entbehrt sie auch – mit den Worten von Martin Greiner – »den Halt und Trost des Wirklichen, d. h. des tätigen Lebens« und verliert sich in das »Exil der Illusion«. So gesehen setzt sich das Biedermeier gleichsam als »ruhender Pol in der Erscheinungen Flucht« in ein ganz und gar antipodisches Verhältnis zur Romantik. Wohl drückt sich in dieser Gegensätzlichkeit das heute noch viel greifbarer gewordene Phänomen des Unverständnisses, des soziologischen Zwiespaltes zwischen der selbstbewußten Masse der Durchschnittsmenschen und der in arrogant unerreichba-

DIE JAHRESZEITEN

Das Leben gleicht den Jahreszeiten.
Der Frühling ist die Zeit der Saat;
Der schmeckt der Ernte Süßigkeiten,
Wer ihn dazu benutzet hat.
Der Sommer reift die vollen Aehren,
Der Herbst theilt milde Früchte aus;
Der Winter kommt, sie zu verzehren,
Und findet ein gefülltes Haus.
Es fließe mir denn nicht vergebens
Der Frühling meiner Jahre hin;
Auf Kenntnisse zum Glück des Lebens
Und Tugenden geh' mein Bemüh'n;
Daß man in meinem Sommer sage:
»Seht seine Ernte, sie ist groß!«
Dann fällt im Herbste meiner Tage
Auch Frucht in manches Dürft'gen Schooß.
Und ich darf nicht das Alter scheuen;
Ich bin an weisem Vorrath reich.
Ich kann mich meines Winters freuen:
Denn nichts ist meinen Schätzen gleich.
Anonym

Rechte Seite:
Als Sinnbild
der vier Jahreszeiten
versüßt ein Quartett
lieblicher junger Damen
den Gedanken an die Vergänglichkeit.
Das reizvolle Druckerzeugnis
von 1830, das die Idee des
modernen Covergirls
vorwegzunehmen scheint,
kommt aus der Lithographischen Anstalt
Wentzel in Weißenburg (Elsaß).

ren Sphären wirkenden Elite der geistig Schaffenden aus. Bei allen Gleichklängen und Überschneidungen, die sich aus dem Stoff und Szenarium der Epoche ergeben, deutet sich dennoch im Bild des 19. Jahrhunderts mit der unverückbaren Präsenz der Biedermeiergeneration, mit Stifter, Mörike und Annette von Droste-Hülshoff, mit Raimund, Nestroy, Bauernfeld, die Ablösung der Romantik an, bereitet sich die Welt der Nachromantik vor.

Biedermeiers Auf- und Abstieg

Dem Drängen der Zeit, den virulenten Ideen der romantischen Aufwiegler und Verführer, hat sich allerdings das Biedermeier auf die Dauer nicht entziehen können. Als die Epoche des Vormärz mit der Julirevolution von 1830 in eine neue Phase tritt, eine Phase des Mündigwerdens und des politischen Engagements, wird von der Vibration dieser Vorgänge, vom Geist der Veränderlichkeit, auch der bürgerliche Geschmack erfaßt. Im eigensten Bereich des Biedermeier, im Wohnraum, beginnt die Linie aus der Geraden auszuscheren, gerät in schwingende, wallende, rollende Bewegung. Eine modische Vorliebe für voluminöse, speziell bauchige Formen setzt sich durch – und man kann gar nicht umhin, an die monströse Birne zu denken, die auf französischen Karikaturen der Zeit den königlichen Dickwanst Louis Philippe verkörperte und der Lächerlichkeit preisgab.

Das ausgereifte Resultat dieser eher soziologisch als stilkundlich aufschlußreichen Wandlung von Form und Maß deckt sich allerdings kaum noch mit den Vorstellungen, welche die Kunstgeschichte mit dem heute ziemlich klar abgesteckten Begriff Biedermeier verbindet. Man hat es bei diesem Salonstil mit einem nicht leicht bei Namen zu nennenden Wechselbalg zu tun, einem Pseudobarock gemütvoller Art, den die ausladend rundliche Teekanne aus geblümtem Porzellan treffend und vielsagend charakterisiert. Zum Bild der zu Geld und Wohlstand gelangten Biedermeiergesellschaft, das sich in der Wohnkultur der 30er und 40er Jahre genauso glanz- wie täuschungsvoll spiegelt, gehört ein menschlich nur allzu verständlicher Zug von Selbstgefälligkeit und Arriviertheit, jenes nur durch seine Komik gedämpfte provozierende Air des Gewichtigen, Behäbigen und Korpulentgewordenen, mit dem Balzac die Gestalten des bürgerlichen Aufstiegs umgibt.

Daß sich mit dem beginnenden Industriezeitalter sogleich eine enorme gesellschaftliche Differenzierung abzeichnet, eine erschreckend krasse Aufspaltung in arm und reich, dafür bleiben Maler wie Fendi, Waldmüller oder Hübner mit hochdramatischen Schilderungen sozialen Elends und Unrechts den Beweis nicht schuldig. Schmerz- und Wahnge-

Frühling

Sommer

Herbst

Winter

Tab.II.

Tab.IV.

fühle, wie sie etwa die Tätigkeit des Gerichtsvollziehers auslöst, sind kaum jemals ergreifender ins Bild gesetzt worden.

Im Gegensatz zu dem Fortschrittsoptimismus der Aufklärung und dem jugendlichen Elan der Romantik ist dem Biedermeier ein nie ganz verhüllter Grundzug von Resignation zu eigen. Als romantische Version dieser vormärzlichen Memento mori-Stimmung kann Caspar David Friedrichs Leipziger Gemälde »Die Stufenjahre« gelten: Wie die aus sicherem Hafen ausgelaufenen Segelschiffe auf den Horizont zu kleiner und kleiner werden, so schwindet mit den Jahren auch bald der Mensch dahin. Auf volkstümlichen Bilderbögen, wo – schön gerahmt an der Wand der ärmsten Hütte – die Gedanken, die Träume und Albträume der Zeit eine trivial-realistische Gestalt annehmen, wird das Kommen und Gehen der Generationen mit Versen von leicht bissigem Humor als eine Unumgänglichkeit behandelt, die man zu jeder Tageszeit beherzt ins Auge fassen muß. Wenn man dem guten Professor Eilhard Erich Pauls als glaubwürdigem Zeitchronisten vertrauen darf, so waren selbst Pfarrer Rationalisten von reinstem Wasser, denn sie predigten zu Weihnachten, wenn das Kind in der Krippe lag, über den Nutzen der Stallfütterung und sie beschworen am Karfreitag die Gemeinde, bei Lebzeiten ein schriftliches Testament gerichtlich zu hinterlegen.

Der Verzicht auf mystische Erbauung in der protestantischen Kirche, die besonders in Norddeutschland zutage tretende Unterkühlung der religiösen Äußerungsformen – symptomatisch hierfür sind die auf Schinkels Anweisung vielfach weiß ausgetünchten Gotteshäuser in der Mark Brandenburg – entsprechen durchaus der prosaischen Nüchternheit des Biedermeier, das sich mehr auf das Naheliegende und Begreifbare verließ, auf die Erfahrung des täglichen Lebens, als auf das Walten höherer Mächte. Wenn der Kirchgang dennoch eine selbstverständliche Gewohnheit blieb, so lag es wohl daran, daß auch die Pfarrer absolut diesseitige Gestalten waren, denen in der Regel ein gutbürgerlicher Habitus, ein würdiges Aussehen zuteil wurde, indem sie auf ihrem Ehrenplatz an der Hochzeitstafel und beim Leichenschmaus tüchtig Speck ansetzten.

Um eine Verinnerlichung des Religiösen bemühte sich der Theologe und Philosoph Friedrich Schleiermacher. Seine Predigten in der Dreifaltigkeitskirche sonntags zu besuchen, gehörte bei den gebildeten Berlinern zum guten Ton. Der Zustrom war gewaltig, doch Schleiermacher ließ sich nicht täuschen: »In meine Kirche kommen hauptsächlich Studenten, Frauen und Offiziere. Die Studenten wollen meine Predigt hören, die Frauen wollen die Studenten sehen, und die Offiziere kommen der Frauen wegen.«

Schleiermacher, mehr der Romantik als dem Biedermeier zuzurechnen, starb 1834. Im gleichen Jahr wurde auch in Wien »Der Traum ein Leben« von Grillparzer zum erstenmal aufgeführt, in dem es in vielleicht nicht ganz zufälliger

Linke Seite:
Eine Enzyklopädie
des ländlichen Lebens
findet sich auf den
»Anschauungstafeln für Kinder«
ausgebreitet, die um 1825
der Verlag Schreiber, Eßlingen,
für den erzieherischen Hausgebrauch
herausgegeben hat.

Ferdinand Raimund
VALENTINS HOBELLIED

Da streiten sich die Leut' herum
Oft um den Wert des Glücks,
Der eine heißt den andern dumm,
Am End' weiß keiner nix,
Das ist der allerärmste Mann,
Der andre viel zu reich,
Das Schicksal setzt den Hobel an
Und hobelt s' beide gleich.

Die Jugend will halt stets mit G'walt
In allem glücklich sein,
Doch wird man nur ein bissel alt,
Da find't man sich schon d'rein.
Oft zankt mein Weib mit mir, o Graus!
Das bringt mich nicht in Wuth,
Da klopf' ich meinen Hobel aus
Und denk', Du brummst mir gut.

Zeigt sich der Tod einst mit Verlaub
Und zupft mich: Brüderl kumm,
Da stell ich mich am Anfang taub,
Und schau' mich gar nicht um.
Doch sagt er: Lieber Valentin,
Mach' keine Umständ', geh!
Da leg' ich meinen Hobel hin,
Und sag' der Welt Adje!

1834

Analogie zu Schleiermacher heißt: »Eines nur ist Glück hienieden, / Eins: des Innern stiller Frieden / Und die schuldbefreite Brust! / Und die Größe ist gefährlich / Und der Ruhm ein leeres Spiel«.

Deutlicher wohl und sicher mit größerem Anspruch auf Authentizität tritt der nüchterne Gedanke an das Ende – vielleicht ist er der Schlüssel aller Einfachheit und Klarheit – in der weitgehend aus dem Biographischen schöpfenden Literatur und in den unmittelbaren Lebensberichten und Selbstzeugnissen zutage. So vertraut der alte Maler Jakob Gauermann in Wien, Vater des bekannter gewordenen Landschafters Friedrich Gauermann, 1839, am ersten Weihnachtstag, seinem Tagebuch die lakonische Feststellung an, daß er seit fünf Jahren nicht mehr »zum Weinberg ins Gasthaus« gehen kann, wohin er durch fünfundzwanzig Jahre immer gegangen ist, »weil mir die Stiege zu steigen zu hoch und zu beschwerlich ist ... Die Genüsse löschen gegen das Ende nacheinander aus wie in der Charwoche bei der Mette die Lichter auf der Piramide und wir haben dann unsere Rolle hienieden ausgespielt«.

Arthur Schopenhauer bezeugt 1851 in den »Aphorismen zur Lebensweisheit« die gleiche Gelassenheit vor den Letzten Dingen – und ein Schuß Bitternis scheint darin mitzuschwingen, manche enttäuschte Hoffnung seiner Epoche und keine Illusion nach vorn: »Solange wir jung sind, man mag uns sagen, was man will, halten wir das Leben für endlos und gehen danach mit der Zeit um. Je älter wir werden, desto mehr ökonomisieren wir unsere Zeit. Denn im spätern Alter erregt jeder verlebte Tag eine Empfindung, welche der verwandt ist, die bei jedem Schritt ein zum Hochgericht geführter Delinquent hat.«

Eine Generation früher äußerte sich Jean Paul noch zum gleichen Thema: »Der Traum des Lebens wird auf einem zu harten Bett geträumt.«

DIE UNBEQUEMEN BÜRGER

Napoleons Stern am Morgenhimmel des Biedermeier

Die Geschichte hegt eine Vorliebe für das Paradoxe, wobei sich das Widersprüchliche meist als das Folgerichtige erweist. So hat auch das Biedermeier als Hort und Inbegriff des Friedens seine Wurzeln in der napoleonischen Ära. Womöglich hätte es sich gar nicht in der heute fixierbaren Form entfalten können, wenn nicht die existentielle Unsicherheit, die Lebensangst, nicht zuletzt das Ungeheuerliche und Irreale in der Gestalt des Kaisers, eines Usurpators von maßloser Anmaßung und Gewaltsamkeit, ein übermächtiges Bedürfnis nach konträren Dingen, nach Beständigkeit und Geborgenheit geweckt hätte.

Es ist ergreifend, wie zwischen Abscheu und Verehrung schwankend ein so engagierter Patriot wie Ernst Moritz Arndt das erschreckende Phänomen Napoleon zu erfassen suchte. Ein Jahr nach den preußischen Niederlagen bei Jena und Auerstedt anno 1806 entwirft er, ein von Napoleon Geächteter, ein Monumentalbild des Kaisers voll erstaunlicher Prophetie und historischer Klarsichtigkeit:

»Man darf den Fürchterlichen so leicht nicht richten, als es die meisten tun in Haß und Liebe. Die Natur, die ihn geschaffen hat, die ihn so schrecklich wirken läßt, muß eine Arbeit mit ihm vorhaben, die kein anderer so tun kann. Er trägt das Gepräge eines außerordentlichen Menschen, eines erhabenen Ungeheuers, das noch ungeheurer scheint, weil es über und unter Menschen herrscht und wirkt, welchen es nicht angehört. Bewunderung und Furcht zeugt der Vulkan und das Donnerwetter und jede seltne Naturkraft, und sie kann man auch Bonaparten nicht versagen. Geh nach Italien, schlage Livius auf, frage die Römergeschichten und versetze das Alte mit neuer Geistigkeit, mit größerem Prunk der Worte, mit etwas politischer Sentimentalität, so findest du, was der Mann ist und wohin du ihn stellen sollst. Die ernste Haltung, des Südens tief verstecktes Feuer, das strenge, erbarmungslose Gemüt des korsischen Insulaners, mit Hinterlist gemischt, eiserner Sinn, der furchtbarer sein wird im Unglück als im Glück, innen tiefer Abgrund und Verschlossenheit, außen Bewegung und Blitzesschnelle; dazu das dunkle Verhängnis der eigenen Brust, der große Aberglaube des großen Menschen an seine Parze und an sein Glück, den er so auffallend zeigt – diese gewaltigen Kräfte, von einer wildbegeisterten Zeit ergriffen und vom Glücke emporgehalten, wie mußten sie siegen ... Ihr hofft auf einen Umschlag seines Glückes. Es ist möglich. Laßt ihn unglücklich sein, dann erst beginnt seine Furchtbarkeit, neue unbekannte Kräfte werden in ihm erwachen. Kennt ihr die Römer nicht?

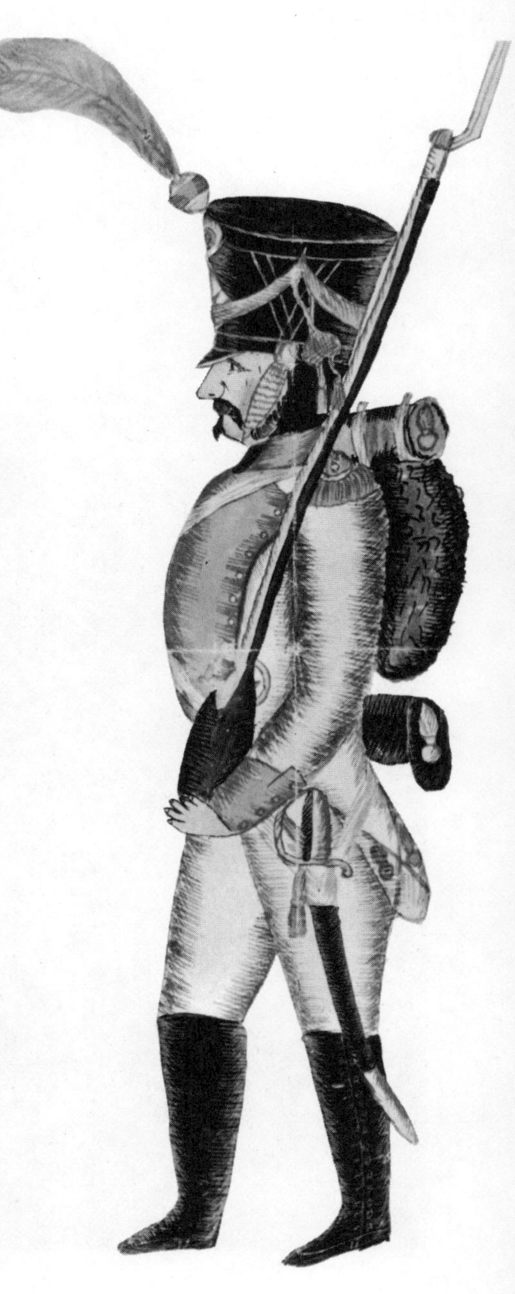

Bunt wie die Uniform
in den Befreiungskriegen
blieb die Karte Deutschlands
nach dem Wiener Kongreß.
Den deutschen Einheitswillen
symbolisierte dagegen
der bald suspekte,
schlichte altdeutsche Rock.
Zeitgenössische Laienmalerei
in Aquarellmanier.

Nie waren sie furchtbarer als nach verlorenen Schlachten.« Am 26. August 1813, wenige Wochen vor der Völkerschlacht bei Leipzig, sah der zehnjährige Ludwig Richter den Kaiser beim Durchmarsch der französischen Regimenter in der Dresdner Amalienstraße. Bei der Niederschrift seiner Lebenserinnerungen, sechs Jahrzehnte später, hat er, der auch als Künstler nie ganz aus dem Bereich des Kindlichen herausgewachsen ist, Napoleon noch »wie ein Bild von Erz« vor Augen – »der kleine, dreieckige Hut, der graue Überrock, der Schimmel, den er ritt« sind die bis heute nicht wegzudenkenden Requisiten seiner Erscheinung geblieben: »Ich gaffte den Gewaltigen mit großen Augen an, und obwohl ich weiter nichts begriff, als daß er der Mann sei, um den sich alles drehe, wie um eine bewegende Sonne, so habe ich doch den Ausdruck dieses Gesichts nicht vergessen. Ein unbewegliches und unbewegtes Gesicht, ernst und fest, in sich gesammelt und doch ohne Spannung. Sein Ich war die Welt, die Dinge um ihn nur Zahlen, mit denen er rechnete. Schon donnerten die Kanonen; denn man stürmte die Schanzen ... und jetzt führte er Tausende von Ziffern ihnen entgegen.«

Auf dem Leipziger Schlachtfeld von 1813 wurde Napoleon von den verbündeten Armeen der Russen, Österreicher und Preußen zwar entscheidend geschlagen, doch konnte diese Niederlage – und wenig später auch die von Waterloo – weder den Mythos zerstören, der ihn schon zu Lebzeiten

Zum Gedächtnis
der gefallenen Freunde
Körner, Friesen und Hartmann
aus der Lützowschen Freischar
malte Georg Friedrich Kersting
1815 die beiden Bilder
»Auf Vorposten«
und »Die Kranzwinderin«.
Zu letzterem inspirierte ihn
ein Gedicht aus Körners
»Leier und Schwert«.
Berlin, Stiftung Staatl. Museen,
Nationalgalerie.

umgab, noch die Kräfte bannen, die sein spektakulärer geschichtlicher Auftritt ausgelöst hatte. Denn seine Taten wären Schall und Rauch geblieben, hätten sie nicht der mit missionarischem Eifer verfolgten Idee gedient, die Früchte der großen Revolution auch mit anderen Völkern zu teilen. Als neue, absolut modern anmutende Wirklichkeit schwebte ihm vor, die Länder Europas zu einem großen gemeinsamen Staat zu vereinen, das heißt, die auf dem Egoismus der Höfe beruhende Kleinstaaterei zu überwinden. »Wir brauchen ein europäisches Gesetz, einen europäischen Kassationshof, eine einheitliche Münze, die gleichen Gewichte und Maße.« Diese in einem Gespräch mit dem Polizeiminister Joseph Fouché erhobenen Forderungen könnten als Legitimation für seine Eroberungszüge gelten, liefen sie nicht darauf hinaus, daß er alle Menschen zu Franzosen und Paris zur Hauptstadt der Welt machen wollte, ganz davon zu schweigen, daß er auf alle Throne Europas am liebsten Mitglieder seiner Familie gesetzt hätte. Seine persönlichen Machtansprüche – er verdankte seinen Aufstieg im Grunde der Republik, die er verriet, indem er sich, die Würde des Konsuls und selbst die eines Königs für zu gering achtend, mit eigener Hand zum Kaiser krönte – standen den absolutistischen Herrschaftsformen des 18. Jahrhunderts in nichts nach und machten damit die in den Worten »Freiheit, Gleichheit, Brüderlichkeit« verkörperten und mit grausamem Blutzoll erkauften Resultate der Revolution eher suspekt als populär.

Ein furchterregendes Raubtier
wird in seiner Höhle aufgestöbert
und zur Strecke gebracht.
Daß diese Bestie Napoleon ist,
gibt das Vexierbild
zu erkennen, wenn man es
von der rechten Seite betrachtet:
Vor den Toren von Paris
zwingen ihn die verbündeten Russen,
Österreicher und Preußen
zur Kapitulation.

Den Tod auf dem Schlachtfeld
konnte auch das 1813 gestiftete
Eiserne Kreuz nicht verschönen.
Auf den Blättern
der lithographischen Anstalten,
die den Volksgeschmack trafen,
starben die Freiheitskämpfer ohne
Heldenpose, und die Hinterbliebenen
schickten sich mit nüchternem Realsinn
in das Unvermeidliche.

Rechte Seite:
»Die Heimkehr des Landwehrmannes«
vollzieht sich auf dem Gemälde
von Johann Peter Krafft (1780–1856)
ohne Siegesparade und Heldenehrung.
Den Maler bewegt
– ein Klassizist auf dem Wege
zum bürgerlichen Realismus –
die menschliche Interpretation:
das Wiedersehen mit der Familie,
der wortlose Augenblick
frommer Dankbarkeit.

So war es kein Wunder, daß seine vielfältigen Reformen nach französischem Muster, die auch das einfache Volk in einem bisher nicht gekannten Maß in den Genuß der bürgerlichen Grundrechte kommen ließen, in weiten Kreisen unbemerkt blieben oder falsch ausgelegt wurden. Begünstigt wurde die allgemeine Abneigung gegen die ungebetenen Gäste aus Frankreich natürlich auch durch die materiellen Auflagen und Repressalien von seiten der Besatzer, selbst wenn sie als Verbündete im Lande weilten. Die vaterländische Agitation gegen Napoleon, die 1813/14 zur Volkserhebung gegen ihn führte, schreckte nicht vor der beschränktesten Diffamierung alles Französischen zurück. Turnvater Jahn, der Musterfall einer Paarung von persönlicher Dummheit und nationalem Größenwahn, ging in seiner haarsträubenden Deutschtümelei so weit, daß er sich angewidert abwandte, sobald in seiner Gegenwart Französisch gesprochen wurde, das zu seiner Zeit immerhin noch die Sprache der Höfe und der gebildeten Welt war. »Wer seinen Kindern«, so erklärte der prominente Jugenderzieher von der Hasenheide, »die französische Sprache lehren läßt, ist ein Irrender; wer darin beharrt, sündigt gegen den heiligen Geist; wenn er aber seinen Töchtern Französisch lehren läßt, so ist das ebenso gut, als wenn er ihnen die Hurerei lehren läßt.«

KONGRESS DER GROSSEN HOFFNUNGEN

Nach dem Einzug der Alliierten in Paris und der Verbannung des Kaisers auf die Insel Elba standen Sieger und Besiegte vor der schier unlösbaren Aufgabe, die politischen Grenzen Europas neu abzustecken, begangenes Unrecht wiedergutzumachen und die Grundlagen für einen dauerhaften Frieden zu schaffen. Dieser Versuch wurde auf dem Wiener Kongreß vom 16. September 1814 bis zum 9. Juni 1815 unternommen, einem Rendezvous so zahlreicher Persönlichkeiten von fürstlichem und diplomatischem Rang, wie sie aus gleichem Anlaß nie zuvor und auch nie wieder zusammengekommen sind.

Die im »antiken Style« errichtete Triumphpforte am Kärntnertor, gekrönt von der lebensgroßen Statue Seiner Apostolischen Majestät zu Pferde mit zwei Figuren, die »Bürgertreue« und »Austria« verkörpern, war als Huldigung für den Primus inter pares gedacht, den erstmals (laut Inschrift »des Friedens goldenen Zweig in segensreicher Hand«) als Sieger nach Wien heimkehrenden Kaiser Franz I. Aus der Feder des Wiener Magistratsbeamten Joseph Rossi erfährt man, welche festlichen Anstalten die Bürgerschaft traf, um bei dieser Gelegenheit auch den überschwenglichen Gefühlen Ausdruck zu verleihen, die sich mit dem Einzug

Ernst Moritz Arndt
DIE ZEITEN

Löwenzeit war,
Fröhliche Zeit,
Zornig und klar
Blitzte der Streit ...
Fuchszeit ist jetzt.
Wedelnder Schwanz
Wirbt sich zuletzt
Streichelnd den Kranz,
Schmeicheln und heucheln,
Bübeln und meucheln
Mußt du verstehen,
Wenn du willst stehen
Vorderst im Tanz.
1817

Die Teilnehmer am Wiener Kongreß zeigt der klassische Stich von Jean Baptiste Isabey im Palais am Ballhausplatz. Metternich stellt den Versammelten den Herzog von Wellington vor.

einer neuen Zeit, einer besseren Zukunft verbanden. Größtes Lob zollt der Berichterstatter dem Schneidermeister Johann Wolfgang Kugler, denn dieser »hatte 547 Kinder, theils Knaben, theils Mädchen, auf der Gallerie angestellt, und zwar vor der Triumph-Pforte an jeder Seite 50 Knaben, alle übrigen aber hinter derselben bis zum Kärnthner-Tore, welche, insbesondere die Mädchen, den Weg mit Blumen

bestreuten. Die Knaben waren in weißen Atlaß gekleidet mit rothen Achselquasten, hatten ein weiß und roth gestreiftes Band um den Leib, eine Haube in Gestalt eines Herzoghutes von rother, weißer und blauer Farbe, und einen Lorbeerkranz und Öhlzweig in den Händen. Die Mädchen waren ebenfalls ganz weiß, kurz gekleidet, mit Beinkleidern, einem rothen Leibchen von Atlaß mit gol-

Die Hauptdelegierten sitzen (von links nach rechts) im Vordergrund: Hardenberg (Preußen), Metternich, stehend (Österreich), Castlereagh (England), Talleyrand (Frankreich) und Stackelberg (Rußland).

denen Franzen, einem roth und weiß gestreiften Bande um den Kopf, und einer weißen Feder, dann hatten sie eine Blumen-Guirlande von der rechten Schulter zur linken Seite, rothe Schuhe, und hielten ein Körbchen mit Blumen in der Hand ...«

Tief ernüchtert, man sagen möchte düsterer Erinnerungen und Ahnungen voll, äußert sich wenig später ein anderer Chronist, der kaiserliche Rechnungsbeamte Matthias Perth, als der Kongreß die allseits in ihn gesetzten großen,

Zu Ehren
der in Wien anwesenden
verbündeten Monarchen
komponierte Ludwig van Beethoven
am 3. September 1814
einen vierstimmigen Chor
mit Orchesterbegleitung.

schönen, emphatischen Erwartungen leider nicht zu erfüllen scheint. Am 21. Januar 1815, etwa zur Halbzeit also, vertraut er seinem Tagebuch diese Gedanken an: »Von welchen Drangsalen mußten wir erlöst, welche Thaten mußten vollführt, welches Opfer der Ruhe der Welt gebracht werden ehe wir nach 22 kummervollen Jahren in Freiheit und Friede vor Gott versammelt sind. Welche Umwälzungen hat jene Schreckensperiode auf unserem Erdballe hervorgebracht, welche Ströme von Blut einzig aus dieser Quelle hergeleitet. Wohl uns, diese grauenvolle Zeit ist vorüber und eine neue beginnt. Ob sie aber heller und glücklicher seyn soll hängt nicht von diesem oder jenem einzelnen Erfolge ab. Ob wir alle durch die Erfahrungen weiser, und durch die Leiden besser geworden sind, dies allein ist die Frage.«

Solche Zweifel kamen dem redlichen Mann nicht von ungefähr, denn zum gleichen Zeitpunkt war der Kongreß in eine so gefährliche Krise geraten, daß anstelle einer dauer-

Rechte Seite:
Klemens Wenzel Lothar Metternich
war die Schlüsselgestalt
des Wiener Kongresses
und der restaurativen Politik
der Vormärzzeit (1773–1858).
Er entstammte einem rheinischen
Grafengeschlecht, wurde 1809,
nach der Niederlage bei Aspern,
an die Spitze der österreichischen
Außenpolitik berufen, 1813,
nach der Leipziger Völkerschlacht,
in den Fürstenstand erhoben
und 1821 zum österreichischen
Haus-, Hof- und Staatskanzler bestellt.

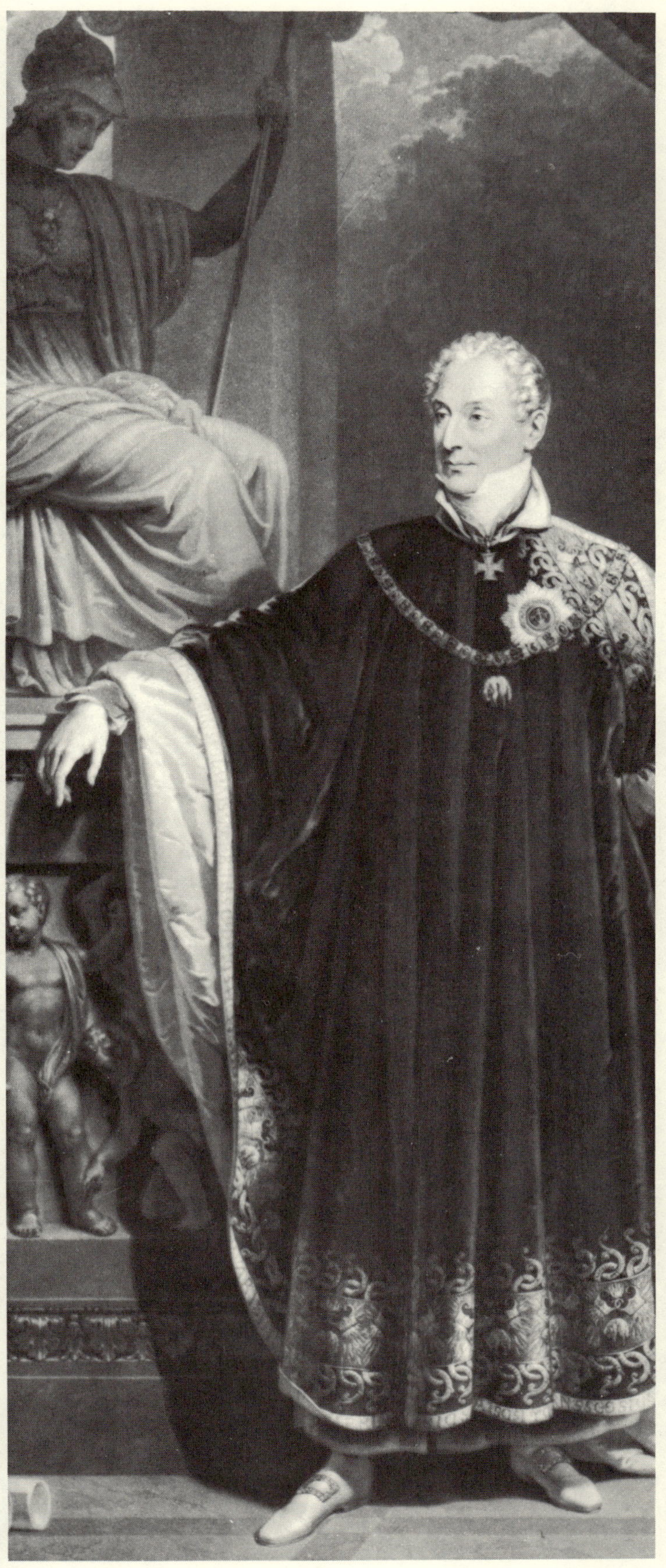

DIE VERBÜNDETEN MONARCHEN:

Franz I., Kaiser von Österreich

Alexander I., Kaiser von Rußland

Friedrich Wilhelm III.,
König von Preußen

Auf der Wartburg
trafen sich am 18. Oktober 1817,
dem Jahrestag der Völkerschlacht,
einige hundert Burschenschaftler
zu einem Verbrüderungsfest.
Patriotische Hitzköpfe lösten
durch herausfordernde Reden
und Verbrennen »unteutscher Schriften«
Mißtrauen und Verfolgung aus.

Schärfster Widersacher
der studentischen Freiheitsbewegung
war der vielgeschmähte Geheimrat
Schmalz, damaliger Rektor
der Berliner Universität.
Während sein Konformismus
mit Orden belohnt wurde,
fiel der Gründer der Universität,
der Gelehrte und Staatsminister
Wilhelm von Humboldt,
durch sein Auftreten gegen Zensur
und Polizeiregiment in Ungnade.

haften Übereinkunft, die Talleyrand zufolge »sämtliche strittige Fragen regelt und nicht bloß den Friedenszustand auf den Krieg, sondern auch die Freundschaft auf den Haß folgen läßt«, der Ausbruch eines neuen Krieges unmittelbar bevorzustehen schien. Der Zar Alexander drohte, »das Ungeheuer von der Kette zu lassen«, wenn sein von Preußen unterstützter Gebietsanspruch auf Polen unerfüllt bliebe und Preußen nicht durch die Annexion Sachsens entschädigt würde, während Metternich – nach Friedell »eine bis zur Absurdität ausschließliche Verkörperung der sterilen Intelligenz« – ein gegen Rußland und Preußen gerichtetes geheimes Militärbündnis mit Talleyrand und Lord Castlereagh, den Repräsentanten Frankreichs und Englands, abschloß. Das bis zur Abtrünnigkeit labile Verhalten Österreichs entsprang zu einem nicht geringen Teil dem alten gegenseitigen Mißtrauen der Verbündeten, die nur das gemeinsame Vorgehen gegen Napoleon geeinigt hatte. Es zeugt aber auch von den diffizilen Gewissensnöten Kaiser Franz' I., der aus

Nach 7 Uhr zogen die Studenten, jeder mit einer Fackel, also deren etwa an 600 auf den Berg zu den Siegesfeuern, wo der Landsturm schon versammelt war. Oben wurden Lieder gesungen und wieder eine Rede von einem Studenten gehalten, die wir nicht gehört, die aber allgemein als besonders kräftig gerühmt worden ist.

Darauf wurde Feuergericht gehalten über folgende Stücke, die zuerst an einer Mistgabel hoch in die Höhe gehalten dem versammelten Volke gezeigt, und dann unter Verwünschungen in die Flamme geworfen wurden.

Es waren aber die Abgebrannten diese:

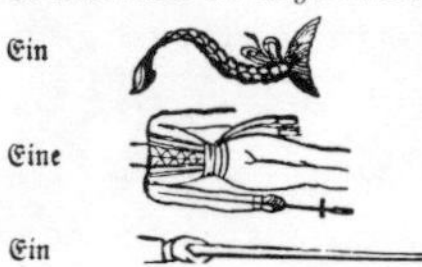

Ein

Eine

Ein

(Ob jedoch diese drey Dinge die ersten oder die letzten gewesen, wissen wir nicht.) Ferner:

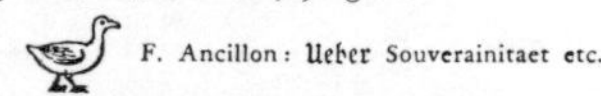

F. Ancillon: Ueber Souverainitaet etc.

F. v. Cölln: Vertraute Briefe.
— — — Freymüthige Blätter, ua.

Crome: Deutschlands Crisis u. Rettung.

Dabelow: der 13e Artikel der deutschen Bundesacte. usw.

H. . . . . . .: die deutschen Roth- u. Schwarzmäntler.

K. L. v. Haller: Restauration der Staatswissenschaft.

Hark: Ui. die gemeinschädl. Folgen der Vernachlässigung einer den Zeitbedürfnissen angemessenen Policey in Universitätsorten überhaupt und in Ansehung der Studierenden ins Besondere.

Janke: Der neuen Freyheitsprediger Constitutionsgeschrey.

Kotzebue: Geschichte des deutschen Reichs.

L. Theobul Kosegarten: Rede gesprochen am Napoleonstage 1809.
— — — Geschichte meines fünfzigsten Lebensjahres.
— — — Vaterländische Lieder.

K. A. v. Kamptz: Codex der Gensd'armerie.

W. Reinhard: Die Bundesacte über Ob, Wann und Wie? deutscher Landesstände.

Schmalz: Berichtigung einer Stelle in der Bredow-Venturinischen Chronik; und die beyden darauf.

Saul Ascher: Germanomanie.

Chr. v. Benzel Sternau: Jason.

Werner: Weihe der Kraft.
— — — die Söhne des Thals.

K. v. Wangenheim: die Idee der Staatsverfassung.

Der Code Napoleon und? Zachariä über denselben.

Immermann: Ein Wort zur Beherzigung [gegen die Burschenschaft zu Halle.]

Wadzeck, Scherer und andere gegen die Turnkunst.

Die Statuten der Adelskette.

Allemannia, und andere Zeitschriften und Zeitungen, deren Titel wir nicht erfahren konnten. Doch die Namen von vielen, die nicht verbrannt worden, können wir den Herausgebern, welchen daran liegt, nennen.

Nach 12 Uhr begab man sich zur Ruhe.

Faksimiliertes Verzeichnis der auf dem Wartburgfest verbrannten Gegenstände in der beschlagnahmten Zeitschrift »Isis«.

Joseph von Eichendorff
Der Vorsitzende in der Ratsversammlung

Hochweiser Rat, geehrte Kollegen!
Bevor wir uns heute aufs Raten legen,
bitt ich, erst reiflich zu erwägen,
ob wir vielleicht, um Zeit zu gewinnen,
heut sogleich mit dem Raten beginnen,
oder ob wir erst proponieren müssen,
was uns versammelt und was wir alle wissen? –
Ich muß pflichtmäßig voranschicken hierbei,
daß die Art der Geschäfte zweierlei sei:
die einen sind die eiligen,
die andern die langweiligen.
Auf jene pfleg ich cito zu schreiben,
die andern können liegen bleiben.
Die liegenden aber, geehrte Brüder,
zerfallen in wichtige und höchst-wicht'ge wieder.
Bei jenen – nun – man wird verwegen,
man schreibt nach amtlichem Über-legen
more solito hier, und dort ad acta,
Diener rennen, man flucht, verpackt da,
Der Staat floriert und bleibt im Takt da.
Doch werden die Zeiten so unge-schliffen,
wild umzuspringen mit den Begriffen,
kommt gar, wie heute, ein Fall, der eilig
und doch höchst wichtig zugleich – dann freilich
muß man von neuem unterscheiden:
ob er eilig oder mehr wichtig. –
Ich bitte, meine Herrn, verstehn Sie mich richtig!
Der Punkt ist von Einfluß. Denn wir vermeiden
die species facti, wie billig, sofort,
findt sich der Fall mehr eilig als liegend.
Ist aber das Wichtige überwiegend,
wäre die Eile am unrechten Ort.
Meine Herren, Sie haben nun die Prä-missen.
Sie werden den Beschluß zu finden wissen.

väterlicher Rücksicht auf seine Tochter Marie Louise – leidvolles Opfer auf dem Altar des Vaterlandes nach dem unglücklichen Ausgang der Schlacht von Aspern – und seinen Enkel, den kleinen König von Rom, nie ganz den Stab über den Schwiegersohn Napoleon brechen mochte.

Erst die Hiobsbotschaft, daß Napoleon sein Exil auf Elba verlassen hatte und am 20. März aufs neue in Paris eingetroffen war, um dort ein »Kaiserreich des Friedens« zu errichten, brachte die Alliierten wieder zur Räson. Diese Wendung – Talleyrand erreichten die ersten Nachrichten morgens im Bett beim Tête-à-tête mit der schönen Gräfin von Périgord – bewahrte den Kongreß vor einem jähen und sicher höchst unwillkommenen Ende, bot er doch den aus 64 Ländern delegierten 467 Friedensmachern Gelegenheit zu Vergnügungen und Ausschweifungen in ungeahnter Fülle und Abwechslung.

»Es wäre ein nutzloses unmögliches Bestreben«, schildert Graf de la Garde eine Redoute bei Hof, »alle Einzelheiten der inneren Ausschmückung aufzuzählen. Erstlich bedeckte eine Menge von Blumen und seltenen Gewächsen alle Treppen und Galerien, eine Orangenallee führte zu dem Hauptsaale; ungeheuere Kandelaber mit Wachskerzen zwischen die Kübel der Bäume gestellt, und Kronleuchter mit tausenden von glänzenden Kristallstücken verbreiteten ein phantastisches Licht durch das Gezweige der schönen Bäume und ließen die Blüten hervortreten, mit denen sie besät waren. Der kleine Redoutensaal war mit Blumenvasen verziert, in welchen die schönsten Farben abwechselten, und ihm den Anblick eines Feengartens gaben. Die Tapeten waren von schönem weißen Seidenstoff, der durch Verzierungen von Silber gehoben wurde. Die Sessel prangten von Sammt und Gold. 7000 bis 8000 Kerzen verbreiteten einen Glanz, der heller war als das Licht des Tages. Endlich gaben die Melodien von mehreren Orchestern dem wunderbaren Anblick noch einen Zauber mehr ... Welche unerhörte Verschiedenheit der Uniformen! Welche Menge von Orden und Dekorationen! Aber vor allem welche Vereinigung von schönen Frauen! Wenn Europa in diesem Augenblicke in Wien durch Berühmtheiten aller Art vertreten war, so war die Schönheit gewiß dabei nicht zu vergessen ...« (Anmerkung: Die Zierden der Ballsäle und Salons gehörten nicht immer der »Haute volée« an – im Zweifelsfall jedoch der »Haute Volaille de Vienne«, wobei man je nach schöngeistigen oder modischen Qualitäten »Intelligänse« oder »Elegänse« unterschied). »Eine Fanfare von Trompeten ließ sich hören: die Souveräne traten ein, die Kaiserinnen, Königinnen, Erzherzoginnen führend. Nachdem sie unter allgemeinem Zuruf durch alle Säle gegangen waren, begaben sie sich in den der Reitbahn und nahmen auf der Estrade Platz.«

Der mokanten Feststellung des Fürsten von Ligne »der Kongreß tanzt, aber er kommt nicht vom Fleck« war der Boden entzogen, als die plötzlich veränderte Lage in Frank-

Wichtige Frage welche in heutiger Sitzung bedacht wird.
Wie lange möchte uns das Denken wohl noch erlaubt bleiben?

Die Klagen der Anhänger Buonaparts bey ſeiner Gefangennehmung den 15 July

Zeitgenössische Karikatur auf die unverbesserlichen Anhänger von Napoleon nach seiner Gefangennahme (rechts am Fenster Goethe).

Vorhergehende Seite: »Wir deliberieren, ob wir die Stiefel wichsen oder schmieren!« Diese Unterschrift trägt eine anonyme Karikatur auf die Beengtheit des bürokratischen Denkens.

Die Maulkorbzeit der Metternichschen Ära warf die Frage auf, wie lange das Denken wohl noch erlaubt sei. In seiner Polemik deckt sich das satirische Blatt mit Chamissos Versen im »Nachtwächterlied«:
Hört ihr Herrn,
wir brauchen heute
gute, nicht gelehrte Leute,
seid ihr einmal doch gelehrt,
sorgt, daß keiner es erfährt ...

reich zu schnellen Entscheidungen drängte: Am 9. Juni 1815 wurde die Schlußakte des Wiener Kongresses unterzeichnet, am 19. Juni bereits der »perturbateur du repos du monde«, als den man Napoleon in der Ächtungserklärung des Kongresses anprangerte, bei Waterloo geschlagen – was nicht nur die »Herrschaft der hundert Tage« beendete, sondern auch seine Deportierung nach St. Helena im fernen Atlantik nach sich zog.

Frankreich, das für die Abenteuer Napoleons eigentlich hätte die Zeche bezahlen müssen, wurde zwar in seine Grenzen von 1790 zurückgewiesen, ging aber dank Talleyrands virtuosem Taktieren keineswegs als geschlagene Nation aus den Friedensverhandlungen hervor. Die Rückkehr der Bourbonen auf den französischen Thron, welche die große Revolution zu annullieren und wieder an die Zeit Ludwigs XVI. anzuknüpfen schien, wirkte sich in ihren restaurativen Tendenzen beispielgebend auf alle anderen Länder Europas aus.

So datierte der auf seinen Thron zurückgekehrte Kurfürst von Hessen die Zeit einfach um sieben Jahre auf den Tag seiner Flucht, den 1. November 1806, zurück, degradierte Beamte und Offiziere auf den Dienstrang, den sie damals innegehabt hatten, setzte alle in der Zwischenzeit erlassenen Verordnungen, die Kaufverträge sowie die Staatsschulden außer Kraft, führte die althessischen Steuern wieder ein, ohne die bestehenden abzuschaffen, und befahl seinen Soldaten, sich wieder einen Zopf von 15 Zoll Länge wachsen zu lassen – Anordnungen von himmelschreiender Beschränkt-

heit, die ihm bei seinen hessischen Untertanen den Spitznamen »Siebenschläfer« eintrugen.

Die treibende Kraft für die Hinwendung zum Vergangenen, zu den absolutistischen Praktiken des 18. Jahrhunderts, war der von seinen Kritikern ironisch »Fürst von Mitternacht« genannte Rheinländer und Wahlösterreicher Clemens Wenzel Fürst Metternich. Mit geradezu teuflischer Infamie verhinderte er, ein vollendeter Weltmann, ein von allen Skrupeln freier Äquilibrist auf dem diplomatischen Parkett, um die alte abendländische Rolle Österreichs nicht zu schmälern, die erwartete und wohl auch historisch fällige Vereinigung der deutschen Länder zu einem politisch und wirtschaftlich einheitlichen Staat. Der statt dessen ins Leben gerufene »Deutsche Bund«, ein unter dem Patronat Österreichs stehender lockerer Zusammenschluß von 39 Ländern mit dem parlamentarischen Sitz in Frankfurt am Main, kam den idealistischen Vorstellungen der Heimkehrer aus den Befreiungskriegen und vor allem den patriotischen Zukunftsvisionen der akademischen Jugend und einiger ihrer Professoren, den Trommlern und Bannerträgern der Volkserhebung von 1813/14, nicht einmal auf halbem Weg entgegen.

Die Untat des Studenten Sand

Um der Idee des geeinten Vaterlandes militanten Ausdruck zu verleihen, wurde bereits drei Tage nach Unterzeichnung der Schlußakte des Wiener Kongresses die alle Landsmannschaften umfassende Deutsche Burschenschaft in Jena gegründet. Über die studentische Neigung, »Possen und Ausschweifungen in ein System« bringen zu wollen, äußert sich Karl Immermann nicht ohne Ärger. In seinen »Memorabilien« resümiert er: »Das Burschenleben war ein ausgebildetes Nichtstun, eine Tabulatur phantastischer Gesetze von Müßiggängern für Müßiggänger gegeben, ein problematischer Staat, in welchem kindische Tätigkeit, kindische Ehre, kindische Tapferkeit regierten, nebst einiger wahren Freundschaft, Hingebung und Brüderlichkeit. Es war die deutsche Komödie, der nationale Schwank. Die mittleren Köpfe füllten damit ihre Zeit aus, bis das Gespenst des Examens herandrohte und sie zu den Studien scheuchte ...«

Am Jahrestag der Völkerschlacht bei Leipzig versammelten sich anno 1817 Studenten von dreizehn deutschen Universitäten zu einer Protestkundgebung auf der Wartburg. Nach gemeinsamen Turnübungen und Gesängen zündeten sie einen Scheiterhaufen an und verbrannten darauf als Symbole der Metternichschen Politik einen Zopf, eine Uniform und einen Stock – sowie eine Reihe von Schriften, die man vorher mit einer Mistgabel in die Höhe gehalten und

Vorhergehende und linke Seite:
Schottische Edelleute
figurieren als Wandschmuck
auf Nadelstichbildern,
einer sehr aparten Spezialität
der volkstümlichen Graphik,
die Anfang des 19. Jahrhunderts
vor allem in Sachsen,
Schlesien und Österreich
im Schwang war.

Die Kinderjahre,
ein Lieblingsthema
der verbreiteten Bilderbögen,
geben den Stoff
für sentimentale Idylle
oder pädagogische Ermahnungen.
»Die kleinen Spielgefährten«
entstammen einer Federlithographie
von 1830.

unter Hui und Pfui herumgezeigt hatte. Bei diesem Feuergericht, das in völkischen Kreisen nicht ohne Nachahmung blieb, wurde auch die »Geschichte des deutschen Reiches« von August von Kotzebue in die Flammen geworfen. Das war das noch harmlose Vorspiel zur Ermordung des Lustspieldichters und russischen Staatsrates durch den fanatisierten Jenaer Studenten Karl Ludwig Sand am 23. März 1819, die zu drastischen Maßnahmen gegen die Burschenschaften und die sogenannten Demagogen führte.

»Ob dies albernste aller politischen Verbrechen ausschließlich im Kopfe Sands entsprungen war oder ob andere Gesinnungsgenossen darum gewußt haben, ist mir unbekannt geblieben, doch halte ich das letztere nicht für ganz unmöglich«, schreibt der ehemalige Heidelberger Burschenschaftler Dr. med. Alexander Pagenstecher im ersten Teil seiner Lebenserinnerungen. »Kotzebue war in unseren Kreisen eine systematisch gehaßte Persönlichkeit. Einmal war er durch die romantische Schule, Tieck und Schlegel an der Spitze, als Widersacher aller Poesie, als verkörperter Gegensatz der nationalen, gemütvollen, sinnigen und sittigen, kurz der romantisch mittelalterlichen Tendenz gebrandmarkt und verfemt. Dann wurde er von uns wegen der Liederlichkeit seiner Muse verabscheut, und endlich galt er ... für einen bezahlten Satelliten unseres neuesten, gefährlichsten Erbfeindes, für einen russischen Spion. Dies war die notorische Stimmung über den pensionierten Lustspieldichter, und ich glaube auch jetzt nicht, daß sie ganz unbegründet war ... Mir war Sand bisher kaum dem Namen nach bekannt gewesen. Bei dem Wartburgfeste, im Oktober 1817, hatte auch er mißliebige Bücher verbrennen helfen. Seither hatte ich nichts mehr von ihm gehört. Wenige Tage aber vor seiner blutigen Tat war ein Brief von ihm an einen seiner hiesigen Freunde eingetroffen, worin er in mysteriösen Ausdrücken von großen Aufgaben und großen Opfern sprach und der uns zwar ahnen ließ, daß etwas Außergewöhnliches im Werke sei, ohne doch irgendeine Andeutung dessen, was geschehen sollte, zu enthalten ... Ich war ganz zermalmt ... Ebenso scheu und zerrüttet fand ich nachher meine Freunde. Freilich hatten wir alle oft genug von dem Tod für Freiheit und Vaterland gesprochen und gesungen und hielten uns jede Stunde bereit zu jedem Wagnis und Opfer, aber diese grauenhafte Wirklichkeit mit dem vollen Gepräge des Wahnsinns, dieser aller praktischen Zwecke bare wie alles natürlichen Menschenverstandes entbehrende Meuchelmord machte auf uns den vollen Eindruck eines eiskalten Bades. Es sah aus, als ob wir alle uns vor uns selber und voreinander geschämt hätten. Indessen hielt dies erste und sehr richtige Gefühl doch nicht lange an. Einerseits waren unsere Köpfe noch zu erhitzt für eine rasche Heilung, andererseits klangen die Urteile der Menge über die Tat von Stunde zu Stunde immer entschuldigender, und es dauerte gar nicht lange, so war Sand in ihren Augen ein

Der Student Karl Ludwig Sand
erwies der Burschenschaft,
der er angehörte, und der von ihr
vertretenen Sache der deutschen Einheit
einen schlechten Dienst,
als er am 23. März 1819
den als Spion verdächtigten
Theaterautor und russischen Staatsrat
August von Kotzebue erstach.

begeisterter Politiker und Märtyrer ..., und die Jungfrauen priesen sich glücklich, wenn sie ein Löckchen von seinem Haupte zu erhaschen wußten.«

Daß die Tat Sands auch außerhalb der Studentenschaft Sympathie und Zustimmung fand, bestätigt Karl Gutzkow in seinen Erinnerungen aus der Knabenzeit: »An allen Bilderläden, hinter Fenstern und auf offener Straße hingen die Darstellungen der Ermordung Kotzebues, wiedergegeben

in allen Einzelheiten, bald im Moment der Anmeldung Sands vor Kotzebues Wohnung in Mannheim, bald im Überfall und Niederwerfen des Schlachtopfers oder in der Gefangennahme des Mörders, wo sich dieser vergebens zu töten versucht hatte. Später gesellten sich noch alle Momente der Urteilsverkündigung, die Fahrt zum Hochgericht und das ›Richten‹ selbst hinzu. Überall hing Sands Bildnis. Von hundert Rauchern hatte der vierte Teil gewiß einen Pfeifenkopf mit dem Abbild des Mörders ...«

Vom Scharfrichter Sands wird erzählt, daß ihn das Gefühl, einen edlen Menschen getötet zu haben, schwermütig werden ließ und daß er, um das Andenken des Delinquenten zu

Die Ermordung Kotzebues
in seiner Mannheimer Wohnung
und der Selbstmordversuch
von Sand nach der Untat
erregten die Phantasie
der Stecher und Lithographen.
Nach der Hinrichtung wurde
der junge Attentäter, ein irregeleiteter
Psychopath, von patriotischen
Schwärmern als Märtyrer verehrt.

ehren, aus den Brettern und Balken des Schafotts in einem Weinberg bei Heidelberg mit eigener Hand ein Häuschen baute, das noch viele Jahre später heimlichen Zusammenkünften der Burschenschaftler diente.

Wirkte das Attentat dieses krankhaften Eiferers schon provozierend genug, denn das Treiben der Burschenschaften war den Hütern der Ordnung längst ein Dorn im Argusauge, so mußte die allgemeine Glorifizierung des Mörders erst recht wie ein Zeichen der Aufsässigkeit, wie ein Alarmsignal erscheinen. Auf Grund dieser Vorfälle – gleichzeitig hatte ein Apothekergehilfe den Regierungschef von Nassau zu ermorden versucht – lud Metternich die Vertreter der zum Schutz der Throne »von Gottes Gnaden« gegründeten Heiligen Allianz sofort nach Karlsbad ein, wo die strengste Überwachung der Universitäten sowie eine rigorose Zensur beschlossen wurde; Maßnahmen, die der Bundestag erst 1848 wieder aufgehoben hat.

Der schon erwähnte Medizinstudent Alexander Pagenstecher, ein Kommilitone von Sand, bekam die durch eine Untersuchungskommission in Mainz in die Tat umgesetzten Karlsbader Beschlüsse bald am eigenen Leib zu spüren. Die Kerkerhaft brachte ihn auf bittere Gedanken: »Das russisch-österreichische System des Absolutismus hatte alle Kabinette Europas, von Petersburg bis London, von Wien bis Madrid, umsponnen, und in Berlin, der Hauptstadt der freiheitlichen Erhebung, hatte man eben jetzt in nacktester Schamlosigkeit erklärt, daß die Freiheitshelden von 1813, jene Lützower Jäger, jene Körner, Arndt, Jahn, Görres und wie sie alle heißen, doch nur verkappte Jakobiner seien. Auch unsererseits war die Verschwörung schwer anzubahnen. Wir hatten uns, da das bescheidenste Maß für die Herstellung unserer Hoffnungen und Wünsche, für einheitliche und volkstümliche Zustände unerfüllt blieb, immer entschiedener auf den Boden der Revolution gedrängt gefühlt. Mit dem Augenblick, wo Napoleon aus Deutschland verjagt war, mit der Eröffnung des Wiener Kongresses hatte die vollständige Reaktion, das heißt die Wiederherstellung der gemeinsamen Kabinettsintrigen, der alte diplomatische Länder- und Völkerschacher, die konsequente Verleugnung aller Volksrechte gegenüber den Thronen, die Zurückführung junkerlicher und klerikaler Privilegien, die Befestigung und Erweiterung absolutistischer Herrschaft ihr verderbliches Spiel begonnen. Der Bruch zwischen Vorwärts- und Rückwärtsstrebenden, zwischen Herrschern und Beherrschten, zwischen Legitimität und Liberalismus schien bereits unheilbar, und die Männer, welche durch Denunziationen das Ohr der Herrscher gewonnen und beunruhigt hatten, welche auf diesem schmutzigen Wege eine glänzende Laufbahn sich eröffnet hatten, trugen keine Bedenken, jetzt, nachdem durch die Ermordung Kotzebues ihr Treiben sanktioniert erschien, ihren Triumph auszubeuten und die ihnen feindliche Partei mit aller Rache der Sieger zu vernichten. Wie sie, entgegen den

Johann Gottlieb Fichte
1762–1814

Ernst Moritz Arndt
1769–1860

Karl August Fürst von Hardenberg
1750–1822

Sir Arthur Wellesley
Herzog von Wellington
1769–1852

Gebhard Leberecht von Blücher
Fürst von Wahlstatt
1742–1819

H. R. Stewart Castlereagh
Marquis von Londonderry
1769–1822

Friedrich von Gentz
1764–1832

Wilhelm von Humboldt
1767–1835

Charles-Maurice de Talleyrand
Fürst von Bénévent
1754–1838

Der erste Turnplatz
in der Hasenheide
wurde 1811 von Friedrich Jahn
eröffnet und mit selbst
erfundenen Geräten wie
Reck und Barren ausgestattet.
Bereits 1816
stoppte die preußische
Regierung des Turnvaters
nationale Erziehungsarbeit.

Reformbestrebungen, welche Preußen seit 1807 mit so großem Erfolge eingeschlagen hatte, entgegen den heiligen Zusagen des Königs gegen ihre konsequenten Reaktionsbestrebungen, die Partei des Fortschrittes erst in die Bahn des Widerstandes, dann in die dunklen Pfade der Revolution hineingedrängt hatten, ganz wie dies Spiel auch in Spanien und in Neapel, ja selbst in Frankreich aufgeführt wurde, so brachte ihre Taktik es jetzt mit sich, die prinzipiell von ihnen bekämpften Ideen an den jungen Leuten, welche dieselben in unbesonnener und phantastischer Weise ausgeprägt hatten, mit hartnäckiger und raffinierter Bosheit zu verfolgen.«

Der Alte im Bart

Leute, die es gewiß verdient hätten, hinter Schloß und Riegel zu kommen, entwischten den Häschern – etwa Karl Follen, wohl der gefährlichste Aufwiegler und Verführer der deutschen Jugend, der die Burschenschaftler in Heidelberg aufgefordert hatte, die ganze Fürstengesellschaft mit Stumpf und Stiel auszurotten (»Freiheitsmesser gezückt! Hurra! Den Dolch durch die Kehle gedrückt ...«). Dafür machten die sogenannten Demagogenriecher, krankhafte Eiferer und Ehrgeizlinge, die nach Karriere und Orden lechzten, allen voran der preußische Geheimrat Karl Christoph Albert Heinrich von Kamptz, nicht einmal vor so integeren Gestalten wie vom Stein oder Gneisenau halt, der völlig zu Unrecht verdächtigt wurde, Haupt einer Verschwörung zu sein.

Daß Friedrich Jahn, der Erfinder von Reck und Barren, der unverwüstliche Praktiker der Leibesertüchtigung, wegen seiner vaterländischen Umtriebe (»Mir wird die Welt nachgerade zum Ekel. Wo wohnt noch ein Deutscher?«) verhaftet und unter Polizeiaufsicht gestellt wurde, zeigt allerdings, daß es keine noch so schlechte Institution gibt, die nicht gelegentlich auch Vernünftiges bewirkte. Jahn war kein Scharfmacher wie Follen, der mit seiner gefährlichen These »es muß etwas Ungeheures geschehen oder es wird gar nichts passieren« die Schuld an Sands Attentat auf sich geladen hatte. Wenn Jahn seine Jünger darin unterwies, wie man einen Dolch handhaben müsse, und wenn er im gleichen Atemzug den Rat erteilte, sich in jedem Ort, den man besuche, »zuerst aller Durchgänge zu versichern«, falls man einmal flüchten müsse, so geschah es aus purer Wichtigtuerei. »Jahn mußte immer rumoren«, bestätigt auch Karl Immermann. »Er machte aus einem harmlosen Tummeln in der Hasenheide eine Propaganda, einen Staat im Staate...«

Welche Bedeutsamkeit der Turnvater seinem Auftreten als Mensch und Deutscher beigemessen hat, geht aus den autobiographischen »Denknissen eines Deutschen oder Fahrten des Alten im Bart« hervor, wo er, in der dritten Person von sich redend, folgendes Selbstkonterfei entwirft:

»Eines Abends im dritten Monde nach dem Rheinübergange der deutschen Heere (1814) war im großen Saale des Gasthauses zu Mattiach eine zahlreiche Gesellschaft versammelt, um ihre Abendmahlzeit einzunehmen ... Zu dem Bunterlei mancher Farben und Führer trat ein Mann herein, der allen eine ungewöhnliche Erscheinung war und bald aller Augen auf sich zog. Keiner wußte, wer er sei und was er sei. Von Hörensagen war bekanntgeworden, daß er mit einem österreichischen Oberstwachtmeister von Frankfurt gekommen, beim obersten Befehlshaber gespeist und bei ihm eine ausgezeichnete Aufnahme gefunden habe. Er war von Kopf zu Fuß ganz schwarz gekleidet, mit einem bescheidenen roten Vorstoß an Kragen und Aufschlag. Der Rock ging hinten zu, war vorn übergeschlagen, reichte nur ein paar Zoll bis übers Knie und hatte gelbe Knöpfe. Die Kleidung glich einem Waffenrock aus der früheren deutschen Zeit. Die schwarz übergezogene Kappe ohne Schmuck und Zier verriet weder Heerschar noch Waffe, nur die Feinheit und Güte des Zeuges und der hübsche Säbel deuteten auf nicht ganz Gemeines. Abzeichen kriegerischen Ranges waren nicht an ihm zu finden, nicht einmal eine Wehrquaste. Ein jüdischer Handlungsdiener, der nach der Weise seines Stammes und Standes das Sichwichtigmachen los hatte, erklärte ihn ganz bestimmt für einen russischen Popen wegen des langen, starken und breiten Bartes, fügte aber noch gleich die Auskunft hinzu, daß der Pope ziemlich gut Deutsch spräche, wie er zu Frankfurt am Main im Weidenbusche gehört habe. Das ward alles so in die Ohren weiter getuschelt, ohne laute Aufmerksamkeit zu erregen. Man

In »altteutscher« Tracht warb Jahn (1778–1852) für ein »Volk in Waffen«. Ein romantischer Korporal des Deutschtums, trat er für Leibesertüchtigung und germanische Lebensart ein. Wegen demagogischer Umtriebe wurde er 1819 verhaftet und bis 1840 unter Polizeiaufsicht gestellt.

In Anspielung auf Jahn
verspottete Pocci den Begründer
des Münchner Turnwesens
Hans Ferdinand Maßmann
in einer Bildserie, die zeigt,
wie derselbe den Hasen
das Turnen beibringt.
Als Professor Barrenreck
läßt er ihn in dem Puppenspiel
»Kasperl als Turner«
folgendes Lied anstimmen:

Franz Graf Pocci
KASPERL ALS TURNER

Turnerei,
Frank und frei!
Immer sei!
Holla hei!

Speis' und Trank,
Turners Dank,
Sonder Wank,
Niemals krank!

Frisch Geselle,
Trink zur Stelle
Aus der Quelle,
Blank und helle!

maß den Unbekannten verstohlen mit bedeutsamen Blicken.«

Zahlreiche Zeugnisse bekunden, daß der seltsame Aufzug des »Fahrtners« zusammen mit seinen pedantischen Leitsätzen über deutsches Volkstum, die ihn in den Rang eines »Korporals des Deutschtums« erhoben, nicht nur die preußische Geheimpolizei stutzig machte, sondern auch viele Zeitgenossen verwunderte und verschreckte. »Jahn trägt eigentlich nichts im Kopfe als sein Ideal eichelfressender Germanen, versetzt mit etwas starrem Protestantismus, und dann eine Theorie des Drauf- und Dreinhauens ...«, äußert sich Immermann in den »Memorabilien«, und Adolph Streckfuß stellt seinen Geisteszustand zur Debatte, indem er Teile aus einer Vorlesung des Turnvaters über sein Lieblingsthema »Volk in Waffen« zitiert:

Schon in Altdeutschland sei ein Stamm und Ort um so berühmter gewesen, je größer und undurchdringlicher der Wald sein Gebiet ummarkt habe. Es sei gar nicht schwer, eine Wildnis anzulegen und dadurch ein Land von dem andern abzusperren und es zu schützen. Freilich müsse der Natur durch Kunst nachgeholfen werden. So schlägt denn Jahn vor, behufs Hervorbringung einer Wüste solle man Marschen vermorasten, Auen einsumpfen, Höhen versurten, Niederungen verbruchen, gewässerte Täler durch Wall und Mauern zu Seen stauen. In diese Wüste sollen dann Rot- und Schwarzwild, Elentiere, Auerochsen und zuletzt Raubtiere aller Art hineingesetzt werden. »Aus alten Klöstern«, so zitiert der Chronist wörtlich, »entstehen dann Eulenschläge, Adlerhorste aus ausgebrannten Turmzinnen, durch Feuersbrünste ist zu Hyänenbauten vorgearbeitet, unterirdisch aufgebaute Irrgebäude dienen gleich Schneckenbergen zu Werken für Giftschlangen. Die mit einer Doppelreihe von Verwallungen und Dornhecken eingezäunte Wüste ist wenigstens einen Grad breit, kein Leichtfuß kann sie ohne Rast durchhüpfen. Hungrige Wölfe, Bären u. dergl. passen Einschleichern, Kundschaftern und Landstreichern auf den Dienst; beginnen die reißenden Tiere sich einander selbst zu verspeisen, so werden sie mit Drehern und Seglern von Schafen, Franzosenkühen, unbrauchbaren Pferden usw. gefüttert, und der beständige Kampf, den die in der Wüste wohnenden Leute mit ihnen zu führen genötigt, ist die beste Vorschule zur Landwehr.«

»Er würde« – Beurmanns »Vertrauten Briefen über Preußens Hauptstadt« zufolge – »die Jugend in Felle gekleidet und mit Keulen bewaffnet haben, wenn er freies Spiel gehabt hätte; er würde statt Federbetten Heu und Stroh zum Lager eingeführt, statt massiver Häuser Strohhütten zu Wohnungen eingerichtet haben ...« Der alte Schwadroneur, der in guten Zeiten einmal großsprecherisch behauptet hatte, »man ist von Amts wegen ruhmredig in Worten und kleinlaut in Werken«, wurde erst 1840 bei der Thronbesteigung Friedrich Wilhelms IV. von der Polizeiaufsicht befreit. Jahn dankte seinem Monarchen, indem er

Johann Georg Mansfeld (1764–1817) und
Johann Adam Klein (1792–1875)
Die drei Monarchen zu Pferd
(Kaiser Alexander I., Kaiser Franz I. u. König Friedrich Wilh. III.)
Aquarell
Wien, Graph. Sammlung Albertina

als Abgeordneter des Frankfurter Parlaments mit gewohnter Starrköpfigkeit nunmehr das erbliche Kaisertum für den Preußenkönig verfocht. Die Liberalen hingegen, unter denen mancher politische Freund von früher sitzen mochte, schmähten den Demokratenfresser mit Karikaturen, auf denen ein alter Esel am Reck eine Kniewelle vollführt.

Ein Maulkorb für die öffentliche Meinung

Die Obrigkeit – es gibt kaum ein anderes Wort, das die Allmacht und Anmaßung der Bürokratie treffender bezeichnete – bediente sich auf das rücksichtsloseste ihres Polizeiapparates, nicht nur um couragierte Bürger mundtot zu machen, sondern auch um die Bildung einer zu Kritik und Unzufriedenheit neigenden öffentlichen Meinung zu verhindern. Zu diesem Zweck wurden Zeitungen und Zeitschriften sowie andere Druckerzeugnisse unter zwanzig Bogen Umfang der schärfsten Kontrolle unterworfen – eine Maßnahme, die paradoxerweise ganz im Sinne des alten Wüterichs Friedrich Jahn war, der seinem teutonischen Zorn gegen die Leute von der Presse mit den Worten »Gab es je einen feigern, feilern, hochverrätherischern Pöbel, als die Deutschen Tageblättler, Zeitungsschreiber und Zeitschriftler?« im fünften Kapitel seines »Volksthums« Luft macht.

Die polemischen Keulenschläge, die der Turnvater nach allen Seiten austeilte, sollten gewiß auch Ludwig Börne treffen, den Frankfurter Theaterkritiker, der in einem Memorandum von 1818 über die Pressefreiheit die Alleinherrscher warnt, die öffentliche Meinung zu unterschätzen, eine »Volksbewaffnung, die unbesiegbar ist und welcher das stehende Heer der Regierungsgedanken früher oder später unterliegen muß«. Da Wissen und Bildung keine feudalen Privilegien sind, sich vielmehr in der bürgerlichen Gesellschaft weit ausgebreitet haben, kann nach Börnes Überzeugung die Vorherrschaft irgendeines Standes nur Unwillen auslösen.

»Um die Fürsten und ihre Völker vor dem Verderben zu bewahren ... muß in allen bürgerlichen Ständen bedeutenden Menschen die lang verschlossene Laufbahn wieder geöffnet werden, die Freiheit nämlich, ihre vorwaltende Geisteskraft zu gebrauchen und geltend zu machen. Dieses kann nur geschehen durch Gewährung der Redefreiheit, der mündlichen in volksvertretenden Versammlungen und der schriftlichen durch die Presse ... Die öffentliche Meinung ist ein See, der, wenn man ihn dämmt und aufhält, so lange steigt, bis er schäumend über seine Schranken stürzt, das Land überschwemmt und alles mit sich fortreißt. Wo ihm aber ein ungehinderter Lauf gegeben ist, da zerteilt er sich in

tausend Bäche mannigfaltiger Rede und Schrift, die, friedlich durch das Land strömend, es bewässern und befruchten. Die Regierungen, welche die Freiheit der Rede unterdrücken, weil die Wahrheiten, die sie verbreitet, ihnen lästig sind, machen es wie die Kinder, welche die Augen zuschließen, um nicht gesehen zu werden. Fruchtloses Bemühen! Wo das lebendige Wort gefürchtet wird, da bringt auch dessen Tod der unruhigen Seele keinen Frieden. Die Geister der ermordeten Gedanken ängstigen den argwöhnischen Verfolger, der sie erschlug, nicht minder, als diese selbst im Leben es getan ...«

Eine österreichische Zensurverfügung vom 10. September 1810 verbietet bereits »Schriften, welche das höchste Staatsoberhaupt und dessen Dynastie oder auch fremde Staatsverwaltungen angreifen, deren Tendenz dahin geht, Mißvergnügen und Unruhe zu verbreiten, das Band zwischen Unterthanen und Fürst locker zu machen ...« Mit der zugleich ausgesprochenen Drohung, daß derartige Veröffentlichungen »so wenig auf Nachsicht als Meuchelmörder auf Duldung Anspruch« erheben können, wurde nach den Karlsbader Beschlüssen auf die kleinlichste und rigoroseste Weise ernst gemacht.

Daß die penible Arbeit des Zensors oft genug auch Resultate von unfreiwilliger Komik erbrachte, zeigt der damals hämisch belachte Fall des Kinderbuches »Blüten- und Fruchtstücke«. Darin hieß es von einem Mädchen: »Es hatte einen üppigen Haarwuchs.« Der Zensor empfand das Adjektiv als zu lasziv und strich es. Übrig blieb: »Es hatte einen Haarwuchs.«

Ein anderer Zensor sah in einem historischen Rückblick auf die napoleonischen Kriege in der Formulierung »die Österreicher wichen zurück« einen Angriff auf die Ehre der Armee und schrieb statt dessen: »Die Franzosen rückten vor.«

Verhängnisvoller wirkten sich allerdings die Eingriffe auf die Zeitungen aus. Verlag und Redaktion waren sich der Tabus und des täglichen Risikos bewußt und paßten höllisch auf, bei der Zensur nicht anzuecken. In Varnhagen von Enses Tagebuch findet sich unter dem 8. Oktober 1822 die Eintragung: »Herr von Cotta hat seinen Korrespondenten für die Allgemeine Zeitung bei sonstiger größter Freiheit die bestimmte Instruktion gegeben, in Betreff Preußens gar nichts über Stände und Konstitution, in Betreff Österreichs niemals etwas über Papiergeld zu sagen, die Redaktion könne über beide Gegenstände nur das aufnehmen, was von den betreffenden Regierungen selbst eingesandt oder veranlaßt worden.«

War schon jede Anspielung auf die Manipulationen, mit denen die Krone in Wien der tiefen Verschuldung Herr zu werden suchte, äußerst verpönt, so wurde der Kaiser gänzlich sauer, wenn man sich erdreistete, an die vom Volk geforderte Verfassung zu erinnern. Wie wenig mit ihm in diesem Punkte

Vollbart, Kappe, Stiefel – und sonst gar nichts, das ist der Steckbrief des Abgeordneten Friedrich Jahn im Frankfurter Parlament des Revolutionsjahrs 1848. Die Attribute des alten Turnvaters bezeichnet die Karikatur als »vorsündfluthliche Überreste eines Urdeutschen« aus der Reichs-Curiositäten-Sammlung.

zu spaßen war, erhellt die hübsche Anekdote, nach der sein Leibarzt, Baron Stift, ihn bei einer Erkältung mit den Worten beruhigt haben soll: »Der Husten hat nichts zu bedeuten. Ich kenne Eure Majestät ja schon so lange, es geht nichts über eine gute Konstitution.« Kaiser Franz war außer sich, als er das verhaßte Wort vernahm. »Sagen Sie eine dauerhafte Natur oder in Gottes Namen eine gute Komplexion. Eine gute Konstitution gibt es nicht, ich habe keine Konstitution und werde nie eine haben.«

Nach zeitgenössischen Berichten dürften sich Österreich und Preußen in ihrer Intoleranz gegenüber den Forderungen der Bürger, aktiv am politischen Leben teilzunehmen, nicht nachgestanden haben. Unzweifelhaft hat die Resignation – trotz der durch keine Gewaltmaßnahme einzuschüchternden Opponenten – in breiten Schichten die Oberhand gewonnen und dem Bild des täglichen Lebens ein verändertes Gepräge gegeben. So beklagt sich Charles Sealsfield 1828, daß sich die Sinnesart der Wiener »in den letzten 16 Jahren traurig verändert« habe: »Sie waren immer bekannt als sinnenfrohes, gedankenloses Volk, zufrieden mit einer Fahrt im Zeiselwagen oder in den Prater mit entsprechendem Essen und Trinken. Dagegen waren ihre Ehrlichkeit, Güte und Biederkeit sprichwörtlich, und sogar Napoleon gab ihnen Beweise seiner Wertschätzung. Er beließ der Bürgergarde ihre Waffen und ihr Arsenal, als Wien von den Franzosen besetzt war. Seit 1811 sind jedoch die 10000 ›Naderer‹ oder Geheimpolizisten am Werke. Sie stammen aus den niederen Klassen des Handelsstandes, der Dienstboten, der Arbeiterschaft, ja sogar der Prostituierten und bilden eine Vereinigung, welche die ganze Wiener Gesellschaft so durchzieht wie der rote Seidenfaden die Taue der englischen Flotte. In Wien kann kaum ein Wort gesprochen werden, das ihnen entginge.«

Der Vergleich zwischen Wien und Berlin, den beiden Zentren absolutistischer Verstocktheit, scheint immerhin noch zugunsten des Metternichschen Obrigkeitsstaates und seines Polizei- und Zensurchefs Sedlnitzky auszufallen, wenn man den amüsant-rotzfrechen, überall als persona non grata des Landes verwiesenen Journalisten Moritz Gottlieb Saphir (»Dumme Briefe, Bilder und Chargen ...«) ganz ernst nehmen darf.

»Man schwätzt, man faselt viel, man übertreibt viel in Deutschland von der Wiener Zensur«, schreibt er in einer wohlberechneten Anwandlung von Heimweh, »aber sie ist eine Gottheit gegen die preußisch-granosche! In Wien hat die Zensur ihre Gesetze, ihre bestimmten Schranken; wenn man diese kennt, sie beobachtet, so kommt man gut durch. Die Wiener Zensur ist, wie alles in Österreich, offen und fest, ausgesprochen. In Österreich ist keine Heuchelei; man will nicht anders, nicht besser und nicht schlimmer scheinen, als man ist, aber das, was man ist, ist man exakt, konzis, rund, ohne Seiten- und Winkelzüge. In Österreich herrscht

Adolf Glassbrenner
KARLSBAD

Daß schlimme Kranke sich in dir versammeln;
Das hört' ich lesen, sprechen, seufzen, stammeln;
Doch daß du uns von Übeln auch befreist,
Ist eine Lüge, das behaupt' ich dreist.

AUS METTERNICHS WIEN

Lorgnettierend, kokettierend,
Heiter, zierlich, elegant
Hüpft der Kleine durch die Reihen
Und ist überall bekannt.
Spricht mit diesem, spricht mit jenem,
So vertraulich und so frei;
Der gehört, ich möchte wetten,
Zur geheimen Polizei.

eine Zensur, aber keine Zwick- und Kneippanstalt wie in Berlin. In Wien ist keine Willkür bei der Zensur. Hinz hat keine andere Zensur wie Kunz, und der Zensor läßt nicht dem einen stehen, was er dem anderen streicht. In Berlin aber habe ich oft das im ›Gesellschafter‹ drucken lassen, was mir in der ›Schnellpost‹ gestrichen wurde. Der Geheimrat Grano war nicht Zensor, er war Despot, Tyrann aller Geister ... Er ist tot, aber sein Sohn ist Zensor! Das ist einmal eine schöne Institution, eine erbliche Zensur! Warum auch nicht? Härmorrhoiden pflanzen sich auch vom Vater zum Sohn fort, warum nicht auch die Zensur?«

In seinen Entscheidungen gegen Saphir – »er hat mich gepeinigt, gezwickt, gekneippt, gemartert, gepreßt, gefoltert, mit Wollust gezaust, mißhandelt, gehöhnt« – handhabte Grano die Kompetenzen seines Amtes mit soviel Willkür und persönlicher Gehässigkeit, daß selbst der König manchmal einschritt, weniger aus purer Rechtlichkeit, sondern weil er an Saphirs polemischen Unverfrorenheiten seinen täglichen Spaß hatte (»Wenn Majestät annehmen, daß Saphir sein Maul für ewig hält, so dürften Sie nur allergnädigst ihm eines Ihrer Schlösser dran legen und er verstummte gewiß fürs ganze Leben«).

Das Bild der Persönlichkeit Friedrich Wilhelms III. haben die Chronisten nicht mit allzu brillanten Farben ausgestattet. Die ihm allseits nachgesagte Schüchternheit – seine stotternde, telegrammhaft wortsparende Sprechweise prägte den Kasinojargon vieler preußischer Offiziersgenerationen – paarte sich mit kategorischem Ruhebedürfnis (»Ruhe ist die erste Bürgerpflicht!«) und Furcht vor unumgänglichen Entschlüssen, aber auch mit Eigensinn und Despotie. »Alles, was groß und edel war, stieß ihn ab«, sagte Marwitz über ihn, »alles, womit er ohne Widerwillen zu tun haben mochte, mußte etwas Mediokres an sich haben.«

Er wäre gewiß als geschichtliche Gestalt eine sehr blasse Erscheinung geblieben, vor allem weil er sich das reaktionäre Konzept der Metternichschen Politik widerstandslos zu eigen machte und sich um die vom Volk mit beispielloser Geduld erwartete Verfassung drückte, hätte er nicht durch das brutale Vorgehen gegen die Demagogen, die Maßregelung der Presse und der Universitäten bei allen freiheitsliebenden Bürgern ein äußerstes Maß an Erbitterung ausgelöst.

Während diese engagierten Kreise mundtot gemacht oder zur Emigration genötigt wurden, zog sich der weitaus größere andere Teil der Bevölkerung, vom politischen Zeitgeschehen völlig ausgeschlossen und in ständiger Angst vor den Schergen der Obrigkeit, kleinlaut und gehorsam in seine vier Wände zurück, in den engen Bereich des Geduldeten und Erlaubten. In dieser erzwungenen Begrenzung, in diesem Getto introvertierter Bürgerlichkeit formt sich das biedermeierliche Leben in seiner unverwechselbaren und einmaligen Gestalt.

FAMILIE UND FREUNDE

Trauliches Zuhause

Feierabend-Idyll
mit Strickstrumpf, Maßkrug
und langer Pfeife –
in Scherenschnitt festgehalten,
eine Liebhaberei
virtuoser Dilettanten.

Die Hinneigung zum Nahen und Vertrauten, das uneingeschränkte Aufgehen in der häuslichen Welt, spiegeln sich in dem glücklichen Versenken der Kunst in das Interieur und Familienporträt wie auch in der liebevollen Schilderung familiärer Details in den ungemein zahlreichen Lebensberichten aus der Biedermeierzeit. Die Wohnräume atmen eine stillebenhafte Beschaulichkeit, schließen sich mit ihren Musselinvorhängen und Blumentopfkaskaden, mit Hecken und Zäunen gegen die Außenwelt ab – von der man wenig Gutes zu erwarten scheint.

In welchem Maße das trauliche Zuhause als Traum- und Wunschbild die Seele eines Malerpoeten erfüllt, des Biedermeierdichters par excellence sogar, führt Adalbert Stifter in seinen »Studien« mit einer Aufzeichnung vom 25. April 1834 vor Augen:

»Zwei alte Wünsche meines Herzens stehen auf. Ich möchte eine Wohnung von zwei großen Zimmern haben, mit wohlgebohnten Fußböden, auf denen kein Stäubchen liegt; sanftgrüne oder perlgraue Wände, daran neue Geräte, edel, massiv, antik, einfach, scharfkantig und glänzend; seidne, graue Fenstervorhänge, wie matt geschliffenes Glas, in kleine Falten gespannt und von seitwärts gegen die Mitte zu ziehen. In dem einen der Zimmer wären ungeheure Fenster, um Lichtmassen hereinzulassen, und mit obigen Vorhängen für trauliche Nachmittagsdämmerung. Rings im Halbkreis stände eine Blumenwildnis, und mitten darin säße ich mit meiner Staffelei und versuchte endlich jene Farben zu erhaschen, die mir ewig im Gemüte schweben und nachts durch meine Träume dämmern – ach, jene Wunder, die in Wüsten prangen, über Ozeanen schweben und den Gottesdienst der Alpen feiern helfen. An den Wänden hinge ein und der andere Ruysdael oder ein Claude, ein sanfter Guido und ein Kindergesichtchen von Murillo ...

Sommerabends, wenn ich für die Blumen das Fenster öffnete, daß ein Luftbad hereinströmte, säße ich im zweiten Zimmer, das das gemeine Wohngehäuse mit Tisch und Bett, und Schrank und Schreibtisch ist, nähme auf ein Stündchen Vater Goethe zu Händen oder schriebe, oder ginge hin und wieder, oder säße weit weg von der Abendlampe und schaute durch die geöffneten Türflügel nach Paphos hinaus ... Dann stellte ich wohl den guten Refraktor von Fraunhofer, den ich auch hätte, auf, um in den Licht- und Nebelauen des Mondes eine halbe Stunde zu wandeln; dann suchte ich den Jupiter, die Vesta und andere, dann unersättlich den Sirius, die Milchstraße, die Nebelflecken ...

In der erhabenen Stimmung, die ich hätte, ginge ich dann

Das Familienbild
bestätigt und verewigt
das beschauliche Glück,
das der Bürger,
zufrieden mit sich
und stolz auf die Seinen,
in den vier Wänden genießt,
deren man sich beileibe
nicht zu schämen braucht.

Rechts:
Ehregott Grünler, Der
Berliner Maschinenfabrikant
Joh. Georg Carl Spakier
mit Frau und Kindern.

Karl Begas, Die Frau
des Künstlers mit Töchtern.

Rechte Seite:
Eduard Gärtner, Wohnung
des Schlossermeisters
C. F. A. Hausschild in Berlin.
Berlin, Märkisches Museum.

Sebastian Gutzwiler,
Basler Familienkonzert
Basel, Kunstmuseum.

Vor der Haustür vergnügen sich auf Johann Hummels neapolitanischem Idyll junge Mädchen beim Schaukeln. Die Frivolität des beliebten Rokokomotivs ist biedermeierlicher Züchtigkeit gewichen. Kassel, Gemäldegalerie.

gar nicht mehr, wie ich leider jetzt abends tun muß, in das Gasthaus, sondern ...

Doch dies führt mich auf den zweiten Wunsch: nämlich außer obiger Wohnung von zwei Zimmern noch drei anstoßende zu haben, in denen die allerschönste, holdeste, liebevollste Gattin der Welt ihr Paphos hätte, aus dem sie zuweilen hinter meinen Stuhl träte und sagte: diesen Berg, dieses Wasser, diese Augen hast du schön gemacht ... oder wir gingen dann zu ihrem Pianoforte hinein, zündeten kein Licht an (denn der Mond gießt breite Ströme desselben bei den Fenstern herein), und sie spielte herrliche Mozart, die

sie auswendig weiß, oder ein Lied von Schubert, oder schwärmte in eigenen Phantasien herum – ich ginge auf und ab oder öffnete die Glastüren, die auf den Balkon führen, träte hinaus, ließe mir die Töne nachrauschen und sähe über das unendliche Funkengewimmel auf allen Blättern und Wipfeln unseres Gartens, oder wenn mein Haus an einem See stände ...«

In der Erinnerung von Karl Gutzkow, dessen problematischer Jugendroman »Wally, die Zweiflerin« einstmals das Biedermeier provoziert und schockiert hatte, lebte das Milieu des Elternhauses als eine zart gewobene Welt von gemütvol-

Rechtsanwalt Dr. Eltz
ließ sich von
Ferdinand Georg Waldmüller
in der Attitüde
des gütigen Vaters
mit seiner kinderreichen
Familie bei Bad Ischl
vor der Kulisse
des Dachsteingebirges
porträtieren.
Wien, Galerie des 19. Jhdts.

ler Stille und Wohlsituiertheit fort. Er rührt an ein ungetrübtes Glück, wenn er »Aus der Knabenzeit« erzählt:

»In der traulichen Geselligkeit eines gebildeten Hauses liegt ein unendlicher Reiz. Kein Patschouli ist dafür nötig, kein strahlender Lüstre. Duft und Glanz liegt schon allein in der ganzen Weise eines solchen Hauses selbst. Die Ordnung und die Pflege verbreiten eine Behaglichkeit, die ebenso das Gemüt wie die äußeren Sinne ergreift. Die kleinen Arbeitstische der Frauen am Fenster, die Nähkörbchen mit den Zwirnrollen, mit den blauen englischen Nadelpapieren, mit den buntlackierten Sternchen zum Aufwickeln der Seide, die Fingerhüte, die Scheren, das aufgeschlagene Nähkissen des Tischchens, nebenan das Piano mit den Noten, Hyazinthen in Treibgläsern am Fenster, der gelbe Vogel in schönem Messingbauer, ein Teppich im Zimmer, der jedes Auftreten mildert, an den Wänden Kupferstiche, das Verweisen alles nur vorübergehend Notwendigen auf entfernte Räume, die Begegnungen der Familie unter sich voll Maß und Ehrerbietung, kein Schreien, kein Rennen und Laufen, die Besuche mit Sammlung empfangen, abends der runde, von der Lampe erhellte Tisch, das siedende Teewasser, die Ordnung des Gebens und Nehmens, das Bedürfnis der geistigen Mitteilung – in dem Zusammenklang aller dieser einzelnen Akkorde liegt eine Harmonie, ein Etwas, das jeden Menschen sittlich ergreift, bildet und veredelt.«

Daß ein herrschaftliches Haus trotz seines gemütvoll noblen Charakters buchstäblich auch seine Schattenseiten hatte, geht aus C. A. Ewaldts »Lebenserinnerungen« aus dem alten Berlin hervor, wo die Großeltern des Chronisten in der vornehmen Königstraße eine weitläufige, von Geschmack und Wohlstand zeugende Wohnung innehatten. So denkt er mit einem leichten Schauder zurück an einen »endlosen, bei Tage ganz dunklen Gang, der uns Kindern unheimlich und gruselig war, zumal er stets mangelnder Lüftung halber einen eigentümlichen muffigen Geruch hatte. Am Ende dieses Ganges lag die Hintertreppe und derjenige höchst primitive Raum, den bekanntlich auch Kaiser und Könige nicht entbehren können. Wie wenig man übrigens damals selbst in so guten Häusern bzw. Wohnungen wie der meiner Großeltern ›hygienisch‹ in unserem Sinne lebte – Wasserklosetts und Spülvorrichtungen fehlten selbstverständlich –, zeigt das Schlafzimmer der Großeltern. Es war eigentlich aus einem Zimmer durch eine Holzwand abgeschlagen, die einen Durchgang vom Saal nach der Küche abgrenzte. Gelüftet konnte der halbdunkle Raum also nur von den auf der anderen Seite dieses Ganges gelegenen, nach dem schmalen Hof hinausgehenden Fenstern werden.«

In den »Jugenderinnerungen eines alten Berliners« von Felix Eberty erfährt man, daß es selbst in wohlhabenden Häusern nicht üblich war, abends mehr als zwei Talglichter anzuzünden. »Die meisten Familien saßen um einen runden Tisch, in dessen Mitte eine solche Kerze aufgepflanzt war. An den Seiten derselben lief das geschmolzene Fett herunter und bildete kleine Figuren gleich abgeschälten Walnüssen. Der Docht mußte beständig mit der Lichtschere in Ordnung gehalten werden, einem Instrument, welches heutzutage fast aus der Welt verschwunden ist, damals aber so unentbehrlich war, daß man sogar Staat damit trieb und Lichtscheren von schön damasziertem Stahl und von Silber verfertigte. Allgemeine Bewunderung erregte die Erfindung, mittels derer beim Putzen des Lichtes sich aus der Mitte des Kastens eine Scheidewand erhob, die das abgeschnittene Stückchen Docht in eine Art von kleinem Verlies einsperrte, damit es nicht, was sonst oft genug geschah, glimmend und sengend auf den Tisch fiele und den übelsten Geruch verbreitete. Die erste sogenannte Sinumbra- oder Astrallampe erhielten meine Eltern von einem reichen Verwandten zum Geschenk, doch wurde dieselbe nur angezündet, wenn Gäste kamen.«

Zur Unterhaltung, Belehrung und Freude der Kinder erdacht: Figuren zum Ausmalen auf einem Mandelbogen des Verlags Trentsentsky in Wien.

Wie sparsam damals in einem bürgerlichen Haushalt gewirtschaftet wurde, vermerkt auch Gustav Freytag in seinen Lebenserinnerungen, »obgleich die Eltern, nach den Verhältnissen jener Zeit, in mäßigem Wohlstande lebten. Die Papiertapete galt für einen Luxus, den wir in keiner Wohnstube hatten, die Wände waren mit bunter Kalkfarbe blau, rosa, gelb getüncht, eine kleine gemalte Rosette an der Decke der ›guten‹ Stube wurde sehr bewundert. Auch das Streichen der Fußböden war noch ungebräuchlich, und zur großen Beschwer der Familie und der Dienstmädchen blieb ein ewiges Scheuern der weißen Dielen notwendig; die Möbel standen gradlinig und einfach, kaum ein altes Stück in Rokoko darunter; zu Mittag nur ein Gericht, am Abend erhielten die Kinder selten ein Stück Fleisch, häufig Wassersuppe, welche die Mutter durch Wurzeln oder einen Milchzusatz anmutig machte. Wein wurde nur aufgesetzt, wenn ein lieber Besuch kam. Dabei wuchsen wir gesund und rotbäckig heran ...«

Kindersegen

Das Bild der biedermeierlichen Familie – Schiller hat es in geflügelten Worten bereits in der »Glocke« vorweggenommen – vereint eine das ganze Stufenalter des Lebens umfassende häusliche Gemeinschaft, deren jüngstes Mitglied das Baby im Arm der Mutter, deren ältestes der greise Großvater im Ohrenbackensessel ist. Obwohl der Hausherr stets mit der ihm gebührenden patriarchalischen Würde aus dem Kreise der Seinen herausgehoben wird, der Kunstmaler Karl Begas mit Embonpoint und langer Tonpfeife, der Berliner Schlossermeister Hausschild ganz allein am gedeckten Tisch bei Schinken und Rotwein, sind es doch die Kinder

Die kleine Wanda,
Schwester des nachmals
berühmten Augenarztes
Albrecht von Graefe,
wurde noch 1834
von Julius Schoppe
im Stil des Klassizismus
porträtiert – nicht als Kind,
sondern als Flora
mit kokett
entblößter Schulter.

und die in Ehren ergrauten Alten, die das gemütvolle Klima bestimmen.

Den bejahrten Leuten, die sich in Haus und Hof bis zum letzten Atemzug nützlich zu machen suchten und nach allen Seiten einen goldenen Abendschimmer von Güte und Weisheit verbreiteten, hat die Kunst manch rührseliges Denkmal gesetzt: Meyerheim malte »Großvaters Liebling«, Waldmüller »Großvaters Geburtstag«, und Ludwig Richter

pries das Altenteil in einem Holzschnitt, den er reinen Herzens »Der Abend, das Beste« nennt. Jacob Grimm hielt eine emphatische Rede »Über das Alter«, wohl nicht zuletzt, weil er und sein Bruder Wilhelm die Sammlung der Kinder- und Hausmärchen in ihren schönsten Teilen gerade alten Leuten verdankten.

Wie Puppen anzuschauen, in entzückenden Kleidchen, mit darunter hervorlugenden, spitzenbesetzten Hosenbeinen, Blumengirlanden und Trompeten in den Händen, weit mehr den Amoretten des 18. Jahrhunderts verwandt als den beflissenen Zöglingen eines Pestalozzi oder Fröbel, so hüpft im Morgenlicht des Lebens der biedermeierliche Nachwuchs in das nüchterne Szenarium der Vormärzzeit hinein. Ihre

Kinderwelt ist bunt tapeziert mit den Illustrationen ungezählter Bilderbücher und Bilderbögen. Püppchen und Zinnfiguren, Ritter, Soldaten, Seressaner und Türken, Dominos und Diabolos, Guckkästen und Kasperltheater, eine vorher nie gekannte Fülle und Vielfalt bezaubernder Spielzeuge bescherte das Biedermeier seinen Kindern. Dennoch machten diese Beweise der Zärtlichkeit die Tage der Kindheit nicht zu einem immerwährenden Fest, waren die Kleinen doch einem immensen erzieherischen Eifer ausgesetzt, einer Lawine von Pädagogik, die Rousseaus »Emile« ausgelöst hatte und an der Pestalozzis Schrift »Wie Gertrud ihre Kinder lehrt; ein Versuch, den Müttern Anleitung zu geben, ihre Kinder selbst zu unterrichten« keinen geringen Anteil haben mochte.

In Anlehnung an Pestalozzis Forderung, die geistigen Kräfte und Anlagen der Kinder nach allen Seiten zu entfalten, entwickelte der Thüringer Friedrich Fröbel, der Begründer des Kindergartens, die Idee der »Beschäftigungsspiele«. Ein Beispiel ihrer praktischen Anwendung scheint Karl Gutzkow in seinem Rückblick auf die Knabenzeit zu geben. Seine Memoiren entwerfen ein Bild des elterlichen Gartens, in dem die Kinder genau festgelegte Aufgaben zu erfüllen haben.

»Da pflanzte und säete man, man führte die Gießkanne, wenn sich die Sonne senkte, man half ohne Naschhaftigkeit den Erntesegen einbringen und arbeitete immer nach bestimmten, vom mathematischen Herrn Cleanth gestellten Aufgaben. Da war an einem Salatbeet Unkraut auszujäten, Stöcke waren für die Nelken zu schneiden, die zerstreuten Blätter der aufgeblühten Zentifolien zu sammeln, eine Arbeit, die sich den Knaben dadurch belohnen durfte, daß sie die Rosenblätter dem Apotheker am Ziethenplatz korbweise verkauften. Lange Weinspaliere wurden nach der neuen Knechtschen Grundregel der häufigen Entfernung der Blätter gezogen. Ein Gärtner führte die Oberaufsicht, die jungen Freunde mußten helfen. Herr Cleanth duldete keine Spiele, höchstens solche, bei denen etwas gelernt, ir-

Im Zeichen des Kindersegens stand »Der erste May im Prater«, ein Zauberspiel von Rainoldi, das 1826 in Wien seine Premiere hatte. Das Steckkissen-Ballett erschien als Kupferstich-Beilage in der »Theaterzeitung«.

A la mode herausgeputzt,
saßen Mrs. und Miss Frazee
einem unbekannten Sonntagsmaler
um 1834 Modell.
Das Biedermeier faßte
mit den Auswanderern
auch in Amerika Fuß.
Washington, Coll. Chrysler Gerbisch.

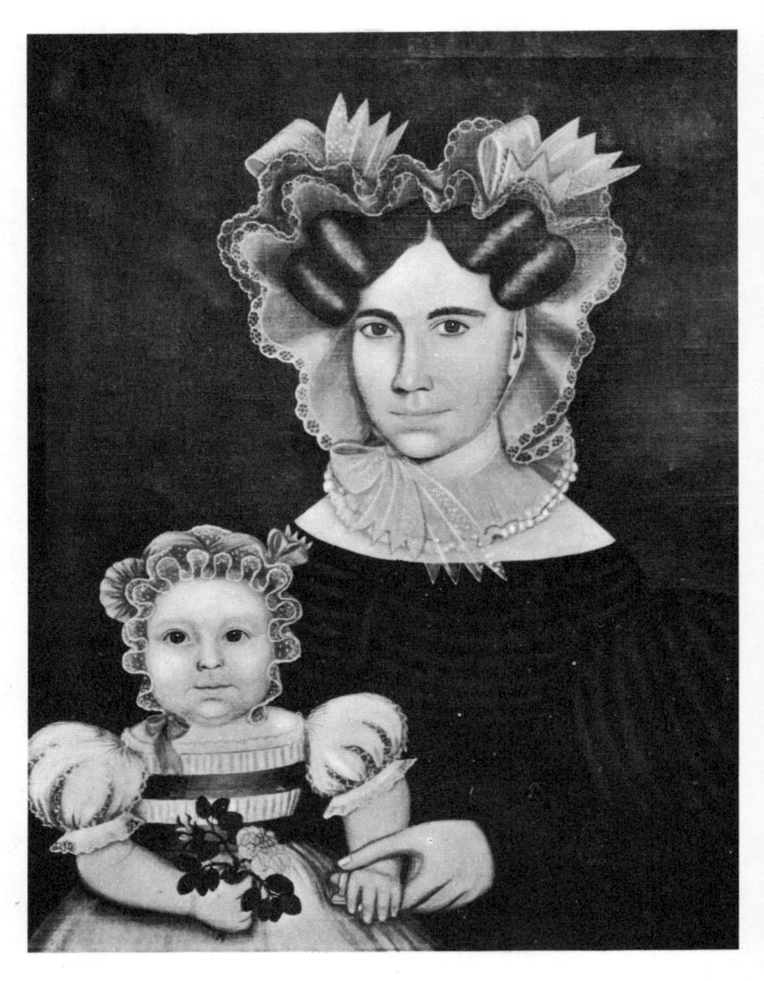

gendeine geistige Tätigkeit oder mechanische Fertigkeit zugleich gebildet wurde. Wie frucht- und blumenreich war dieser Garten! ... Ausgerüstet mit einem scharfstechenden Spaten ist ein Knabe König der Natur. Den Spaten über die Schulter gelegt, verläßt er den Garten, ißt nach der Arbeit sein Obst, sein Butterbrot, trinkt sein Glas Wasser mit einer Zufriedenheit, als hätte er seinen Lohn um die Ordnung der Welt verdient.«

Pestalozzis pädagogische Grundsätze, die er am Genfer See mit einer Erziehungsanstalt für Kinder aller Stände und der mit ihr verbundenen Anstalt für Lehrerbildung so erfolgreich verwirklicht hatte, lösten zwar große erzieherische Reformen aus, wirkten sich jedoch auf die Schulverhältnisse in den deutschen Bundesstaaten erst nachhaltig aus, als das Biedermeier zu Ende ging. Daß die Erziehung nicht gerade in berufenen Händen lag, nämlich von Küstern, ehemaligen Soldaten, nicht selten auch von Lehrerwitwen oder gar, wie an den französischen Schulen Berlins, mitunter von Bedienten, Friseuren, Schneidern und Tanzmeistern betrieben wurde, hatte die wunderlichsten pädagogischen Praktiken zur Folge. Wie ein Phantast, wenn nicht gar ein Psychopath die vielerorts wohl mißverstandenen Neuerungen im Schulwesen um die verstiegensten Einfälle bereicherte,

schildert Felix Eberty in den »Jugenderinnerungen eines alten Berliners«.

»Die Prügel, deren ich oft gedacht, waren ein zwar häufiges Zuchtmittel (und einigen Lehrern ... schien das Prügeln förmlich Vergnügen zu machen), doch gab es noch andere Strafarten, welche eigentlich die Regel bildeten. In der ersten Zeit fanden sich einige Täfelchen vor ..., welche sehr saubere Bilder eines Schweines und eines Esels zeigten, zur Auszeichnung für unreinliche und faule Knaben um den Hals zu tragen; doch erinnere ich mich kaum, daß dieselben zur Anwendung gekommen wären. Desto häufiger war die Strafe des Ringumhängens. Anfangs gab es eine Anzahl von solchen Holzringen, wie man sie beim Reifenspielen benutzt; diese wurden dem Verbrecher als ein Zeichen der Ausgeschlossenheit aus der menschlichen Gesellschaft umgehängt, oft nur während einiger Stunden, oft auch mehrere Tage lang.

Wer einen solchen Ring um hatte, durfte mit keinem Mitschüler reden; tat er es dennoch, so wurde er und auch der Angeredete, der sich mit ihm in ein Gespräch eingelassen, noch besonders bestraft. Der Lehrer, der den Ring umgehängt hatte (und das geschah wegen der geringsten Kleinigkeit), hatte allein das Recht, ihn wiederabzuneh-

Den Schauplatz von Elternfreude und Kinderglück illuminiert die als Wandschmuck geschätzte Lithographie »Der Morgen« aus der G. Ebnerschen Kunsthandlung Stuttgart.

Abschreckende Beispiele für unfolgsame Kinder. Nürnberger Bilderbogen um 1835.

»Vorsicht herrsche bei dem Baden
Soll es nützen und nicht schaden.
Mancher tolle Junge war
Schon ein Opfer der Gefahr.«

men. Als schwerstes Verbrechen galt die Lüge. Wer absichtlich frech gelogen hatte, bekam auf fünf Tage einen schwarzen Ring um und mußte an abgesondertem Platz bei Tisch sitzen. Das alles war nicht dazu angetan, ein feines Ehrgefühl bei den Knaben zu entwickeln, und hier liegt einer von den großen Fehlern, die in der Anstalt begangen wurden. Kam eines von den Eltern der Kinder oder auch ein Fremder zu Besuch, während wir im Garten waren, so mußte ihm sogleich der Halsschmuck auffallen, den allezeit einer oder der andere trug: das veranlaßte Nachfragen, Beschämung und zuletzt Abstumpfung gegen die Schande. Mußten diese Ringe doch sogar bei Spaziergängen umbehalten werden! Allein zum Glück waren die ursprünglichen festen Reifen bald abgenutzt oder verloren und wurde seitdem ein zusammengeknüpfter Bindfaden symbolisch getragen, der sich unter den Rock knöpfen und vor fremden Augen verbergen ließ ...«

Die höchste, um nicht zu sagen absolute Instanz der Biedermeierfamilie war der Hausherr, der Vater. Seine

»Naht behutsam Euch dem Feuer
Der Verwegne büßt oft theuer.
Spielwerk ist das Pulver nicht
Es raubt oft der Augen Licht.«

Stellung gründete sich auf soviel Unnahbarkeit, daß es für Kinder zum Kanon der guten Sitten gehörte, ihn respektvoll mit »Sie« anzureden. Wo in seltenen Fällen einmal die Vertraulichkeit des »Du« zwischen Kindern und Vater bestand, setzte die uneingeschränkte Autorität des Familienoberhauptes dennoch strenge Grenzen, die sich erst mit dem Aufkommen liberalerer politischer Formen lockerten. Im Alter von 76 Jahren machte sich Marie von Ebner-Eschenbach in ihrem 1906 erschienenen Buch »Meine Kinderjahre« über den Wandel der Beziehungen zwischen Eltern und Kindern aufschlußreiche Gedanken, die durchaus nicht nur für das Milieu eines Adelshauses zutrafen.

»Ein Zornesausbruch unseres im Grund der Seele so guten Vaters schloß jeden Gedanken an Widerstand aus. Ob sich ein solcher Ausbruch mit dem, was ihn veranlaßt hatte, in einem halbwegs erklärlichen Verhältnis befand, die Frage

Prügel sind am Platze, wo Kinder zur Plage werden wie hier bei einem italienischen Karnevalsumzug. Lithographie von Dura.

stellten wir uns nicht. Wir meinten, daß man an der Handlungsweise seines Vaters Kritik nicht üben kann. In späteren Jahren verwandelte das ›kann‹ sich in ein ›darf‹. Einem jungen Menschen von heute muß es schwerfallen, unsere Empfindungsweise zu begreifen. Es gibt kaum etwas, das sich in einer Zeit, die ich zu überdenken vermag, so verändert hätte wie die Art des Verkehrs zwischen Eltern und Kindern. Wenn unsere Großmutter von ihrer Mutter sprach, sagte sie ›Unsere Allergnädigste‹ und neigte leise das Haupt. Unsere Mutter sagte ›Sie‹ zu ihrem Vater. Er war ihr geistiger Führer, ihr alleiniger Lehrer ... Aus jeder Zeile ihrer auch noch vorhandenen Briefe an ihn spricht unbegrenzte Ehrfurcht. Wir standen mit unserem Vater auf dem Duzfuße; er war aber ungefähr von der Sorte, auf dem sich das russische Bäuerlein mit dem Väterchen in Petersburg befindet. Von einer Seite ein unbeschränktes Machtge-

Moralische Winke
zu Nutz und Frommen
junger Mädchen.
Nürnberger Bilderbogen
um 1835.

Ein Jeder gern aufs Mädchen blickt,
Wenn es hübsch fleißig näht und strickt.
Gewöhnt man sich an Arbeit leicht,
Dann wird ein schönes Ziel erreicht.

Gar lieblich ist es anzuschaun,
Wenn waschen, bögeln, die Jungfrauen;
Die schönste Zierde, daß ihrs wißt,
Ist, wenn das Mädchen reinlich ist.

Dies Fräulein hier spielt schön Klavier,
Das wär schon recht, doch dünkt uns schier,
Du ließest dir was Bessers rathen;
Auch Nähen lernen kann nichts schaden.

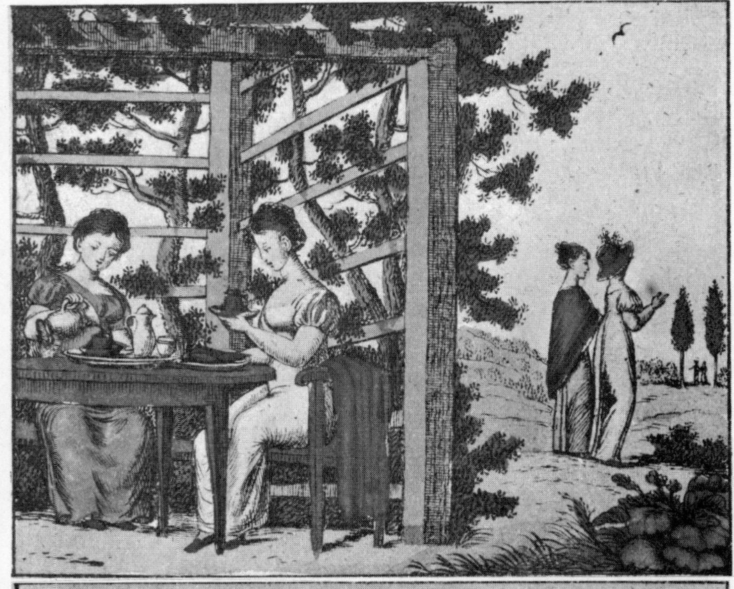

Ey seht die große Assemblee,
Da trinkt man Kaffee und auch Thee,
Klatscht und verleumdet; wärs nicht fein
Dafür zu warten Kinderlein? –

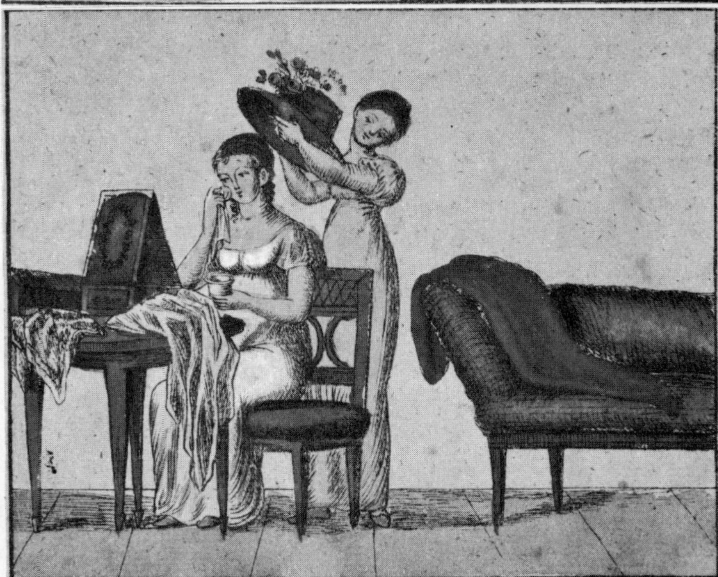

Viel Unheil es der Schönheit bringt,
Wenn man mit Roth die Wangen
schminkt.
Stellt doch die eitlen Possen ein
Und laßt das Schminken gänzlich seyn.

Wer nützliches gelernt nicht viel
Verdirbt die Zeit mit Kartenspiel,
Statt Wohlstand breitet dann im Haus
Sich Neid, Verdruß und Sorgen aus.

Der Abschied gehört
zur sentimentalen
Poesie des Biedermeier.
Mit dem Segen des Vaters
zieht der Sohn in
die Welt hinaus.
Friedrich Wilhelm Doppelmayr,
Interieur-Aquarell (Ausschnitt),
Nürnberg, Germ. Nationalmuseum.

fühl, von der anderen Unterwürfigkeit. Heute ist das anders. Die Jugend steht obenan; sie wertet und entwertet. Das Alter sieht bewundernd oder grollend zu. Ich staune nur, wie rasch es abdiziert hat. Komisch fast die Eilfertigkeit, mit der es sich in die Ecke drückt, um dem vorbeibrausenden Zug der Jugend nur ja nicht im Wege zu sein. Dankbarkeit erhellt die Gesichter der Eltern, wenn ihre Söhne oder Töchter auf der Jagd nach Brot, nach Glück, nach Ruhm einen Augenblick haltmachen, um den Alten einen Happen ihrer kostbaren Zeit zu schenken. Und auch gute moderne Kinder haben dabei doch das Gefühl eines Zugeständnisses, das sie den unmodernen Eltern machen. Es ist so, und je tiefer ins Greisenalter ich hineingerate, um so mehr Achtung bekomme ich vor dem, was ist. Mein Vater hätte sich zu ihr nie bequemt; was in seinen Tagen für das einzig Rechte und Gehörige galt, sollte in allen Tagen dafür gelten. Er hatte von Kind auf Subordination geleistet, hatte sie von seinem Jünglingsalter an pflichtgemäß zu fordern gehabt. Gehorsam! Wie ferner Donner rollte das ›r‹ am Schluß der zweiten Silbe, wenn er dieses Wort befehlend aussprach.«

Der Bayernkönig Ludwig I., der als geschichtliche Gestalt viel mehr in den irrealen Sphären der Romantik als in der sozialen und politischen Wirklichkeit der Vormärzzeit beheimatet war, enthüllt sich in der Rolle des Vaters als Biedermeier von echtem Schrot und Korn. Die Verhaltensregeln für seinen Sohn, den Kronprinzen Maximilian Joseph, als dieser 1829 in Göttingen die Universität bezog, unterscheiden sich in ihrem Tenor wohlmeinender Besorgtheit und patriarchalischer Strenge kaum von den Ermahnungen, die irgendein redlicher Bürgersmann aus ähnlichem Anlaß seinem in die Welt hinausziehenden Filius mit auf den Weg gegeben hätte. Die wie ein behördlicher Erlaß paragraphierten väterlichen Wünsche lauten unter anderem:

»1. ... Mit dem Tage, an dem Du 18 Jahre alt bist, darfst Du allein ausgehen, Du darfst es, aber ich rate Dir es nicht. Gerade weil Du Kronprinz bist, dürften manche Studenten sich bemühen, Dich zu beleidigen, da von allen in Göttingen bloß die äußerst wenigen Bayern Rücksicht auf Dich zu nehmen haben.

2. Kein Heiratsversprechen darfst Du geben, auch bedingungsweise keines.

3. Nie darfst Du Dich in einen Zweikampf einlassen.

4. In keine geheime Gesellschaft darfst Du treten, sie heiße, wie sie wolle.

5. Täglich, und sollte es auch nur 10 Minuten lang sein, lese in Sailers »Christlichem Monat«, bevor Du Dein Tagewerk beginnst. In dem Alter, in welchem Sinnlichkeit laut spricht, tut es vorzüglich not, durch Seelennahrung das Geistige zu stärken, an den Willen Gottes immer sich zu erinnern.

6. Die Vorschriften unserer heiligen Religion, auch die das Äußere betreffenden, halte. Liebe Gott über alles und

OTTO
ADOLPH
STEIN

Aus dem »Struwwelpeter«:
Die Geschichte
von dem Zappel-Philipp.

»Ob der Philipp heute still
wohl bei Tische sitzen will?«
Also sprach in ernstem Ton
der Papa zu seinem Sohn,
und die Mutter blickte stumm
auf dem ganzen Tisch herum.
Doch der Philipp hörte nicht,
was zu ihm der Vater spricht.
Er gaukelt
und schaukelt,
er trappelt,
und zappelt
auf dem Stuhle hin und her.
»Philipp, das mißfällt mir sehr!«

Seht, ihr lieben Kinder, seht,
wie's dem Philipp weiter geht!
Oben steht es auf dem Bild.
Seht! er schaukelt gar zu wild,
bis der Stuhl nach hinten fällt.
Da ist nichts mehr, was ihn hält.
Nach dem Tischtuch greift er, schreit.
Doch was hilft's? Zu gleicher Zeit
fallen Teller, Flasch und Brot.
Vater ist in großer Not,
und die Mutter blicket stumm
auf dem ganzen Tisch herum.

Deinen Nächsten wie Dich selbst, das sei Dir beständig gegenwärtig.

7. Die Zeit benutze, vertrödle sie ja nicht.

8. Hab Ordnung in Deinen Ausgaben, überschreite keinen von Dir für das Jahr gemacht werdenden Ansatz Deines Budgets ... Der für Unterstützung werde nicht karg bedacht, an des Hilfsbedürftigen Stelle soll sich der Mensch versetzen und an ihm handeln, wie er möchte, daß in gleicher Lage an ihm gehandelt würde. Haushälterisch sei, nicht geizig; einigen Überschuß habe immer.

9. ... Wünschenswert, daß Du täglich die Allgemeine Zeitung lesest und das Klavier nicht vernachlässigest.

10. Jede Woche schreibe einen Brief einem Deiner Eltern, die an mich numeriere, und abwechselnd sei der eine deutsch, der andere französisch.

12. Lüderlichkeit ist etwas Gemeines, macht die Achtung verlieren, einem rein sich erhaltenden Jüngling wird sie dagegen in hohem Grade. Und nun, geliebter Sohn, begleite Dich des Himmels bester Segen, sei Du immer mein aufrichtiger Max, nie lasse einen Zwischenmann aufkommen zwischen Dir und Deinem treuen Vater Ludwig.«

So bescheiden der Lebenszuschnitt in den unteren Ständen auch sein mochte, verlief doch der Tag eines Familienoberhauptes wie der des Landesvaters förmlich nach einem festgelegten Protokoll. Er genoß, unumschränkter Herr über Familie, Gesinde und Gesellen, ehrfurchtsvoll respektierte Privilegien, und es versteht sich von selbst, daß er mittags das größte Stück Rindfleisch vorgelegt bekam.

Ein musikalisches
Wunderkind zu besitzen,
ist der Traum vieler Eltern.
»Satyrische Beilage«
der Wiener Theaterzeitung.

Ignaz Franz Castelli, ein zeitgenössischer Chronist des alten Wien, berichtet in den »Memoiren meines Lebens«, daß der Meister Schlag fünf in der Frühe aufstand und an sein Handwerk ging. »Um zehn Uhr wurde er dann freilich schon etwas durstig und labte sich mit einer Halbe Bier oder einem Seidel Wein, samt einem tüchtigen Stück Hausbrot. Punkt zwölf Uhr mußte das Mittagsmahl aufgetragen sein, welches er an einem Tische mit seinen Gesellen einnahm. Die Lehrjungen bekamen gewöhnlich den Abhub. Vor und nach dem Essen wurde gebetet, das versteht sich, denn die Wiener Bürger waren damals fromm. Nachmittags rauchte er sein Pfeifchen und schlief dabei wohl auch ein halbes Stündchen in seinem gepolsterten Schlafsessel, dann ging's aber wieder an die Arbeit, welche bis zum Abend fortgesetzt wurde. Jetzt aber wurde das Vortuch abgenommen, die Perücke aufgesetzt, eine Kapotte angezogen und in das Wirtshaus gewandert, wo bei einem eigenen Tische die bekannten Stammgäste täglich zusammenkamen. Da wurde nun ein Rostbraten, ein paar Selchwürste oder sonst eine derbe Speise gegessen und dazu ein paar Halbe Bier oder eine Halbe Wein getrunken, dazu trapliert, ein Kartenspiel, wobei die Karten so grob sind, daß man damit recht in den Tisch hineinschlagen kann, oder wohl auch etwas politisiert ... Das war nun das gewöhnliche, ordnungsmäßige Leben eines Wiener Bürgers, wenn er aber einmal über die Schnur haute, führte er im Sommer an einem Sonntage sein Weib und seine Kinder in den Prater, aß dort mit ihnen beim Wilden Mann oder beim Papperl für einen Gulden Bankozettel zwölf Speisen, ließ nachmittags seine Kinder im Ringelspiel fahren, zeigte ihnen das Marionettenspiel, und die ganze Familie versäumte nie, sich auf der in einer Bude befindlichen Waage wägen zu lassen und sich recht herzlich zu freuen, wenn eines oder das andere seit dem vorigen Jahre um ein halbes Pfund schwerer geworden war.«

Wenn man sich die Maßstäbe zu eigen macht, die Clemens Brentano in einer Studie über den Philister an einen damals (1811) wie auch heute noch sehr verbreiteten Menschentyp anlegt, so dürfte das väterliche Regiment in der Familie oft genug auf Beschränktheit, Bequemlichkeit und verschrobene Rechthaberei gegründet gewesen sein – von ungehobelter Grobheit ganz zu schweigen. Gemeint sind jene Leute, die nur gelten lassen, »was in ihren Gesichtskreis oder vielmehr in ihr Gesichtsviereck fällt, denn sie begreifen nur viereckige Sachen, alles andere ist widernatürlich und Schwärmerei ... Sie halten sich für etwas Apartes und können die Augenbrauen bis unter die Haare ziehen. Sie belächeln alles von oben herab, halten allen Scherz für Dummheit, bedauern, daß wir keine römischen Klassiker sind, und gratulieren sich einander, in einer Zeit geboren zu sein, worin so vortreffliche Leute wie sie leben ... Sie behaupten, man müsse die Festungen übergeben, um die Häuser zu schonen, und lassen gern ewige alte Eichen um-

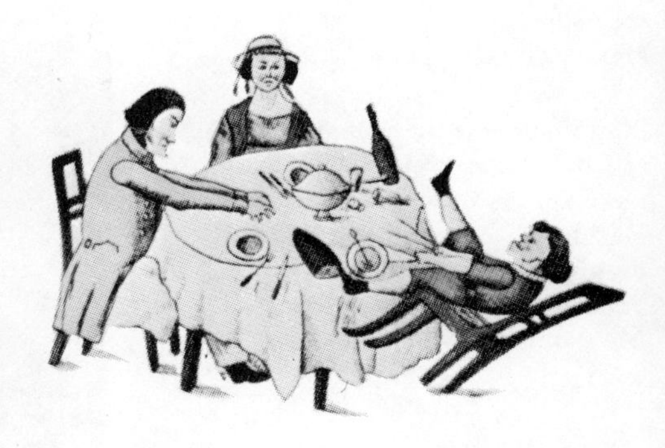

Nun ist Philipp ganz versteckt,
und der Tisch ist abgedeckt.
Was der Vater essen wollt,
unten auf der Erde rollt,
Suppe, Brot und alle Bissen,
alles ist herabgerissen.
Suppenschüssel ist entzwei,
und die Eltern stehn dabei.
Beide sind gar zornig sehr,
haben nichts zu essen mehr.

»Der Struwwelpeter oder lustige Geschichten und drollige Bilder« verdankt seine Entstehung dem Frankfurter Arzt Dr. Heinrich Hoffmann. Als er Weihnachten 1844 kein geeignetes Bilderbuch für seinen dreijährigen Sohn fand, füllte er ein Schreibheft mit eigenen Zeichnungen und Versen. Ein Jahr später erschien es in Druck und wurde, in Millionen Exemplaren verbreitet und in viele Sprachen übersetzt, eines der berühmtesten Kinderbücher der Welt.

DENKMAL DER FREUNDSCHAFT

Blätter aus einem Erinnerungsbuch von 1825 für die Kaufmannsfamilie Baumann in Wien, gezeichnet und gewidmet von einem langjährigen Freund des Hauses, dem Oberst F. X. Freiherrn von Paumgarten. Historisches Museum der Stadt Wien.

Männliche und weibliche Sommerfreuden anno 1822:

Nachdem Freund Carl
sein Kunststück producirt,
Ward sogleich zum Dejeuné
zu Penko promenirt.

Aufführung der Pantomime mit Rainoldi (1813):

Die Pantomime wurd
zwar lange einstudirt,
Hat aber auch dafür
gewiß recht amüsirt.

Lebendes Bild (1818)
»Der Abschied des Landwehrmannes«
nach dem Gemälde von P. Krafft:

In dem so sehr gepriesenen
Tableau »der Landwehrmann«
Stand es vor allen anderen,
Herr und Frau, gar sauber an.

Wohn- und Schlafzimmer
der Familie Baumann:
Verstand und Herzensgüte, Geist und Anmut,
der Frauen schönste Zier,
Ordnung, Häuslichkeit und Mutterliebe
weilt vereint, bescheiden hier.

Weihnachtsfest 1820:
Am Christabend und St. Nikolaus
Kam der Krampus auch ins Haus.

Im Lagerraum der
Krappfabrik in Himberg (1822):
Manch schöner Tag ward
auch zu Himberg zugebracht,
Und auf Vergnügen aller Art
daselbst gedacht.

Beim Bratwürstelessen:
Liebe, Freundschaft, Eintracht,
Witz und Schertz,
Erfreut in diesem schönen Kreise
jedes einzeln' Herz.

Spazierfahrt auf dem
Donaukanal in den Prater (1821):
Zu Schiffe hinab
auf der Donau ins Lusthaus
Fuhr man ganz lustig
zu einem Jausenschmaus.

Wohnzimmer des Verfassers
in Mainz (1825):
So freundlich auch ich mir
den Wohnsitz aufgeschlagen,
So will es mir – zu lange schon –
nicht mehr recht behagen.

Nachmittagsjause in Lainz (1823):
Im Garten beim Richter zu Lans,
Was gab es oft da für ein G'stanz.

Schnepfenjagd in Moosbrunn (1818):
Weiland Garçon zu Moosbrunn
Brachte mir 4 Aenten und ein Huhn.

Aussicht von der Wohnung
auf das Mainzer Münstertor (1825).

Mit schmachtendem Blick zum Mond, der in die nächtliche Kammer scheint, verzehrt sich »Die Sentimentale« in Gedanken an den Zukünftigen. Johann Peter Hasenclever glossierte mit dem 1846 gemalten Bild den literarischen Geschmack der Zeit. Die erregende Lektüre des jungen Mädchens bilden die hier aufgeschlagenen »Leiden des jungen Werther« und ein Roman von Heinrich Clauren, dessen Manier, Lüsternheit mit betonter Moralität zu kaschieren, Wilhelm Hauffs »Der Mann im Mond« parodiert. Düsseldorf, Kunstmuseum.

hauen, um irgendeinen Pflaumenbaum anzupflanzen ... oder sind auch imstande, selbst sich ganz lächerlich in philosophischen Reden in die Höhe zu steifen, so daß ihre Seele hoffärtig auf andre schuldlose Naturen herabsieht wie ein gefrorner Schlafrock, der zum Trocknen im Winter aufgehängt, die kleinen Vögel verscheucht, die die Körner im Schnee des Gartens suchen. Wenn sie sich schneuzen, trompeten sie ungemein mit der Nase. Alle Begeisterten nennen sie verrückte Schwärmer, alle Märtyrer Narren, und können

nicht begreifen, warum der Herr für unsre Sünden gestorben, und nicht lieber zu Apolda eine kleine nützliche Mützenfabrik angelegt.«

Mit allen humanitären Maximen hatte weder die Aufklärung auf die altväterliche Familienordnung liberalisierend einzuwirken vermocht, d. h. die herrschsüchtigen Alten Herren von ihrem Denkmalssockel herabzuholen, noch war es der Französischen Revolution gelungen, das Reglement des gesellschaftlichen Lebens zu verändern, seine Glätte, Sterilität um neue, der menschlichen Kommunikation dienlichere Formen zu bereichern.

Der Hamburger Bürgermeister Carl Petersen erinnert sich in einem Brief an seinen Amtsbruder Mönckeberg, daß er noch um 1820 in Escarpins, also in der höfischen Tracht des 18. Jahrhunderts, in Gesellschaft gegangen ist, wo es zu den Obliegenheiten eines wohlerzogenen jungen Mannes gehörte, mit älteren Damen Whist oder Boston zu spielen, um nicht jungen Mädchen den Kopf zu verdrehen.

Über die Kunst, sich in den gehobenen Kreisen des alten Österreichs durch richtige Anwendung des Handkusses als Angehöriger der Hautevolee auszuweisen, unterrichtet ein »Wien, wie es ist« genanntes, 1827 in Leipzig erschienenes Vademecum für den Zugereisten:

»In Gesellschaften, auf der Straße, beim Begegnen, im Theater küssen die Herren den Damen die Hände, bei jedem Anlasse von Abschied und Begrüßung, vor und nach dem Tische, vor und nach dem Tee, werden den Damen die Hände geküßt; oder besser: lassen diese zum Handkusse vor. Selbst Männer küssen einander die Hände, Geringe den Vornehmeren, der Bauer seinem Gerichtshalter, Grundherrn, dem Geistlichen, dem Schullehrer usw. ... Das ›Ich küsse die Hand‹ hat aber seine verschiedenartige Bedeutung, und nur ein Stutzer von Geist und Geschmack wird wissen, wo es gut und mit welcher Betonung anzuwenden sei. Statt aller Antworten, als Bejahung, Verneinung kann man es auch durchaus anbringen, es verschlägt da nichts und zeigt höchstens von großem Respekte.

Ich will ein Beispiel geben. – Fragt eine Dame: ›Wie ist Ihr Befinden?‹, so antwortet ein Mann lächelnd: ›Ich küsse die Hand!‹, und das heißt soviel als: gut. – Fragt sie: ›Waren der Herr Baron gestern im Theater?‹, so antwortet er mit einer Beugung des Kopfes: ›Ich küsse die Hand!‹ Fährt sie zu fragen fort: ›Wie hat Ihnen die Musik gefallen?‹, so

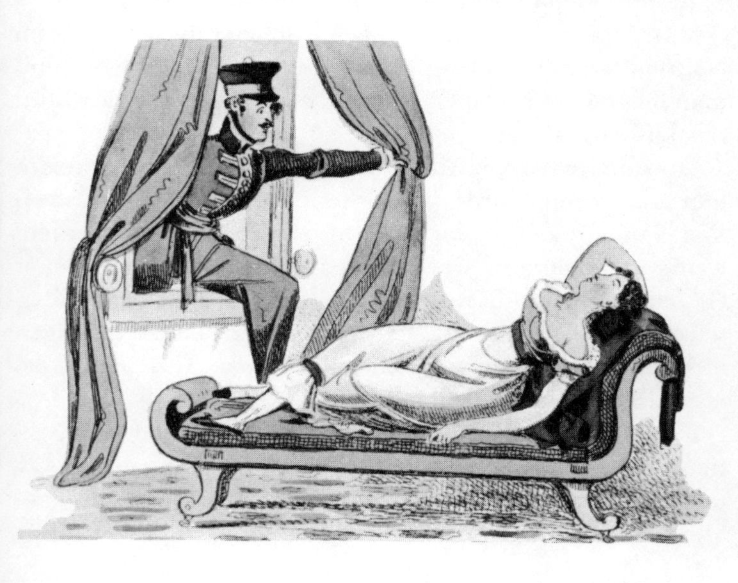

»Invasion« nennt der englische Satiriker Alken diese verfängliche Szene, welche die heimlichen Wünsche des Militärs und der Damenwelt auf einen gemeinsamen Nenner bringt.

Der Sonntagsausflug
auf den Kahlenberg
vereinte Wiener Künstler
bei Heurigem, Gesang und
Geselchtem. Moritz Schwind,
einer der ihren, hielt
den heiteren Freundeskreis
des öfteren im Bilde fest.

Rechte Seite:
Auf der Kegelbahn
pflegten sich in
Stadt und Land die
Honoratioren zu treffen.
Der aus Danzig stammende
Maler Eduard Meyerheim,
der diese Szene festgehalten hat, war
ein gemütvoller Repräsentant
des bürgerlichen Genres.
Berlin, ehem. Nationalgalerie.

erwidert er mit einem Achselzucken: ›Ich küsse die Hand!‹, und das heißt: nicht zum besten. – ›Darf ich Ihnen noch ein Stück Braten vorlegen?‹ heißt es bei Tische, und die Antwort ist mit etwas erhobener Stimme und Nachdruck auf dem letzten Worte: ›Ich küsse die Hand!‹, und das heißt ablehnen. – Wird man gefragt, ob man mitfahren, mitspielen, mittanzen oder -singen wolle, und man willigt ein, so neigt man das Haupt, scharrt mit dem rechten Fuße etwas nach hinten und spricht devot: ›Ich küsse die Hand!‹ – ›Wollen Sie mir den Arm geben?‹ forscht die Dame beim Nachhausegehen und beim Einsteigen in den Wagen, und man biegt den rechten Ellenbogen und flüstert wie beglückt: ›Ich küsse die Hand.‹ –

Die übrigen Arten, Modifikationen und Betonungsweisen hier anzugeben, würde weitschweifig sein. Einen Mann von Welt muß dieses hier der Instinkt lehren, hat er sich erst ein wenig eingebürgert. Darum aber meinen auch die Wiener Damen von allen Fremden, daß sie steif und unbeholfen seien, weil sie die Arten und Weisen der Händeküssungen nicht innehaben. Indes, so was erlernt man, wie gesagt, bei glücklichen Fähigkeiten bald.

Übrigens ist selbst unter Männern, die einander respektieren wollen, üblich, daß sie einander bejahend, ablehnend, dankend das submisse ›Ich küsse die Hand!‹ alle Augenblicke entgegenwerfen. – Der Handkuß ist also hier lange

nicht in dem Maße Sache der Demut oder Verehrung, als er Sache der Höflichkeit, der Modeanständigkeit ist.«

Der gern ironisch persiflierte, leichtfertige Konversationsstil einer zu Wohlstand und gesellschaftlichem Ansehen gekommenen Bürgerschicht ist nicht nur in Wien anzutreffen. Auch Besucher des biedermeierlichen Berlins sparen nicht mit kritischen Worten über die verbreitete Sucht, mehr zu scheinen als zu sein. Den Prototyp des Emporkömmlings, der schon die Gründerjahre ankündigt, schildert Ernst Dronke, ein scharfer, oft desillusionierter Beobachter der gesellschaftlichen Verhältnisse in der preußischen Hauptstadt, mit unüberhörbarem Mißmut: »Man will glänzen, sich überbieten, ohne das eigene Element in sich selbst zu haben. An dem Abendtisch einer Berliner Familie wird man aber selten dasjenige finden, was sonst die Innerlichkeit des häuslichen Lebens ausmacht. Die Frau wird schöngeistern, der Mann politisieren, das Töchterchen singen und spielen, und zu allem dem werden einige Fleischbrötchen herumgereicht. Haben sie warm gespeist? ist die erste Frage des Berliners an seinen Freund, der am vorigen Abend in Gesellschaft war. Man hält es für etwas Außerordentliches, wenn jemand, der den ganzen Abend mit schlechter Musik und Fadheiten unterhalten wurde, etwas mehr als ein sogenanntes ›kaltes‹ Essen vorgesetzt bekommt. Es liegt dies an dem ganzen Wesen einer faulen Gesellschaft, wo jeder nur ange-

Samuel Friedrich Sauter
EINSATZSPIEL

Welch' freudige Gefühle
Bei dem Bewegungsspiele!

Wie stärkt es nicht die Nerven
Durch oft geübtes Werfen

Laßt Andern ihre Karten
Im Zimmer oder Garten.

Gesünder in der Regel
Ist doch ein Spiel mit Kegel.

Treffpunkte
für Angehörige
verschiedener Stände
um 1830:

Der Elegant von Wien
bevorzugte
Jünglings Caféhaus,
um in Gesellschaft
leichtlebiger Freunde
Erfahrungen mit Damen
auszutauschen und
neue zu sammeln.
Lith. v. Alexander Bensa.

Der Münchner Bürgersmann
ließ sich mit Kind und Kegel
im Biergarten nieder, um
den Genuß der Frühjahrssonne
mit dem des Starkbiers
zu verbinden.
Lith. v. Friedrich Kaiser.

Soldaten und Handwerksburschen
legten sich im Bockkeller
einen Kanonen-, Mords-
oder Saurausch zu.
Höhepunkt und Finale:
eine zünftige Rauferei,
bei der auch die Polizei
auf ihre Kosten kam.
Anonymes Aquarell,
Münchner Stadtmuseum.

sehen wird, ob er eine Rolle spielt, daher jeder einen Anlauf nimmt, der ihn entweder in sein Verderben führt oder auf halbem Wege als kläglichen Renommisten kompromittiert.«

Daß ein Mann nichts gilt, wenn er keinen Titel vorweisen kann, und ohne ein solches Aushängeschild seiner Reputierlichkeit selbst in einem hinterwäldlerischen, nichtssagenden Nest wie Krähwinkel kaum eine Chance hat, als Schwiegersohn in Betracht zu kommen, führt August von Kotzebue in einem seiner erfolgreichsten Lustspiele, »Die deutschen Kleinstädter«, vor Augen. Darin erklärt die heißgeliebte Sabine ihrem Anbeter Olmers: »Ein Titel, lieber Freund, ein Titel! Ohne Titel kommen Sie in Krähwinkel nicht fort. Ein Stück geprägtes Leder gilt hier mehr als ungeprägtes Gold. Ein Titel ist hier die Handhabe des Menschen, ohne Titel weiß man gar nicht, wie man ihn anfassen soll. Hier wird nicht gefragt: Hat er Kenntnisse? Verdienste? sondern wie tituliert man ihn? Wer nicht zwölf bis fünfzehn Silben vor seinen Namen setzen kann, der darf nicht mitreden, wenn er es auch zehnmal besser verstände. Die Titel nehmen wir mit zu Bette und zu Grabe, ja wir nähren eine leise Hoffnung, daß einst an jenem Tage noch manches Titelchen aus der letzten Posaune erschallen werde. Kurz, mein schöner Herr, ohne Titel bekommen Sie mich nicht. Meine Großmutter wird es nimmermehr zugeben, daß der Prediger beim feierlichen Aufgebot nichts weiter zu sagen haben solle als: der Bräutigam ist Herr Karl Olmers.«

Früchte und Früchtchen vom Baum der Liebe

Auf den vergilbten Blättern der Stammbücher haben unter dem goldgeprägten Titel »Denkmal der Freundschaft« neben Sinnbildern der Liebe und Hoffnung, neben Haarlocken, Rosenblättern und Vergißmeinnicht die Träume junger Mädchen ihren pathetischen Niederschlag gefunden. In schlichten Poesien wird zwar Tugend und Genügsamkeit als höchstes aller Güter gepriesen, das Lieblingsziel sentimentaler und sehnsüchtiger Gedanken ist jedoch ein Gegenstand, den etwa eine »Dich aufrichtig liebende Minna« mit der Bitte, »bei Lesung dieser Zeilen« stets an sie zu denken, in die folgenden Worte faßt:

»Ruh' bald, geliebt, am häuslich stillen Ziel!
Nicht mehr getäuscht von nichtigen Entwürfen.
O möchte nie das Weltgewühl
In seinen Strudel Dich verschlürfen!
Die Liebe braucht ein Feld und einen Pflug,
Ein Halmendach, daß sie getreu verberge
Ein Räumchen, zur Umarmung weit genug,
Und einen Platz für zwei vereinte Särge.«

Freude herrscht am Wochenbett, denn das Resultat der Hochzeitsnacht ist der ersehnte Stammhalter. Spanische Lithographie, um 1840.

Das gleiche Wunschbild beherrscht und beflügelt auch die Phantasie so manches Jünglings, der, verzehrt von der Sehnsucht nach einer Gefährtin fürs Leben, jedoch zu scheu, zu linkisch und um die rechten Worte verlegen, zum Briefsteller greift, etwa zum »Galanthomme«, dem im Verlage der Ernst'schen Buchhandlung 1842 bereits in der vierten verbesserten Auflage erschienenen Handbuch für Herren jeden Standes, der für alle vorkommenden Fälle die passenden Zeilen bereithält.

Man kann eine Dame durch bedingungslose Unterwür-

figkeit für sich einzunehmen suchen: »Angebetete Göttin! Nur eine einzige Frage habe ich an Sie zu richten, und von deren Beantwortung hängt es ab, ob ich ewig glücklich oder ewig unglücklich sein soll, ob meine schönsten Wünsche ihrer Erfüllung entgegensehen können oder ob ich Sie, Beste der Guten, meiden, auf immer meiden muß. Bestes Fräulein, darf ich auf Gegenliebe hoffen? Bejahen Sie es, o so bin ich der glücklichste Mensch, den je die Erde getragen, so wandle ich schon hier in Elysiums Fluren. Verneinen Sie es aber, so rolle, du dunkle Nacht, deinen Schleier nur auf; denn ein verwaistes Erdenkind flüchtet sich zu dir! So leben Sie denn wohl, Sie meiner Seele Leben, und meines Lebens einzige Freude, leben Sie wohl, mein Licht und Farbe des Daseins! Vergessen Sie einen Leidenden, der in der Einsamkeit bereuen wird und nur darin einigermaßen Beruhigung finden kann, von Ihnen nicht verkannt zu sein, Ihre Theilnahme erweckt zu haben. Ihr treuer Freund N. N.«

Sind unerwartete Komplikationen eingetreten, empfiehlt es sich, schwerere Geschütze aufzufahren: »Liebes Riekchen! Mit Erstaunen erfahre ich soeben, daß Sie sich von dem jungen ..., der ein wahrer Geck ist, den Hof machen lassen. Nehmen Sie Ihren Verstand zusammen und stellen Sie einen Vergleich zwischen mir und dem ... an, und Sie werden gewiß finden, daß ich im Geschäft und im Gelde das Übergewicht habe. Setzen Sie Ihre Bekanntschaft mit jenem Windbeutel nicht weiter fort und werfen Sie sich wieder in meine liebenden Arme. Wenn Sie ihm wirklich Ihre schöne Hand am Altare reichten, welche Thorheit ich Ihnen nicht zutraue, so würden Sie schon in der ersten Woche der Ehe den unverzeihlichen Fehler einsehen, den Sie begangen haben, und eine traurige Ehe würde die Folge sein. Aber mein Riekchen ist ja zu klug und kann ihren Vortheil einsehn. Ich habe ein eigenes Haus, Vermögen und Geschäft; wir können also unbesorgt in die Zukunft blicken. Was hat aber der ...? Nichts, gar nichts. Wenn Sie sich daher gänzlich von dem Brausewind lossagen, der seine verlobte Braut in S. schmählich verlassen hat, so sei Ihnen alles verziehn und vergeben. Unserer Verbindung steht nichts mehr im Wege, und ehe zwei Monate vergehn, sind Sie meine liebe Gattin und ich Ihr trauter Gatte. In der Hoffnung einer günstigen Antwort verharre ich als Ihr Sie liebender N. N.«

Von Dichtern als überirdisches Wesen verherrlicht, von der Phantasie sich in unerfüllter Liebe verzehrender Männer zu Höhen emporgetragen, wo eine begehrenswerte Frau fast unerreichbar erscheint, bereitet sie dem Glücklichen, der sie heimführt, arge Enttäuschung, wenn sich die blind Vergötterte als dumme Gans entpuppt. Diesen ganz offensichtlich nicht seltenen Fall hatte Karl Immermann im Auge, als er nach den »Epigonen«, dem zeitkritischen Roman der Wende im Zeichen der Julirevolution, in seinen unvollendet gebliebenen »Memorabilien« noch einmal Rückschau auf seine Jugend hält. Lange in ein spannungsvolles Liebesverhältnis zu einer älteren Frau verstrickt, heiratet er mit 43 – ein Jahr später ist er tot – ein junges Mädchen, das in ihm ernste Gedanken wachruft über die Erziehung der weiblichen Jugend und über die Aufgabe, die dem Ehemann zufällt, um ganz triviale Unterlassungssünden wiedergutzumachen.

»Unsere Mädchen werden zum Teil noch jämmerlich erzogen. Ihre Seele wird abgerichtet zu allerhand Scheinwesen und Flitter – eine Dressur, die durch die neuerdings erwachte Manie, sie fremde Sprachen lernen zu lassen, nur noch an Breite gewonnen hat –, aber sie wird nicht erfüllt mit dem Marke des Wissenswürdigen, mit einigen großen Gestalten der Geschichte und Literatur. Leer bleiben daher so viele, und der Ehestand kann, wie er sich meistenteils gestaltet, das Übel nicht heben, denn nun sollen sie repräsen-

Du, du liegst mir im Herzen

Du, du liegst mir im Herzen,
Du, du liegst mir im Sinn!
Du, du machest mir Schmerzen,
Weißt nicht, wie gut ich dir bin.

So, so wie ich dich liebe,
So, so liebe auch mich!
Die, die zärtlichsten Triebe
Fühle ich ewig für dich!

Doch, doch, darf ich dir trauen,
Dir, dir mit leichtem Sinn?
Du, du kannst auf mich bauen,
Weißt nicht, wie gut ich dir bin.

Und, und wenn in der Ferne
Mir, mir dein Bild erscheint,
Dann, dann wünsch' ich so gerne,
Daß uns die Liebe vereint!

Anonym, um 1820

In der Mansarde
des Studenten verhängt
die Grisette das Fenster ...
Redlich verdient sie sich
ihr Brot, ist stets
in jemand verliebt
und denkt nicht gleich
an die Zukunft.
Lith. von Morisseau, 1830.

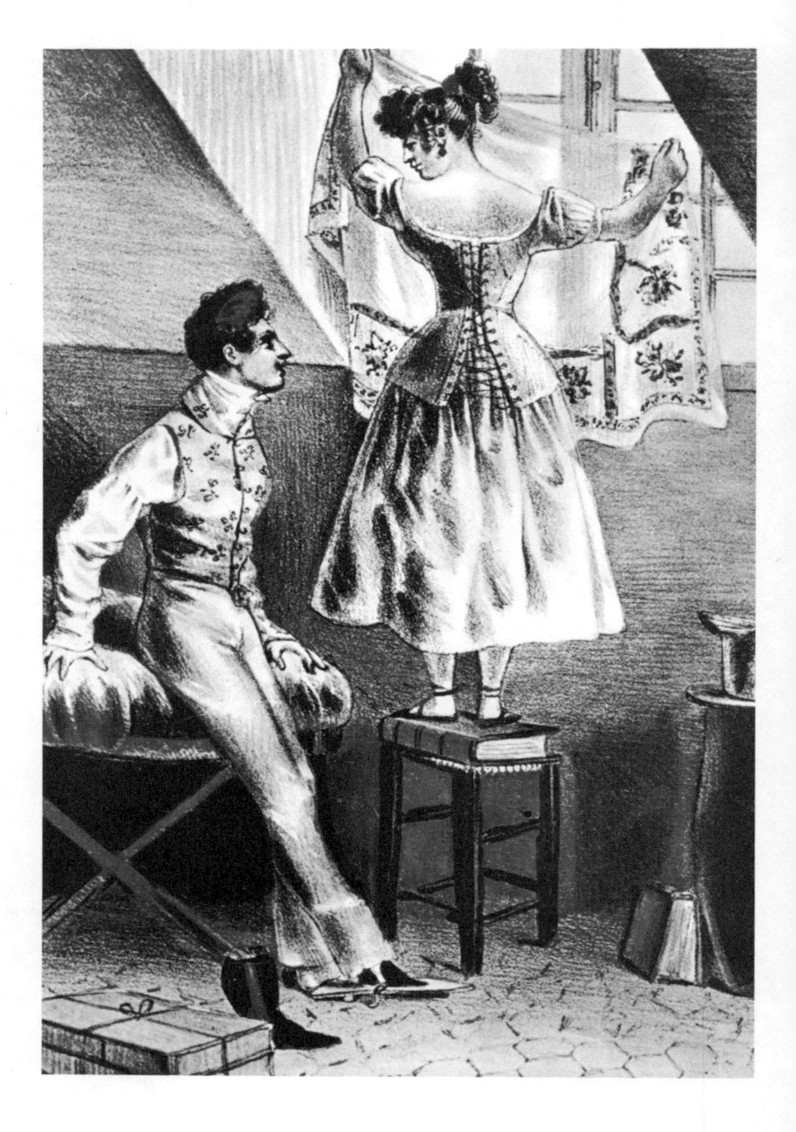

tieren, sollen Damen sein, sollen über alles zu sprechen imstande sein, ohne von etwas die Stellung und den Zusammenhang zu kennen. Wäre es denn nun da nicht schön, wenn der Mann dem Weibe noch nachhälfe, soweit dies möglich ist? Würden die Stunden, die sonst in Dumpfheit oder Zerstreuung hingehen, nicht würdig angewendet, wenn der Mann die Versäumnis der Lehrer einbrächte; und erhielte die moderne Häuslichkeit dadurch nicht eine neue, schöne, ihr gemäße Grundlage?

Es ist hier wahrlich nicht auf Hervorbringung gelehrter Karikaturen abgesehen, noch auf eine pedantische Didaskalie. Aber wenn zwei Menschen so eng verbunden sind wie Ehegatten, so ergibt sich für wohlgeordnete Seelen das natürliche Bedürfnis, den Knoten durch gemeinsames Erkennen, durch Bewundern und Verehren des Trefflichen Hand in Hand immer fester zu schürzen. Gewiß ist, daß unsere Frauen dadurch nicht weniger Frauen würden, wenn sie, anstatt an elenden Romanen des Tages oder am Spülicht der Frömmelei sich Indigestionen zuzuziehen, ein wenig mehr

die gesunden Gedanken großer Schriftsteller in sich aufnähmen, wenn sie für das Gewäsch, welches ihnen das letzte Zeitblatt zuträgt, erführen, wie es etwa auf unserer Erde aussieht oder auf welche Weise dieser und jener erhabene Mensch sein Leben zu fassen wußte. Ich fechte hier nicht mit Windmühlen, sondern berufe mich auf das Zeugnis der Beobachtenden, ob man nicht, und zwar vorzugsweise gerade aus dem Munde jüngerer Frauen, jetzt eine Unzahl der oberflächlichsten, absurdesten, den Mangel jeder Grundlage der Bildung verratenden Urteile zu hören bekommt?«

Zu diesen unbedarften, in tiefer Ahnungslosigkeit vegetierenden Geschöpfen zählt sicher auch Fanny Greipl, die von Stifter verzweiflungsvoll angebetete Tochter eines reichen Leinwandkrämers im Böhmerwald. Der von Pech und Geldsorgen verfolgte, zwischen Schwermut und Selbstironie hin und her schwankende junge Mann, ein Narr, wie er bekannte, »der sich nur ein einzig Mal recht überschwenglich mit universumsgroßem Herzen werfen möchte an ein ebensolches unermeßliches Weiberherz, das fähig wäre, einen

Gewitzte Frauen
lassen sich auf eine
nähere Bekanntschaft
nicht eher ein, bis
der Heiratskontrakt
unterzeichnet ist.
Lith. von Barinau, 1825.

Der Baum der Liebe.

Mitten zwischen grünen Blättern,
Auf dem schönen Liebesbaum,
Saß ein Heer von Liebesgöttern
Oben in der Äste Raum,
Braun u. blond u. schwarz von Haaren,
Rund und schlank, von jungen Jahren,
Alle herzlich sind betrübt,
Daß sie noch kein Mädchen liebt.
Christelchen und Gustchen gingen
An dem Liebesbaum vorbei,
Hörten Sehnsuchtslieder singen,
Und ihr Herz brach morsch entzwei.
Ha! das kommt uns ganz gelegen,
Laß uns schnell den Baum umsägen,
Alle haben wir sie dann, –
Und sie fingen hurtig an.
Fiekchen kam herbei geflogen,
Sah das Wunder auch mit an,
Schnell hat sie am Strick gezogen,
Sich zu schütteln einen Mann;
Hannchen will es kühnlich wagen,
Mit dem Stock herab zu schlagen
Dort den Herrn mit Stock und Hut. –
Was thut doch die Liebesglut! –
Dort die zärtliche Dorinde
Blickt mit schmachtend-süßem Blick
Nach dem Baume, ob sie finde
Für ihr Herz der Liebe Glück. –
Ein Husar blitzt durch die Blätter,
Emma läuft nach einer Letter,
Steigt, voll Freude, schnell hinan
Und holt sich den Kriegesmann.
Auf der tiefsten Äste einen,
So, daß man ihn greifen kann,
Sah man einen Alten weinen. –
Margarethchen schleicht heran. –
Schnell ward er herab gezogen
Und im Tanz davon geflogen.
Lieber einen Alten dann,
Als am Ende keinen Mann. –
Holder, lieber Baum der Liebe,
Wo befindest du dich doch!?
Mit dem sehnsuchtsvollsten Triebe
Sucht dich manches Mädchen noch.
Der mit der Champagnerflasche,
Mit der immer leeren Tasche,
Wenn er's noch so arg auch treibt,
Wird am Ende doch beweibt.

Neuruppiner Bilderbogen

geistigen Abgrund aufzutun, in den man sich mit Lust und Grausen stürzte – und eine Trillion Engel singen hörte«, hat dem Gegenstand seiner unglücklichen Neigung in ergreifenden Briefen ein Denkmal gesetzt, das zutiefst melancholisch stimmt, weil hier ein Mensch von rührender Redlichkeit sein Gefühl ganz sinnlos verströmt hat. Eine mit Ungeduld erwartete Nachricht Fannys, die, als sie endlich eintrifft, ihn »schon bei Entfaltung des Blattes mit Mißmut erfüllt«, weil sie gar so kurz ist, beantwortet er am 25. November 1829:

»... Den Inhalt in Bezug auf den Punkt unseres Verhältnisses muß ich durchaus billigen und ich achte tief die Offenheit Deiner Gesinnungen. Ich habe mir die Antwort ungefähr so vorgestellt, wie sie wirklich erfolgt ist, nur über eins, und zwar über das Wichtigste hast Du Dich nicht ausgesprochen, nämlich was Du meinest, daß wir tun sollen. Oder soll ich das aus dem Zusammenhange Deines Schreibens erst erschließen? Ich habe es versucht und bin auf drei mögliche Fälle gestoßen, einen vierten Ausweg gibt es nicht. Entweder das Verhältnis fortführen, wie es jetzt besteht, oder es ganz aufheben, oder das Ganze Deinen Eltern offenbaren, und ihrem Gutachten anheimstellen – dies sind die drei Wege, die es in unserer Lage zu gehen gibt. Was den ersten betrifft, so verwirfst Du ihn geradezu, wie Deine Worte sagen: ›und immer unter lauter Heimlichkeiten fortleben – dies kannst auch Du selbst unmöglich gut heißen‹. Du hast recht, auch ich liebe diesen Weg nicht, weil es mir scheinen will, er sei nicht der edelste. Was den zweiten betrifft, nämlich, es Deinen Eltern zu offenbaren, so wäre er der schönste und geradeste, und mein Herz neigt sich sehr zu ihm hin. Oft drängte es mich in den Ferien, Deiner Mutter alles zu sagen, mir war, als wäre ich dann von einer Sünde los, und könnte wieder von Herzen fröhlich sein, allein immer widersetzte sich meine Liebe zu Dir diesem Entschlusse, denn er ist es, der uns auch auf ewig trennen kann. Wenn Du aber meinst, liebe Fanny, daß es besser wäre, so schreibe mir darüber, und ich will Deiner Mutter schreiben, will ihr alles offen gestehen, will sie bitten, sie möchte mir nur das einzige erlauben, daß ich an Dich schreiben dürfe, und zwar so, daß sie alle Briefe lesen soll, nur nicht plötzlich und ganz soll sie uns trennen, das ertrüg' ich nicht, und gibt sie nur dies zu, wahrhaftig, sie soll durch mein Benehmen einsehen lernen, daß sie nicht von uns jungen Herrn, (wie Du Dich ausdrückst), gleich verachtend denken dürfe, denn ich will und muß mir ihre vollste Hochachtung in diesem Punkte erringen. Willst Du, so wagen wir den Wurf. – Aber auch das ist zu bedenken, daß dieses Mittel auch alles zerstören kann; denn denke, wenn sie von uns fordert, daß wir unser Verhältnis ganz aufheben sollen, was dann? Es dennoch fortführen? Das, Fanny, erlaubt dann unsere Ehre nicht mehr; denn was jetzt nur Verheimlichung ist, wäre dann Betrug, und wahrlich Betrug verdie-

Der Baum der Liebe

Kol. Lithographie bei C. Hohfelder, München, um 1850

Keusch und züchtig
soll sie sein,
sagt Gustav Kühn
in Neuruppin:
»Kunigunde hatte viele Liebhaber
und keinen treuen Bräutigam.
Es schien ihr ein Rätsel,
warum alle Herren sie liebten
und küßten und doch keiner
sagte, gieb mir deine Hand.
Ich will dir aber sagen, was
diese Herren hinter deinem
Rücken sagten: Wenn ich eine
Frau nehme, so muß solche sich
noch nicht die Rosen ihrer Wangen
von so vielen Herren haben
ablecken lassen ...«

Gegenstück rechts unten:
»Das standhafte Lienchen hängt
treu an ihrem fernen Carl.
Könntest du mich sehen, wie ich,
dein Vergißmeinnicht küssend,
hier sitze und an dich denke!
Und kömmt der böse Konrad
und will mich dir entfremden,
so hetze ich ihm meinen treuen
Filar auf den Leib, der mag ihn
in seine dünnen und krummen Beine
beißen, das kann er dann statt
den erbetenen Kuß nehmen.«

nen Deine so herrlichen Eltern nicht – von Dir nicht, weil Du ihr Kind bist, von mir nicht, weil ich Eurem Hause so unendlich viel zu verdanken habe. Es bliebe uns also nichts, als Trennung. Du selber scheinst an einem guten Ausgang zu zweifeln ... Du weißt wie sehr ich Dich liebe, ich weiß, daß auch Du mich liebst, wie wäre es also möglich, daß nur eines von uns den Wunsch hegen könnte, die Liebe zu trennen. Was mich betrifft, ich bin stolz auf meine Liebe, und sei sie auch töricht, und hoffnungslos – sie ist meinem Herzen doch ein guter Geist, sie veredelt und erhebt mich – und ohne Scherz, liebe Fanny, seit ich weiß, daß Du mich liebest, seitdem ist mir, als wäre ich ein besserer Mensch geworden: ich bin großmütiger und sanfter, und so mancher tolle Einfall, zu dem mich sonst mein lebhaftes Temperament verführt hätte, unterbleibt jetzt, ich achte und liebe mich jetzt selber mehr, weil Du mich liebst, und in mein Leben ist Ordnung und Zweck gekommen ... Bist Du für mich hin: nun dann liegt mir auch nichts mehr an der Welt. Mögen sie mir dann die glänzendste Stelle geben, mir gleichviel – dann ist es für mich zu spät – doch wozu all dieses zu zergliedern – möge der Himmel Dich bewahren und glücklich machen, dann will auch ich versuchen, die Liebe, die nun Dein ist, überzutragen auf meine Arbeiten, und auf die Menschheit – ein wohltätiges Leben, sagt man, gibt ja auch Zufriedenheit. Mancher, der diese Zeilen lesen würde, würde glauben, meine Liebe sei Schwärmerei, allein nur

der, der gleichen Reichtum trägt in seiner Seele, wird mich verstehn und wird wissen, daß das Geistige und Übersinnliche einer unendlichen Stärke und Ausdehnung fähig ist, die der Schwache nur anstaunen oder verspotten, aber nie fühlen kann.

Schreibe mir recht bald, mein Leben ... Schreibe mir viel, recht viel, und recht bald. Grüße mir die Nanni. Lebe tausendmal wohl. Ich küsse Dich und bin Dein Dich innig liebender Albert S.«

Fanny entschied sich anders. Sie trieb Stifter, den bereits mit Amalie Mohaupt Verlobten, an den Rand der Verzweiflung, als sie 1836 den Kameralsekretär Fleischanderl heiratete – drei Jahre später starb sie nach der Geburt eines Kindes. Völlig verwirrt schrieb Stifter in einem Brief an Sigmund von Handel: »... Selbst alle Afterwüchse jener Wollustpoesie, zu deren Kelch ich griff, waren doch nur dumme Wülste an jenem Kaktus, an dem die wunderbare Glutblume hätte blühen und leuchten können ...« Dann endlich gefaßter: »Und ein alter Esel wird man auch.«

Mehr Glück in der Wahl seiner Lebensgefährtin hatte der Münchner Arzt und später als Gegner der naturwissenschaftlichen Forschung sehr umstrittene Medizinprofessor Johann Nepomuk von Ringseis. Im Gegensatz zu Stifter, dem zartbesaiteten Dulder und nachmaligen Verkünder des »sanften

Der erste Besuch
im Haus der Angebeteten
ist ausgestanden.
Der orientalische Aufzug
des à la mode gekleideten
Papas verfehlt nicht
seine einschüchternde Wirkung
auf den jungen Freiersmann
– um das Jawort braucht er
aber nicht zu bangen.

Eroberungen in der Putzmacherstube sind dem Soldaten die liebsten. Bei Oehmigke & Riemschneider, der Bilderbogen-Offizin in Neuruppin, heißt es dazu:
O schaut die holde Näherinn
Mit braunen Locken, rundem Kinn
Und lächelndem Mund
u. lockendem Blick,
Verheißend süßes Liebesglück ...

Gesetzes«, gebärdete sich Ringseis in seinen Studentenjahren als zorniger junger Mann. Den Norddeutschen, die sein bayerisches Vaterland zu unterwandern drohen, schleudert er – »... wie aus Stahl gegossen, alte Ritterphysiognomie, kleiner scharfer Mund, schwarzer Schnurrbart, Augen, aus denen die Funken fahren«, so Bettina von Arnim – in der »Zeitung für Einsiedler« die erschreckend anmutenden Worte entgegen: »Ha, warum verachtest du mich, / Du kalte Brut aus der anderen Zone? / Heraus, du kalte, heraus will ich dich / Auf den Sand hier des bairischen Bodens. / Ich schlag dich nieder bei allen Göttern! / Dich nieder in rötlichen Sand!«

Beherrscht, ja demutsvoll greift er jedoch als abgeklärter 37jähriger am 31. Januar 1822 zur Feder, als er von Friederike von Hartmann das Jawort erbittet:

»Verehrtestes Fräulein! Wenn ich Ihnen sage, daß ich Sie innig lieb habe, so füge ich zu dem, was Sie schon aus anderen Zeichen wissen, nur das besiegelnde Wort hinzu. Ihr gebildeter Verstand, Ihr für alles Schöne reges Gefühl, die Grazie Ihres ganzen Wesens haben mich so im Innersten getroffen, daß ich mich als Ihren Gefangenen bekenne. Ich

Würde der Frauen.

Ehret die Frauen
Sie flechten und weben
Himmlische Rosen
Ins irdische Leben ...

Für vergeßliche Ehemänner in der Bilderbogenstadt Neuruppin produziertes Aide-mémoire, das Schillers schöne Mahnung symbolisch drapiert mit der Minneburg des Mittelalters, barocken Amoretten und biedermeierlichen Blumengirlanden.

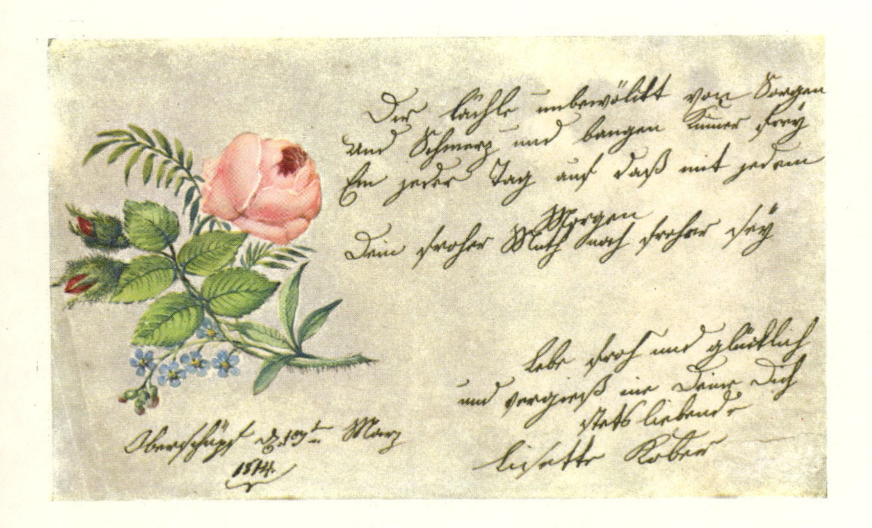

Ewig, ewig, ewig mir hold,
Dann ist Deine Liebe mir werther als Gold,
Immer beständig, niemals abwendig,
Und ganz allein der Deinige sein.

Im steten Glücke sollst du dich des Lebens freuen,
Und reine Freundschaft dir die schönste Blumen weihen.
96.

No 87.
So fest wie eine Burg, von Wogen sanft umflossen,
Sey ewig dauernd unser Freundschafts Bund geschlossen.
Augsburg bei F. Ebner.

Blätter aus dem Poesiealbum zeugen von der Anmut menschlicher Kontakte. Ganz einmalig war das Bedürfnis, der Freundschaft ein Denkmal zu setzen und das Bemühen, ein geliebtes Wesen durch tiefe Dichterworte für sich einzunehmen.

hatte noch nicht genug Gelegenheit, Ihre religiöse Denk- und Gefühlsweise in ihren wesentlichsten Beziehungen kennenzulernen. Diese ist mir allerdings das Wichtigste bei jedem Menschen ... Aber ich glaube, daß Sie die Religion lieben, aus mehreren Ihrer Äußerungen und Handlungen; glaube es desto lieber, weil ich es so heftig wünsche; um meinet- und Ihretwillen kaum etwas heftiger wünsche.

Sie sind jetzt der Mittelpunkt aller meiner Gedanken und Wünsche geworden; o, könnte ich nur einige von den Gefühlen, welche zu Ihnen mich ziehen, bei Ihnen für mich voraussetzen: so würde ich Sie bitten, auch die Hand desjenigen, dessen Herz Sie schon regieren, anzunehmen und durch die Treue und Grazie Ihrer Gesellschaft den ernsten Gang durch das Leben zu erheitern und zu schmücken ...

Ich habe, außer einigen hundert Gulden, kein Vermögen an barem Gelde; meine Sammlungen aber von Büchern, Mineralien, Instrumenten, Kupferstichen etc. sind von nicht unbedeutendem Werte. Mein jährliches Einkommen beläuft sich auf 3500–4000 Gulden, ist somit hinreichend, eine Familie zu ernähren. Meine Mutter, die einzige Person,

»Gefangen und gezähmt!«
Unter diesem Titel fixierte
ein Berliner Lithograph
der fünfziger Jahre
den – an keine Epoche
gebundenen – Wunschtraum
heiratslustiger Mädchen.

Eine leichte Ohnmacht
der Braut
ist hier die Folge
der Aufregungen, die
einer Hochzeit vorausgehen.
Meist genügt der zärtliche
Zuspruch des Bräutigams
oder ein Riechfläschchen,
die Unpäßlichkeit
zu beheben.
Lith. v. Jules David.

Rechte Seite:
Eine heftige Kolik
schüttelt den Gatten
nach den Wonnen und Strapazen
des hohen Festtags
und beeinträchtigt
das Erlebnis der Hochzeitsnacht,
mit der sich die Phantasie
wer weiß wie lange schon
beschäftigt hat.
Lith. v. Paul Gavarni.

deren Ja und Segen zu meinem Entschlusse ich zu erbitten habe, wird mir ihren Segen nicht versagen ... Wenn Sie meiner Liebe entgegenkommen, so geben Sie mir ja bald ein Zeichen. Wenn Sie es nicht: so zeigen Sie mir die Freundschaft zu schweigen und diesen Brief zurückzuschicken. Ihr Ringseis.«

Die Adressatin antwortete postwendend:

»Lieber Ringseis! Meiner Empfindung nach müßten Sie diese Nacht, wenn nicht in unangenehmer doch unruhiger Stimmung zubringen, wenn ich nicht heute noch Ihren lieben, lieben Brief wenigstens mit einigen Zeilen beantwortete. Ich bin zu bewegt und kann Ihnen nichts sagen, als daß ich Sie, lieber, redlicher Mann, von ganzer Seele liebe.

Prüfen Sie mich – und lernen Sie jede Falte meines Innern kennen, ich bin mir zwar vieler Mängel bewußt, aber auch des festen, treuen Willens, mich des Glückes, Christin zu sein, vollkommen würdig zu machen. Ich stand bisher allein – ein schwaches Rohr – seien Sie, edler, frommer Mann, von nun an mein Beschützer, Lehrer, Vorbild. Ich will voll unbeschränkten Vertrauens mich lenken lassen.

Gute Nacht, lieber guter Ringseis, ich werde nicht schlafen können und immer an Sie denken. Friederike.«

Friedrich Ludwig Jahn
Lob des Weibes

Die dem Würdigsten sich giebt,
Standhaft bis zum Tode liebt,
Söhne stark dem Vaterland
Zuführt stolz an Mutterhand,
Sei vor allen Frau'n geehrt.
Mehr noch die, so freudig schaut,
Daß ihr Freund auf Gott vertraut,
Zieht in Sturm und Kriegsgewalt,
Wenn der Ehre Ruf erschallt.

Ein Leitbild der Ehegefährtin, die dem Mann den »Wonnebecher des Lebens« reichen soll, entwirft Friedrich Jahn in seiner als Quell moralischer Erneuerung gedachten Schrift »Das deutsche Volkstum«. Wenn man den Überschwang abzieht, der ihm als einer seltsam verballhornten Gestalt der Romantik nun einmal im Blute liegt, jene schwülstige Verstiegenheit, die mit dem nüchternen Sinn des Biedermeiermenschen nicht recht in Einklang zu bringen ist, so entsprechen seine schwärmerischen Gedanken zum Thema Ehe durchaus den klischeehaften Idealvorstellungen vom Biedermeier:

»Gattin soll die Braut werden, ein Mitwesen eines geliebten andern, Eins mit ihm wie rankend Immergrün mit der Eiche. Einen stillen Lebenskreis soll die Erwählte ziehn um den Einzigen; wohin keine Sorge, keine Arbeitsbeschwerde, kein Geschäftsdrang, keine Zerstreuung hineindringt. Hier soll sie Hohepriesterin sein, auf dem häuslichen Altare das heilige Feuer unentweihter Liebe nähren, daß des Mannes

»Es kann ja nicht immer so bleiben«, heißt es in einem gern gesungenen Lied. Das Auf und Ab des ehelichen Glücks reizte nicht nur die Bildchronisten (rechte Seite) zu Indiskretionen, sondern auch das Dienstpersonal. Fendi, ein Wiener Meister des häuslichen Genres, malte sein »Mädchen am Schlüsselloch« 1833. Wien, Österreichische Galerie.

Kraft fürs Allwohl nie erlösche, er nur freudiger hinaus ins Lebensgewühl stürze, wie zum Siegesfest nach vollbrachter Arbeit zurückkehre zu häuslichen Freuden. Gattin kann nur die sinnige Hausfrau sein, nicht die Tausendkünstlerin, die in fremden Zungen plappert, nie des Herzens Sprache versteht und redet; feingeziert ist, ohne Biedersinn; der Mode Veränderlichkeit ihr Schmetterlingsherz weiht, darüber Mann und Kinder vergessend, sich putzend als Eroberin ausrüstet, ohne sich je mit bescheidener weiblicher Würde geschmackvoll zu schmücken. Nur die tüchtige Hausfrau wird eine wackere Gattin werden, des Mannes vertrauteste Freundin, und die immer neu geliebte Geheimnißbewahrerin seiner Freuden und Leiden. Sie wird ihm abnehmen die bei Kleinem abmüdenden innern Unannehmlichkeiten. Ihm kann alsdann nur das Außenleben zusetzen, im Innern seines Hauses wird er dafür jederzeit neue Beruhigung finden. Sein Haus wird Einfachheit schmücken, Reinlichkeit zieren und Ordnung bereichern. Die Brave wird hier die Allseele sein, jedes Geschäftes Triebfeder. Mit bescheidener Umsicht wird sie das Kunstwerk im Gang erhalten; doch wird man keine Künstlichkeit gewahr werden, selbst die schaffende Kunst der Meisterin nicht erschauen. Sie wird nicht viel Redens von sich machen; ihr wird nicht Weihrauchsopfer der Bewunderung den schlichten Deutschen Frauensinn benebeln; sie wird sich nicht zur Gesellschaftsvorsitzerin hinaufdrängen; nicht als oberste Balltummlerin schwärmen; Anbetergeschmeiß kann nicht den Boden vor ihren Knieen besudeln: Aber ihr Lohn wird unaussprechlich groß sein; nirgends glücklicher als bei ihr, wird sich ihr treuer Gemahl fühlen.«

Diese emphatischen Gedanken mögen im Zusammenhang mit dem 1810 erfolgten Hinscheiden der Königin Luise stehen, die als Gemahlin Friedrich Wilhelms III. ein weithin sichtbares und wirksames Beispiel ehelicher Tugend und glücklicher Häuslichkeit gab. Junge Mädchen, die ihr nacheifern wollten, ließen sich am 19. Juli, ihrem Todestag, als sogenannte »Luisenbräute« in der Potsdamer Garnisonskirche trauen – was im übrigen den Vorteil brachte, daß die zum Gedächtnis an die hohe Verstorbene ins Leben gerufene Stiftung »Luisenbund« die Sorge für die Aussteuer übernahm.

Die besten Vorsätze laufen Gefahr, ihren idealistischen Impetus zu verlieren, wenn sie nicht auch eine nützliche Seite haben. In dieser Verbindung ehrbarer Absichten mit praktischen Vorteilen – sie macht, wo sie heuchlerisch verleugnet wird, den Steckbrief des Philisters aus – nähern sich auch im »Halleschen Stiefelknechtsgalopp« (Ja, ja! Ja, ja, ich bin der Herr Papa! Ein Dutzend Töchter hab' ich nur, von jedem Jahrgang eine Spur!«) die Freier mit der Frage: »Herr Schmidt! Herr Schmidt! Was kriegt denn Julchen (Gustchen, Dörtchen, Minchen usw.) mit?«

Die für den bürgerlichen Realsinn des Biedermeier auf Freiersfüßen so bezeichnende Gretchenfrage nach der Mit-

gift wurde auf zahllosen Neuruppiner Bilderbögen gestellt. Wenn der Verleger Gustav Kühn die Produktion dieser meist durch Lumpenhändler verbreiteten Blätter – laut Wilhelm Fraenger – von 3 815 Bogen im März 1823 auf 1 140 000 Bogen im Mai 1832 zu steigern verstand, so liegt es wohl daran, daß seine Themen und der unverblümte Mutterwitz seiner Kommentare genau dem Geschmack des einfachen Volkes entsprachen. Ganz sicher traf er ins Schwarze, wenn er mit bärbeißigem Humor die Schattenseiten des ehelichen Alltags aufs Korn nahm.

Beweise der Untreue
in der bebenden Hand,
stellt der bejahrte Gatte
seine junge Frau zur Rede.
Die schmählich Ertappte
gelobt auf Knien
sich zu bessern.
Lithograph. Anstalt Poduba.

Eines der beliebtesten Blätter, »Die sieben Bitten der Ehemänner an ihre Ehefrauen«, zeigt den jungen Gemahl in reichgeblümtem Schlafrock, eine Kaffeetasse in der Hand, wie er mahnend auf seine Gattin einspricht, die im Morgenrock vor dem Toilettenspiegel ihr Strumpfband knüpft. Die erste Bitte lautet: »Liebe Frau! steh doch morgens früher auf, damit die Köchin nicht zu viel Cichorien in den Kaffee thut.« Die zweite Bitte: »Lies den ganzen Vormittag nicht in den Mode-Journalen, sondern thue etwas für die Wirtschaft.« Die dritte Bitte: »Wenn du mit anderen Männern scherzest,

vergiß nicht, daß du schon einen Mann hast.« Die vierte Bitte: »Verspiele das Wirtschaftsgeld nicht heimlich in der Lotterie, und bedenke, daß 30 Silbergroschen einen Thaler machen.« Die fünfte Bitte: »Gehe im Finstern nicht ohne mich aus; – es könnte Dir Etwas zustoßen.« Die sechste Bitte: »Sey nicht eifersüchtig, wenn ich einem Mädchen aus Versehen einen Kuß geben sollte.« Die siebente Bitte: »Laß Deinem Manne immer das letzte Wort, und sey desto freundlicher, je später er nach Hause kommt.« Beschluß: »Wirst Du, mein holdes Kind! Die Bitten mir gewähren, / Werd' ich als meine Frau stets lieben Dich und ehren. / Wir leben ohne Zank in ungestörter Ruh', / Und drücken – kommt was vor, die Augen Beide zu; / Denn ohne Fehler ist ja weder Mann und Frau, / Und täglich gäb' es Streit, nähm' man es – zu genau!«

Auf dem Gegenstück »Die sieben Bitten der Ehefrauen an ihre Männer« tritt die junge Gattin, zum Ausgang bereit, im modischen Straßenkostüm, den Schutenhut in der Hand, an ihren Mann heran, der am Fenster seine lange Pfeife raucht. Ihre erste Bitte lautet: »Lieber Mann! Der Du sitzest

Eine schlimme Überraschung erwartet das kosende Paar in der Geißblattlaube. Gleich wird es den Stock des unerwartet heimkehrenden Mannes zu spüren bekommen. Lithographie von Bürger.

Ehret die Frauen sie flechten und weben
himlische Rosen ins irrdische Leben.

Praktische Kenntniß der Welt. – Warnung für Jünglinge.

auf dem Sopha und qualmest, sey nicht so schläfrig und schweigsam.« Die zweite Bitte: »Und brumme nicht jedesmal, wenn der Schneider oder die Putzmacherin kommt.« Die dritte Bitte: »Lasse meinen Willen geschehen und mische Dich nicht in meine Angelegenheiten.« Die vierte Bitte: »Gieb mir Geld, wenn ich welches brauche, und frage nicht allemal wozu.« Die fünfte Bitte: »Und vergieb mir meine Schulden, wenn ich einmal nicht ausgereicht habe.« Die sechste Bitte: »Und führe mich nicht in Versuchung, das wäre sehr albern.« Die siebente Bitte: »Sondern erlöse mich von dem Übel der Langeweile.« Beschluß: »Männchen, wirst Du mit Gewährung mir lohnen/Werd ich Dich mit Hauptschmuck auch möglichst verschonen; / Doch solltest Du aber mir gar widerstreben, / So möcht' es fatale Komödien geben; / Denn was mir im Guten nicht sollte gelingen, / Das werd' ich, im Vertraun gesagt, schon erzwingen!«

Mit dem sicheren Griff in die Intimsphäre weisen sich die Bilderbögen als echte Vorläufer unserer heutigen Illustrierten aus. Die sich in aller Öffentlichkeit ungeniert darbietende Lockerung der ehelichen Umgangsformen rief wie von selbst den vaterländischen Tugendwächter Friedrich Jahn auf den Plan. In exzessiver Entrüstung nahm er in seinem »Deutschen Volkstum« zu diesen Erscheinungen Stellung:

»Die Ehe bleibt der Liebe feste Wohnung, die Buhlschaft wird der Liebe Todtengruft. Buhlwesen findet in und außer der Ehe statt, doch das ineheliche ist das ärgste. Wer dem Buhlteufel einen Götzentempel im Ehgemach aufrichtet, dem muß allerdings des Predigers Segen zum Fluch werden. Unmäßigkeit, Verlassen der Natur, Schamvergessenheit, Mangel an Herzensreinheit, Verlust der Keuschheit durch unmenschliche Neugier und thierische Geschmacklosigkeit – sind die Todtengräber des häuslichen Glücks.

Mäßigkeit bleibt die Würze der Sinnenfreuden, die Arznei des Genusses, die Seele des Lebens. Jeder Mann tauscht die Menschheit mit der Viehheit, der Mannheit und Männlichkeit durch die Kraft der Zuchtthiere und Beschäler zu beweisen wollüstelt. Er ist schon geistig und sittlich entmannt, und verdient solchen Greuel auch leiblich unter dem Hämmlingsmesser zu büßen.

Natur bleibt immer neu, wird nimmer alt. Dem Feinzüngler, dem die gesunde Hausmannskost nicht mehr mundet, fehlen Hunger und Arbeit. Trunkenbolde, Nimmersatte und Schwelger werden nicht geboren, sie sind eigenes Zerrwerk. Kunstwollüstler sind entmenschte Ungeheuer, leider halten Staaten in den öffentlichen Unzuchthäusern ihnen Schulen.

Schamhafter, als die heutigen Zierlinginnen in erkünstelter Nacktheit, bleiben die Wildinnen trotz ihrer natürlichen Blöße; denn sie lassen sich am Tage nie von ihren Männern umarmen. Dagegen scheint unsere heutige Jugend aus dem Nachmittagsschlummer der Älteren hervorgegangen, und eine gewitterschwüle Schwere und Dumpfheit der Dämmerer Empfängnißsünde zu beurkunden.«

In zynischer Abwandlung
des Schillerzitats
»Ehret die Frauen«
geben die Karikaturisten
nach dem Vorbild
von Hogarth und Rowlandson
Einblicke in die Welt
des Lasters, die zur
Warnung und Abschreckung,
aber auch der satirischen
Unterhaltung dienen.

Samuel Friedrich Sauter

DER VERLORENE SOHN

Mein Erb- theil her!
Ich schaff nicht mehr!
Fort in die Welt
Trag ich mein Geld.

»Da wird nichts draus
Sohn bleib zu Haus
Und thu mir gut.
Weg Stock und Hut!«

Nein nein, nein nein
Das kann nicht seyn
Mein Erb- theil her
Ich schaff nicht mehr.

»Dein Will soll seyn,
Es wird dich reu'n;
Du bist in Wuth
Ein Thu nicht gut.«

Der Sohn mit Geld
Lauft in die Welt
Und gibt es aus
In Saus und Braus.

Er tanzt und springt
Und johlt und singt
Und frißt und sauft
Und balgt und rauft.

Nun kommt das Leid
Hart ist die Zeit
Rar wird das Brod
Und groß die Noth.

Ihn nimmt ein Mann
Zum Schwein- hirt an;
Da ißt und zehrt
Er mit der Heerd.

Jetzt spricht sein Sinn
Deß Sohn ich bin
Hat Mägd und Knecht
Und mir geht's schlecht.

Heim will ich gehn
Da will ich flehn
Heißt mich nicht Sohn
Ich dien um Lohn.

Er spricht's und geht
Und folgt der Red,
Und o der Freud
Nach so viel Leid!

Ihn nimmt ganz warm
Der Mann in Arm,
Dem er voll Scham
In's Haus jetzt kam.

Du schaffst um Lohn?
O nein mein Sohn
Du bist mein Blut
Thu nur jetzt gut.

Jahn beanstandet auf das entschiedenste Liebkosungen der Eheleute in der Öffentlichkeit, denn es »sollen nach der Bemerkung eines scharfsichtigen Ehkenners, solche das Spiel am weitesten treiben, die am wenigsten von einander halten«. Und er zitiert: »Das sind die wahren Katzen, / Die vorne lecken, hinten kratzen.«

Wie bei den hier angeprangerten Verhältnissen ein rechtschaffener Bürgersmann ohne sein Zutun in sehr ärgerliche Situationen geraten konnte, berichtet Adolph von Schaden aus Wien, wo sich »in- und ausländische Roués« gern zur Abendzeit »mit Dirnen eines gewissen Gelichters« im Fiaker spazierenfahren ließen. Wer ein derartiges Schäferstündchen im Sinn hatte, bestellte kurzerhand eine »Porzellanfuhre« beim Kutscher, der dann in Erwartung eines großzügigen Trinkgeldes menschenleere Stadtviertel so lange planlos durchkreuzte, bis ihm geboten wurde, zu halten oder schleunigst zum Ausgangspunkt zurückzukehren. »Ein anständiger Beamter der k. k. Porzellanfabrik«, so erzählt 1822 unser Gewährsmann, »war mit seiner Gattin bei einem Freunde in der Stadt zum Abendbrot geladen, nach dessen Beendigung er, da ohnehin Regenwetter und eine tiefe Finsterniß eingetreten waren, in einem Fiacker nach Hause zu gelangen gedachte.

Der Beamte wies den Kutscher an, nach der Porzellanfabrik zu fahren, allein als dieser die Pferde so lässig antrieb, daß man kaum von der Stelle kam, rief jener unwillig aus dem Schlage, ob er ihn nicht verstanden? – ›Ganz wohl!‹ erwiderte der Fiacker und fuhr nun noch langsamer. Der Beamte legte, auf der Gattin Zureden seiner Ungeduld Fesseln an, allein als man bereits beinahe eine Stunde im Wagen gesessen und trotz der Schneckenpost, nach des Beamten Dafürhalten, die in der Vorstadt Roßau gelegene Porzellanfabrik längst erreicht haben sollte, hielt sich dieser nicht länger und sprang aus dem Wagen. Man befand sich in einer ganz entgegengesetzten Sphäre, und jetzt klärte sich der Irrthum zu nicht geringem Ärgerniß des ehrbaren Ehepaares auf, der arme Fiacker aber erhielt statt des erwarteten reichen Lohnes – nur Schimpf- und Schandreden.«

Um zu verhindern, daß junge Menschen in der Art von Hogarths »The rake's progress« auf die schiefe Bahn gerieten, bediente sich das pädagogisch stark engagierte Biedermeier mit Vorliebe des uralten Lehrbeispiels vom verlorenen Sohn, das in Gestalt volkstümlicher Lithographien zugleich als Abschreckung und Wandschmuck diente.

Ignaz Franz Castelli, ein Vergnügungen auch zweifelhafter Sorte nicht abgeneigter Kenner und Chronist des Wiener Nachtlebens, benennt als einladende Orte der Liederlichkeit gewisse Vorstadtbeiseln, »wo der Wirt hübsche und kecke Mädchen hielt und wo täglich des Abends zwei oder drei Musikanten Tänze aufspielten. Die besuchtesten dieser Kneipen befanden sich auf dem Spittelberg. Da war nun alles dazu eingerichtet, um die Gäste so viel als nur möglich zu

prellen, sie durch Tanz und durch frivole Liebkosungen der Mädchen in jene Stimmung zu versetzen, in der man nichts mehr schont und die Börse leert. Diese Orte wurden freilich nur von Männern der gemeinsten Klasse besucht, aber nicht selten verlor sich auch ein alter Roué oder ein verwahrlostes Muttersöhnchen dahin, welche dann Geld und Kleinodien, oft ihre Gesundheit dort ließen und, wenn sie dann darüber böse Miene machten, auch noch hinausgeworfen wurden.

Zu speisen bekam man in diesen Kneipen nur sehr wenig: Würste, Käse, allenfalls noch Schweinefleisch. Auch Wein wurde nicht geschenkt, nur Bier, und zwar sogenanntes weißes Bier, das aber dunkelbraun war, Mailänder, eine lichtere Gattung, und dann Hornerbier, eine Art Haferbier von grüngelblicher Farbe, welches, in Krüge abgezogen, sehr stark moussierte und dem Berliner Weißbier ähnlich war. Es war besonders im Sommer ein sehr kühlender, labender Trunk, und ich weiß nicht, warum man nicht noch welches braut.

Bei Tag standen die Mädchen, die meisten üppig gestaltet, vor der Tür der Kneipe, um vorübergehende Männer durch

Am 4. September 1830 wurde bei revolutionären Umtrieben in Leipzig ein öffentliches Haus gestürmt. Den Aufrührern ging es nicht um die Abschaffung der Prostitution, sondern um die Plünderung der Branntweinvorräte.

Die Gasbeleuchtung kam 1818
von England nach Paris,
wo sie bei den Bürgern
wenig Anklang fand,
weil sich der König
für sie einsetzte.
Anfangs hielten auch die Berliner
von dieser Erfindung nichts,
und als am 1. September 1826
die ersten Gaslaternen
Unter den Linden
angesteckt wurden,
lachte man sich ins Fäustchen,
weil alle Gläser platzten.
Mit der Einführung
der Gasbeleuchtung
kam ein neuer Beruf,
der des Laternenanzünders, auf,
der zur Berliner Type wurde.
Der Karikaturist F. B. Dörbeck
verulkte ihn mit der Frage
des Schusterjungen:
»Männeken, soll ick ihn'
nich vorn Jroschen Öl besorjen?«

die ihnen zu Gebote stehenden Künste anzulocken, abends das Gasthaus zu besuchen, denn bei Tag litt ihnen der Wirt keine Besuche.

Man kann sich nichts Appetitlicheres denken als den Anzug eines solchen Mädchens. Sie trugen schneeweiße, feine Strümpfe und rosenfarbige oder hellblaue Schuhe, ein Röckchen von weißem Barchent, oft auch von farbigem Seidenstoff, welches so kurz war, daß man die bunten Strumpfbänder unter dem Knie noch erblicken konnte, ein eng anliegendes Korsettchen, meistens schwarz, welches die Arme bis oben bloß ließ und rückwärts eine Art von Büschelchen, genannt Schößerl, emporstreckte, dazu ein kleines, seidenes Busentüchlein, welches seinen Inhalt nur halb verdeckte, und auf dem Kopfe, über von beiden Seiten in Locken geringelten Haaren, eine glänzende emporragende Goldhaube.

Wenn man in eine solche Kneipe hineintrat und nur gewöhnliches Bier begehrte, so erhielt man es durch den Kellner, und niemand bekümmerte sich um einen weiter. Man konnte ruhig sitzen bleiben und die Wirtschaft beobachten, nur durfte man sich nicht beigehen lassen, sich in ein Gespräch zu mischen oder mit einem Mädchen Scherz zu treiben; denn man wurde für einen angesehen, der keine Maxen [Geld] hat. Verlangte man aber einen Kracher [Hornerbier], da kam gleich ein Mädchen mit demselben, setzte sich zum Gast, erlaubte sich alle möglichen Scherze und trank mit, und ihre Kameradinnen tranken auch mit, man brachte Fleisch und Backwerk, und am Ende betrug die Zeche mehrere Gulden; denn es lagen auch meistens mehr Stöpsel von den Bierkrügen, welche man geleert haben sollte, auf dem Tisch, als wirklich getrunken wurden.«

Den Annalen der Berliner Polizei zufolge zählte man 1839 in der preußischen Hauptstadt 33 öffentliche Häuser, die sämtlich an der Königsmauer, also unweit des Schlosses gelegen waren und 1844 bei einem Bestand von 240 registrierten Insassinnen aufgehoben wurden.

Ein Besucher des Bordells Legers in der Friedrichstadt, Ecke Französische und Kanonierstraße, vermerkte mit Befremden die Anwesenheit einer »gewaltigen Menge Perückenmacher, Schneider, Schuster ... auch Bürschchen von 14 und 15 Jahren«. Sein Resümee: »Die wildeste Ausgelassenheit, eine zügellose Frechheit und Unverschämtheit in dem äußeren Betragen der effronten Dirnen, welche die Huldgöttinnen dieses Saals sind, verursachen, daß man ihn mit Widerwillen betritt. Mein Gott! Wie tief kann der Mensch sinken, und wie scheußlich wird jenes Geschlecht, wenn der letzte Funken von Scham in dessen Busen erloschen ist!«

Heine drückte sich über diesen Gegenstand wesentlich maßvoller aus, indem er sagte: »Blamier mich nicht, mein schönes Kind / Und grüß' mich nicht unter den Linden.«

DIE WELT DES KLEINEN MANNES

Ehrbare Meister und dienstbare Geister

Bevor in den dreißiger Jahren der Ruß der Fabriken und Eisenbahnen seinen trüben Flor über die Städte zu breiten begann, hatte der biedermeierliche Alltag, eine überschaubare, wohlgeordnete Welt der Handwerker, Händler und Beamten, noch ein kleinstädtisch anmutendes Gepräge. Wie eine nüchterne Momentaufnahme dieses Milieus wirkt Eduard Gärtners Ansicht der Parochialgasse in Berlin: da raucht der Kesselschmied vor der Werkstattür seine Pfeife, da wird mitten auf der Straße Holz gesägt, da leert der stets durstige Eckensteher neben der Destille sein Bier, da tratschen die Nachbarinnen, und die Hunde knurren sich an. Man glaubt das Rattern einer Droschke auf dem holprigen Pflaster zu vernehmen und das Spülicht des Rinnsteins zu riechen. In Straßen wie dieser sind die Sandmänner unterwegs, die für einen Dreier oder Sechser Scheuersand verkaufen, die Wasserträger bringen Tonnen mit weichem Spreewasser zur Wäsche ins Haus, hier rufen die Bücklingsfrauen und Neunaugenmänner ihre Waren aus, Scherenschleifer und Topfflechter lassen ihre Stimmen erschallen. Hier gibt es Böttcher, Stellmacher, Huf- und Wagenschmiede, Sattler, Seiler, Gerber, Kürschner, Posamentenmacher, Seifensieder; hier reißt der Bader Zähne aus, die Schneidergesellen hokken mit gekreuzten Beinen auf dem Tisch, der Schuster beugt sich im Kellerloch über seine Glaskugel.

Zur Staffage dieser Altstadtvedute gehören auch die Hökerinnen, inmitten von Obst und Gemüse meist in einen kastenförmigen Sitz gezwängt, bei schlechtem Wetter ein qualmendes Kohlenbecken zu ihren Füßen und einen riesigen Regenschirm über dem Kopf. Daß sie nicht auf den Mund gefallen waren, ist den Versen zu entnehmen, die Gustav Kühn ihnen auf einem Neuruppiner Bilderbogen gewidmet hat:

Madamken, keene Aeppel heit?
Sechs Jroschen man de Metze.
Ick jlobe, Sie is nich jescheidt;
Wat hör' ick da? wat red't Se?
Drei Silberjroschen biet't Se mir?
Na, Schönste, pack Se sich von hier
Mit ihrem Hut und Freese,
Ich wünsch ihr jute Reese!

Wat steht Ihr denn un kuckt hier zu?
Wech von de Aeppels, Jeeren!
Hier, bester Herr, nach ihren Ju,
Janz reife Stachelbeeren.

Van lappen maken wij papier,
En verkoopen het niet dier.
De loques, je fais du papier,
C'es fort singulier.

Geschrift in allerlei talen,
Graveer ik op alle metalen.
Je grave avec goût et fidélité
Pour le présent et la postérité.

De Boekdrukkers met oplettendheid,
Begeven zich tot hunne bezigheid.
Les Imprimeurs travaillent assidûment
Chacun à son ouvrage différent.

Met Apothekerij houd ik u in het leven
Anders zoudt gij wis gestadig moeten beven.
Dans ma Pharmacie vous trouvez toujours
Des remèdes qui prolongent vos jours.

Goud sla ik geheel den dag
Schoon ik er niet veel van houden mag.
Je bats de l'or constamment,
Et j'en gagne peu cependant.

Als koperslager maak ik veel gedruisch;
Ik hoor mij zelven niet in huis.
Chaudronnier, quand je suis à l'ouvrage,
Je fais un terrible tapage.

Hoedenmaker ben ik van stiel
En verkoop die zeer civiel.
Je fabrique des Chapeaux
Et les vends bons et beaux.

Wij snijden het Haar en scheren den Baard,
In onze hand is een ieder vervaard.
Nous rasons la barbe et coupons les cheveux
Entre nos mains chacun est peureux.

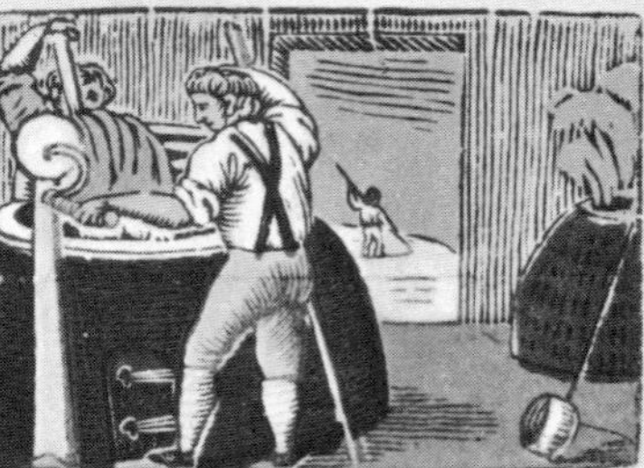

Ik Verw in 't Blaauw en 't Rood,
Voor 't afgaan is geen nood.
Je teins en bleu et rouge parfaits,
Mes couleurs ne changent jamais.

Ik blaas het glas voor iedereen,
Doch blaas ik geen glazen been.
Je fais des verres divers
Mais je ne fais point de vers.

Het Wagenmaken is ook eene kunst
'K verzoeke vriendelijk uw gunst.
L'art du Charron est fort utile
Aux champs comme à la ville.

De Zadelmaker die gij ziet
Werkt vroolijk en kent geen verdriet.
Vous voyez ici le Bourrelier
C'est un précieux ouvrier.

Kom bij ons, wij maken Schoenen
Dienstig met alle seizoenen.
Nous faisons d'excellentes chaussures,
Venez faire prendre vos mesures

Mijnheer, gij zult tevreden wezen
Uw kleed zal worden goed geprezen.
Votre habit, monsieur, vous ira bien
Je vous assure qu'il n'y manquera rien.

Alle gebouwen kan ik verwen,
Niemand kan mijn kunste derven.
Je mets en couleur toutes les maisons,
Qui sans cela auraient l'air de prisons.

Na jeh' Er man, Er hat keen Jeld,
Ick hör't wie Em der Magen bellt;
Er macht sich ja jemeene,
Freß Er doch Kieselsteene!

In den »Erinnerungen eines alten Lützower Jägers« erzählt Wenzel Kremer aus Wien, daß man diesen Weibern, die dort Fratschlerinnen hießen, sogar Geld gab, um sich einmal tüchtig ausschimpfen zu lassen. »Zu meiner Zeit exzellierten in dieser edlen Kunst zwei Weiber; eine namens Baberl an der Brücke vor dem Burgtor, die andere am roten Turm, Anna Katherl genannt. Selten ging eine Person, besonders Frauenzimmer, an den Krambuden dieser Vetteln vorbei, ohne daß sie ihr irgendeinen treffenden Spott- oder Spitznamen zuwarfen. Kaufte man etwas bei ihnen, dann überhäuften sie einen mit Euer Gnaden, Exzellenz, schöner Herr und sonstigen Schmeicheleien, nur mußte man auch zahlen, was sie forderten, und dies war unverschämt hoch; tat man dies aber nicht und bot niedriger, dann brach der Scheltstrom los. Wer dies nicht wußte, entfloh beschämt; kannte man aber diesen Unfug, konnte man ruhig stehenbleiben und mit den Umstehenden mitlachen; gewöhnlich wußte man zuletzt nicht, wem es galt. Dieser Skandal war so gebräuchlich, daß selbst die Polizei, die sonst so strenge ist und, wenn nur zwei Menschen auf der Straße lebhaft sprechen, schon Rebellion, Meuterei und Gott weiß was alles wittert, hierzu schweigt und mitlacht.«

Eine ähnlich komödiantische Begabung erforderte der Beruf des Leichenbitters. War in minder wohlhabenden Kreisen, etwa in einer Handwerker- oder Krämerfamilie, ein Todesfall eingetreten, so galt der erste Gang der Angehörigen dem Leichenkommissarius, der zweite dem Leichenbitter, der sich unverzüglich im Trauerhause einfand, wo ihn nebst Tränen, Schmerz und Klagen ein Schinken- oder Schlackwurstbrot und ein Glas Branntwein erwarteten. In »Berlin und die Berliner« würdigen Ludwig Lenz und Ludwig Eichler sein Amt, nach besten Kräften zu trösten. »Da er indes dafürhält, daß viele Worte mit der Würde eines Leichenbitters unverträglich sind, so läßt er in die lauten und ungestümen Ausbrüche des Schmerzes ... in angemessenen Intervallen eine seiner Stereotypphrasen fallen, die er mit einem obligaten Seufzer begleitet, wie zum Beipiel: ›Ihm ist wohl!‹ – ›Er hat ausgerungen!‹ – ›Er ruht jetzt im Schoße unseres Heilands!‹ – ›Für den Tod kein Kraut nich gewachsen ist!‹ – ›Gott hat ihn retourgenommen!‹ – ›Er hat sich von diesem Dasein absolviert!‹ – ›Wer weiß, wozu es gut ist!‹ und so weiter. Zuweilen aber, und wenn der Verstorbene begütert war und ein solennes Leichenbegängnis zu erwarten steht, läßt sich auch der Leichenbitter vom Schmerz überwältigen, und während er Butterschnitten, von dem Umfang kleiner Quadersteine, in seinen Mund schiebt und in der Betrübnis seines Herzens ganze Weingläser voll bittern Schnapses hin-

Das ehrbare Handwerk
zu respektieren, lernten
die Buben lange bevor
sie in die Lehre kamen.
Nützliche Ratgeber
bei der Wahl des Berufes
waren überall die
bunten Anschauungstafeln
der Bilderbogen-Verlage
(Brepols, Turnhout).

unterschüttet, rinnen Tränen innigsten Mitgefühls über sein wehmütiges Angesicht.«

Den Typ des Beamten hat der Zeremonienmeister Ludwigs I. von Bayern, Franz Graf Pocci, in seiner klassischen Karikaturenfolge »Der Hämorrhoidarius« mit gemütvollem Grimm konterfeit. Auch sein Amtskollege Ludwig Steub, der 1834 als Regentschaftssekretär an den Hof Ottos I. nach Griechenland versetzt wurde, persifliert seinen Respekt erheischenden Stand: »Bei uns draußen bin ich ein ausgemachter Herr. Sitz ich in meiner Kanzlei, auf meinem Schraubstuhl, zwei Federn hinter den Ohren, eine in der Hand – griesgrämig wie ein Leu, zuweilen auch mit übereinandergeschlagenen Füßen, wie es in der Gerichtsordnung vorgeschrieben ist – wenn ich so dasitze, da überläuft schon einen jeden von den gemeinen Leuten eine Gänsehaut, der mit mir zu sprechen hat ... So ist's bei uns – hier aber, da hat niemand eine Ehrfurcht vor der Obrigkeit ... Daß die Leute in einer achtungsvollen Entfernung stehen blieben und warteten, bis man einen nach dem anderen vorruft – kein Gedanke. Kyrie, Kyrie, heißt es von allen Seiten – der eine klopft mich auf die Schulter, der andere zupft mich am Rocke – drei oder vier fangen auf einmal an zu erzählen eine ganze Geschichte, von der ich nichts verstehe – der eine streift einen Ärmel hinauf und zeigt einen Schuß, der andere reißt das Hemd auseinander und zeigt einen Stich – die Weiber weinen ... da ist von Untertänigkeit gar keine Rede!«

Als ein Muster an Zivilcourage im Umgang mit der Obrigkeit bewährt sich dagegen Eckensteher Nante, eine mit Mutterwitz und Schlagfertigkeit ausgestattete Berliner Type, ein Hanswurst, der sich mit gerissener Schläue dumm stellt, um wider den Stachel zu löcken. Nicht nur ein brillantes Zeugnis biedermeierlichen Humors, sondern auch biedermeierlicher Rebellion ist Adolf Glassbrenners Satire:

Eckensteher Nante

Aktuarius (sitzt an einem Tisch und schreibt).

Gerichtsdiener (tritt herein): Herr Aktuarius, draußen ist ein Eckensteher, der eine Klage machen will.

Aktuarius: Er soll kommen.

Nante (ist ein wenig angetrunken, nimmt sich aber sehr zusammen und sucht den Aktuarius durch seine Bildung zu überraschen): Ich danke Ihnen vor die Annonce, Herr Jerichtsdiener. Sie können wieder jehen.

Aktuarius: Näher treten!

Nante (tritt näher, streicht sich die Haare aus dem Gesichte und nimmt eine imposante Stellung an): Schön! – Jetzt können Sie mir genießen, Herr Justiz.

Aktuarius: Wie nennt Er sich?

Nante: Du!

Aktuarius: Was soll das?

Umschwänzelt und viel geschmäht: der Beamte. Franz Pocci interpretiert ihn als »Hämorrhoidarius«.

Eduard Gaertner (1801–1877)
Frauenkirche zu Dresden
Ölgemälde
Schweinfurt, Sammlung Georg Schäfer

Nante: Na ja! Du nenn' ick mir. Ick wer' doch nich zu mir hörensemal sagen!

Aktuarius: Wie Er heißt, will ich wissen.

Nante: Ach so, wie er heißt? Ja! Karnaljenvogel heißt er.

Aktuarius: Was? Mach Er keine Späße hier!

Nante: I Gott bewahre, wo wer' ick mir denn so was als Untertan unterstehen. Er heißt Karnaljenvogel, der Wirt von den Schnapsladen, den ick hier anhängig machen will. Er drägt nämlich immer eine jelbe Jacke un eine schwarze Kappe uf den Kopp, und derowejen nennen wir ihn Karnaljenvogel. Natürlich, er *pfeift* ooch zuweilen eenen oder mehrere.

Aktuarius: Ich frage ja aber, wie *Er* heißt! (Deutet auf ihn.)

Nante: Ach so, wie ick heiße! Aha! Ick jlaubte, Sie meinten ihm, weil Sie *er* sagten; entschuld'jen Sie! Ick heeße: Fer-de-nand, Frie-derr-rich-Karrel Schwabbe. Meine Kammraten nennen mir: Nante, der jebildete Lulei.

Aktuarius: Geboren?

Nante: Ja, jeboren bin ick. Je suis! Entschuld'jen Sie, wenn ick manchmal en bisken Französch unter meine Reden jieße. Erschtens kleedt des en jungen Menschen jut, un zweetens kleebt mir des noch von Anno 15 und 14 an, die ick mitjemacht habe.

Aktuarius: Ich frage: Wo Er geboren ist!

Nante: Ach so, so, wo? In de *Roß*straße, aber als *Mensch*. Seitdem ick verheirat't bin, wohn' ick in de Kreuzjasse.

Aktuarius: Alt?

Nante: Na, des jeht noch, wie Se sehen. Ein paar jraue Härekens un en bisken Mondschein hab' ick freilich schon (er faßt sich auf den Kopf), indessen, es is noch des erste Viertel. Nächstens werd' ick mir vielleicht einer Perücke bedienen.

Aktuarius: *Wie* alt er ist!

Nante: Ach, in dieser Hinsicht, *wie*? Ja – Sie wissen woll, des sagt man nich jerne. Besonders meine Frau, die braucht immer 'ne Menge Jahre, ehe se eens älter wird. Achtunddreißig, Herr Justiz; ick bin jrade mit's Jahrhundert uf de Welt jekommen; ick und des Jahrhundert, wir sind Zwillinge. Morjen is mein Jeburtstag, wenn Sie mir vielleicht wat schenken wollen, da wer' ick siebenunddreißig.

Aktuarius: Dummkopf! Wenn Er achtunddreißig ist, so muß Er doch neununddreißig werden!

Nante: Ja, eigentlich ist es so in de Ordnung, Herr Justiz, aber ick will Ihn'n sagen: Man wird zu alt bei die jewöhnliche Art Rechnung nach Adam Riesen. Ick zähle jetzt wieder zurück, damit mir de Haare nich so ausfallen.

Aktuarius: Religion?

Nante: Ja, versteht sich! Wo wer' ick denn keene Reljon haben! In Preußen! Sie jlooben woll, ick bin en Heide? Ne, ick beete nich mal meine Frau an, un det is doch en Engel, denn sie sorgt davor, deß ick bald in'n Himmel komme.

Linke Seite:
Schneider und Schuster bringen das Wunder zustande, aus einem ungeschlachten Tölpel einen Mann von Welt zu machen.
Vielfach sind die Kunden anspruchsvolle Stutzer, die über ihre Verhältnisse leben und die Rechnung schuldig bleiben.
Stich von Cajetan und Lithographie von Schulz.

Vorhergehende Seite:
Wiener Volksszenen aus dem Milieu der Wäschermadln, Milchweiber und Fratschlerinnen waren eine Spezialität von Karl Lanzedelly, einem Raimund unter den Lithographen.

Der Eckensteher Nante,
ein exemplarischer Urberliner
und Philosoph der Branntweinflasche,
der ungeniert ausspricht,
was andere sich nicht zu sagen
getrauen, verdankt seinen
schlagfertigen Mutterwitz
dem Satiriker Adolf Glassbrenner.
Lithographie von F. B. Dörbeck.

Aktuarius: Mit Ihm muß man viel Geduld haben! *Welche* Religion Er hat!

Nante: Wenn't uf meinen Vorteil ankommt, bin ick en Jude, aber jedooft ewangelsch.

Aktuarius: Was war Er, bevor Er Eckensteher wurde?

Nante: Mensch! Immer und ewig Mensch. Wenn Se überjens meine Lebensbierjeojraphie wissen wollen, die können Sie auch genießen. Kurz darauf, nachdem ick Mensch jeworden war – (er zieht die Schnapsflasche heraus) entschuld'jen Sie! mir durschtert, des viele Reden jreift meine unjewohnte Kehle an – kurz darauf also, nachdem ick Mensch jeworden war, und natürlicherweise die erste elterliche Keile des Lebens überstanden hatte, schickte mir mein Vater, uf französch: *mon père*, in die Schule. Hierin lernte ick nischt – und wurde mit einer Zensur und viel Keile baldigst entlassen. Das war jut, was nun? Nun starb mein Vater, und meine Mutter jung ins Ausland, vielleicht nach Schöneberg, indessen unjewiß. Das war auch jut, was aber nun? Nun überließ ick mir selber und studierte Straße, zettadier: ich wurde Straßenjunge. Ick machte Kutschen auf, machte sie wieder zu – natürlich, sonst reißt ein anderer Wagen den Kutschenschlag wech –, kurzum: Ick nährte mir rötlich. Ick drank damals noch Kirsch. Denn in der Blüte der Jugend liebt man des Jetränk noch; im Alter natürlich, und bei zunehmenden Verstande neigt man sich mehr zu Kümmel. Un richtig, ick neigte mir mehr zu Kümmel. Nu merkt ick aber, det meine Moral abnahm, und derowegen jing ick raußer vors Hallsche Dor in die Kinderanstalt und ließ mir bessern.

Aktuarius: Weiter, weiter!

Nante: Ja, warten Se man, Herr Justiz, det wird allens kommen! Ick kann doch nich *jleich* aus de Besserungsanstalt wechloofen! Des kam erst später, als der Ruf an die Jünglinge von Preußen erjing, das Vaterland zu retten. Ick hörte diesen Ruf und sagte zu mir: Nante, du bist ein Jüngling von Preußen, du bist jebessert jenuch, jetzt rette. Und da rettetete ick. Ick jung mit un habe de Franzosen jezeigt, wat 'ne Harke is. Eine Kanone is durch mir alleene lebendig jefangen worden.

Aktuarius: Wieso?

Nante: Wieso? Ja sehen Se, Herr Justiz, des war so! Es war jrade Schlacht, und ick stund mitten unter einen Trupp von de Unsrijen. Wir waren alle janz benebelt, sowohl von die Witterung wie von den Pulverdampf. So seh' ick mit een Mal in den Feind rin und sage zu einem Unsrijen: Hör mal, sag' ick, Kammrat, da steht 'ne Kanone, die könnte man sich langen. Un so jeht der Mensch mit noch mehrere hin und nimmt die Kanone also durch mir.

Aktuarius: Jetzt erzähle Er, aber ganz kurz! warum Er eigentlich hier ist.

Nante: Um den Karnaljenvogel zu verklagen. Kürzer können Sie't nich verlangen.

Aktuarius: Er soll mir den ganzen Verlauf der Sache erzählen!

Nante: Ach so, als wie so, Verlauf? Ja, von verloofen is nu eijentlich nich die Rede, denn Sie können mir die Oojen zubinden und mir hinstellen wo Se wollen: ick finde in de Deschtlationsanstalt bei'n Karnaljenvogel. Jrade als wie so 'ne Kuh, wenn se'n Stall sucht, des heeßt, natürlich, ohne Anspielung auf mir. Also vor unjefähr anderthalb Stunden, da wird mir so'n bisken wabblich, un weil meine Karline ooch man noch eene Träne für mir hatte, so stolpere ick so duse vor mir hin un falle in den bewußten Schnapsladen rin. Des ist jut. Sehr jut is des! Wie ick nu so da drin bin, so laß ick mir eenen inschenken – natürlich wenn man eenmal drinn ist! –, nehme des Jlas so vor die Oojen, beseh' ihn mir, denke bei mir selber: Der sieht nich übel aus, den wirscht du dir mal anprobieren, und verschlucke ihn.

Aktuarius (unwillig): Rasch! Rasch!

Nante: Ne, erlauben Sie mal, Herr Justiz, des jeht nich so rasch: ick kann mir ja verschluckern! (Sehr ernst.) Also wie ick Ihnen nu, Herr Justiz, im Magen hatte, nämlich den Kümmel, so kommt der Karnaljenvogel und hüppt uf mir zu und sagt zu mir: »Ju'n Dag, Nante, jebildeter Lulei!« So sag' ick: »Ju'n Dag, Karnalje!« So sagt er: »Comment, wie jeht es dir, du befindst dir doch noch?« So sag ick: »Toujours wie immer, passablement, deux honneurs à mains!« So sagt er: »Wat macht deine Natur, Lulei?« Un so mach' ick en Spaß und sage: »Ick danke dir, es is Frühling, se schlägt eben aus!« Un dabei jeb' ick ihm einen Katzenkopp. »Was?« sagt er, »du schlägst mir? Ick bin en Karnaljenvogel, un en Karnaljenvogel schlägt ooch!« Un so reicht er mir eine Maulschelle über'n Ladentisch, det mir mein Haupt wackelt. Also ick denke noch immer, die Sache is Spaß, und steche ihm eine Bremse, natürlicherweise, um keen Spaßverderber zu sind. Des is jut, die Backe looft uf und wird rot, un ick lache noch janz jutmütig un sage: »Du mußt dir janz jut befinden, Karnalje, du wirscht ja zusehends fetter und jesünder.« So sag' ick Ihnen, Herr Justiz, ick denke, ick falle aus de Wolken! So wird der Mensch eeklich, un schlägt mir einen Buff hier in die Seite, det mir de Proppen von de Karline abspringt un der eben einjefüllte Schnaps nutzlos in de Tasche schwimmt un da drunter noch das Jlas von meine silberne Uhr entzwee jeht! Nu können Sie sich aber *mir* denken, Herr Justiz! Ick werde Ihnen also mit eenmal janz und jar unangenehm, un so wie ick unangenehm bin, so kommt mein juter Freund 117, namens Neumann, von hinten auf mir zu und sagt: »Wat soll'n der Wortwechsel hier? Wovon unterhält ihr'n euch?« Nanu denk ick aber doch ooch, ick soll de Platze kriejen vor Wut, wie mir der mit seine Pomade dazwischenkommt! Ick dreh' mir also um, un steche meinen Freund eine Maulschelle, eine Maulschelle! Ne, ick sage Ihnen, Herr Justiz, so was is Ihnen noch nicht vorgekommen! Wenn Sie eine solche Maulschelle kriegten, ick jloobe, Sie nähmen in de ersten acht Dage keene Klage mehr uf! Sie klagten alleene.

Aktuarius: Halt Er's Maul! Erzähl Er weiter!

Nante: Ne, entschuld'jen Se mal, Herr Justiz, des jeht nich! Entweder ick halte mein Maul, oder ick erzähle weiter, beides mit'n Mal können Sie nich jenießen. Von welche Sorte wünschen Sie'n?

Aktuarius: Weiter, weiter!

Nante: Schön! (Er nimmt seine Dose aus der Tasche und schnupft.) Exküse, mir prisert dann und wann en bisken. (Reicht ihm die Dose.) Lieben Sie vielleicht auch den Schnupf?

Aktuarius: Nein, nein! Nur weiter!

Nante: Schön! Also sehen Sie, Herr Justiz, so stand die Sache. Jut! Kaum werde ick nu meinen Freund die Maulschelle geimpft haben un den Karnaljenvogel jleich darauf noch eine, so entsteht eine Keilerei. Des jing hastenichjesehn, kniz, knaz, rungs, klapp, knall, pladderadautsch, baff! Kippemann, Schebecke, Flebbe und Henkewitz werden mir beistehen, un Jrabke, Schmidt, Mepperhammel un Eplich un Pujetzky den Karnaljenvogel un den Neumann; kurzum, det wird Ihnen da eenen Skandal jeben, Herr Justiz, det ich denke, Europa schießt Kobolds. Un wie ick nanu so mittendrin in die Keilerei steche un rechts und links beschäftigt bin, so kommt der Karnaljenvogel und schlägt mir meinen Filzhut mit eenen Klapps über't Jesichte, det ick nischt nich mehr sehen kann un dieses Loch in diesen Hut kriege. (Er zeigt seinen Hut.) Haben Sie die Jüte, Herr Justiz, dieses Loch mit aufzunehmen. Schreiben Sie jefälligst, wie ich Ihnen diktiere: (diktierend) daß – haben Sie des daß? – man – eine – Hand – durchstechen – konnte. Haben Sie konnte? Schön!

Aktuarius: Was will Er denn nun eigentlich?

Nante: Ja, eijentlich wollte ick sehr vieles, alleene aber man setzt ja nischt durch. Hier wollte ick jefälligst nur, det Sie mir jehorsamst zu mein Eijentum verhelfen. Erschtens die Kümmelverjütung aus de Karline, zweetens Wiedererlangung des jesprungenen Uhrjlases und drittens Filzersatz wegen einen über den Kopp jestülpten und ein Loch verursachten Hut, daß man eine Hand durchstechen konnte. In Sachen Nante kontra Karnaljenvogel, erste Instanz.

Aktuarius (steht auf und geht aus dem Zimmer): Er ist ein Dummkopf! Lasse Er sich künftig in keine Schlägerei ein, sonst wird man ihn noch extra bestrafen. (Ab.)

Nante (verwundert): Ohoch! (Sehr gedehnt sprechend.) Wo so? Wie das? Ick soll mir in keene Schlägerei inlassen, wenn mir einer keilt? Ne, Kleener, von *die* Sorte sind wir nich! Und wo bleibten nanu dieser entzweetije Filz un des jesprungene Uhrjlas un der Überfluß von den Kümmel? Ne, des is eine merkwürdije Justiz! Wat hab' ick nu ausjericht? Weiter nischt nich als einen Dummkopp! Den kann ick mir nu mit zu Hause nehmen un inwickeln.

In den Amtsstuben hält der erbärmlichste Federfuchser auf strikte Subordination. Gegen die Anmaßung der Behörden polemisieren die Zeitchronisten in Wort und Bild.

Gerichtsdiener (tritt zu derselben Tür herein, durch welche der Aktuarius hinausgegangen): Sie können nanu jehen. Sie derfen sich hier nicht länger aufhalten.

Nante: So? Nich länger ufhalten? Ne, ick kann mir ooch nich länger ufhalten als ick bin, ick halte mir überall man so lang uf, wie mir die Natur erschaffen hat. Vorjesetzt wird mir hier doch nischt, also denn wer' ick man zu Hause Mittagbrod essen. Na, leben Se wohl, Herr Jerichtsdiener! Jrüßen Se den Herrn Justiz von mir un sagen Se ihm man in Sachen Nante kontra Karnaljenvogel, erste Instanz, det ick hoffte, det der Prozeß wenigstens schweben würde. Denn sonst seh' ich mir jenötigt zu apfellieren. Adieu Mosje! (Ab.)

Gerichtsdiener (ihm folgend): Jehen Sie nich falsch! Da die Treppe links runter!

Die Erinnerung
an die Befreiungskriege
lebt im Soldatenspiel
und Kinderlied fort:
Bin der kleine Tambour Veit,
meine Trommel kann ich rühren
und die Grenadiere führen
zur Parade wie zum Streit.

»Als uns unser König rief / Zum Franzosen-Tanze, / Ich gleich, wie besessen, lief, / Kroch nicht wie ne Wanze. – / Donnerwetter! Säbel her / Ohne Lauf nahm ich's Gewehr; / War der Kolben doch noch d'ran, / Tot zu schlagen wen

man kann ... / Himmel! das gab ein Geknacks / Auf die Köpfe d'rauf, / Als wenn eine Wagenachs' / Bricht im schnellsten Lauf. – / Ich hab' selbst mit eigner Hand / Fünfzig Feinde umgerannt, / Hundert totgeschlagen, / Die nicht Zipp! mehr zagen.«

Der Veteran mit dem Holzbein, der, in Tabaksqualm und Pulverdampf gehüllt, in der Dorfschenke mit seinen Heldentaten prahlt, ist eine im Gefolge aller Kriege anzutreffende Type. Man begegnet dem alten Aufschneider, einem preußischen Landsturmmann der Schlachten an der Katzbach, bei Dennewitz und Großbeeren, auf einem Neuruppiner Bilderbogen, und er demonstriert den Rekruten von 1830 (»Ihr seyd alle Lümmel! / Schneidet schon ein trüb' Gesicht, / Fehlt Euch Fleisch und Kümmel ...«), was ein ganzer Kerl ist. In der Tat übte das Soldatenleben auf die Nachfahren der Freiheitskämpfer von 1813/14 wenig Anziehungskraft aus. Auch die schmucke Uniform und der damit verbundene Erfolg bei den Damen vermochten kaum die Strenge und Eintönigkeit des Exerzier- und Paradedienstes zu versüßen.

Die in Preußen durch Boyens Wehrgesetz vom 3. September 1814 eingeführte allgemeine Wehrpflicht und dreijährige Dienstpflicht wurde wenig später schon als demütigende Last empfunden, als sich die Generation der Heimkehrer aus den Befreiungskriegen durch die enttäuschenden Ergebnisse des Wiener Kongresses und die danach einsetzende Verfolgung aller Wortführer der deutschen Einheit brüskiert und betrogen sah. Die Unterdrückung der Freiheit und die gesellschaftliche Zurücksetzung des Bürgertums brachten es mit sich, daß dem Soldatenstand jede Popularität versagt blieb. Auch die alte Geringschätzung machte sich wieder geltend, mit der man vor 1806 den meist aus den niedrigsten Schichten rekrutierten und mit Abenteurern und Kriminellen durchsetzten Söldnerheeren begegnet war: die Furcht vor der Roheit und Brutalität der Gemeinen und die Empörung über den hochfahrenden Dünkel der fast ausschließlich dem Adel entstammenden Offiziere. Selbst als die entscheidende Stunde der Erhebung gegen Napoleon schlug, saß dieses Vorurteil noch so tief, daß Goethe, der als Schlachtenbummler an der unglückseligen Kampagne von 1792 teilgenommen hatte, seinem Sohn August nicht erlaubte, sich den Freiwilligen anzuschließen, und der Leipziger Astronom Möbius die denkwürdige Äußerung tat: »Ich halte es geradezu für unmöglich, daß man mich, einen habilitierten Magister der Leipziger Universität, zum Rekruten sollte machen können. Es ist der abscheulichste Gedanke, den ich kenne, und wer es wagen, sich unterstehen, erkühnen, erdreisten, erfrechen sollte, der soll vor Erdolchung nicht sicher sein.«

Die verbreitete Vorstellung, es handle sich beim Militär allenfalls um eine »nützliche Korrektionsanstalt für ganz

Adolf Glassbrenner

Ist die Ernte noch so gut geraten:
Die Hälfte fressen die Soldaten.
Die andere Hälfte fressen die
Schreiber;
Was kriegen denn wir in unsere
Leiber?

Dem salutierenden Wachposten dankt der hohe Vorgesetzte mit patriarchalischer Würde. Stolz auf die Orden an seiner Brust und auf das schmucke Töchterchen an seiner Seite, verbringt er, von der Erinnerung an Bataillen und Heldentaten zehrend, den Lebensabend in der Garnison.
Gemälde von Carl Schindler, Wien, Österreichische Galerie.

Keine schlimmere Schmach kann einem jungen Patrioten widerfahren, als von der Musterungskommission wieder nach Hause geschickt zu werden. Wenn es am Militärmaß fehlt, so stellt man sich einfach auf die Zehen.

verwahrloste Subjekte«, führt Gustav Parthey (1798–1872) in seinen »Jugenderinnerungen« auf die von Friedrich Wilhelm II. abgeschaffte barbarische Strafe des Spießrutenlaufens zurück wie auch auf die Tatsache, daß die »entehrenden Stockprügel« erst Friedrich Wilhelm III. auf die Zuchthäuser beschränkte. Anstelle dieser mit ziemlicher Willkür angewandten Disziplinarmittel war allerdings die ebenso inhumane Institution des Lattengefängnisses getreten. »Der Delinquent ward in eine enge dunkle Kammer gesperrt, deren Fußboden und Wände mit dicht beieinanderstehenden dreikantigen Latten besetzt waren. Er konnte also nur wie auf einer Säge sitzen, stehen oder liegen. Diese Strafe gab den Torturinstrumenten des Mittelalters nichts nach. Sie war so empfindlich, daß dem Gefangenen nach zwei Tagen Latten immer ein dritter Tag in einer gewöhnlichen Stube gewährt werden mußte; 6 Wochen Latten waren gleichbedeutend mit Todesstrafe. Desertion ward auch im Frieden unnachsichtlich mit Erschießen bestraft.«

Nicht genug, daß die Aussicht auf solche Martyrien die zum Landsturm Einberufenen in Angst und Schrecken versetzte, es wurde ihnen auch zugemutet, für ihre militärische Ausrüstung selbst Sorge zu tragen. »Ich ließ mir eine Pike machen«, erinnert sich Karl Friedrich von Klöden, als der Ruf des Vaterlandes an ihn erging, »und bespickte diese von der Spitze abwärts mit eisernen Stacheln, um zu verhüten,

ÉPART ET RETOUR DU CONSCRIT

daß sie ergriffen würde. Außerdem besaß ich einen französischen Infanteriesäbel und kaufte mir ein Paar Terzerole, die damals, der großen Konkurrenz wegen, recht teuer waren. Diese trug ich im Gürtel. Wir wurden zu Übungen zusammenberufen, um unter dem Kommando ehemaliger Offiziere exerzieren zu lernen. Dabei kamen aber manche Wunderlichkeiten vor. Man lehrte das Exerzieren des preußischen Infanteristen. Beim ›Linksum kehrt‹ sollten wir stark auftreten und beim Drehen mit der Rechten gegen die Patronentasche schlagen, die keiner von uns hatte. Als man darauf aufmerksam machte, wurde es dahin abgeändert, daß man gegen die rechte Hinterbacke schlagen möge. Beim ›Gewehr an!‹ sollten die Piken vollkommen senkrecht gehalten werden, damit sie, von der Flanke aus gesehen, einander deckten und gleichsam eine Mauer bildeten. Dabei ... wurde befohlen, die Pike solle nur mit dem Daumen und den beiden Vorderfingern, ausgestreckt, angezogen werden. Dies wollte beim Exerzieren durchaus nicht gelingen, denn die Pike konnte nur von wenigen mit drei Fingern fest genug gehalten werden, und beim ›Gewehr an!‹ kippten die meisten Piken vornüber und lagen der Länge nach auf dem Boden. Darüber geriet unser Major immer ganz außer sich, bis er inne wurde, daß er selber die Pike in dieser Weise nur eine ganz kurze Zeit halten konnte ...« Unter den braven Volkssturmmännern von 1813 gab es al-

Tränen fließen,
als der einzige Sohn,
ein halbes Kind noch,
eingezogen wird. Niemand
glaubt an ein Wiedersehen.
Doch eines Tages schließt
der vor Gram zum Greis
gewordene Vater einen für
seine Tapferkeit ausgezeichneten
Offizier in seine Arme.

Ordnung muß sein: Die Polizei arretiert den ältesten Bürger von Brüssel, das Manneken-Pis, weil es der Bevölkerung ein schlechtes Beispiel gibt. Satirischer Bilderbogen von Verrassel-Charot, Brüssel.

lerdings auch nüchterne Naturen, die keine Chance sahen, mit ihren Behelfswaffen gegen die Gewehre der Franzosen das geringste auszurichten, und die keinen Hehl daraus machten, »bei der ersten ernsthaften Aktion davonzulaufen«.

Ein wesentlich glanzvolleres Bild von der in der Stunde der Not ins Leben gerufenen Bürgerwehr entwirft Ignaz Franz Castelli in seinen Memoiren für die aus den Einwohnern Wiens rekrutierten militärischen Korps: »Da war die bürgerliche Kavallerie, die Artillerie, das zweite Regiment, das Korps der Dekreter und jenes der bildenden Künstler. Sie sahen alle recht gut aus ... und alle Bürgeroffiziere durften sogar goldene Portepees tragen. Früher existierte noch ein Korps, man nannte es die Musterkarte, weil ihre ganze Uniformierung in einem dreieckigen Hute und aus einem Säbel am Bandelier bestand und jeder seinen eigenen und von den anderen verschiedenfarbigen Rock trug. Bei diesem Korps befanden sich nur die ärmsten Bürger, die sich eine Uniform anzuschaffen nicht imstande waren. Es war aber wirklich ein schöner Anblick, die Bürgerkorps aufziehen und bei festlichen Gelegenheiten Spalier machen zu sehen. In den Jahren 1805 und 1809 haben sich diese Bürgermilizen wirklich ausgezeichnet, bei dem Einmarsch der Franzosen alle Wachtposten bezogen und Ruhe und Ordnung in der Stadt erhalten.«

VALEUR ET HUMANITÉ.

Der Dichter Castelli, der nach der Niederlage Napoleons bei Aspern ein vielbejubeltes »Kriegslied für die österreichische Armee« angestimmt hatte, hörte auf der Stelle auf, »der letzte Vertreter der alten Wiener Gspaßigkeit« zu sein, wenn es irgendeinem Witzbold in den Sinn kam, der Bürgerwehr ans Portepee zu fassen: »... ich habe nie recht begreifen können, wie das zu seiner Zeit erschienene Theaterstück ›Die Bürger in Wien‹ von Bäuerle eben hier so außerordentlichen Beifall erhalten konnte, da es eigentlich ein Pasquill auf das damalige militärische Treiben der Bürger ist und in der Person des Parapluiemachers Staberl einen Wiener Bürger als den dümmsten Menschen zeichnet. In einem anderen Lande würden Verfasser und Schauspieler mit faulen Äpfeln beworfen worden sein, wenn sie ähnliches gewagt hätten.«

Hier täuschte sich Castelli. Er war eine zu glatte, zu konformistische Gestalt, um das geheime Lodern der Opposition, ihre provokatorischen Gelüste, ihre schadenfrohe Widersetzlichkeit in der Seele des Publikums bemerken zu wollen oder zu können. Wie immer dann der Humor floriert, wenn es nichts zu lachen gibt, so kannte das Biedermeier neben lustigen Frage- und Pfänderspielen auch die erlösende Wirkung eines ganz trockenen scheinheiligen Witzes, der auf dem Wörtlichnehmen gebräuchlicher Redensarten beruhte. Ihr Schauplatz ist Krähwinkel, ein durch Jean

Tapferkeit und Menschenliebe zeichnen napoleonische Soldaten aus, die mitten in Feindesland ein Findelkind mit Herz und Sachkunde versorgen. Image populaire von Pellerin, Epinal.

Wilhelm Hauff

Soldatenliebe

Steh' ich in finstrer Mitternacht
So einsam auf der stillen Wacht,
So denk' ich an mein fernes Lieb,
Ob mir's auch treu und hold verblieb.

Als ich zur Fahne fortgemüßt,
Hat sie so herzlich mich geküßt,
Mit Bändern meinen Hut geschmückt
Und weinend mich ans Herz gedrückt!

Sie liebt mich noch, sie ist mir gut,
Drum bin ich froh und wohlgemuth,
Mein Herz schlägt warm in kalter Nacht,
Wenn es ans ferne Lieb gedacht.

Jetzt bei der Lampe mildem Schein
Gehst du wohl in dein Kämmerlein
Und schickst dein Nachtgebet zum Herrn
Auch für den Liebsten in der Fern'!

Doch wenn du traurig bist und weinst,
Mich von Gefahr umrungen meinst –
Sei ruhig, bin in Gottes Hut!
Er liebt ein treu Soldatenblut.

Die Glocke schlägt, bald naht die Rund'
Und löst mich ab zu dieser Stund';
Schlaf wohl im stillen Kämmerlein
Und denk in deinen Träumen mein!

1824

Pauls Satire »Das heimliche Klagelied der jetzigen Männer« und Kotzebues Lustspiel »Die deutschen Kleinstädter« für jede Art Albernheit prädestinierter Flecken. Diese Krähwinkliaden zählten – nach ihrem Erforscher Wilhelm Fraenger – zu den beliebtesten Bilderbogenmotiven des frühen 19. Jahrhunderts. Man findet sie, von Johann Michael Volz (1781–1858) künstlerisch und humoristisch am einfallsreichsten gestaltet, sowohl bei Gustav Kühn in Neuruppin wie auch im Lithographischen Institut in Wien, dort mit dem Untertitel »Bildliche Darstellungen doppelzüngiger Redensarten«.

Eine der hier der Lächerlichkeit preisgegebenen Hauptfiguren ist der Krähwinkler General, der entweder eine Festung einnimmt (gichtbrüchig im Lehnstuhl vor dem Ofen sitzend, führt er die Festung auf einem Medizinlöffel zum Munde), in der feindlichen Stellung einige Blößen sieht (es handelt sich um Soldaten beim großen Geschäft) oder sich übergeben muß (wobei er sich in breiter Kaskade entleert). Wenn ein Krähwinkler Lieutenant sich an ein Fräulein hängt, so sitzt er am Boden und läßt sich, an ihre Röcke geklammert, von der Promenierenden hinter sich herziehen.

Der Abschied des Soldaten von seinem Liebchen wird in der populären Graphik mit rührseligem Pathos, gern aber auch mit Humor behandelt.
Oben: Neuruppiner Bilderbogen.
Rechte Seite: Ausschnitt aus dem Aquarell »Auszug der Badischen« von A. Waizenegger, Rastatt, den 12. May 1826.

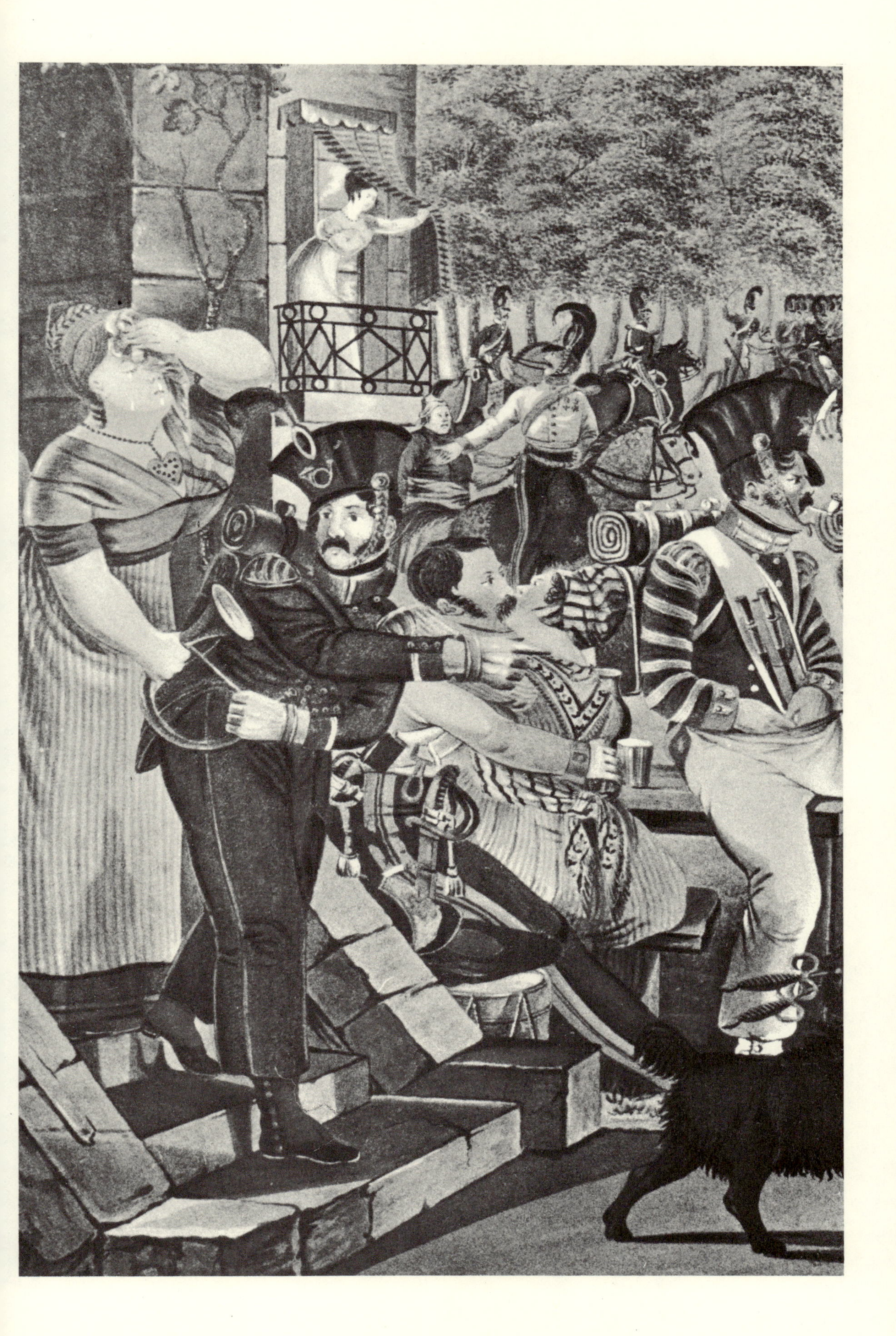

Adolf Glassbrenner

DAS VOLK VON DEUTSCHLAND
BALLADE NACH SCHILLER

»Volk von Deutschland, all mein Sehnen
Ist das Militär;
Fordre keine andre Liebe
Als fürs steh'nde Heer!«

Und das Volk bringt Millionen
Auf Millionen her,
Und dann wieder Millionen
Für das steh'nde Heer.

Seine Lehrer sieht es darben,
Stocken den Verkehr;
Liebend dennoch bringt's Millionen
Für das Militär.

Nach den freien Völkerstaaten
Blickt's und seufzet schwer,
Und bringt neue Millionen
Für das steh'nde Heer.

Frei sein möcht' es, doch der Junker
Droht ihm mit dem Speer,
Und da stöhnt's und bringt Millionen
Hin zum Militär.

Einig, einig möcht' es werden,
Gibt drum alles her,
Aber alles, alles, alles
Nimmt das steh'nde Heer.

Man erfährt auch, wie die Rekruten unter das Militär gestoßen werden: mit Fußtritten ins Hinterteil.

Bei diesen Blättern hat man es nicht mit Karikaturen zu tun, wie sie zu gleicher Zeit in England und Frankreich en vogue sind, mit satirischen Pamphleten, die kaum verhüllt bestimmte Persönlichkeiten und Affären aufs Korn nehmen, sondern mit fast spielerisch verschlüsselten Bekundungen eines anonymen Unmutes. Den unprätentiösen, ganz und gar unheroischen Charakter des Biedermeier kennzeichnet auch das Fehlen des eigentlichen Militärbildes. Hier gibt sich der tiefe Gegensatz zum französischen Empire zu erkennen, der auf der völlig verschiedenartigen geschichtlichen Situation beider Völker nach der Revolution und dem großen Auftritt Napoleons beruht. Die zeitgenössische Malerei kennt keine grandiosen Schlachtenbilder, wie sie Napoleon von den Chronisten seiner Feldzüge schaffen ließ. Die Jahre der Opfer und Kämpfe um die Befreiung Deutschlands sind fast spurlos an der deutschen Kunst vorbeigegangen. Selbst Franz Krüger, dem virtuosen Schilderer der glanzvollen Paraden vor dem Berliner Zeughaus, lag weniger die Apotheose von Preußens Glanz und Gloria am Herzen als die akkuraten Porträts seiner Freunde im Publikum.

Carl Schindlers »Ehrenbezeigung« atmet die Betulichkeit und Langeweile einer kleinen Garnisonsstadt. Wieviel Gewicht hat da der Augenblick, wenn ein Vorgesetzter, die Gattin am Arm, des Wegs kommt und der Posten rasch vor die Wachstube tritt und strammsteht. Bei Spitzweg erfährt man sodann, wie sich der brave Wachsoldat oben auf der Bastei die Zeit vertreibt. Er strickt nach Großmütterart – und wenn ihn der Schlaf übermannt, so hängt er den Uniformrock über das Gewehr, stülpt den Hut aufs Bajonett und überläßt den Dienst dieser Attrappe, sich selbst jedoch, an einem schattigen Plätzchen ins Gras gestreckt, dem Schlummer.

Gegen den organisierten Leerlauf des Militärs erhoben sich viele kritische Stimmen. Karl Gutzkow fand, »daß es nicht würdig sei, wenn Appell, Wache, Exerzieren, Parade, Manöver, Revision der Armatur hunderttausend Seelen als die alleinigen Fragen der Welt und des Lebens erfüllen«.

Einen schwedischen Besucher hingegen, den Dichter Per Daniel Amadeus Atterbom, setzte neben dem Schnurrbarttragen und Verseschreiben preußischer Offiziere die Unsitte des Schnürens in größte Verwunderung: »Magen und Unterleib werden in erstaunlicher Weise zusammengepreßt, die Hüften treten weit und breit darunter hervor, und die Brust wird mit einer so karikaturartigen Ausstopfung bedeckt, daß man beim ersten Anblick eher verkleidete Frauenzimmer als Helden zu sehen glaubt. Man könnte glauben, daß diese Tracht angenommen worden sei, um die Moskowiter zu parodieren, aber die Parodie ist so ernst, daß die Kerle bisweilen bei Parademanövern zu Boden taumeln und sterben – besiegt von ihren Kleidern.«

Offizier von der Kaiserlich-
Österreichischen Nobelgarde.
Nadelstichbild, um 1810.

Madame
von der Nobelgarde.
Nadelstichbild, um 1810.

Und selbst der k. u. k. Offizier Graf Bigot de St. Quentin beklagte 1850 in dem »Unsere Armee« betitelten Band seiner Schriften: »Der Friede und seine Folgen lasteten schwer auf uns, unser Besseres drohte stumpf zu werden mit unserer Waffe, Verweichlichung und kaum zu erschwingender Luxus entnervten den kecken Mut, den bedürfnislosen, leichten Soldatensinn, Verkünsteleien machten lebendige Exerzierhölzer aus uns, Schulfuchserei blies uns zu gelehrten Automaten auf, und Augendienerei brach uns den Rükken zum obligaten Gewedel. Jahr um Jahr schleppte sich der kampfscheue und doch bis an die Zähne bewaffnete Friede fort, in kläglicher Verdrossenheit spann sich unser

Ein Jahr nach
der Einquartierung
pflegt sich unwillkommener
Kindersegen einzustellen.
Die ledigen Mütter
ziehen zum Tor hinaus,
den Vätern hinterher,
die mit Sang und Klang
auf Nimmerwiedersehen
verschwunden sind.
Deutsches Spottbild, um 1848.

Werktagsgeschäft herunter, kaum noch einerseits durch Avancierhunger, andererseits durch totschlächtige Sehnsucht nach der Pension beseelt. Spärlich war da ein jugendlicher Enthusiasmus zu finden, und der Rest unseres militärischen Geistes lief Gefahr, gänzlich durch Kauf und Geld in die Uniform geschmuggeltes Philistertum zu werden, während er beim gemeinen Mann kaum mehr etwas Besseres war als ein Resultat der Hackelstocknotwendigkeit ...«

Der alte Aktive krönte seine in der geschraubten Redeweise eines Turnvater Jahn vorgetragenen Ansichten über den Frieden und seine Folgen mit dem Bekenntnis, daß ihm der Krieg »fast wie ein Märchen aus grauer Vorzeit« erscheine, eine Auffassung, die freilich ganz im Widerspruch zu der des russischen Kaisers Nikolaus stand, der den Parade- und Exerzierdienst als militärischen Selbstzweck empfand und vom Krieg nichts halten wollte, weil er nur die Armee verderbe.

Sorgen dieser Art stand die Masse der Zivilisten verständnislos gegenüber. Sie fand sich auf eine nachgerade deklassierende Weise ausgeschlossen von einem ebenso exklusiven wie fossilen Stand, der von allen Mitbürgern Respekt, Gehorsam und strikteste Unterwerfung forderte und dennoch mit eigenen Gesetzen, eigener Justiz, eigener Polizei einen separaten Staat im Staate bildete. In einer sozial mehr und mehr vom Bürgertum geprägten Zeit nahm sich das absolute Privileg des Adels in der Armee wie ein Relikt des feudalen 18. Jahrhunderts aus. Das Militär galt mehr oder weniger als Versorgungsanstalt des Adels, der bei der Besetzung der Offiziersstellen einseitig begünstigt wurde. Mit dem König als Chef an der Spitze war es ein Bollwerk der konservativen und absolutistischen Staatsidee – eine Demokratisierung des Militärs, wie sie nach der Revolution in Frankreich eingetreten war, gehörte im übrigen auch noch gar nicht zu den erklärten Zielen der bürgerlichen Emanzipation.

Das Leben und Treiben der von ihrem Dienst wenig beanspruchten Offiziere gab genug Stoff zu Hintertreppengeschichten und bitteren Gedanken. Als die Affäre des Gardeleutnants Graf Blücher die Runde machte, der nach einem nächtlichen Rendezvous mit der Schauspielerin Clara Stich den heimkehrenden Ehemann auf der Treppe niedergestochen hatte, sagten die Leute ironisch, der Leutnant werde als Rittmeister in die Provinz versetzt mit der Aussicht, als Major bald wieder nach Berlin zurückzukehren, Frau Stich werde den Luisenorden und Herr Stich zehn Jahre Festung kriegen.

Es rührt merkwürdig an, daß Heinrich Heine, einer der größten Verächter jener »Handvoll Junker, die nichts gelernt haben als ein bißchen Roßtäuscherei, Volteschlagen, Becherspiel oder sonstige Schelmenkünste«, in seinen »Briefen aus Berlin« zugleich eine Lanze für sie bricht: »Ich bin zwar kein sonderlicher Freund vom Militärwesen, doch muß ich gestehen, es ist mir immer ein freudiger Anblick, wenn ich im Lustgarten die preußischen Offiziere zusammenstehen sehe. Schöne, kräftige, rüstige, lebenslustige Menschen. Zwar hier und da sieht man ein aufgeblasenes dummstolzes Aristokratengesicht aus der Menge hervorglotzen. Doch findet man beim größeren Teile der hiesigen Offiziere, besonders bei den jüngeren, eine Bescheidenheit und Anspruchslosigkeit, die man um so mehr bewundern muß, da, wie gesagt, der Militärstand der angesehenste in Berlin ist. Freilich, der ehemalige schroffe Kastengeist desselben wurde schon dadurch sehr gemildert, daß jeder Preuße wenigstens ein Jahr Soldat sein muß, und vom Sohn des Königs bis zum Sohn des Schuhflickers keiner davon verschont bleibt ...«

»Other people's babies / That's my life / Mother to dozens / And nobody's wife ...« Ein knapper Vierzeiler erspart uns hier die Mühe, die Konditionen eines Standes zu analysieren, von dem ein 1830 im Königlichen Zentral-Schulbücherverlag zu München erschienenes »Lesebuch für dienende Mädchen« gottgefälliges Betragen und Reinlichkeit sowie an Pflichten gegenüber der Herrschaft: Ehrfurcht, willigen Gehorsam, Bescheidenheit, Verschwiegenheit, Ehrlichkeit usw. verlangt. Erfüllte die Magd, sei es als Köchin, Kinder- oder Stubenmädchen, diese idealen Erwartungen, erwies sie sich dazu als selbstlos und treu, so wurde sie oftmals ein unentbehrliches Mitglied der Familie – dies nicht immer als »Mutter auf Zeit«, die eines Tages, wenn die Kinder erwachsen waren, wieder gehen mußte, sondern sie konnte als »unsere Emma« oder gar »Kommerzienrats Minna«, geliebt und respektiert, auch ein lebenslanges Zuhause finden.

Neben der patriarchalischen Herrschaft, die dem Dienstmädchen wenig private Freiheiten zubilligte, gab es im Biedermeier auch schon den Typ des unpersönlichen Arbeitgebers, bei dem das Personal nicht in den Genuß des keineswegs immer gewünschten Familienanschlusses, dafür aber

Ferdinand Raimund

Arie des Wurzel

Ein Mädchen kommt daher
Von Brüssler Spitzen schwer,
Ich frag' gleich, wer sie wär'?
Die Köchin vom Traiteur!
Packst mit der Schönheit ein,
Geh'st gleich in d'Kuchel 'nein;
Ist denn die Welt verkehrt?
Die Köchin g'hört zum Herd.

1826

»Na warte, Göre, wenn du meine Tochter wärst!« Aufgedonnert, die Augen und die Hüften verdrehend, geht das Flittchen auf Eroberungen aus, anstatt wie die alte Waschfrau ihr Brot in Ehren zu verdienen. Lithographie von Alois Senefelder.

Die Verlassenen

Mariechen saß weinend im Garten,
Im Grase lag schlummernd ihr Kind,
Mit ihren schwarzbraunen Locken
Spielt leise der Abendwind.
Sie saß so still, so träumend,
So einsam und so bleich,
Und dunkle Wolken zogen,
In Wellen schlug der Teich.

Der Geier steigt über die Berge,
Die Möwe zieht stolz einher.
Es weht ein Wind von ferne,
Schon fallen die Tropfen schwer.
Schwer von Mariens Wangen
Eine heiße Träne rinnt:
Sie hält in ihren Armen
Ein kleines, schlummerndes Kind.

»Hier liegst du so ruhig von Sinnen,
Du armer, verlassener Wurm!
Du träumest von künftigen Sorgen,
Die Bäume bewegt der Sturm.
Dein Vater hat dich verlassen,
Dich und die Mutter dein;
Drum sind wir arme Waisen
Auf dieser Welt allein.

Dein Vater lebt herrlich, in Freuden;
Gott lass' es ihm wohlergehn!
Er gedenkt nicht an uns beide,
Will mich und dich nicht sehn.
Drum wollen wir uns beide
Hier stürzen in die See;
Dann bleiben wir verborgen
Vor Kummer, Ach und Weh!«

Da öffnet das Kind die Augen,
Blickt freundlich sie an und lacht;
Die Mutter, vor Freuden sie weinet,
Drückt's an ihr Herz mit Macht.
»Nein, nein, wir wollen leben,
Wir beide, du und ich!
Dem Vater sei's vergeben:
Wie glücklich machst du mich!«

Anonym

in den gewisser festgelegter Rechte kam. Zu dieser Kategorie muß man wohl auch Beethoven rechnen, der mit zunehmender Taubheit so schwierig und mißlaunig wurde, daß es ihm kein dienstbarer Geist mehr recht machen konnte. Da er offenbar mit Geld und Kost sehr knauserte, erteilte ihm Frau Streicher, eine Dame aus seinem Bekanntenkreis, im Jahre 1817 folgende Ratschläge, die bereits damals die durchaus nicht bescheidenen Ansprüche der Hausangestellten erkennen lassen: »An Wochentagen gibt man den Dienstboten zwei Teller voll Suppe, ebensoviel Zukost und ein Pfund Fleisch. Zu Nacht Suppe und Zuspeis, bleibt von mittag Fleisch übrig, desto besser für sie, wo nicht, so können sie keinen Anspruch darauf machen. – Man gibt ihnen Braten alle Sonntag und Feiertag. Man kann auch jeder anstatt dem Braten fünf bis sechs Groschen geben. Kocht man für den Herrn eine gewöhnliche Zuspeis, als Blaukohl, Kraut und Rüben etc., so ist es besser, daß alles in einem gekocht werde, weil man unstreitig bei zweierlei Kocherei mehr Schmalz braucht. – Kocht man aber für den Herrn eine Zuspeis als Schwarzwurzeln oder Spargel, welches teuer und nicht viel ausgibt, so können sich die Dienstboten eine geringere Zuspeis kochen. – Die Haushälterin bekommt täglich Brotgeld 12 Kreuzer, auch so die Küchenmagd. – Wenn zwei weibliche Dienstboten bei einem einzigen Herrn sind, so ist es nicht mehr als billig, daß sie seine und ihre eigene

Wäsche waschen, in dem Bezahlung dafür überflüssig, es sei denn, daß man bei einer solchen Gelegenheit den Dienstboten jeder ein Glas Wein geben wolle.«

Eine solche Geste des Wohlwollens dürfte Beethoven schwergefallen sein, denn über seine Stützen notierte der grantige Junggeselle in seinem Skizzenbuch: »Die Niedrigkeit von beiden Personen ist mir unausstehlich – für eine Haushälterin ist sie zu ungebildet, ja, viehisch, die andere aber steht trotz ihrem Gesicht noch unter dem Vieh.«

Auch Goethe fuhr aus der Haut über seine Köchin Charlotte Hoyer, »eine der boshaftesten und incorrigiblsten Personen, welche mir je vorgekommen«, und unterzog sich der polizeilichen Anordnung, in einem Dienstzeugnis »ihr Gutes und ihre Mängel auseinanderzusetzen«, mit maliziöser Gewissenhaftigkeit: »Charlotte Hoyer hat zwei Jahre in meinem Hause gedient. Für eine Köchin kann sie gelten, und ist zu Zeiten folgsam, höflich, sogar einschmeichelnd. Allein durch die Ungleichheit ihres Betragens hat sie sich zuletzt ganz unerträglich gemacht. Gewöhnlich beliebt es ihr nur nach eigenem Willen zu handeln und zu kochen; sie zeigt sich widerspenstig, zuweilen grob, und sucht diejenigen, die ihr zu befehlen haben, auf alle Weise zu ermüden. Unruhig und tückisch verhetzt sie die Mitdienenden und macht ihnen, wenn sie nicht mit ihr halten, das Leben sauer. Außer anderen verwandten Untugenden hat sie noch

Eine herrliche Zukunft sagt auf diesem satirischen Blatt eine »Prophetin des 19. Jahrhunderts« dem Gesinde voraus: »Es werden Zeiten kommen, wo die Herrschaften das Wasser selbst holen müssen, die Mägde aber in seidenen Kleidern gehen!!«

Linke Seite: Nicht gut Kirschen essen war mit den Haus- und Küchenmenschern. In der »Zeit des Maulkorbs« gehörten sie zu den wenigen, die ungeniert den Mund aufmachten und selbst Dienstherren wie Beethoven und Goethe mit ihrem losen Zungenschlag zur Verzweiflung brachten.

»Dresdner Hausgesinde
in floribus«
betitelt Peter Lyser,
der Mephisto der Bildchronisten,
sein Sittengemälde.
Die Emanzipation des
Dienstpersonals nimmt die
überraschend eintretende Hausfrau
(rechts) ratlos zur Kenntnis.

die, daß sie an den Türen horcht. Welches alles man, nach der erneuten Polizeiverordnung, hiermit ohne Rückhalt (hat) bezeugen wollen. Goethe.«

Schnippische Antworten, wie sie den Geheimen Rat Goethe 1811 in Harnisch brachten, störten auch andernorts den häuslichen Frieden. Daß eine solche Person nicht auf den Mund gefallen war, veranschaulicht Adolf Glassbrenner mit der Akribie eines Philologen in einem Berliner Dialog zwischen Hausfrau und Köchin:

»Frau: Aber Friederike, Du hast schon wieder den Braten anbrennen lassen!

Köchin: Nee, Madam, der is janz alleene anjebrennt!

Frau: Was, Du willst mich noch zum besten haben?

Köchin: Zum besten? I, davor hüte mir der Himmel! Nee, ich spaße ja man.

Frau (außer sich): Verdammtes Mensch, mach mir nich böse!

Köchin (ganz gleichgültig): Wozuden det noch. Sie scheinen mir schon etwas böse zu sind.

Frau: Du weeßt doch, daß De zum Ersten ziehst!

Köchin (die Hände faltend): Ach, wenn man schon der Zweete wäre!

Frau: Halt' Sie's Maul, sage ich!

Köchin: Wozuden: Det is mir ja anjewachsen!

Frau (wütend): Bist Du nu ruhig, Knochen! oder ich rufe meinen Mann!

Köchin (achselzuckend): Ja, denn jeht et mir schlecht; jejen zehne kann ick mir nich vertheidigen.

Frau (verschluckt die Galle und wird etwas milder): Sag' mal, Friederike, hat Dich denn der Satan verführt, daß Du immer das letzte Wort haben mußt?

Köchin: Ja, ick habet von Ihnen jelernt!

Frau (indem sie fortgeht): Geh zum Deibel!

Köchin (ihr höhnisch nachrufend): Also soll ick wieder bleiben, Madam?«

Mit Recht argwöhnte die Hausfrau, daß die Dienstmäd-

Die Hausfrau
stört ein Rendezvous:
»Sag um Gotteswillen Mädchen,
wem gehört die Mütze nur?«
»Ach Madame 's ist keine Mütze,
's ist mein neuer Pompadour.«
»So ... Und warum bellt denn Azor ...
wie, im Küchenspind Soldaten?«
»Ach Madame, Sie scherzen,
Azor riecht den kalten Braten!«
Lithographie, Verlag J. Rocca, Berlin.

Dem Geistlichen naht der Teufel in Gestalt der Haushälterin. Die Bettpfanne in der Hand, fragt sie verführerisch: »Wünschen Sie, daß ich Ihr Bett wärme, Hochwürden?« Lithographie von Ch. Philipon.

chen über die Herrschaft klatschten beim Wasserholen von der Pumpe – Berlin bekam erst 1856 seine Wasserleitung, die Schmutzeimer mußten indessen noch in den siebziger Jahren hinuntergetragen werden, bis die Kanalisation abgeschlossen war. Und mit gutem Grund verdächtigte man die Mädchen, Leckerbissen beiseite zu schaffen und die Vorräte zu dezimieren, um einen Soldatenmagen damit zu füllen. Auf Unarten der Mägde, die der Hausfrau entgehen mochten, wies jedoch erst Georg Friedrich in seiner 1851 erschienenen Schrift »Die Gefahren für Kinder durch Kindermädchen« hin. Er verwarf nicht nur die Mode, Kinder von Ammen säugen zu lassen, sondern belegte auch mit schärfstem Tadel jene Bediensteten, die Kinder durch Kitzeln zu beruhigen suchen, ihnen die Mahlzeit vorkauen und Mohn zu essen geben, damit sie schneller einschlafen.

Dieses unglaubliche Verhalten erscheint geradezu harmlos, mißt man es am Fall der Maria Anna Birnbaum, die als Haushälterin bei dem Oberamtsrevisor Franz Xaver Unterstein in München dessen Kinder mißhandelte und verhungern ließ. Ihre Hinrichtung fand am 12. November 1836 durch den Scharfrichter Hermann statt, der ihr Haupt auf einen Hieb vom Rumpfe trennte. (Klage des Stadtchro-

nisten: »Leider muß hier die Neugierde des schönen und zartfühlenden Geschlechtes konstatiert werden, ... am allerwenigsten aber war bei dieser entsetzlichen Blutszene der laute Bravo-Ruf am Platz, welcher von vielen Zuschauern als Huldigung der Geschicklichkeit des Scharfrichters unmittelbar nach dem Schwertstreiche vernommen wurde.«)

Daß eines der häufigsten Kapitalverbrechen, der Mord an einer Kinderseele, zumeist unbemerkt und ungeahndet blieb, bezeugt eine biographische Reminiszenz von Theodor Fontane. Sie befaßt sich – ganz schon im Geiste eines Sigmund Freud – mit haarsträubenden Zuständen im Rat Kummerschen Hause, dessen Personal »auf einer allerniedrigsten Stufe stand. Der Rat selber war von Mittag an ausgeflogen. Erschien dann der soldatische Liebhaber, so wurde das arme, dem Dienstmädchen anvertraute Kind an einen Bettpfosten gebunden, und als sich dies auf die Dauer als untunlich herausstellte, sah sich die Kleine mit in die Kaserne genommen, wo sie nun auf dem großen quadratisch von Hinter- und Seitenflügeln umstellten Hofe herumstand, bis das Liebespaar wieder erschien und den Rückzug antrat. Es prägten sich die während dieses Umherstehens und Wartens empfangenen Bilder dem Kinde so tief ein,

Dem Hausherrn kommt die Ehegattin auf die Schliche, wie er das hübsche Küchenmädchen karessiert. Hat sie sich totgegrämt, tritt oft genug die Magd an ihren Platz. Zeichnung von F. Bamberger.

Rette sich wer kann, wenn die Hundenarren ihre Lieblinge in Rudeln auf die Gasse führen. Die lästigen Folgen dieser Manie führt eine Kupferstichbeilage der »Wiener Theaterzeitung« drastisch vor Augen.

daß es sich, als es viele Jahre später an Nervenfieber darniederlag, in seinen Phantasien immer wieder auf dem furchtbaren Kasernenhofe sah, aus dessen hundert Fenstern ebensoviele Grenadiere herniedergrinsten.«

Am Sonntag, wenn sie Ausgang hatten, griffen die »Damen von der Küche« zu Schnürleib und Brennschere und warfen sich in Schale. »Mit turmhoher Frisur und breiten Locken im modernen Kleide von feinem Gingan, einen großblumigen Schal leicht um den Nacken geworfen, um den auch ein rosa Flortuch geschlungen ist«, so sieht sie Glassbrenner von dannen eilen. »Einen lächerlichen Kontrast bilden der schnelle watschelnde Gang und die nachlässige Haltung zu der aufgeputzten Figur, in deren Gesicht man die Sehnsucht lesen kann, das Tor zu erreichen, wo der Dragoner oder Grenadier mit der Pfeife wartet, um sie nach der nahen Tanztabagie zu führen.«

»Da zieht das Mensch auf der Straße einher«, heißt es bei einem anderen Zeitgenossen, »als ob sie gar von Adel wär'. Viele wissen sich gerade so zu zieren wie überbildete Fräuleins der großen Welt.« Und in einem »Phantastischen Zeitgemälde« für die Leopoldstädter Schaubühne läßt Carl Meisl eine solche Person gar singen: »Nicht mehr lange werd' ich klagen, / Waschen, Reiben, Wasser tragen; / Man nimmt's nicht mehr so genau, / Bald wird man noch gnäd'ge Frau.«

Die Aussicht, in den Herrschaftsstand aufzurücken, war freilich nicht groß – das für ein Dienstmädchen jener Tage nahezu obligatorische uneheliche Kind setzte dem schönen

Ein Leben mit Hunden
ist kein Hundeleben.
Für anhanglose Witwen
und betagte Jungfern
ist die aufopfernde Sorge
für Spitze und Möpse
zum Inhalt des Lebens geworden.
Der allzu menschliche Umgang
mit den lieben Vierbeinern
beschäftigte die Karikaturisten.
Oben: »Pauvre bichon«,
Lithographie von A. Cornillon.
Unten: »Hunde-Liebhaberey«,
Kol. Kupferstich um 1820.

Derbes Spottbild
auf die Ehefrau, die sich
in den Suff geflüchtet hat.
Anonymer Kupferstich,
Anfang 19. Jahrhundert.

Jetzt führ ich mein Weib auf den Miſt,
Weil Sie alle Tag ſternvoll beſoffen iſt;
Halt mein lieber Mann, halt nur ſtill,
Der Durſt plagt mich noch gar zuviel.

Friedrich Voigt
ELISENS ABSCHIED

Noch einmal, Robert, eh' wir scheiden,
Komm an Elisens klopfend Herz!
Süß fühlt' es einst der Liebe Freuden
Und jetzt so bitter ihren Schmerz ...
Nimm, was ich oft von dir empfangen,
Dies Blümchen, das bedeutsam spricht
Und welkend mit Elisens Wangen
Noch bitten wird: »Vergiß mein nicht!«

Wenn Zauberbande dich umstricken,
Denk' an Elisens Tränenblick!
Wenn Schönere dir Blumen pflücken,
Denk' an die Dulderin zurück!
Nicht teilen sollst du ihre Leiden,
Nicht fühlen, wie das Herz ihr bricht:
Sei du umringt von tausend Freuden,
Nur, Glücklicher, vergiß mein nicht!

Traum meist ein jähes Ende. Auch Lenchen Demuth, der Musterfall einer treuen Seele, die bei Karl Marx bedienstet war und gemeinsam mit seiner Frau Jenny in London das Grab mit ihm teilt, entging diesem Schicksal nicht. Der Vater ihres Kindes war indessen nicht ein auf Nimmerwiedersehen verschwundener Soldat, sondern, wie man heute mit Sicherheit weiß, der Dienstherr höchstpersönlich. Der große Vorkämpfer des Sozialismus steckte aber noch so tief in bürgerlichen Vorurteilen, daß der Sohn Frederick seine Mutter nur in der Küche besuchen durfte, kaum lesen und schreiben und auch sonst nichts Rechtes lernte – seine Spur verliert sich in den Londoner Slums.

Als Sozialistin der Tat erwies sich dagegen die literarische Salonlöwin des Biedermeier Rahel Varnhagen (»ich glaube, es ist unnatürlich, ein Domestik zu sein ...«), die ihre gute alte Dore wie eine Freundin behandelte und sich nicht für zu fein hielt, gemeinsam mit ihr ins Theater zu gehen.

Verführt und sitzengelassen zu werden, schien das Schicksal, das sentimentale Verhängnis der weiblichen Dienstbo-

ten gewesen zu sein. Der Sänger ihrer Einsamkeit war der Leierkastenmann unter dem Fenster der Herrschaftsküche, er öffnete dem Tränenstrom die Schleusen, wenn »Mariechen saß weinend im Garten« oder Friedrich Voigts wehmutsvolle Weise von »Elisens Abschied« erklang.

Auch in bürgerlichen Kreisen galt es als genierlich, wenn Hymens Jüngerinnen – wie das gebildete Biedermeier seine ehereifen Töchter gern nennt – das legitime Ziel weiblicher Wünsche nicht erreichten. Eine alte Jungfer zu werden, bezeichnet Gustav Kühn mit erhobenem Zeigefinger als bitterstes Los auf Erden, und er führt es auf dem Bilderbogen »Jettchen und ihre Freier« allein auf die törichte Verblendung der in guten Jahren Umworbenen, auf die Maßlosigkeit ihrer Ansprüche zurück. Denn sein Modellfall Jettchen will keinen Bauersmann und auch nicht den Küster, den Schulzen und den Wirt vom Krug, die nacheinander um ihre Hand anhalten. Eines Tages kam dann niemand mehr – »Und Jettchen sah mit Schrecken / Ihr früher rundes Angesicht / Mit Runzeln sich bedecken ... / Als alte Jung-

Im Wunschtraum
einer »Altweibermühle«,
die zu neuer Jugend verhilft,
lebt die schöne Legende
des Jungbrunnens aus
dem 16. Jahrhundert fort.
Die welken, gichtgebeugten
Ehehälften werden oben in den
Mahlschacht geworfen,
unten können die Männer
sie als knusprige Mädchen
wieder in Empfang nehmen.
Neuruppiner Bilderbogen, um 1820.

Neue Taufscheine,
die der bejahrten Inhaberin
ein Alter von 18 Lenzen
bestätigen, werden gegen
klingende Münze ausgegeben.
Wie ein solches Amt
florieren würde, zeigt
eine »Satyrische Beilage«
aus Adolph Bäuerles
»Wiener Theaterzeitung«.
Kupferstich von Cajetan.

fer lebt sie nun / Mit tiefer Reu' im Herzen, / Und will verliebt noch manchmal thun, / Sieht sie die Hochzeitskerzen; / Allein man lacht sie wacker aus, / Und weinend schleicht sie dann nach Haus.«

Auf humoristischen Blättern der dreißiger und vierziger Jahre wird mit einiger Herzlosigkeit die Manie vereinsamter älterer Damen verspottet, die eine kläffende Schar verzogener Möpse und Spitze zum Inhalt ihres Lebens machen. Schon kugelrund gepäppelt, betteln sie den ganzen Tag um Naschwerk und Leckerbissen, wenn sie nicht mit Halswikkel und gestrickter Leibbinde, die Medizinflasche auf dem Nachttisch, träg und blöd im Bett ihrer Herrin liegen.

Zur gleichen Zeit beklagt sich so mancher Ehemann über die Trunksucht seiner gram und grau gewordenen Gefährtin (»Jetzt fahr' ich mein Weib auf den Mist, / Weil sie alle Tag sternvoll besoffen ist«) oder er träumt von einer Altweibermühle, in die man oben seine runzlige Alte samt

Krücke und Perücke hineinwirft, um sie unten, schön gemahlen, als niedliches Püppchen wieder in Empfang zu nehmen. Wie bei den Jungbrunnen des 16. Jahrhunderts, den humanen Vorläufern der knochenbrecherischen Altweibermühle, schaffen die Männer ihre Frauen huckepack, auf Schubkarren und in vornehmen Kutschen aus allen Himmelsgegenden herbei. Der Ehemann, der sich diese Radikalkur einen Sack Dukaten kosten läßt (»O weh! Wer kein Geld hat, dem's Warten nicht frommt, / Wir bleiben hier hocken, bis Klapperbein kommt«), schließt danach sein Weib in die Arme und konstatiert mit biedermeierlicher Nüchternheit:

»Von deinen Lippen ist jetzt ein Kuß
Des Lebens köstlichster Hochgenuß;
Ganz anders war's noch vor wenigen Stunden,
Da hab' ich nur Ekel dabei empfunden.«

Kleider machen Leute

Die Vormärzzeit als eine Epoche der Unruhe und Veränderlichkeit, eines fast kaleidoskopischen Wechsels des gesellschaftlichen Bildes, bei dem jahrhundertalte höfische Lebensformen von neuen Spielarten eines bürgerlichen Repräsentationsstils verdrängt werden, findet ihre vielleicht überzeugendste Spiegelung in der Mode. Hier äußert sich, unbehindert von Zensur und Polizeigewalt, ein starkes persönliches und korporatives Selbstbewußtsein, hier bietet sich aber auch eine von keinen Gesetzen verstellte Möglichkeit, buchstäblich nach seinem Geschmack zu leben. Mit der fortschreitenden Emanzipation des Bürgerstandes wuchs unzweifelhaft auch das Bedürfnis, den durch Vermögen und Ämter gewonnenen gesellschaftlichen Rang sichtbar zu machen. Auch läßt schon das beginnende Massenzeitalter den Wunsch erkennen, sich durch äußeren Aufwand gegen die wachsende Anonymität und Nivellierung zu wehren. Zugleich ist die romantische Komponente gerade in der Mode so wirksam, daß sie, stets das Besondere, das Außergewöhnliche, ja das Sensationelle erstrebend, jeder Art von Exzentrik Vorschub leistet.

Von Alfred de Musset, einem der geistreichsten französischen Romantiker, heißt es, daß er die kapriziöse Gewohnheit hatte, entgegen allen modischen Normen eine lange Hose aus rotem Kaschmirstoff und einen Morgenrock aus grüner Seide mit Goldstickerei zu tragen. Die von ihm mit so unglücklicher Vehemenz geliebte George Sand, Hauptfigur seiner autobiographischen Beichte »Les confessions d'un enfant du siècle« (1836), gefiel sich, Havanna-Zigarren rauchend, in Männerkleidung und schätzte wie er

Mechanische Puppen
zum Vorführen der
letzten Modekreationen
empfiehlt Charles Philipon
in der Zeitschrift
»La Silhouette« (1830).

Heinrich Heine

UNTER DEN LINDEN

Ja, Freund, hier unter den Linden
Kannst du dein Herz erbau'n,
Hier kannst du beisammen finden
Die allerschönsten Frau'n.

Sie blühn so hold und minnig
Im farbigen Seidengewand;
Ein Dichter hat sie sinnig:
Wandelnde Blumen genannt.

Welch' schöne Federhüte!
Welch' schöne Türkenschals!
Welch' schöne Wangenblüte!
Welch' schöner Schwanenhals!

rote Kaschmirhosen mit Stegen, dazu eine griechische Mütze aus besticktem Samt und chinesische Pantöffelchen.

Auch Hermann Fürst Pückler-Muskau, in dem Deutschland nicht nur der erste große Gartenarchitekt, sondern zugleich ein Exzentriker von liebenswürdigster Verrücktheit erwuchs – er soll mit vier gezähmten Hirschen Unter den Linden spazierengefahren sein –, pflegte einen gewissen Exhibitionismus in der Kleidung, als er 1823, um seinen stark verschuldeten Besitz zu sanieren, auf der Suche nach einer reichen Braut in England weilte. Lucie von Hardenberg, seiner bisherigen Ehefrau (»Ach, meine Schnucke, hättest du nur 150 000 Taler, ich heiratete dich gleich wieder ...«), beschrieb er in einem zärtlichen Brief den dandyhaften Aufzug, in welchem er, die schon ergrauten Locken schwarz gefärbt, in der Londoner High Society nach einer guten Partie Ausschau hielt: »Also Lou (Pücklers Kosename) erscheint in einem dunkelbraunen Rock mit Sammetkragen, der Backenbart etwas breiter und länger als sonst, ein weißes Halstuch mit einem Kettenknoten, in dem die dünne goldene Uhrkette mit eingebunden ist, die unten aus der Weste wieder herauskommt und bis zur Westentasche, worin die Uhr ist, sichtbar wird. Die Weste ist mit Umschlagkragen von cramoisie Seide und goldenen Sternchen, die Unterweste weiß atlassenes Zeug mit goldenen Blumen; schwarze weite Pantalons, spinnweben schwarzseidene

Unter »Boeuf à la mode«, wie diese Modekarikatur betitelt ist, versteht man als Feinschmecker garnierten Rinderbraten. Ein Boeuf à la mode kann aber auch ein Stutzer sein, der alle Artgenossen mißfällig anglotzt. Anonymer Kupferstich, um 1830.

Ein Rendezvous
mit den vier Erdteilen
gab sich am 3. Februar 1835
die bayerische Hofgesellschaft
auf einer glanzvollen
»Quadrille parée costumée«.
Die romantische Festlichkeit
stand unter dem Protektorat
der Herzogin von Leuchtenberg,
Schwester König Ludwigs I.
und Gemahlin von Napoleons
Stiefsohn Eugène Beauharnais.
Die schönsten Kostüme
hielten Fries und Nachtmann
in Lithographien fest.
Oben: »Deutschland« verkörperten
Herzogin Amalie von Leuchtenberg
und Graf von Arco-Valley.
Unten: »Italien« versinnbildlicht
von Gräfin Montgelas, Graf Deroy
und Frau von Hennin.

Bei der »Quadrille parée costumée«
in der Residenz von München 1835,
einer allegorischen Galaschau
der Völker wurde Nubien (oben)
dargestellt von
Baronin von Pflumern
und Herzog Max in Bayern.
und China von
Gräfin Deroy,
Comtesse Stefanie Tascher
und Graf von Schönborn.

»Wiener Szene«
aus der Theaterzeitung:
»Mein Herr, ich kleide
mich nach der letzten Mode,
Sie nach der vorletzten,
ich dulde daher
keine Zurücksetzung.«
Kupferstich von Andreas Geiger.

Strümpfe und eckig abgekappte Schuhe. Dazu ein runder Schwemmhut, den man in die Tasche stecken kann. Von den Westen lege ich eine Probe bei. Früh olivengrüner Frockcoat, grünes Halstuch oder buntes; seidene Shalunterweste, bunte Umschlagweste darüber, grau und weiß melierte weite Sommerhosen und schwarze Sporen. Gefalle ich dir gut?«

Mit der Extravaganz gewagter, auffälliger Kleider suchten nicht nur Außenseiter den Besitz besonderer Vorzüge zu unterstreichen oder ihrer Gefallsucht zu genügen. Das ostentative Bedürfnis, nicht übersehen zu werden, nicht unbemerkt zu bleiben, war auch eine nur allzu natürliche Begleiterscheinung des zunehmenden Selbstbewußtseins und wirtschaftlichen Aufstiegs der unteren Stände. Bei der psychologischen Bedeutung, die in jenen Zeiten der prächtigen Uniform zukam, nimmt es nicht wunder, daß man seinen Stolz darein setzte, nach altem ständischem Vorbild seine Zugehörigkeit zu bestimmten Berufen zu demonstrieren oder überhaupt seine Herkunft, seine Landsmannschaft zu betonen.

Dem überall in Deutschland aufblühenden Trachtenwesen im Biedermeier eilte Ernst Moritz Arndt ein gutes Stück voraus, indem er die Forderung nach einer allgemeinen deutschen Volkstracht erhob: »Wir würden von vieler Gekkerei und Gaukelei errettet, wenn wir von der Tracht unserer Vorfahren uns das Natürliche und Männliche wieder

Adolf Glassbrenner

Der Graben

Von dem Stephansplatz hinunter,
Winden sich zu einem Kranz
Bunte Läden, bunt behangen
Von der Mode Wechselglanz.

Und wie dort die Mode wechselt,
Wechseln de Gestalten hier;
Bunte Leute ziehn vorüber,
In dem bunten Schaurevier.

Von den feingeputzten Herren
Lassen sich die schönen Frau'n,
Wie sie auch die Blicke werfen,
Doch am liebsten selbst beschau'n.

Und es geizen diese Herren,
wandelnd hin und her, zurück,
Wie sie auch die Zeit verschwenden,
Doch um einen Augen-Blick.

Diese Majestät des Wuchses!
Diese Kleider reich und fein!
Diese kostbaren Brillanten!
Das muß eine Fürstin sein!

Fehlgeschossen! Jenem reichen
Kaufmann mit dem dicken Bauch,
Dem gewährt sie Unterhaltung,
Und er unterhält sie auch.

1836

nähmen, das sie vor zweihundert und dreihundert Jahren noch hatte. Ich mache hier einen Vorschlag einer solchen allgemeinen Volkstracht für Männer, wie ich glaube, daß sie für unser Land, unser Gemüt und die Gestalt des menschlichen Leibes überhaupt schicklich wäre. – Der teutsche Mann trägt gewöhnlich Stiefeln, die höchstens bis an die Kniebeuge hinaufgehen; bei feierlichen Gelegenheiten nur trägt er Schuhe. – Seyne Beinkleider halten die Mitte zwischen zu eng und zu weit. – Um den Leib und halb über die Arme bis an den Ellenbogen trägt er in der kälteren Jahreszeit einen kurzen, den ganzen Leib umschließenden und bis auf die Hüften hinabgehenden Wams. Damit er sich auf das

Die modische Silhouette der Frauenkleidung – im Empire ist sie noch schmal und steil – verbreitert sich. Die Taille sinkt an ihren natürlichen Platz herab. Bevorzugte Stoffe sind bestickter Seidenkrepp, Organdi, Taft und Musselin. Zum Schutz der entblößten Schultern trägt die Dame Shawls und Boas und wegen der Keulenärmel statt des Mantels eine Pelerine. Modekupfer aus Paris und Wien.

leichteste und bequemste bewegen könne, mag er sich bei Arbeiten und Leibesübungen bis auf diesen entkleiden. – Sein gewöhnliches Kleid ist der alte teutsche Leibrock, welcher, nirgends ausgeschnitten, schlicht herabfällt, so daß er die Hälfte der Schenkel über dem Knie bedeckt. – Wenn er bewaffnet einhergeht, ist um denselben das Wehrgehäng, sonst ein leichter Gürtel geschnallt. – Bei feierlichen Gelegenheiten trägt er immer ein Schwerdt und hängt über diesen Leibrock einen leichten Mantel, der etwas über die Kniee hinabreicht. – Den Hals befreit er von dem knechtischen

Tuche und lässet den Hemdkragen über den kurzen Rockkragen auf die Schultern fallen. – Bei Feierlichkeiten und Festen wird ein Federhut mit den Volksfarben getragen, sonst mag er seinen Kopf bedecken und schmücken, wie es ihm gefällt. – In solcher bestimmten Tracht, welche alle Männer tragen müßten, die ihre eigenen Herren sind, würden die teutschen Männer wieder stattlich, ernst und würdig erscheinen. – Auch für die deutschen Frauen in ihrem Geschlecht müßte eine Volkstracht erfunden werden, welche die angemessenste, schönste und züchtigste wäre. Ich wage keine vorzuschlagen. Ihr Schönheitssinn mag sie selbst erfinden, und in den Wechseln und Änderungen des kleinen

Schmucks und der beweglichen Zieraten mag man ihnen die Freiheit lassen, welche man dem spielenden und zarten Geschlechte nicht nehmen darf ... Man sagt im gemeinen Sprichwort: Kleider machen Leute, ich sage: Kleider machen Menschen. Wo der Mensch in dem Gewöhnlichen und Alltäglichen jede Woche und jeden Monat wechselt, da bemächtigt sich das Unstäte, Wilde und Launische des Gemütes und raubt ihm die Beständigkeit und die Freiheit.«

Professor Arndts beschränkte Forderung nach einer deutschen Einheitskleidung, die praktisch auf eine Abschaffung

In der Herrenmode
triumphiert der Frack
mit breiten Schößen, engen
Ärmeln, schmalem Kragen und
breitem Revers. Größten
Aufwand treibt der Galanthomme
mit Westen verschiedenster
Machart, Farbe und Musterung.
Obligatorisch sind der
geschweifte hohe Zylinder,
der Stehkragen (Vatermörder)
und die extravagante Krawatte.
Besondere Requisiten:
Lorgnon und Spazierstock.
Die begleitende Dame
ist hier eine Amazone
im Reitkleid des dernier cri.
Allgemeine Moden-Zeitung, 1843.

Die Eleganz der Wienerin
feierte F. G. Waldmüller
in einer Reihe delikat
gemalter Bildnisse.
Mit der duftigen Anmut
von Seide und Spitzenvolants
korrespondiert das kostbare
Bric-à-brac des Toilettentischs.
Wien, Historisches Museum.

Federförmig
hochgesteckte Coiffuren,
wie sie modebewußte
Damen in der Wintersaison
1827 auf 28 trugen,
konnten die Haarkünstler
– wenn man dem Zeichner
Glauben schenken darf –
nur mit Hilfe von Leitern
und Baugerüsten zaubern
(unten links und rechts).
Anonyme deutsche Lithographie.

Das Tüpfelchen zum i
war die mit Spitzen,
Blonden, Rüschen und
Bändern geschmückte Frisur.
Damit die entblößten Schultern
zur Geltung kamen,
wurde das Haar hinten hochgekämmt,
nach vorn zu gescheitelt
und zu Löckchen gedreht,
die über die Stirn fielen
oder seitlich lang herabhingen

der Mode hinausläuft, verhallte gottlob ungehört im Waffenlärm der Befreiungskriege. Zu gleicher Zeit bahnte sich indessen eine Reform der Herrenkleidung im Sinne einer vornehmen Bescheidung auf die unprätentiöse Eleganz des Schnitts und auf die zurückhaltende, jedoch raffinierte Verwendung modischer Kleinigkeiten an. Es war der legendäre George Bryan Brummel, der sich als der »Prince of Dandies« wie kein anderer auf das richtige Anlegen der breiten Halsbinde verstand und der Welt zeigte, wie sich ein Gentleman kleiden muß, um tadellos angezogen zu sein. Ehe er hoher Spielschulden wegen von England nach Calais entwich und dort dem Irrsinn verfiel, war es das noble Understatement seines Geschmacks, das die Herrenmode prägte, die sich in ihren Grundzügen bis heute kaum geändert hat.

Kniehose, Jabot und Escarpins, die hervorstechendsten Requisiten des Höflings alter Schule, verschwanden und mit diesen die schillernde Farbigkeit der Garderoben. Frack und Zylinder traten ihre Herrschaft an, die oben weite, unten enge Hose mit angeschnittenen, unter die Stiefeletten gezogenen Stegen, die kunstvoll gebundenen Halstücher, die

nur die hochstehenden Ecken des Vatermörder genannten Hemdkragens freiließen, die stark eingeengte Taille und vor allem die unglaublich reich variierte Weste, die dem modischen Homo ludens erlaubte, dem extravagantesten Spieltrieb zu frönen.

»Ich sehe aus wie ein Närrchen von 16 Jahren«, schreibt Ludwig Börne in einem Brief aus Stuttgart vom 27. Mai 1822. »Alles nach dem Geschmacke der letzten Pariser Woche ... Un coup de ciseaux d'une hardiesse extraordinaire!« begeistert er sich über den Schnitt seiner neuen Westen. »An der schwarzen Weste sind Knöpfe in Kugelform, von einer schwarzen Metallmasse. Die zweite Weste hat Knöpfe von Stahl, und die dritte von Perlmutter. Die Westen können nur bis zum Sechstheil ihrer Länge zugeknöpft werden. Alles offen. Schaffen Sie mir doch um Gottes willen eine brillante Nadel zur Miethe. Es ist eine Schande, eine ordinäre offene Brust zu zeigen.«

Als ebenso schick galten in den dreißiger Jahren die auf den Modebeilagen der »Wiener Theaterzeitung« propagierten grünen und blauen Fracks, die von Stutzern zu lilafar-

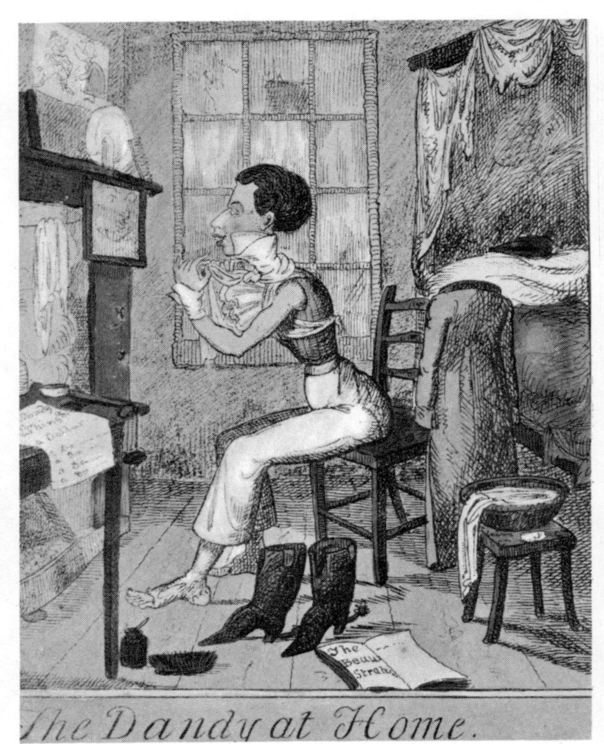

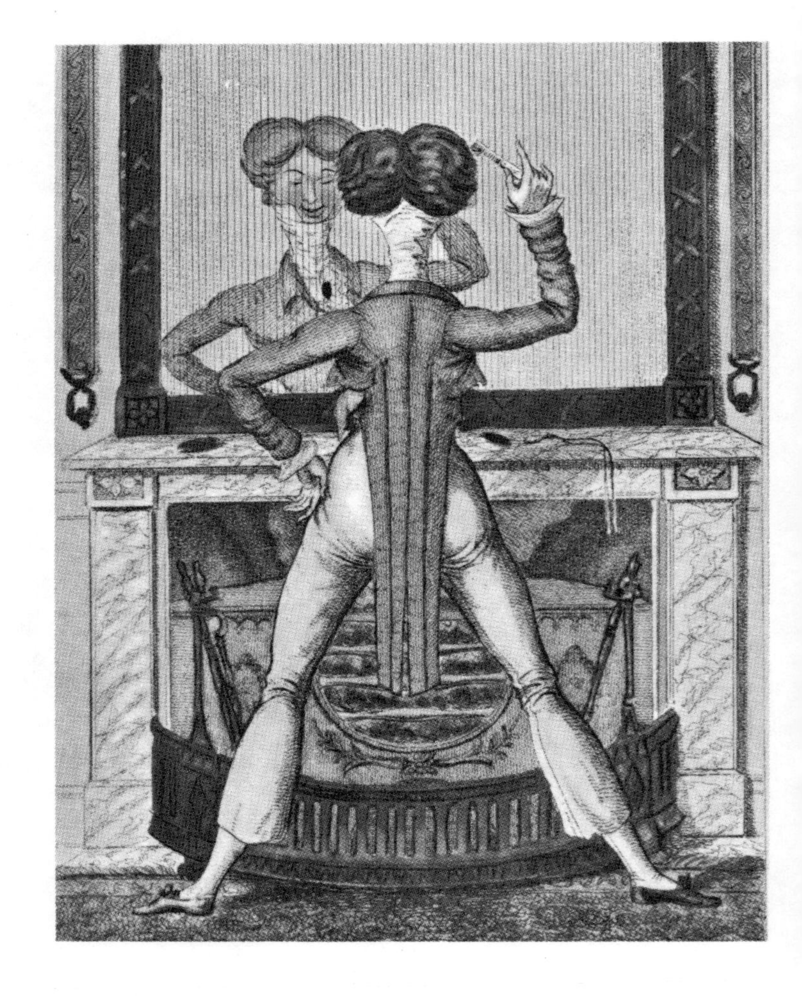

Die Lust am Exzentrischen, eine Erscheinungsform der englischen Romantik, drückte sich in bizarren Verstiegenheiten der Herrenmode aus. Minuziöse Sorgfalt verwandte der Dandy auf das Make-up von Krawatte und Frisur, ehe er sich, das Lorgnon am Auge, unter seinesgleichen begab, um dort selber von Stutzern scharf unter die Lupe genommen zu werden. Kol. englische Radierungen, um 1820.

benen oder rotbraunen, häufig auch karierten Beinkleidern getragen wurden. Bei den Mänteln, der dem Gehrock ähnlichen Redingote, der knöchellangen Kapote, dem Garrick mit abgestuftem Schulterkragen, wurde der polnische Rock mit Knebeln und Schnürwerk von den Bewunderern der um ihre Freiheit kämpfenden Polen bevorzugt.

Es käme einer Unterlassungssünde gleich, nicht auch die Rolle des Bartes zu unterstreichen, die Meyers Konversationslexikon von 1844 wie folgt charakterisiert: »Schnurr- und Backenbart haben bei den jungen Elegants unserer Tage wieder ihre Grenzen bis zu einem Grade erweitert, daß nur noch wenig bis zum vollkommenen Barte der alten Patriarchen übrigbleibt. Zuerst kamen (zu Anfang der Französischen Revolution) die Backenbärte wieder auf, die Schnurrbärte blieben bis 1830 dem Militär überlassen; seit der Julirevolution wurde indes auch unter den anderen jungen Leuten vom Zivilstande, besonders Jägern, Künstlern, Literaten usw., der Schnurrbart wieder häufig, am meisten in Österreich und Bayern. Bei den Armeen, namentlich bei der russischen und preußischen Armee, ist der Henri quatre, bei der österreichischen der Schnurrbart untersagt und letzterer nur den Husaren und Grenadieren vorgeschrieben; in der ungarischen Armee war bis 1840 der Schnurrbart verbannt, seitdem ist er gesetzlich eingeführt. Der Henri quatre ist jetzt auch in Frankreich, wo er während der Kaiserzeit sehr üblich war, seltener. Dagegen ist in und außer Frankreich die Mode aufgekommen, Bärte à la jeune France adjustiert zu tragen, d. h. solche, die das vordere Kinn frei-

Die monströsen Übertreibungen der englischen Mode in den Jahren 1816 – 27 ließ der Londoner Satiriker George Cruikshank in einer brillanten Karikaturenfolge Revue passieren.

Rechte Seite:
Die hübsche Pariserin offenbart das Geheimnis ihrer wohlgeformten Büste. Für die delikaten Erzeugnisse der Miederindustrie von 1830 wirbt hier Charles Philipon, ein Meister der Lithographie.

lassen, das hintere aber in Verlängerung des Backenbartes im Halbkreis umgeben.«

Die auf dezente Farben und zurückhaltende Formen abgestimmte Herrenkleidung, die sich im Grunde nur im Nebensächlichen, im Beiwerk Verspieltheiten erlaubt, mutet bei aller stutzerhaften Attitüde fast nüchtern und verhalten an neben den kapriziös voluminösen Gebilden aus Taft und Mousseline, aus Seide, Samt und Brokat, mit denen das Biedermeier seine Frauen schmückte. Der weiblichen Mode scheint im Zeitalter der Konversationslexika eine wahre Enzyklopädie historischer Stilformen als Vorbild gedient zu haben. Ihrem Wesen nach mehr eklektisch als besonders eigenständig, greift sie in fast wahlloser Begier Anregungen aus vielen Bereichen der Geographie und Historie auf. Die Berichte der großen Reisenden, Humboldts spektakuläre Expedition zum Orinoko dürften die Einbildungskraft nicht weniger stimuliert haben als die Wiederentdeckung des Mittelalters durch die Romantik.

Glanzvolle Redouten mit einem immensen Aufwand für Kostüme und Dekorationen spiegeln die beispiellose Belesenheit und das hektische Bildungsstreben dieser Zeit. Zu den unvergessenen Festen jener Art gehört ein Ball der Herzogin von Berry im März 1829, auf dem die Pariser Hofgesellschaft die Rüstungen und Gewänder ihrer Vorfahren anlegte, um allen Pomp des Einzugs von Maria Stuart in die Tuilerien noch einmal lebensgetreu zu entfalten. Eine nicht geringere Sensation stellte ein Rendezvous mit den vier Erdteilen dar, das sich am 3. Februar 1835 die bayerische Hofgesellschaft auf einer »Quadrille parée costumée« gegeben hat. Die ganz vom Geist der Romantik beseelte Festlichkeit, in doppelter Hinsicht ein Stelldichein der großen Welt, stand unter dem Protektorat der Herzogin Auguste

In den Ateliers der Schönheitskünstler lebt die Tradition der Folterkammern fort. Wer sich der Mode verschreibt, hat einen Teufelspakt abgeschlossen – und muß sich zwängen, sengen, schnüren und maltraitieren lassen.

Amalie von Leuchtenberg, Schwester König Ludwigs I. und Gemahlin des Napoleon-Stiefsohnes Eugène Beauharnais. Auf die modische Entwicklung sind die auf dieser Galaschau der Völker gezeigten Prachtkostüme – der Münchner Verleger I. M. Hermann hat sie in 36 farbigen Lithographien festgehalten – gewiß nicht ohne Einfluß geblieben.

Den Übergang vom Empire zum Biedermeier, vom höfischen zum bürgerlichen Habitus der Mode, kennzeichnet ein verblüffendes Phänomen: die schlanke, hochgegürtete Silhouette hört auf, eine Vertikale zu bilden, sie wuchtet ins Breite, ins Voluminöse aus. Im gleichen Maß, in dem die elegante Welt der Imitation des Klassischen und unter Napoleon auch des ägyptischen Altertums müde wurde, gewann die Taille wieder ihren figürlichen Akzent zurück, das heißt, sie rutschte auf ihren natürlichen Platz herab, den sie, wespenhaft korsettiert und pointiert, für lange Zeit nicht mehr preisgab. Um der Verengung der Taille zugleich die extremsten modischen Wirkungen abzugewinnen, verbreiterte man die Kontur der Büste durch sogenannte Keulen-,

Nächste Doppelseite:
Was das Décolleté an runder Fülle ins Schaufenster rückt, täuscht die mit Polstern ausgestattete Tournüre andernorts vor. Die weibliche Silhouette gerät in London und Paris früher in Bewegung als im deutschen Biedermeier. Links: Im Doppelsinn von Tournüre und Betriebsamkeit »The Bustle« betitelte englische Karikatur von 1820. Rechts: Pikante Lithographie von Nicolas E. Maurin.

Ein Unfall
auf der Landpartie,
bei dem nicht einmal
die Champagnerflaschen
im Picknickkorb zu Bruch
gehen, ist ein dankbarer
Stoff für einen Maler-
humoristen, zumal wenn
störrische Esel die Urheber
sind und ein Kavalier
kräftig getreten wird,
den der Anblick
der beim Sturz entblößten
Waden einer Dame
völlig fassungslos macht.
Lithographie von Eugène Guérard.

Schinken- und Elefantenärmel wie auch durch weite, dachförmig überhängende Schulterkragen. Im Gleichklang mit dieser Überdimensionierung des Oberteils der Figur erhielt auch der Rock eine trichterförmige, bald mehr und mehr glockenartige Gestalt, die zunächst zur Sanduhr-Silhouette führte, später aber, auf dem Weg zur Krinoline, die Form des Kaffeewärmers annahm.

An dem raffinierten Kontrast zwischen den pompös gebauschten Formen des Kleides und der schmalen Taille nahm auch das kapriziöse Beiwerk teil, zu dem die in der Bewegung kokett sichtbaren Spitzen und Volants der Beinkleider ebenso rechnen wie Häubchen, Schutenhut und Turban und die mit Blenden, Rüschen und Bändern höchst phantasievoll geschmückten Coiffuren. Den Schöpfungen der Kleiderverfertiger ebenbürtig waren die entzückenden Kreationen der Putzmacherinnen und der Figaros. Anfangs wurde das Haar hinten hochgekämmt, vorn geteilt und zu Löckchen gedreht, die in Rollen dicht über den Augen lagen. Später trug man das Haar glatt gescheitelt, mit langen seitlichen Korkenzieherlocken.

Neben Umhängen, die Pelerinen und Mantillen hießen, waren breite Kaschmirschals, Crêpe-de-Chine-Tücher und die Boa aus Pelz oder Straußenfedern in Gebrauch, da die umfangreichen Ärmel keinen Mantel erlaubten.

Ein Schnappschuß
aus Ostende:
»Zéphyr s'amuse!«
Doch nicht nur Zephir,
auch die Badegäste,
die in den 40er Jahren
den Strand zu bevölkern
begannen, ergötzte ein
Zufall, der das wohl-
gehütete Wäschegeheimnis
für die Dauer eines
Windstoßes freigab.

Die Vorliebe für das Ausladende und Monströse in der Mode, die zur Folge hatte, daß die Frauen beinah ebenso breit wie hoch erschienen, eilte um einige Jahre jener Entwicklung des biedermeierlichen Wohnstils voraus, der nach 1830 unter der Bezeichnung »Zweites Rokoko« oder »Wiener Barock« zu den Gründerjahren führte. Ein amüsanter Zufall will es, daß die starken Polster der Möbel, die das Holz als sichtbares Material fast verdrängten, aus dem gleichen Roßhaar bestanden, dem französischen »crin«, das den in den fünfziger Jahren aufkommenden Krinolinen nicht nur den festen Halt, sondern auch den Namen gab.

Max von Boehn, ein Spezialist in diesem Genre, widmete der Entwicklungsgeschichte des modischen Ungeheuers, das Mode und Zweck diametral auseinanderführt, das liebevollste Augenmerk. Über die Anatomie der Krinoline erfährt man bei ihm: »Über einen Unterrock von Flanell zog man einen mit Roßhaar gepolsterten, diesem folgte ein solcher von Perkal mit einem Gerüst von Stricken, dann ein Rad von Roßhaar in dicken Falten, über welches ein gestärkter Jupon von Mousseline zu liegen kam, dann erst das Kleid. Die Dessous einer Eleganten setzten sich um 1856 wie folgt zusammen: lange Beinkleider mit Spitzenbesatz, ein Anstandsrock von Flanell, ein Unterrock 3½ Ellen weit, ein Rock bis ans Knie wattiert, von da an mit Fischbeinstäben

Am Billardtisch
steht die Frau ihren Mann.
Die Popularität des
Karambolagespiels ist
dem Franzosen Mengaud
zu danken, der 1827
die für Effetstöße
erforderliche Lederkuppe
am Queue einführte.

durchzogen, die handbreit voneinander entfernt waren, ein leinener Rock, steif gestärkt mit drei steif gestärkten Volants, zwei Röcke von Mull, zuletzt das Kleid. Wenn diese Röcke auch alle von leichtem Stoff waren, einen glatten Bund hatten, mehrere meist sogar an einem Bund saßen, so war die Last und Unbequemlichkeit, eine derartige Menge von Stoff beständig um sich zu haben, doch nicht gering,

und man begreift, daß der Einfall, statt des Pferdehaarpolsters Einlagen von Stahlfedern zu verwenden, wie eine Erlösung begrüßt wurde und dem Erfinder in vier Wochen 250 000 Fr. eintrug.«

JOHANN ERDMANN HUMMEL (1769–1852)
Schachpartie im Hause des Grafen Ingenheim (Ausschnitt)
Ölgemälde
Berlin, Staatliche Museen der Stiftung Preußischer Kulturbesitz, Nationalgalerie

LEBEN UND LEBEN LASSEN

Das verspielte Jahrhundert

Die Erziehung der unruhigen Bürger der Vormärzzeit zu harmlosen Untertanen schien am ehesten dort Früchte zu tragen, wo sie sich unbeaufsichtigt, unbehelligt von Polizei und Zensur wähnen durften, in ihrem häuslichen Bereich. Im geselligen Umgang, allein in der Art, wie man sich untereinander mit Scherz und Spiel die Zeit vertrieb, äußert sich eine kindliche Einfalt, eine Anspruchslosigkeit des Gemütes, der Menschen unserer Tage ziemlich verständnislos gegenüberstehen dürften.

Beliebt waren das Seufzerspiel, das Maulwurf- und das Bandspiel, bei denen stets das Gegenteil von dem getan werden mußte, was der »Direktor« befahl; auch Blindekuh und Plumpsack, die zu den bevorzugten Vergnügungen der Dienstmädchen zählten, wenn sie sich am Sonntagnachmittag mit ihren Kommis und Soldaten im Grünen trafen.

Der »Galanthomme oder der Gesellschafter, wie er sein soll«, eine Anweisung, »sich in Gesellschaften beliebt zu machen und die Gunst des schönen Geschlechts zu erwerben«, empfiehlt jungen Herrschaften ein launiges und zugleich lehrhaftes Spiel, das unter dem Namen »Die Herzensjagd« bekannt ist:

»Man zählt alle in einer Gesellschaft befindlichen Personen und zeichnet dann Herzen mit Kreide rund im Saale herum auf den Tisch, Fußboden, Wand, Thüre etc. weniger eins, wenn die Personen nur ihrer 6–8 sind; weniger zwei, wenn ihrer 12–20 sind. Nach Vollendung dieses tanzt die Gesellschaft in einem Kreise mehrmals rechts und links und singt folgende Verse dabei: In des Lenzes sanfter Kühle / Geben wir mit offnem Sinn / Jedem Herz und Hand dahin; / Aber in des Sommers Schwüle / Ruhen wir auf kühlem Moos. / Wehe, wen des Herbstes Kühle / Ohne Herzensbündniß trifft! / Ihn verzehrt der Sehnsucht Gift. / Spart euch strafende Gefühle; / Wählt! jetzt sind noch Herzen leer, / Zaud'rer finden keine mehr! Bei dem letzten Worte suche jede Person ein Herz zu erhaschen, indem sie die Hand oder den Fuß darauf thut; denn im Gegentheil erlegt sie ein Pfand.«

Beim Auslösen der Pfänder bietet sich den Spielern die gern wahrgenommene Gelegenheit zu zarter Annäherung: »Man bittet eine Person entgegengesetzten Geschlechtes, das Ende eines ziemlich langen Fadens in den Mund zwischen die Zähne zu nehmen, thue selbst desgleichen, spanne den Faden aus und ziehe ihn dann, mittelst der Lippen, in den Mund hinein, so lange, bis sich beide mit dem Munde so genähert haben, daß sie sich umarmen und küssen können.« Diese Form der Pfänderauslösung heißt »Den Hasen-

Im Wirtshaus
bei Spiel und Trank
erholt sich der Hausherr
von der Würde und Bürde
des häuslichen Lebens.
Das Treiben des biedermeierlichen Homo ludens
beobachtet hier der Zeichner
Ludwig Emil Grimm,
ein großer Kleinmeister
der satirischen Persiflage
im Schatten seiner
berühmteren Brüder.

Rechte Seite:
»Das spielende Jahrhundert«
wird durch eine Symbolgestalt
verkörpert, die sich aus
Kugeln, Kegeln, Würfeln,
Lottosteinen, Schachfiguren,
Spielkarten und -brettern
anatomisch zusammensetzt.
Die »Wiener Theaterzeitung«,
die gern satirische Töne
anschlug, schenkte dieses
präkubistische Konterfei
des Spielnarren ihren
Lesern zum neuen Jahr.

kuß geben«. Möchte man sich aber »Den Klosterkuß geben«, so umarmt und küßt der Büßende eine von ihm ausgewählte Dame durch das Gitter eines Stuhlrückens.

Ein Gast versteht sich in den Mittelpunkt zu rücken, wenn er Kunststücke beherrscht, die akrobatische Gewandtheit erfordern, zum Beispiel jenes, ein Stück Geld mit dem Fuß in die Westentasche zu werfen oder in einer gewissen Stellung einen Hut mit dem Mund von der Erde aufzuheben – der Künstler muß dabei mit seiner linken Hand sein rechtes Ohr und mit seiner rechten Hand den Absatz seines linken Fußes festhalten.

Ein dankbares Publikum findet auch, wer sich ein wenig auf Zauberei versteht, zum Beispiel: »Zehn Gran Phosphor, mit einer Unze Pomade nach und nach wohl vermischt und die Haare damit gerieben, bringen diese zum Leuchten.« Das Grauen wird zum Entsetzen, schmiert man sich einen Brei aus Eidotter, Gummi und Kraftmehl auf die Hände. Wenn er getrocknet ist, kann man ohne Schaden glühende Kohlen anfassen.

Während der Vormärzzeit bürgerten sich einige Unterhaltungsspiele ein, die eine an Manie grenzende Popularität erlangten und sich unverändert bis in unsere Gegenwart erhalten haben. Hierzu rechnen vor allem Skat und Billard. Das eine entwickelte sich gegen 1817 aus dem Schafkopf und fand in dem Advokaten Hempel und in dem Ratskopisten Neefe im thüringischen Altenburg die emsigsten Förderer. Das andere, das schon im 16. Jahrhundert bekannte Billard, eroberte als Karambolagebillard ohne Löcher die Kaffeehäuser und Tabagien, nachdem 1827 der Franzose Mengaud die für Effetstöße unumgängliche Lederkuppe am Queue eingeführt hatte. Es erlangte im Handumdrehen so hohe Publikumsgunst, daß der in Fragen des dernier cri tonangebenden Wiener Theaterzeitung als Neujahrsgabe für treue Abonnenten ein Kupferstich beigeheftet war, der im kühnen Vorgriff auf die kubistische Collage eine aus Kegeln, Kugeln, Würfeln, Spielkarten, Schach- und Tricktrackbrettern, Dominosteinen und Jetons zusammengesetzte Gestalt eines Billardspielers zeigt, einen Billardnarren, versteht sich.

Auf anderen illustrativen Selbstzeugnissen der Epoche findet man die bürgerliche Lebewelt in Gehrock und Frack um den grün ausgeschlagenen Spieltisch versammelt, ganz Auge, ganz Andacht, als handle es sich um das Wunder von Bethlehems Stall. Die Spieler stützen sich auf die Spitze des Queues, die Zuschauer auf den Elfenbeinknopf des Spazierstocks. Ein weiteres Requisit, das der biedermeierliche Müßiggänger nur ungern aus der Hand legte, war die qualmende lange Pfeife, er mochte sich beim Spiel, wo sie – ein Sujet der Humoristen – naturgemäß sehr im Wege war, ebensowenig von ihr trennen wie auf der Straße, wo strenges Rauchverbot herrschte.

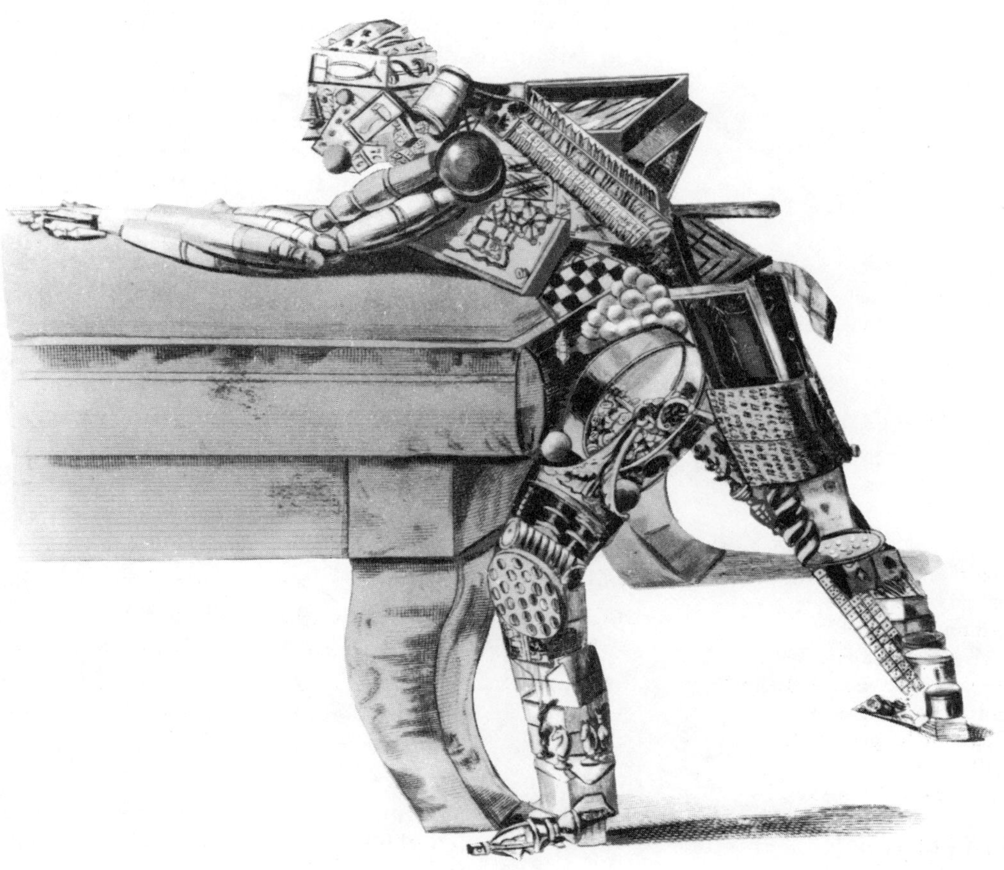

Ernst Freiherr von Feuchtersleben

Rauchgebilde-Rebenblätter

Trautes Pfeifchen in dem Munde,
Und die Füße durchgewärmt,
Während in des Lebens Runde
Der Gedanke lieblich schwärmt;

Draußen tobt der Sturm, der wilde,
Auf dem Ofen dampft der Punsch;
So gestaltet sich zum Bilde
Des durchnäßten Wandrers Wunsch.

Dürft ich wohl um Feuer bitten?
Gerne. – Nun, ist's noch nicht gut?
Nur Geduld! Denn, leider, mitten
In der Pfeife steckt die Glut.

Wie sie sich zusammenfinden:
Der besporнt und der beschuht!
Die Bedürfnisse verbinden
So die Kappe und den Hut.

Im behaglichen Tabakdunst gedeihen die besten Gedanken und Gespräche. Auf der »Zusammenkunft der Raucher« von W. F. Bendz (1828), bei der auch musiziert wird, nehmen sich die langen Pfeifen neben Cello und Laute wie Instrumente im Orchester aus. Kopenhagen, Ny Carlsberg Glyptotek.

Blauer Dunst

Kaum ein anderer Gegenstand diente der gemütvollen Bedächtigkeit jener Tage so sehr als Wahrzeichen wie die lange Pfeife. Auch das Biedermeier selbst betrachtete sie als ein Symbol willkommener Ruhe und Bequemlichkeit. »Das alles hatte ich mir schon einmal gewünscht«, heißt es in Eichendorffs »Taugenichts«, »als ich noch zu Hause war, wo ich immer unseren Pfarrer so bequem herumgehen sah. Den ganzen Tag – zu tun hatte ich weiter nichts – saß ich daher auf dem Bänkchen vor meinem Hause in Schlafrock und Schlafmütze, rauchte Tabak aus dem längsten Rohre, das ich von dem seligen Einnehmer vorgefunden hatte, und sah zu, wie die Leute auf der Landstraße hin und her gingen, fuhren und ritten.«

Auch der saturierte, selbstzufriedene Spätbiedermeier aus dem satirischen Hausschatz Wilhelm Buschs, der faul und feist im Lehnstuhl ruhende Herr Knopp, verdankt all sein Behagen dem Genuß der Pfeife.

Obwohl Ausdruck, ja Garant vollkommenster Friedfertigkeit, rief das Rauchen in der Öffentlichkeit die Polizei auf den Plan, »da es auf den Straßen und Promenaden ebenso unanständig als gefährlich und dem Charakter gebildeter, ordnungsvoller Städte entgegen ist ...« Mit diesen Worten verfügte der Berliner Polizeipräsident Gruner im Jahre 1810, sich dieser anstößigen Gewohnheit fortan nicht nur im unmittelbaren Stadtgebiet, sondern selbst im Tiergarten zu enthalten, wovon er lediglich die vor den Haustüren sitzenden und stehenden Leute ausnahm. »Wer sich hiergegen eine Übertretung erlaubt, wird angehalten, ihm die Pfeife abgenommen und er mit fünf Reichsthalern Geld oder verhältnismäßigem Gefängnis oder Leibstrafe bestraft werden. Wiederholungsfälle ziehen erhöhte Strafen und Widersetzlichkeiten augenblickliche Arretierung nach sich. Da das gegenwärtige, für die hiesige Residenz schon öfters ergangene Verbot häufig vernachlässigt worden, so wird jetzt mit aller Strenge darauf gehalten werden, und das hochlöbliche Gouvernement ist deshalb um militärische Unterstützung ersucht worden.«

Was ein Tabakfreund zu erwarten hatte, wenn er das lästige Rauchverbot nicht in Preußen, sondern in Österreich ignorierte, führt Adolf Bäuerles Lokalposse »Die Bürger von Wien« ad absurdum. Sein Staberl, eine Mischung aus naiver Unverfrorenheit und schalkhafter Schläue, steht am »Mehlmagazin nächst den Weißgerbern« auf Posten und herrscht und ödet die Passanten an: »Die Pfeife aus dem Maul! Hier ist nicht erlaubt zu rauchen. Das ist ein Kreuz! Alle Augenblicke geht so ein Narr mit einer Tabakspfeife vorbey, als wenn man ohne diesen Zeug nicht leben könnte. (Zu einem anderen.) Die Pfeife weg! Sieht der Herr die Wacht nicht? Ich glaube, der Kerl thut mir's zu Fleiß. Wenn

ein Feuer auskommt, hernach hat unsereins die Schuld – ich wollte, daß alle Pfeifen in der Donau wären – wenn ich nur was davon hätt'.«

Ungleich stärker fühlten sich nach den Befreiungskriegen die preußischen Untertanen provoziert, zumal ihr Idol, der Feldmarschall von Blücher, das Zeichen zum Angriff hoch zu Roß mit der erhobenen Pfeife gegeben hatte, die er sich am Schicksalstage von Belle-Alliance am 18. Juni 1815 nach

Aussagen seines Piepenmeisters Hennemann mehr als hundertmal stopfen ließ.

In dem hartnäckigen Kampf der Berliner um die Aufhebung des demütigenden Rauchverbots, das nur während der Cholera von 1831 aufgelockert worden war, weil man das Rauchen für ein wirksames Antiseptikum hielt, fanden die Freunde der Tabakspfeife in den bald überwiegenden Liebhabern der Zigarre (die Zigarette bürgerte sich erst nach dem Krimkrieg ein) enragierte Bundesgenossen. Der Regierung war durch den wachsenden Tabakverbrauch zwar eine unschätzbare Geldquelle entstanden – die Tabakeinfuhr in die Länder des Zollvereins betrug um 1850 durchschnittlich 22 000 Zentner, was einer jährlichen Zolleinnahme von 44 000 Talern entsprach –, zugleich fürchtete sie jedoch, daß das uneingeschränkte Rauchen die allgemeine Disziplin untergrabe. Aus diesem Unbehagen machte die konservative »Neue Preußische Staatszeitung« keinen Hehl:

Der Qualm der Zigarren hat in den Straßen Londons den berüchtigten smog abgelöst und selbst die Mode außer Kurs gesetzt. Seit jedermann seine Havanna pafft, wird den Frauen schlecht und den Hunden speiübel. Radierung von George Cruikshank, 1827.

»Die Cigarre ist das Scepter der Ungenirtheit. Mit der Cigarre im Munde sagt und wagt ein junges Individuum ganz andere Dinge, als es ohne Cigarre sagen und wagen würde. Die Subordination des Soldaten läßt sich mit der Cigarre im Munde dem Offizier gegenüber nicht behaupten, und jede feinere Subordination, deren Grade bekanntlich im Verkehr mit Menschen aller Rangstufen unzählig sind, wird mehr oder minder niedergetreten oder verab-

Madame de Staël

Wer raucht,
riecht wie ein Schwein,
Wer Tabak schnupft,
sieht aus wie ein Schwein,
Wer Tabak kaut,
ist ein Schwein.

säumt durch diese Schenkensitte. Seitdem die Cigarre sich einen bleibenden Wohnort bei uns gestiftet hat, haben sich die Familienverhältnisse gelockert, und der Respekt des schmauchenden Sohnes gegen den schmauchenden Vater ist nicht mehr derselbe wie ehedem. Und nun denke man sich vollends eine schmauchende Tochter einer schmauchenden Mutter gegenüber, die ihr Lehren der Erziehung und Weiblichkeit erteilt.«

In den Märztagen 1848 bequemte man sich endlich dazu, der drohenden Menge, die »freiet Roochen in' Tierjarten« forderte, nachzugeben und damit ein Verlangen zu erfüllen, das womöglich schwerer wog als mancher Anspruch auf politische Rechte.

Die reine Waldesluft der Romantik verpestet Poccis Riese Fratzfressius. Mit der großen Försterpfeife hält er die Schnaken fern. Münchner Bilderbogen Nr. 6.

Nach der großen Revolution
spielte der Tanzmeister auf.
In der »Leçon de Danse«
lernte das Empire die
Kunst, sich mit beschwingter
Anmut zu bewegen.
Aquarell von Dutailly
aus »Le Bon Genre«, um 1810.

»Man darf sagen, daß wir seit einigen Wintern einer regelrechten Renaissance des Gesellschaftstanzes beiwohnen ...« Diese frohe Feststellung traf der Pariser Tanzmeister Cellarius 1847 in dem von ihm verfaßten Lehrbuch »La danse dans les salons«, das er von keinem Geringeren als Gavarni illustrieren ließ. Er erinnert an jene unseligen Zeiten, als es der Dame des Hauses nur mit unsäglicher Mühe gelang, einen Hausball in Szene zu setzen, wobei sie sich vor die leidige Notwendigkeit gestellt sah, jeden Teilnehmer einzeln zum Tanz zu animieren. In der Regel ließen sich die Kavaliere kaum dazu herbei, die eine oder andere Tänzerin ihrer Einsamkeit zu entreißen, und bewegten, ja schleppten sich widerwillig durch die Quadrillen, ohne den geringsten Ehrgeiz, die Figuren auch nur anzudeuten.

Zu dieser Teilnahmslosigkeit mögen die aus der Schule des 18. Jahrhunderts hervorgegangenen alten Maîtres de danse, häufig Flüchtlinge aus dem Frankreich der Revolutionszeit, selber nicht wenig beigetragen haben. Von einem solchen »verwitterten Männchen in feinstem schwarzem Anzuge, mit grauem Haar« erzählt ein A. Meißner in seiner »Geschichte meines Lebens«, daß er eine kleine Geige bei sich hatte, »eine Taschengeige, die längst verschollene Pochette, der er mit dem Fiedelbogen dünne, grelle, häßliche

Das arrivierte Wien
gab sich im Tanzsaal
des Gasthauses »Bei der Birne«
ein elegantes Stelldichein
bei Walzerklängen.
Die Lust am Tanzen und Posieren
hielt dem Ehrgeiz
die Waage, sich mit schönen
Frauen in kostspieligen
Toiletten zu zeigen.
Lithographie von
Alexander von Bensa.

Töne entlockte. Er spielte uns die ersten Takte einer Gavotte vor. Bis diese aber getanzt wurde, dazu war es noch weithin. Es galt, die Kunst in ihren Prinzipien zu erfassen. Eine Erklärung der Fußstellungen, langsamere und elegantere Kniebeugungen, Versuche feierlicher Komplimente füllten eine ganze Reihe von Stunden aus.«

Den neuen Schwung auf dem Parkett lösten die Walzerklänge aus, die Anfang der dreißiger Jahre in Wien zum erstenmal ertönten und bald in aller Welt zu hören waren. Ganz unter ihrer euphorischen Wirkung stand Heinrich Laube, als er an der Geburtsstätte dieses säkularen Wunders weilte, zu Füßen des gefeierten, wenn nicht vergötterten Mannes, dem es zu danken war:

»Der ganze Garten Sperls draußen in der Leopoldstadt brennt in tausend Lampen, alle Säle sind geöffnet, Strauß

Einfache Leute zogen es vor, sich in öffentlichen Ballhäusern beim »Großen Galopp« auszutoben, wo Zylinder, Perücke und Tanzschuh durch die Luft wirbelten – und am Ende auch mancher Tänzer. Kol. Kupferstich von Schoeller. Beilage zur »Wiener Theaterzeitung«.

König des Wiener Parketts war der Hofballdirektor Johann Strauß (1804 – 1849), der zusammen mit Joseph Lanner, in dessen Quartett er einmal Bratschist gewesen war, den Weltruhm des Walzers begründete.

dirigiert die Tanzmusik, Leuchtkugeln fliegen, alle Sträucher werden lebendig, was ein wienerisches Herz hat, steuert hinaus über die Ferdinandsbrücke, beim Lampel vorüber, links um die Ecke. Es versammelt sich dort allerdings keine Hautevolée, es ist eine sehr gemischte Gesellschaft, aber die Ingredienzien sind nicht zu verachten, und das Gebräu ist klassisch-wienerisch. Unter erleuchteten Bäumen und offenen Arkaden, welche an den Seiten herumlaufen, sitzt Männlein bei Weiblein an zahllosen Tischen und ißt und trinkt und schwätzt und lacht und horcht. In der Mitte des Gartens nämlich ist das Orchester, von welchem jene verführerischen Sirenentöne kommen, die neuen Walzer, der Ärger unserer gelehrten Musiker, die neuen Walzer, welche gleich dem Tarantelstich das junge Blut in Aufruhr bringen. In der Mitte des Gartens, auf jenem Orchester, steht der moderne Held Österreichs: Napoléon autrichien – der Musikdirektor Johannes Strauß.«

Um den Walzer, die Polka, die Mazurka bereichert, erlangte auch der Kotillon als Krönung und Finale einer jeden Tanzassemblee eine bisher nicht gekannte Vielfalt. Maître Cellarius brachte seinen Schülern nicht weniger als 83 Figuren bei. In »Soll und Haben« schildert Gustav Freytag mit der liebevollsten biographischen Vertrautheit, wie einige Familien »für ihre flüggen Märzhühnchen einen Tanzsalon einrichten ..., damit diese in Sicherheit vor Raubvögeln die Flügel bewegen lernen«. Als der Kotillon an der Reihe ist, reißt ihn die Erinnerung zu seligen Superlativen hin:

»O du längster und merkwürdigster aller Tänze! du halb Spiel und halb Tanz! reizend, wenn du die einzelnen Paare im Kreise umhertreibst, noch reizender, wenn du ihnen erlaubst, ungestört und ein wenig versteckt zu plaudern. Wir hören, daß du dem Geschlecht der Gegenwart für veraltet und spießbürgerlich giltst. Wankelmütiges Jahrhundert! Wissenschaft und Staatskunst werden nichts Neues erfinden, was so vielfachen Bedürfnissen des Menschengeschlechts Genüge tut, als du. Da ist das kindliche Gemüt, es kann sich als Pyramide aufstellen, es kann sich in Schlangenwindungen umherdrehen, es kann hier- und dorthin laufen, alte Herren vom Spieltisch zu Extratouren holen, es kann auf dem Stuhle sitzend drei bis vier junge Damen verächtlich vor sich stehen lassen, es kann von Tanzlust ergriffen plötzlich aufspringen, irgendeine Dame ergreifen und im Kreise umhertanzen, und kein Mensch kann es ihm verwehren. Da sind höher strebende Naturen, welche Gefühl haben oder Ehrgeiz oder Bosheit und Menschenhaß, allen bist du gefällig. Du gibst jedem Herrn das Recht, sich mehr als einmal eine Tänzerin nach seinem Herzen zu suchen, du erlaubst jeder Dame, in der allerzartesten Weise anzudeuten, welche zwei oder drei Herren ihre höchste Achtung genießen, du verteilst an strebsame Kavaliere Schleifen und Orden, du heftest massenhafte Blumensträuße vor die Brust der gefeierten Dame. Du läßt aber auch verschmähte Herren zähneknirschend umherlaufen und sich irgendeine Surrogattänzerin suchen; du offenbarst die Lieblinge der Gesellschaft, aber du machst den Unbekannten und Unbeliebten noch einsamer und verlassener. Wenn du beginnst, werden die Blicke der Mütter besorgt, die Nasen der Tanten spitz. Du kindischer, lustiger, endloser Tanz! wieviel Glückliche hast du gemacht, wieviel stille Tränen hast du verursacht, wie manches Brautpaar hast du zusammengeführt, und welche Qualen der Eifersucht hast du erregt! Freilich hast du auch endlosen Staub aufgerührt, zahllose Toiletten un-

scheinbar gemacht und manche grimmige Feindschaft hervorgerufen. So bist du in deiner Blütezeit gewesen, die Freude der Jugend, die große Angelegenheit der Mütter, die Furcht der ermüdeten Väter, ein Greuel nur für die Musiker.«

Eine bei allen Volksschichten gleich beliebte Stätte des Frohsinns war das Berliner Kolosseum. Man zog es anderen Etablissements vor, wenn man den Wunsch hatte, sich einmal ganz incognito zu amüsieren. Über das Leben und Treiben in diesem altrenommierten Ballhause haben sich Ludwig Lenz und Ludwig Eichler in »Berlin und die Berliner« sachkundig verbreitet:

»Es gibt in Berlin eine sehr große Menge von Leuten, die tanzlustig sind, deren Bekanntschaft und Stellung aber nicht von der Art ist, daß sie Einladungen zu Bällen zu erwarten hätten. Für diesen Übelstand hat das Kolosseum Abhilfe, indem es seine eleganten großartigen Räume für gutes Geld öffnet. – Aber nicht etwa am Sonntage, dem Vergnügungstage für alle Welt; ein Tag in der Woche, der glückliche Donnerstag, ist den Bestrebungen Terpsichores geweiht ... – Da strömen des Abends elegante Handlungsdiener, von den Kommis des Bankiers bis zu den Mühlendammlords und respektive ›Trankonditoren‹ herab, nach der Jakobstraße, Offiziere in Zivil, Referendare, Roués, junge Geschäftsleute, junge Leute überhaupt aus fast allen Ständen und besonders Kohorten Studenten – Berliner Studenten nämlich, welche fast alle sich wie gewöhnliche Leute tragen – die verschiedenste Auswahl tanzlustiger Herren findet sich zusammen ... – Alles will hier fein sein, eine törichte Nachäffung anständiger, vornehmer Manieren gibt sich durchweg kund, niemand möchte seinen Stand verraten, eine echt berlinische Bestrebung ... – Der Habitué des Kolosseums tanzt selten, er verhält sich beobachtend und unterhaltend, in den Zwischenpausen bewährt sich seine eigentliche Tätigkeit ... – Sobald die rauschende Musik verstummt und die Tänzer ihre Damen an die Plätze führen, beginnt er seine Wanderung durch die verschiedenen Räume und ›reviert ab‹. Zu beiden Seiten des großen Tanzsaales sind Erhöhungen, auf welche ein paar Stufen führen; auf diesen Estraden sitzt der größere Teil des tanzenden Damenpublikums. – Dort kokettiert er in langsamstem Tempo vorüber, sein Lorgnon ins Auge gekniffen, hier und da einen Gruß spendend, ein paar freundliche Worte in zutraulichem Tone wechselnd, überall siegend durch seine menschengewinnende vornehme Freundlichkeit. – Indessen ist die allgemeine Stimmung erhöhter geworden, der männliche Teil des Publikums hat nicht umhingekonnt, teils in Wein, teils in Grog zu wirken, die kleinen Reibungen, welche unter dem Tanzen bei der Unterhaltung mit den Damen und sonst vorzukommen pflegen, haben an Gewicht und Bedeutung gewonnen, die Haltung wird gefährlicher, die Charaktere neigen sich mehr den Extremen zu. Herr Krüger, ein

»Kann ich die Ehre haben,
mit Ihrer Fräulein Tochter – –?«
»Nee, Herr Reffendarius,
nu nich mehr. Se hat
schon Enen jehen lassen,
der och keen Schlechter war,
am Ende möchte det
ne Stänkerei jeben.«
Kol. Lithographie
von F. B. Dörbeck.

stattlicher, kompakter Mann, geht umher und beaufsichtigt mit Ruhe, aber scharfem Blicke seine geehrten Gäste; er hat auf dem Flure Polizei und Gendarmen stehen, ohne welche kein Berliner Vergnügen denkbar ist; aber im Saal zieht er es vor, in eigner Person sein Hausrecht auszuüben, und weiß sich dabei mit so viel Schicklichkeit als Geschick zu benehmen. – Er begnügt sich z. B., einem Herrn, der seinen Arm etwas zu vertraulich auf die Schulter einer Dame gelegt, andeutungsweise, aber nachdrücklich darauf zu klopfen, so daß der Delinquent überrascht ist und erst, wenn der Wirt schon vorübergegangen, Zeit gewinnt, ärgerlich darüber zu werden. Er weiß auch gelegentlich – doch kommt das selten vor – den Arm einer Dame, die ihm aus ihr bewußten Gründen nicht gefällt, auszubitten und sie voller Anstand aus dem Saale zu führen, welchen sie nicht wieder betritt. – Im Kolosseum werden gewöhnlich auch im Winter vor der eigentlichen Fastnachtszeit ebenso Maskenbälle gegeben, die sehr besucht sind und sich vor denen im Opernhause – wenigstens in diesem Jahre – sehr vorteilhaft auszeichneten. Es ist bekannt, daß Herr Krüger gelegentlich einige Herren mit den Worten um anständiges Betragen bat: ›Ich bitte Sie, zu bedenken, daß Sie hier nicht auf der Opernhausredoute sind.‹«

Über den Besuch einer solchen Veranstaltung berichtet Heinrich Heine in einem »Brief aus Berlin« vom 16. März 1822:

»Die Redouten im Opernhaus sind sehr schön und großartig. Wenn dergleichen gegeben werden, ist das ganze Parterre mit der Bühne vereinigt, und das gibt einen ungeheuern Saal, der oben durch eine Menge ovaler Lampenleuchter erhellt wird. Diese brennenden Kreise sehen fast aus wie Sonnensysteme, die man in astronomischen Kompendien abgebildet findet, sie überraschen und verwirren das Auge des Hinaufschauenden und gießen ihren blendenden Schimmer auf die buntscheckige, funkelnde Menschenmenge, die, fast die Musik überlärmend, tänzelnd und hüpfend und drängend im Saal hin- und herwogt. Jeder muß hier in einem Maskenanzug erscheinen, und niemandem ist erlaubt, unten im großen Tanzsaal die Maske vom Gesicht zu nehmen. Ich weiß nicht, in welchen Städten dieses auch der Fall wäre. Nur in den Gängen und in den Logen des ersten und zweiten Ranges darf man die Larve ablegen. Die niedere Volksklasse bezahlt ein kleines Entree und kann, von der Galerie aus, auf all diese Herrlichkeiten herabschauen. In der großen königlichen Loge sieht man den Hof, größtenteils unmaskiert, dann und wann steigen Glieder desselben in den Saal hinunter und mischen sich in die rauschende Maskenmenge. Fast alle Männer tragen hier nur einfache, seidene Dominos und lange Klapphüte. Dieses läßt sich leicht aus dem großstädtischen Egoismus erklären. Jeder will sich hier amüsieren und nicht als Charaktermaske andern zum Amüsement dienen. Die Damen sind aus dem-

selben Grunde ganz einfach maskiert, meistens als Fledermäuse. Eine Menge femmes entretenues und Priesterinnen der ordinären Venus sieht man in dieser Gestalt umherflirren und Erwerbsintrigen anknüpfen. ›Ich kenne dir‹, flüstert dort eine solche Vorbeiflirrende. ›Ich kenne dir auch‹, ist die Antwort. ›Je te connais, beau masque‹, ruft hier eine Chauvesouris einem jungen Wüstling entgegen. ›Si tu me connais, ma belle, tu n'es pas grande chose‹, entgegnet der Bösewicht ganz laut, und die blamierte Donna verschwindet wie ein Wind.«

Während Heine das Geplänkel der Ballbesucher, selbst ihr anzügliches Geflüster genau registrieren konnte, war im zünftigen Radau der Wiener Faschingshochburg, dem Anna-Keller, nach den »Mitteilungen aus Wien« von Franz Pietznigg kein Wort zu verstehen: »Die Tänzer begnügen sich nicht allein mit den Füßen lärmend den Fußboden zu stampfen, sie begleiten ihren Tanz auch mit Händeklatschen, Pfeifen, Zungenschnalzen und Jauchzen und toben so ausgelassen, daß man, kaum zwanzig Schritte vom Orchester entfernt, oft nur einzelne Töne der eben nicht allzu harmonischen Musik vernehmen kann; obgleich die Musikanten ihre Instrumente derb bearbeiten und die schmetternden Trompeten sammt der großen Trommel eine Hauptrolle dabey spielen.«

Lust am Spektakel

Als der Erzähler Charles Sealsfield, der eigentlich Karl Postl hieß und 1823 aus einem Prager Kloster nach Amerika geflohen war, seinen Erinnerungen an »Österreich wie es ist« nachhing, folgte er dem Strom der Fiaker, »beschwert mit Schinken, Weinflaschen und allem, was der Wiener für einen Sonntagsausflug benötigt«, hinaus in den Prater. »Zu beiden Seiten der schönen Alleen beleben Zirkusse und zahlreiche ›Restaurateure‹ mit Gruppen von Musikanten das Bild, während Hunderte von Handlungskommis und Bürgerssöhnen mit ihren Herzallerliebsten auf den verborgenen Wiesen und in den Laubgängen dieses schönen Naturparkes sich den Augen der Tausende entziehen, die schönes Wetter, eine gute Weinlese und vor allem die Anwesenheit ihres geliebten Kaisers in den Prater geführt hat. Eine bunte Menge gedankenloser Menschen, welche ebenso bedenkenlos die Waffen ergreifen würde, wie sie hier ruhig der Füllung ihres Magens obliegt.«

Zu einem so harten Urteil wird man nicht von ungefähr verleitet bei Beobachtung der aufgekratzten Menge, die gierig den derben Späßen des Wurstel zuschaut: »Die kleine Puppe hat einen großen Prügel in der Hand und klopft damit einer Frau auf den Kopf, daß diese augenblicklich hin-

Akrobaten.
Holzstiche in
Schattenrißmanier.
Franz. Bilderbogen, um 1850.

Die Eröffnung der Rutschbahn
in der Meierei Tivoli
am 1. Mai 1831 bereicherte
Wien um eine vielbestaunte
Attraktion, die den Traum
vom Automobil vorwegnimmt.
Lithographie von F. Wolf.

fällt und kein Zeichen des Lebens mehr von sich gibt. Der Polichinell horcht, ob sie atmet; er faßt sie beim Kopfe und bumst ihn noch einige Male auf die Erde. Aber die gute Frau will durchaus nicht wieder erwachen. Er taucht schnell unter und holt aus der Tiefe den Leichen-Commissarius herauf ... Es wird ein Sarg gebracht, sie legen die Todte hinein, holen den Deckel und wollen den Sarg vernageln. Der Leichen-Commissarius ... ist aber selbst vernagelt und schiebt den Deckel hin und her, statt ihn zu befestigen. Da wird Herr von Polichinell wieder heftig. Er nimmt seinen großen Prügel und schlägt den vom Tode Lebenden dermaßen auf den Kopf, daß er taumelt wie ein Betrunkener ...«

So beschreibt Adolf Glassbrenner, der Besucher aus Berlin, der Tucholsky des Biedermeier, in »Bilder und Träume aus Wien« eine im Prater altbeheimatete komödiantische Belustigung.

Dem Bedürfnis nach »Spektakel« und »Rekreation« trug auch die Feuerwerkerfamilie Stuwer Rechnung. Wenn sie eines ihrer pantomimischen Feuerdramen ankündigte, hieß es zwar im Volksmund, dies sei das sicherste Anzeichen für Regen, dennoch strömten Tausende auch bei schlechtestem Wetter herbei, um sich die sensationellen Feuerwerkskunststücke nicht entgehen zu lassen. Eine unvergeßliche Darbietung war »Werthers Leiden frei nach Goethe«, bei der Werther der angebeteten Lotte seine Liebe unter einem Kirschbaum erklärte, von dem weiße Blüten herniederrieselten, die sich alsbald in rote Kirschen verwandelten. Die Veranstalter verstanden sich auch auf die Kunst, zwei Liebende im Kuß verglühen zu lassen, bis nur noch Skelette von ihnen übrigblieben.

Eine andere Attraktion bildete 1820 die Ballonfahrt eines jungen Mädchens namens Wilhelmine Reichardt, die sich im Prater, wo Joseph II. bereits 1784 den ersten Ballon hatte aufsteigen lassen, hoch in die Lüfte tragen ließ, um dann mit Hilfe eines Fallschirms wieder unversehrt auf die Erde zu gelangen. Das gleiche vielbestaunte Kunststück, dem Adalbert Stifter die Idee zu seiner Emanzipationsstudie »Condor« verdankt, vollbrachte 1829 Elisabeth Garnerin in Berlin. Der Ballon und ihr Fallschirm, mit dem sie auf einem Hof am Köpenicker Feld glücklich landete, waren vorher im Konzertsaal des Schauspielhauses ausgestellt worden.

Seinen Hunger nach Abwechslung und grobschlächtiger Unterhaltung stillte man allenthalben im Getümmel und Lärm der Jahr- und Viehmärkte, auf Schützenfesten, Vogel- und Königsschießen, auf Dulten und Kirmessen, umdrängte das Pferdekarussell, eine Erfindung des Passauer Schuhmachermeisters Engelbert Zirnkilton, das sich mit herrlich schnaubenden Rappen und Apfelschimmeln auf der Maidult von 1830 zum erstenmal drehte, bestaunte an den berühmten Waldkircher Orgeln die Zimbeln schlagenden Damen mit Decolleté und Fischleib, den Pfarrer, der zur Leierkastenweise segnend das Kreuz schwang, und den Kai-

Heinrich Maria Hess (1798–1863)
Fanny Gail, die spätere Frau
des Malers Peter Hess
Ölgemälde
Schweinfurt, Sammlung Georg Schäfer

ser Napoleon, der alle paar Sekunden ruckartig sein Fernrohr ans Auge hob. Man begaffte Seiltänzer, Akrobaten, Monstrositäten und Zelebritäten wie die Wachsfiguren des von Napoleon geschmähten Papstes Pius VII. und seines Kardinal-Staatssekretärs Consalvi, des Freiheitshelden Andreas Hofer oder des Wiener Schauspielers Koch als Macbeth. Man riskierte beim Guckkastenmann, dem von einem kostümierten Affen begleiteten Invaliden mit Stelzfuß, einen Blick ins Weltgeschehen (»Immer 'ran, meine Herrschaften, immer 'ran, meine Herrschaften! Die alte und die neue Weltjeschichte, meine Herrschaften, für einen Sechser! Wer in meinen Kuckkasten sehen will, der halte mir jefälligst nich länger uff! Die Zeit eilt, damit China ihr nich einholen kann!«). Man lauschte, lüstern nach Mord und Tot- und Schicksalsschlägen, dem Moritatensänger, der mit einem Stock auf seine Tafel weisend den schaurigen Ablauf einer fünffachen Mordtat schildert, »welche kürzlich von einem Bettler bei Smolensk in Rußland in einer entlegenen Bauernhütte verübt und wofür der Mörder im März d. J. von unten herauf gerädert wurde«, und die Schreckenstage der Hamburger Feuersbrunst vom Donnerstag, den 5. bis Sonntag, den 8. Mai 1842 beschwört: »Hört, ihr Freunde,

Nächste Doppelseite:
Auf dem Rummelplatz
lockt und lärmt
die Stimme der Ausrufer,
die Trommel des Bärenführers,
die Melodie des Bänkelsängers.
Unter den schwankenden
Füßen des Seiltänzers liegt
in bunter Abenteuerlichkeit
eine Welt der Wunder und
des Hörensagens ausgebreitet,
die das Biedermeier
nur an Festtagen betrat.
Anonyme kol. Zeichnung,
München, Stadtmuseum.

was geschehen / An der schönen Elbe Strand – / Ach ein Unglück, das gesehen / Nie so groß das Vaterland, / Macht jetzt in Europas Zonen / Lebhaft das Interesse wach; / Ja sogar auf Königsthronen / Denkt man diesem Unglück nach.«

Es war auf einem Rummelplatz, wo der nachmalige Medizinprofessor Adolf Kußmaul als ahnungsloser Knabe die erste Kunde von den »Welthändeln der zwanziger Jahre« vernahm: »Auf dem großen Septembermarkt in Königshofen an der Tauber durfte ich mir kolorierte Bilderbogen kaufen und erfuhr von den türkischen Greueln und den Heldentaten der Griechen und Russen in den Freiheitskämpfen der Griechen und dem russisch-türkischen Kriege von 1828 bis 1829. Natürlich schlug mein Herz für die christlichen Brüder. – Mit dem wichtigsten Ereignisse jenes Jahrzehnts, der Seeschlacht von Navarino am 20. Oktober 1827, machte mich ein großes Marionettentheater bekannt, das im Winter 1829/30 in Boxberg Vorstellungen gab. Die Seeschlacht war das Nachspiel des ergreifenden Stückes von Doktor Fausts Leben und Höllenfahrt. In stolzer Pracht, mit dem Halbmond auf der Flagge, segelte zuerst das Schiff des Kapudan-Pascha aus den Kulissen auf die Bühne, hinter dem Türken drein die Flotte der Alliierten, Linienschiffe und Fregatten, alle wohl gespickt mit Kanonen. Es war ein großartiges Schauspiel für uns kleine Landratten. Die

Akrobatische Sensationen waren in Wien so beliebt, daß sie Theaterdirektor Carl als Würze seines Programms und Adolf Bäuerle als Augenschmaus für die »Wiener Theaterzeitung« benützte. Links: Madame Romanini, »La Sylphide aerienne«. Rechts: Produktion der Künstlergesellschaft Averino.

Schiffe stellten sich in Schlachtordnung, ein furchtbares Schießen ging los, und es roch erschrecklich nach Pulverdampf, plötzlich flog das türkische Admiralschiff mit großem Knall in die Luft, und der Vorhang fiel. – Fast 60 Jahre nachher, im August 1888, fuhr ich auf dem österreichischen Lloyd-Dampfer Uranos an der Bucht von Navarino vorüber. Die Reisenden standen auf dem Verdeck, den Blick nach Bucht und Küste gerichtet, der Schlacht gedenkend. Ein englischer Gentleman erzählte nicht ohne Stolz, sein Vater habe unter dem Admiral Codrington mitgekämpft. Was wollte das sagen? Ich hatte mit eigenen Augen das Schiff des Kapudan-Pascha mit Mann und Maus in die Luft fliegen sehen!«

War es bei Kußmaul das Nachspiel zum »Doktor Faust«, die aktuelle Wochenschau sozusagen, das dem Kind ganz unverhofft das Szenarium der Weltgeschichte enthüllte, so empfing Ludwig Richter, wie er in den »Lebenserinnerungen eines deutschen Malers« memoriert, »einen der tiefsten Eindrücke religiöser Art«, als er für einen Kupferdreier, für den er sich eigentlich Kirschen hatte kaufen sollen, an der Pillnitzer Straße in Dresden das alte Puppenspiel vom Doktor Faustus sah. Unvergeßlich blieb ihm, wie »der Herr Doktor verschiedene böse Geister zitiert und einen nach dem andern über seine Fähigkeiten und Kräfte examiniert. Zuletzt erscheint zappelnd und schlotternd ein kleines Teufel-

Der Guckkastenmann demonstriert die Sieben Weltwunder, die Stätten biblischen Geschehens, Schiffsuntergänge, Brandkatastrophen und die Ansichten bekannter Plätze und Bauwerke bei Mondlicht und Sonnenuntergang sowie in Festbeleuchtung. Bedeutendster Hersteller dieser lehrreichen Prospekte war Balthasar Proebst in Augsburg. Aquarell von Anton Haas, 1850.

chen mit dem hübschen Namen Vitzli-Putzli; er wird von Faust gefragt, ob er wohl zuweilen ein Verlangen nach der ewigen Seligkeit spüre, und antwortet zitternd: ›Herr Doktor, wenn eine Leiter von der Erde bis zum Himmel hinaufführte und ihre Sprossen wären lauter scharfe Schermesser, ich würde nicht ablassen, sie zu erklimmen, und wenn ich in Stücke zerschnitten hinaufgelangen sollte.‹ Dieser drastische Ausdruck ließ mich die Wichtigkeit der Sache, um die es sich hier handelte, vollkommen nachempfinden ...«

Das Puppenspiel hatte in allen Schichten und Alterslagen seine Liebhaber. Die beiden Ludwige Lenz und Eichler führen zwar Klage, daß »über das ganze Repertoire des Berliner Puppenspiels die ballhornisierende Hand der Halbkultur gegangen ist ...«, dennoch »läßt sich nicht leugnen, daß ein volkstümliches Puppentheater mit keckem, derbem, natürlichem Humor uns einen reineren Genuß gewähren würde als so manches, was wir auf dem Theater mit ansehen müssen, und das verhältnismäßig ein Heidengeld kostet«. In diesem Zusammenhang beklagen sie auch das Dahinscheiden eines Mannes, dessen Popularität so groß war, daß die Berliner nach der Melodie »Lott' ist dodt« noch

lange zu seinem Ruhme von ihm sangen: »Wer ist dodt, wer ist dodt? / Puppenspieler Richter. / Schad' um ihn, schad' um ihn, / War ein großer Dichter!«

München hingegen erlebte im ausgehenden Biedermeier ein beispielloses Aufblühen des Puppenspiels durch die nicht weniger legendäre Gestalt des Papa Schmid, der als Aktuar des Unterstützungsvereins für das Amts- und Kanzleipersonal 1858 das erste seßhafte Marionettentheater gründete. Sein musisches Wirken wäre wohl ohne theatergeschichtliche Bedeutung geblieben, hätte er nicht in dem künstlerisch ebenso reich wie skurril begabten Franz Graf Pocci, Hofmusikintendant und ehemaliger Zeremonienmeister Ludwigs I., einen einflußreichen Beschützer und genialen Hausautor gefunden, der biedermeierlichen Realismus und romantische Ironie höchst reizvoll zu verquicken wußte. Zu den ersten und zugleich beliebtesten der dreiundfünfzig von Pocci beigesteuerten Puppenkomödien zählte:

Hauptmann Franz Uchatius in Wien waren zwei wichtige Erfindungen zu danken: die nach ihm genannte Kanone und das erste Heimkino. Eine Vorführung der neuen Bildmaschine am 12. Juli 1824 hält ein Aquarell von Georg Dill fest.

Kasperl unter den Wilden

(Ein kulturhistorisches Drama in zwei Aufzügen)

Erster Aufzug.

Afrikanische Inselgegend, im Hintergrund das Meer. (Während der Ouvertüre, welche eine stürmische Musik sein muß, geht der Vorhang auf. Furchtbarer Sturm, Blitz und Donner. Ein Schiff wird auf den Wogen hin und her getrieben. Es schlägt ins Schiff ein, welches verbrennt und untergeht. Kasperl schwimmt auf den Wellen und steigt ans Ufer, während das Gewitter allmählich aufhört.)

Kasperl: Na, da dank' ich g'horsamst! Die Wasserpartie soll der Guckuck holen! Wie mir nur eing'fallen ist, nach Amerika auszuwandern? Ja richtig, weil mich mein Gretl so plagt und schikaniert hat. Eigentlich aber kann ich doch nix dafür, denn wie ich beim Grünen Baum am Hafen auf und ab bin und schon wieder hab' umkehren wollen, hat mich ein Schiffskapitän beim Kragen packt und hat mir auf englisch, was i aber nit verstanden hab', g'sagt: »Ju, ju, most werden Matroserl, ei nimm ju auf mei Schipp!« I hab' g'meint, des »ju« bedeut't »Juhe«, und bin glei mitgangen, weil i mir dacht hab', da wird's lustig hergeh'n. Auweh zwick! Das ist aber bald anders word'n. Zuerst haben's mir freilich ein' prächtigen Likör geben und ein Pfund Schinken und eine Portion gerösteten Walfisch und zwölf Haring, und da hab' ich ein' Rausch kriegt; ich weiß nimmer, war's der Walfisch oder der Branntwein, der mir in Kopf g'stiegen ist – kurz, wie ich wieder von meinem Dus'l aufg'wacht bin, da hat der Kapitän schon mit einer Stangen in die See g'stochen g'habt, und ich war unter die Matrosen gepreßt, daß mir's Hören und Seh'n vergangen ist. Ja, das glaubt kein Mensch, was so eine Matrosenpresserei fürchterlich ist! Von allen Seiten wird man gedruckt. Na, da sind wir halt so fortg'fahren, oben blau, unten blau, nix als Himmel und Wasser, und wir mitten drein; mir ist's ganz blau vor die Augen word'n, und englische Prügel hab' ich auch genug kriegt, die tun grad so weh wie die boarischen. Endlich nach mehreren Tagen ist heut das Donnerwetter kommen, als wenn d' Welt untergeh'n wollt, und wir alle samt dem Schiff. Ein Blitz, ein Schlag – jetzt war's vorbei; Gott sei Dank, hätt' ich net's Schwimmen g'lernt, wie's mich amal aus'n Wirtshaus ins Wasser g'worfen haben, so hätten mich ohne Zweifel die Wellen des Ozeans verschlungen! – Doch hier bin ich gerettet – aber pudelnaß wie aus'n Faß! Grausames Geschick oder eigentlich Ungeschick! Denn das ist doch eine Ungeschicklichkeit, wenn man so mir nix dir nix von den Wellen an ein unbekanntes Land geworfen wird! Ha, Verzweiflung! Denn da wird's schwerlich ein Wirtshäusl geben, die Gegend sieht mir nicht danach aus! Auweh! Da kommt schon ein ausgestopftes Krokodil auf mich losmarschiert! Ich mach mich aus'm Staub. *(Läuft hinaus.)*

(Ein Krokodil marschiert über die Bühne, einige Papageien

Jacques Laurent Argasse (1767–1849)
Der Kinderspielplatz
Ölgemälde
Winterthur, Stiftung Oskar Reinhart

fliegen hin und her. Zwei Wilde kommen von verschiedenen Seiten herein.)

ERSTER WILDER *(mit Pfeil und Bogen)*: Kro, kro!

ZWEITER WILDER *(mit einer Lanze)*: Pu, pu, pu!

ERSTER WILDER: Mumulibutzili, Krokodilli!

ZWEITER WILDER: Schiffi, schiffi, stechi, stechi!

ERSTER WILDER: Wuliwulipumdara.

ZWEITER WILDER: Hungerli, nix freßi ganzi Tagi.

ERSTER WILDER: I a, Diaboliverflixti.

ZWEITER WILDER: Muri, schnuri, prdibixti.

ERSTER WILDER: Kokolimu, kokalimu.

ZWEITER WILDER: Mu, mu! *(Beide ab.)*

(Professor Gerstlmaier. Wie Robinson mit einer Schürze von Palmblättern und einem großen, roten Parapluie)

GERSTLMAIER: Nun lebe ich schon ein Jahr auf dieser einsamen Insel unter dem achtundvierzigsten Grade südlicher Breite und widme mich unablässig dem Studium der Naturwissenschaft. Dank dem Zufall, daß mich die wilden Einwohner für ein höheres Wesen ansehen und als solches verehren, sonst hätten sie mich längst gefressen. Allein das ist ja der Vorteil der Männer der Wissenschaft, daß sie stets von einem verklärenden Nebeldunste umhüllt sind und von den Laien im allgemeinen, im vorliegenden Falle in specie von den Menschenfressern, als Halbgötter angesehen werden müssen! Noch bin ich aber mit meinen Forschungen nicht zu Ende; unerachtet der genauesten mikroskopischen Beob-

Auf der Cannstatter Wasen, einem altberühmten Volksfest, hatte das Puppentheater großen Zulauf. Kasperl Larifari, Narr und Held in einer Person, macht Furore und mit Bösewichten kurzen Prozeß. Federlithographie von J. Voltz, um 1835.

Von grausigen Verbrechen
und bitterem Herzeleid
gibt der Bänkelsänger
zu Drehorgelklängen und
von Frau und Kind assistiert
klagend und mahnend Kunde.
Seine farblosen Nachfahren
sind die Routiniers
der Boulevardblätter.
Anonyme deutsche Lithographie.

achtungen gelang es mir noch nicht zu entdecken, ob die Exkremente der Sepia annulata aus rein animalischen oder vegetabilischen Atomen bestehen, worüber ich bereits am achthundertsten Bogen einer ausführlichen Abhandlung arbeite. Noch ein paar Monate, und der preußische Dampfer Aquila, der mich auf Staatskosten ausgesetzt, wird mich wieder abholen. Es bleibt mir also nur noch kurze Zeit für meine Forschung. Wie dem auch sei, jedenfalls kehre ich, reich an Erfahrungen, mit einer Sammlung von 40 000 naturwissenschaftlichen Objekten nach Europa zurück. – Ei! Was seh' ich da kommen? Ein Psittacus formosus! – Die Spezies scheint mir neu. Ich will mich etwas verbergen und beobachten! *(Versteckt sich.)*

KASPERL *(tritt ein)*: Schlapperdibix! Das ist ja eine miserable Landschaft! Kein Wirtshaus weit und breit! Keine menschliche Seel'! Nix als Affen, Paperln und sonstige Menagerieviecher! Das ist ja zum Verhungern. Hätt' ich nit a paar Schnecken g'funden – leider ohne Sauerkraut! –, so wär' ich schon hin. Mein Magen kommt mir jetzt schon vor wie ein leerer Tabaksbeutel; mein Unterleib ist schon so eing'schrumpft, daß ich gar nimmer weiß, ob ich jemals einen Bauch g'habt hab'! Ja, was wär denn das? – Der Kasperl ist doch nit zum Hungern und Dursten auf der Welt; ha – Schreckenszeit! Und wie komm' ich denn wieder fort und nach Haus zu meiner Gretl! Ringsrum Wasser und nix als Wasser! Wenn's nur wenigstens Bier wär'; allein dieses heimatliche Getränk scheint hier gänzlich unbekannt zu sein. Mir kommt schier die Verzweiflung an! Auweh, auweh! Wenn ich verhungern müßt – nein, das hielt ich nit aus, da ging ich eher zugrund!

GERSTLMAIER *(springt hervor und packt den Kasperl)*: Halt, du entkömmst mir nicht!

KASPERL: Herrjemine! Was ist denn das?

GERSTLMAIER *(Kasperl festhaltend)*: Ein herrliches Exemplar.

KASPERL: Lassen S' aus, oder ich schlag' aus!

GERSTLMAIER: Ah, ich habe mich geirrt! Psittacus garrulus! Nur stillgestanden, Freundchen, bis ich dir die Flügel ein wenig gestutzt, damit du mir nicht mehr entkommst.

KASPERL: Was fällt denn Ihnen ein! Flügel stutzen? Ich bin ja kein Vogel.

GERSTLMAIER: Das muß ich, als Gelehrter, besser wissen, wer du bist und zu welcher Spezies du gehörst.

KASPERL: Nix Spezies, ich bedank' mich für den Spezi, der mich stutzen will. Nix stutzen und nix duzen, heißt's bei uns zwei! Verstanden?

GERSTLMAIER: Nun, du scheinst mir ein zahmes Exemplar, das vielleicht schon europäische Bildung genossen hat und wieder übers Meer hierhergeflogen ist.

KASPERL: Bildung hab' ich nicht genossen, aber Bratwürsteln und Blaukraut genug; nur hierzuland' heißt's Hunger leiden. Jetzt aber: Wie kommen denn Sie daher in die abgelegene Insel? Ich bin wirklich froh, daß ich eine menschliche Physiognomie seh', obschon Sie wie a Narr ausschau'n.

GERSTLMAIER: Es ist die Frage, wer der Narr ist. Er ist also wirklich kein Papagei?

KASPERL: Wär' nit übel! Ich bin nicht nur kein Papagei, sondern der Kasperl Larifari, pensioniertes Mitglied der europäischen Völkerwanderung und untergegangener Schiffsmatrose außer Dienst, nebenbei Privatier und Stiefelputzer; also wenn S' mich als Bedienten brauchen können oder was, so steh' ich zu Diensten; aber ich seh' mehr auf gute Kost als auf schlechte Behandlung und viel Arbeit. – So, jetzt wissen S' alles, was S' zu wissen brauchen, und überhaupt, wenn Sie ein ordentlicher Gelehrter sein wollen, so geben S' mir a Maß Bier als Drangeld.

GERSTLMAIER: Gut, gut – genug des Geplappers, drolliger Psittacus. Ich will dich in meine Dienste nehmen, denn ich werde dich wohl brauchen können in meiner Höhle.

KASPERL: Was, in der Höll'? Nein, ich dank', da drin mag ich nix zu tun haben, da ist der Teufel und sein' Großmutter!

Ruchloses Treiben
einer Räuberbande, dem eine
Familie zum Opfer fällt.
Franz. Moritatenzettel.

Gerstlmaier: Es ist ja nur eine Felsenhöhle, in der ich wohne und meine Sammlung von Naturalien aufbewahre.

Kasperl: So? Kapitalien haben S', das laß ich mir g'fall'n; bei einem Kapitalisten mag ich schon Bedienter sein, da fallt bisweilen was ab.

Gerstlmaier: So sind wir einig. Ich bin dein Herr, und du bist mein Diener.

Kasperl: Ja, ich bin von nun an Ihr Kammerdiener oder vielmehr Ihr Höhlendiener, weil Sie keine Kammer zu besitzen scheinen tun.

Gerstlmaier: Ich werde alles redlich mit dir teilen, obgleich die Bissen auf dieser Insel oft ziemlich schmal sind.

Kasperl: Und ich werde auch alles redlich mit Ihnen teilen, besonders weil ich nix hab'; denn sonst tät ich's selber b'halten.

Gerstlmaier: Nun kannst du gleich deinen Dienst antreten. Bleibe hier und warte, bis ich von meinem wissenschaftlichen Spaziergang zurückkehre, dann sollst du etwa meine Beute heimtragen.

Kasperl: Wenn Sie einen Beutel haben, in welchem sich Geld befindet, so können S' mir'n lieber gleich jetzt geben.

Gerstlmaier: Bleibe nur hier; sollten sich Einwohner dieser Insel nähern, so verstecke dich; denn du wärst verloren, im Falle sie dich entdecken würden.

Kasperl: Gehn S' nur zu, ich gib schon acht auf mich. *(Gerstlmaier geht ab.)*

Kasperl: Das hab' ich schon wieder g'merkt: des ist halt auch so ein gelehrter Hungerleider, wie mir's z'Haus genug haben. Die sind überall z'finden, sogar auf dieser Insel da muß so einer rumlaufen. Aber jetzt will ich ein bißl ausrasten, das warme Klima tut mir gar nit gut; ich hab' schon einen Schlaf, als wenn ich zwölf Maß Bier getrunken hätt'. *(Setzt sich, an einen Baum gelehnt.)* So – ah! Da liegt man gar nicht übel auf dem indianischen Moos, so weich wie im – Feder-bett. *(Schläft ein.)*

(Die beiden Wilden schleichen herbei.)

Erster Wilder: Kro, kro, kro!

Zweiter Wilder: Pu, pu!

Erster Wilder: Witzliwuzi.

Zweiter Wilder: Wuzliwitzli.

Erster Wilder: Stitzliwixi.

Zweiter Wilder: Karamalomilapitschipatschiwatschi.

Erster Wilder: Witschiwatschi. *(Die Wilden fallen mit Geschrei über Kasperl her.)*

Kasperl: Auweh, auweh, die Menschenfresser! Herr Professor, kommen S' mir zu Hilf'! Auweh! Auweh!

Erster Wilder: Fressi, frassi!

Zweiter Wilder: Guti Bissi!

Erster Wilder: Spißibrati!

Zweiter Wilder: Kro, kro, kro!

(Die Wilden schleppen Kasperl hinter die Szene, mittlerweile kommt das Krokodil wieder und singt folgende Arie.)

KROKODIL: Ich bin ein altes Krokodil /
Und leb' dahin ganz ruhig und still, /
Bald in dem Wasser, bald zu Land /
Am Ufer hier im warmen Sand. /

Gemütlich ist mein Lebenslauf, /
Was mir in Weg kommt, freß ich auf, /
Und mir ist es ganz einerlei, /
In meinem Magen wird's zu Brei. /

Schon hundert Jahre leb' ich jetzt, /
Und wenn ich sterben muß zuletzt, /
Leg' ich mich ruhig ins Schilf hinein /
Und sterb' im Abendsonnenschein.

(Marschiert ab.)

(Die Wilden schieben eine Feuerstelle heraus mit flackernder Flamme, ein Bratspieß liegt darüber. Es kommen noch andere Wilde dazu; unter schleppender Musik tanzen sie und singen folgenden Chor:)

Spißi, spaßi, Kasperladi, /
Hicki, hacki Karbonadi. /
Trenschi, transchi, Appetiti, /
Fressi, frassi, fetti, fitti. /
Schlicki, schlucki, Kasperluki, /
Dricki, drucki Mameluki, /
Michi, machi Kasperlores, /
Spißi, spaßi tscha kapores.

(Kasperl wird gebunden an Händen und Füßen herausgeschleppt.)

KASPERL: Auweh, auweh! Potz Schlipperment, das wird mir zu arg. Ich bin ja ein Mensch und kein Kalbsbratl. Hört's auf, ihr rabenschwarzen, verdächtigen Individuen! Hört's auf! – Ich gelobe, daß ich nie mehr eine Maß Bier trinken will, wenn ich diesmal ungerupft durchkomm'!

(Furchtbarer Donnerschlag, die Wilden laufen auseinander. In den Wellen erscheint der Meergott Neptun.)

MEERGOTT NEPTUN:

Ich habe deinen Schwur gehört, /
Mit welchem Rettung du begehrst; /
Sieh hier am Ufer den Delphin, /
Er trägt dich übers Meer dahin. /

Du kannst auf seinem Rücken schlafen, /
Er bringt dich sicher in den Hafen. /

Doch was du hast gelobet hier, /
Den Schwur halt wohl und trink kein Bier. /

Ich bin die Gottheit der Gewässer, /
Das Wasser soll dir schmecken besser. /
Dies sagt zu dir der Gott Neptun /
Und kehrt zurück ins Wasser nun.

(Versinkt.)

KASPERL *(befreit von seinen Banden)*: Adie, adie, ich be-

dank' mich halt recht schön für meine Errettung aus den Händen und Rachen dieser menschenfleischappetitlichen, ungebildeten, indianischen Wildlinge! *(Für sich.)* Aber ang'führt hab' ich den Wassermayer doch! Ich hab' g'schwor'n, daß ich nicht e i n e Maß Bier mehr trink'; ja freilich, nicht e i n e, sondern möglichst m e h r e r e, denn e i n e Maß hat mir ohnehin nie g'langt! Nun, auf! In das teure Vaterland! Mutig will ich diesen ausländischen Karpfen besteigen und mich seiner Entführung anvertrauen! Leb wohl, schönes Eiland, auf dem ich aber keine Eierspeis 'gessen hab'! Leb wohl, Naturforscher!

(Er besteigt den Delphin, welcher unter sanfter Musik mit ihm fortschwimmt; Gerstlmaier erscheint auf einem Hügel am Ufer und schaut durch ein großes Perspektiv dem Kasperl nach.)

(Der Vorhang fällt.)

Die hübsche Kassiererin vom »Silbernen Kaffeehaus« in Wien war die umschwärmte Muse von Dichtern, Musikern und Schauspielern. V. l. n. r.: Graf Jarosinsky, Deinhardstein, Castelli, Lanner, Strauß, Raimund und Schuster. Lithographie von V. Katzler.

Kalbsfuss in saurer Tunke

Wo gut gespeist
und ein Glas über den Durst
getrunken wird, hat die
Kellnerin ihre liebe Not,
sich ihrer Haut zu wehren.
Es geschieht – in dem von
F. B. Dörbeck illustrierten
Falle – mit den Worten:
»Mein Herr, das verbitte
ich mir, das finde ich
von Ihnen sehr inclusive!«

Als Biedermeiers noch bieder waren, mußten sie den Gürtel sehr eng schnallen. Einfach und genügsam zu leben war jedoch nicht lange eine biedermeierliche Tugend: Bald verwandelte sich der kleine Mann in einen exemplarischen Emporkömmling, dessen Sinnen und Trachten darauf gerichtet war, etwas vorzustellen und sich den Wanst vollzuschlagen. Wie kräftig sich nach entbehrungsreichen Jahren der Appetit regte, ganz besonders da, wo man sich an fremden Tischen schadlos halten konnte, mißfiel zum Beispiel Heinrich Heine bei einer Festlichkeit im Berliner Opernhaus anläßlich der Vermählung von Prinzessin Alexandrine mit dem Erbgroßherzog von Mecklenburg-Schwerin. »Wenn ich mich nicht bei vielen Gelegenheiten überzeugt hätte«, schreibt er 1822 in einem seiner »Briefe aus Berlin«, »daß der poverste Berliner es im anständigen Hungerleiden sehr weit gebracht hat und meisterhaft darauf eingeübt ist, den schreienden Magen in die Formen vornehmer Konvenienz einzuzwängen: so hätte ich von den Leuten hier sehr leicht eine ungünstige Meinung fassen können, als ich bei dieser Freiredoute sah, wie sie das Buffet sechs Mann hoch umdrängten, sich Glas nach Glas in den Schlund gossen, sich den Magen mit Kuchen anstopften, und das alles mit einer ungraziösen Gefräßigkeit und heroischen Beharrlichkeit, daß es einem ordentlichen Menschenkinde fast unmöglich war, jene Buffetphalanx zu durchbrechen, um bei der Schwüle, die im Saale herrscht, mit einem Glase Limonade die Zunge zu kühlen.«

Im gleichen Jahr beschäftigte Adolph von Schaden die Frage, warum bei Leuten, bei denen man es nicht erwarten sollte, Schmalhans Küchenmeister ist, und er kommt zu dem Schluß, daß sie weit über ihre Verhältnisse leben: »Mancher sogenannte Geheimsekretär oder dergleichen, der verheiratet ist und vielleicht ein Gehalt von 600–800 Taler bezieht, bezahlt 150 Taler Miete, 100 Taler kostet der Unterhalt eines Domestiken, und der Rest der Einnahme ist beinahe nötig, den Möbel- und Kleiderbedarf zu decken ... Neben dem Zuviel steht immer ein Zuwenig! Dieselben Leute, welche so herrlich wohnen und so kostbar sich kleiden, trinken in der Früh ungemein dünnen Zichoriensaft, essen mittags einen wie den andern Tag bloß Kartoffeln und begnügen sich abends mit einem dünnen Butterschnittchen ...«

Wie ein Student seinen hungrigen Magen füllte, ist einem Brief von Emanuel Geibel zu entnehmen, der im Jahre 1835 als Zwanzigjähriger aus Bonn an seine Mutter schrieb:

»Gewöhnlich stehe ich des Morgens um 7 Uhr auf; nachdem ich mich mit aller Ruhe angezogen, esse ich zwei Weißbrötchen, die etwa so groß wie unsere Semmeln sein mögen, und trinke ein paar Gläser frisches, leider etwas weich schmeckendes Wasser dazu, welches mir das Mädchen immer

RESTAURATION im Gasthofe ZUR STADT LONDON am Alten Fleischmarkt

No. 684.

Wien am 7. Juni 1839 — Preise in Convent. Münze.

SUPPEN.

Reis à la purée
Französische Suppe
Croûton detto
Mehlspeis detto
Brod detto
Mark detto
Hirn detto
Leber detto
Erbsen detto

NEBENGERICHTE.

Citronen
Butter und Rettig
Sardellen und Butter
detto und Salat
Kleine Gurken
2 frische Eyer
Rühr Eyer
Eyerspeis
Bratwürste
Schinken mit Aspik
Zunge mit Aspik
Französischen Senf

RINDFLEISCH

mit ... Sauce
- Gemüse
- Kremser Gurken
- rothen Rüben
- Erdäpfel Salat
- Gurken Salat
- Fisolen Salat
- Extra Boeufsteak
Beefsteak mit Erdäpfel
- detto auf englische Art
- detto sauté dans sa glace
- detto mit Champignon
- detto mit Sardellen Butter
Lungenbraten ordinär
- detto mit Gurken
Rostbeef mit Erdäpfel
Rinder Braten
Boeuf à la mode

FISCHE.

Forelle mit Aspik
detto mit Holländer Sauce
detto mit Englischer Sauce
detto mit Genueser Sauce
Schill mit Erdäpfel
detto mit Butter
detto mit Englischer Sauce
Hecht blau gesotten
detto mit Sardellen

Karpfen abgesotten
detto gebacken
Häring
Krebse
Schnecken mit Sardellen
detto gefüllt

GEMÜSE.

Spinat
detto mit Obers
Grüner Kohl
Blauer Kohl
Kohl Sprossen
Spargel mit Sauce
detto mit Essig und Öhl
detto mit grünen Erbsen
Grüne Erbsen
Rothes Kraut
Sauer detto
Karfiol
Kohl Ruben

EINGEMACHTES.

MEHLSPEISEN.

Maccaroni mit Parmesan

BRATEN.

Fasan
Repphuhn
Schnepfe
Kapaun
Poulard
Kalbsbraten
Lammsbraten
Schnitzel
Gans
Ente

SALAT.

Erdapfel
Hauptel
Sellerie
Gurken
Endivien
Böhmischer

COMPOTS.

Aepfel Compots
Pflaumen
Birnen
Kirschen
Marillen

DESERT.

Spanische Wind mit Confecturen
mit Obers
mit Johannisbeeren
Französische Torte
Linzer detto
Bisquit
Fischel Brod
Mandelbogen
Erdbeeren mit Zucker
Johannisbeeren mit Zucker
Kirschen
Birnen
Pfirschen
Marillen
Trauben
Confecturen
Pommeranzen Salat
Grüne Mandel
Mandel Busserl
Nüsse
Tyroler Äpfel
Feine Bäckerei
Grüyer Käse
Parmesan detto
Schweizer detto
Strachino detto
Chester detto
Stilton detto

WEINE.

		fl.	kr.
Port Wein	Die Bouteille	3	–
Madera Sec	d.°	4	–
Champagner mousseux qualité supérieur Moet	d.°	4	–
d.° Gisler	d.°	3	36
d.° Oel. de Perdrix	d.°	3	36
Grand vin de Château Lafitte	d.°	4	–
Château Latour	d.°	3	30
Château Gruand Larose	d.°	3	–
Chateau Margeaux	d.°	2	30
Sautern 1813 Saut. Ausbruch	d.°	4	–
Burgunder Chambertin	d.°	4	–
Côte rotie	d.°	3	–
Eremitage rouge	d.°	3	30
d.° blanc	d.°	3	20
St. Peray mouss.	d.°	3	–
Paxarete	d.°	4	–
Musoat Lunel	d.°	4	–
Rivesalte	d.°	4	–
Frontignan	d.°		
Schloss Johannisberger Cabinets Wein 1827	d.°	6	–
detto 1822	d.°	4	–
detto 1827	d.°	3	30
Ausbruch Grafenberg 1831	d.°	5	40
Cabinets Steinberger 1822	d.°	4	40
Rudesheimer Berg 1831	d.°	3	–
Mosler Pisporter	d.°	2	–
Xeres sec	d.°	3	–
WEISSE WEINE.			
Österreicher Tafelwein	d.°	–	18
d.° Mailberger	d.°	–	24
d.° Gumpoldskirchner	d.°	–	36
d.° Maurer	d.°	–	48
d.° Weidlinger	d.°	1	12
UNGARISCHE WEINE.			
Sumlauer	d.°	–	18
Nessmüller	d.°	–	18
Oeauer	d.°	–	24
Oedenburger	d.°	–	24
ROTHE WEINE.			
Ofner	d.°	–	18
Carlowitzer	d.°	–	18
Türkenblut	d.°	–	24
Szexarder	d.°	–	30
Adlersberger	d.°	–	36
Erlauer 1834	d.°	–	48
BIER.			
Märzen	das Glas		
Bouteille Bier	d.°		
Alter Cipro	die Bouteille	–	48
AUSBRÜCHE			
Tokayer 1822	d.°	2	–
Meneseher	d.°	–	48
St. Georger	d.°	–	30
das Glas			
Tokayer		–	12
Meneseher		–	10
St. Georger		–	8
LIQUEURS.			
Curaceau double	die Bout.	4	30
d.° d.°	das Glas	–	8
Anisette d'Hollande double	die Bout.	3	30
d.° d.° d.°	das Glas	–	8
Vaniglie	die Bout.		
d.°	das Glas	–	8
Maraschino	die Bout.		
d.°	das Glas	–	8
Wachholder (Gin)	die Bout.	2	30
d.° d.°	das Glas	–	8
Jamaica Rhum	die Bout.	2	–
d.° d.°	das Glas	–	10
Cognac de France	die Bout.	3	30
d.° d.°	das Glas	–	10
Punsch	das Glas	–	24
d.°	das Kleine	–	18
Thee mit Obers	die Portion	–	24
Kaffeh m. Obers	d.° d.°	–	24
d.° Schwarz		–	10

Im Gasthof »Zur Stadt London« empfiehlt der Küchenchef am 7. Juni 1839 für einfache Wiener Ansprüche »Lungenbraten ordinär« und für verwöhnte Gaumen Rehrücken mit Trüffeln, Eistorte, Grand vin de Château Lafitte und Cognac de France.

gegen acht Uhr heraufbringt ... Um ein Uhr bringt mein Stiefelputzer (denn einen solchen muß sich hier jeder Student halten, da die Hausmädchen sich nicht mit Schuhputzen und Kleiderausklopfen abgeben) mein Mittagessen mir aufs Zimmer, und zwei Berliner mit Namen Sotzmann kommen ebenfalls, um mit mir zu essen. Wir haben auf diese Weise den Tisch etwas wohlfeiler, da zwei Portionen für unseren Hunger gewöhnlich hinreichen. Die Kost ist übri-

gens nicht von der Art, um uns zu übermäßigem Genusse zu verleiten. Ziemlich dünne Fleischsuppe, Fleisch, das fast nur aus Fasern und Sehnen besteht, gehacktes Gras mit Essig und Zucker, und Kartoffeln, die für diese Jahreszeit [Mai] noch recht gut sind, bilden die gewöhnlichen Gerichte. Wenn wir hingegen einmal Mehlspeise oder Geräuchertes bekommen, haben wir keine Ursache zu klagen, da beides hierzulande vortrefflich bereitet wird ... Gegen halb neun

Zwei Ansichten einer Epoche: Ludwig Richters Honoratioren machen sich nach dem Abendschoppen, leicht wankend, auf den Heimweg (oben). Theodor Hosemanns Wohlstandsbürger beginnen den Tag mit einem Austernfrühstück in einer Altberliner Weinstube (unten).

»Hier wird nicht gepumpt!« Um es nicht jedem Gast einzeln sagen zu müssen, hängte der Wirt über der Theke eine humorvoll verbrämte, jedoch unmißverständliche Mahnung auf, die den Liederjan abschrecken sollte, mehr zu verzehren, als er bezahlen kann. Neuruppiner Bilderbogen.

Uhr stecke ich meine Lampe an ... und speise mit ein paar mächtigen Butterbroten und einem Glase Bier zu Nacht.«

Hoffmann von Fallersleben dagegen ergeht sich in genüßlichen Erinnerungen an allerlei Tafelfreuden, deren er hier und dort teilhaftig wurde. Daß er mit geradezu wäßrigem Munde über sie Buch führt, zeigt allerdings, wie selten der Tisch reich gedeckt war. Nach mehr als 30 Jahren schwärmte er noch von einem köstlichen Abendessen, zu dem er am 7. April 1842 im Hotel de Bavière in Leipzig eingeladen war und bei dem man Lachs, frischen Spargel, Schnepfen und Ananas gespeist hatte.

Wenn Spitzweg – wie oft alte Junggesellen ein ausgemachter Liebhaber und Praktiker der guten Küche – ein Gericht nach seinem Geschmack vorgesetzt bekam, nahm er nicht nur lobend davon Notiz, sondern ließ sich auch alle Zutaten verraten. Der Angewohnheit, seine große, geräumige Nase in alle Töpfe zu stecken, in denen etwas Vielversprechendes brutzelte, verdankte seine hübsche Nichte Lina, mit der er gern schmauste und womöglich auch schmuste, eine ansehnliche Sammlung amüsant illustrierter Kochanweisungen für seine Leibgerichte. Auf der Reise nach Prag im Jahre 1849 listete er einer Wirtin in Eger folgendes Rezept für starke Esser ab: »Auf einen 12 Pfd-gen Schlegel ¼

Pfund Sardellen. Der Schlegel wird also mäßig mit Speck gespickt und mit dies ein viertel Pfd. Sardellen gleichenfalls. Und jetzt wird er dann zugesetzt wie jeder andere Schlegelbraten mit viel Zwiebel und Butter. Wenn der Braten halb, N. B. halb gebraten ist, so werden in der Fleischseite, nicht von unten hinein, wo der Knochen sitzt, zwei Schnitte gemacht bis in die Hälfte des Bratens (tüchtige Schnitte), und in diese Schnitte werden zwei Weingläser Arrak hineingegossen, dann wird der Braten wieder zugebunden und ausgebraten.«

Das Bedürfnis nach kulinarischer Abwechslung ist ver-

Vom wohlfeilen Mittagstisch für arme Schlucker, bei dem nur die Wirtin Speck ansetzte, zur Massenabfütterung in den Werkkantinen war es nur ein kleiner Schritt, als der Rauch der Fabriken den heiteren Biedermeierhimmel zu verdüstern begann.
Beilage zur »Wiener Theaterzeitung«.

ständlich, weil die Küche in Spitzwegs München wohl den höchsten Ansprüchen bürgerlichen Appetites, nicht so sehr aber dem Gaumen des Feinschmeckers genügte. Jedenfalls drängt sich dieser Eindruck auf, wenn man in August Lewalds »Panorama von München« den gastronomischen Tageslauf eines wohlsituierten Einwohners verfolgt.

»Ein Münchner Bürger, der einigermaßen sein Auskommen hat, arbeitet wenig und lebt nur dem Vergnügen. Er überläßt seinen Gesellen die Arbeit, seiner Frau den Verkauf und die Wirtschaft. Er steht nicht zu früh auf und ißt mit seiner Frau die Morgensuppe, die bald aus Brot, bald aus geröstetem Mehle besteht und durch Pfeffer sehr pikant

Eduard Mörike

An meinen Vetter

Lieber Vetter! Er ist eine
Von den freundlichen Naturen,
Die ich Sommerwesten nenne.
Denn sie haben wirklich etwas
Sonniges in ihrem Wesen.
Es sind weltliche Beamte,
Rechnungsräte, Revisoren
Oder Kameralverwalter,
Auch wohl manchmal Herrn vom Handel,
Aber meist vom ältern Schlage,
Keineswegs Petit-maîtres,
Haben manchmal hübsche Bäuche,
Und ihr Vaterland ist Schwaben.

Neulich auf der Reise traf ich
Auch mit einer Sommerweste
In der Post zu Besigheim
Eben zu Mittag zusammen.
Und wir speisten eine Suppe,
Darin rote Krebse schwammen,
Rindfleisch mit französ'schem Senfe,
Dazu liebliche Radieschen,
Dann Gemüse und so weiter;
Schwatzten von der neusten Zeitung,
Und daß es an manchen Orten
Stark gewittert habe.
Drüber zieht der wackre Herr ein
Silbern Büchslein aus der Tasche,
Sich die Zähne auszustochern;
Endlich stopft er sich zum schwarzen
Kaffee seine Meerschaumpfeife,
Dampft und diskuriert und schaut in-
mittelst einmal nach den Pferden.

Und ich sah ihm so von hinten
Nach und dachte: Ach, daß diese
Lieben, hellen Sommerwesten,
Die bequemen, angenehmen,
Endlich doch auch sterben müssen!

1837

gemacht wird, um zum Trunke zu reizen. Sobald das Fleisch, das für den Mittag bestimmt ist, den ersten Grad der Eßbarkeit erlangt hat, was bei den Franzosen ›succulant‹ genannt wird oder ›dans son jus‹, so wird ein gutes Stück heruntergeschnitten und dem wackern Meister mit Senf zum Imbiß aufgetragen. Dieses Gericht wird ›Schüsselfleisch‹ benannt und ist sehr beliebt. Nachdem es eingenommen worden, nimmt der Meister Hut und Stock und begibt sich ins Weinhaus, um ein gehöriges Quantum Würzburger oder Überrheiner Weins zu sich zu nehmen. So nahet sich Essenszeit, zwölf Uhr. Der Meister begibt sich nach Hause. Die Speisen, die alle Tage auf seinen Tisch kommen, können seinen Gaumen nicht mehr reizen. Es ist eine sogenannte eingekochte Suppe, eine Fleischbrühe mit irgendeiner Art von Mehlteig; dann das Voressen, aus dem Kopfe, den Füßen oder den Eingeweiden des Kalbes bestehend, in saurer Tunke, und endlich das Rindfleisch, ›altes Fleisch‹ genannt, mit Gemüse. Dieselbe Ordnung und dieselben Gerichte kehren alle Tage wieder. Nur der Fasttag macht eine Ausnahme und der Feiertag. An dem ersten wird die Fastensuppe, Knödel und Nudel aufgetischt, an dem letztern erscheint ein Kalbsbraten und Salat und an den höchsten Feiertagen, den Kirchweihen usw., wohl noch ein Ragout in Pastetenteig, welches das feierlichste und vornehmste Gericht ist, das wohl jemals auf der Tafel eines Münchner Bürgers erscheint. Nach Tische wird ein kurzer Schlummer nicht verschmäht und dann im eigenen Einspänner oder zu Fuße und, wenn es das Gewerbe zuläßt, auch in Gesellschaft der Frau eine weitere oder kürzere Promenade gemacht. Das kopiöse Frühstück, das den Appetit von Mittag verdrängt, ist jetzt verdaut, und man fühlt sich geneigt, Schinken, Käse oder Wurst zu verzehren und einige Gläser Bier dabei zu trinken. Das nimmt den ganzen Nachmittag in Anspruch, und die fünfte Stunde, die sonst wohl erst zum Spaziergange einzuladen pflegt, fordert hier zur Heimkehr auf. Die Frau, wenn sie den Mann begleitete, wird nach Hause gebracht, und dieser stopft seine Pfeife von neuem, pfeift seinem Hunde und geht auf den Keller, um sein Bier zu trinken und mit einem Stück Kalbsbraten oder einem gebratenen Huhn die Reihe der täglichen Mahlzeiten auf eine würdige Weise zu beschließen. Der Winter macht hierin nur insofern eine Abänderung, als statt des Kellers am Abend irgendein Kaffeehaus oder eine geschlossene Gesellschaft besucht wird.

Wenn man auf solche Weise den Mann nur selten im Hause antrifft, so ist es hingegen die Frau, die, wie bei den Franzosen, dem Geschäfte vorsteht, die Rechnungen führt, den Verkauf besorgt und von Morgen bis Abend alle Hände voll zu tun hat. Dies bringt dem Geschäfte nur Gewinn; denn während der Mann nicht sehr einnehmend in seinen Manieren ist und von zuvorkommender Höflichkeit nichts wissen will, ist die Frau bemüht, den Käufer durch Freundlichkeit anzuziehen und mit einer Fülle von gutmütiger Bereitwilligkeit, unermüdlich des kleinsten Gegenstandes wegen, zu unterhandeln.«

Wohl haben die gastronomischen Lehren eines Brillat-Savarin – er starb 1826 – in vornehmen Häusern auf den in der Terminologie der Pariser Köche verfaßten und künstlerisch ausgeführten Speisekarten ihren sichtbaren Niederschlag gefunden, doch scheinen sich die Ansprüche des Gaumens in einfacheren Kreisen mehr auf große Mengen als auf geschmackliche Finessen gerichtet zu haben. Selbst die vielgerühmte Wiener Küche war damals, vor allem in den Wirtschaften, noch weit davon entfernt, den bescheidensten Maßstäben der Feinschmeckerei zu genügen. In seinen Memoiren denkt Castelli nicht ohne Ingrimm an die primitiven Zustände in den Gasthöfen und Speisehäusern:

»Was waren besonders die Bierhäuser in früheren Zeiten für elende Kneipen! Der Tisch durfte gar nicht gedeckt werden, und man bekam nebst Selchwürsteln höchstens noch einen Rostbraten, saure Nieren, saures Beischl (Lunge und Leber zusammengeschnitten) und Käse, wie elend war das sogenannte Weiße und Mailänder Bier, welches in Kannen von Blech, genannt Zimenten, aufgesetzt wurde! In diesen Bierhäusern sah das Gastzimmer wie eine Mördergrube schwarz und räucherig aus. Die Schenke befand sich in demselben. Der Wirt trug ein grünleinenes Vortuch um die Mitte zusammengedreht. Den Kellner mag ich gar nicht beschreiben, es könnte den Leser ekeln.«

Ähnlich, um eine Nuance grotesker vielleicht, mutet an der Schwelle des Massen- und Industriezeitalters die Ökonomie der öffentlichen Abfütterung an, über die Friedrich Holtze in seinen »Bildern aus Berlin« mit gemischten Gefühlen vermerkt: »Budenartig mit Leinwand überdacht, standen auf dem Alexanderplatz in der Richtung von der Königsbrücke zur Landsberger Straße einige lange Tische mit Bänken und Schemeln. Hier konnte man kalt den ganzen Tag über, warm zu Mittag und Abend speisen. Ein kleiner Kochherd von Eisenblech glühte am Rinnstein, Teller und Blechlöffel waren frei zu bewegen, Messer und Gabel aber mit eisernen Ketten an der Tischplatte befestigt; daher denn ein Tischtuch, auch wenn jemand es gewünscht hätte, nicht aufgelegt werden konnte ... Daß die Suppe mit einer Spritze auf den Teller gegossen und bei nicht sofort erfolgter barer Bezahlung mittels der Spritze wieder zurückgezogen worden sei, erzählte man sich; gesehen habe ich es nicht ...«

Als das biedermeierliche Leben – mit Varnhagen zu sprechen – »alle Tage unruhiger, geräuschvoller, eiliger, zerstreuter« wurde, entwickelten in allen Schichten der Gesellschaft die Lokale, sei es der Stehausschank oder die Tabagie, das Beisel oder der Bierkeller, die Weinstube, das Wirtshaus, das Feinschmeckeretablissement, jene allgemeine Anziehungskraft, die in der alkoholisierten Devise »Und so jehn wir und so jehn wir / Unser ganzes Leben lang / Aus det

Carl Spitzweg sammelte Kochrezepte und kulinarische Erfahrungen – nicht immer die besten, wie die Zeichnung besagt.

Verzeichnis der verschiedenen Räusche und was jeder kostet:

Spitzl	*24 Kr.*
Spitz	*27 Kr.*
Haarbeutel	*30 Kr.*
Affen	*33 Kr.*
Nebel	*36 Kr.*
Dusel	*39 Kr.*
Hieb	*42 Kr.*
Räuscherl	*45 Kr.*
Duft	*48 Kr.*
Sturm	*51 Kr.*
Zopf	*54 Kr.*
Tampes	*57 Kr.*
Steften	*1/– Kr.*
Brummer	*1/3 Kr.*
Sabel	*1/6 Kr.*
Sumler	*1/9 Kr.*
Brand	*1/12 Kr.*
Suff	*1/18 Kr.*
Rausch	*1/24 Kr.*
Fetzen-Rausch	*1/30 Kr.*
Ordonnanz-Rausch	*1/33 Kr.*
Kanonen-Rausch	*1/38 Kr.*
Esels-Rausch	*1/ – Kr.*
Kapital-Rausch	*1/48 Kr.*
Mords-Rausch	*1/54 Kr.*
Bauern-Rausch	*2/ – Kr.*
Vieh-Rausch	*2/24 Kr.*
Sau-Rausch	*2/42 Kr.*

Süddeutscher Bilderbogen

eene Restorang / Mang det andre Restorang!« ihren volkstümlichen Ausdruck fand. Hinzu traten, neu in Norddeutschland, die Kaffeehäuser, Buffets für Klatsch und Nachrichten aus aller Welt.

»Kaffeehäuser wie die Pariser und Wiener, in denen vom frühsten Morgen an die Billardkugeln umherrollen, die Tassen, Gläser und Dominosteine klappern, die Karten gemischt werden, Tabakswolken ziehen und die Interessen des Tages

»Wir schneiden die Muskeln durch und sägen die Knochen ab, mit einem Wort, wir kurieren den Kranken ...« Die alptraumhafte Satire auf die Jünger Äskulaps in J. J. Grandvilles »Staats- und Familienleben der Tiere« (1846) zeigt die Grenzen der ärztlichen Kunst und ihre horriblen Praktiken vor Anwendung der Anästhesie.

durchgeschnattert werden, hat Berlin wenige oder gar keine«, so verbreitet sich Glassbrenner über die Topographie der Gaststätten in Preußens Hauptstadt. »Die Restaurationen sind nur mittags und abends lebendig; des Morgens und Nachmittags befriedigt man seine Neu- und Wißbegier in den Konditoreien, von denen einige sechzig bis siebzig Journale halten und durch welche sich, wie durch die Weinstuben und seine unzähligen Viktualienkeller, Berlin eigentümlich hervortut. In den letzteren schmausen und unterhalten sich die Unbemittelten, die Dienenden, die Arbeiter. Am lebendigsten ist es in den Weinhäusern. Hier weckt der Humor der Natur, der wie eine Freudenträne blinkende Saft der Traube, den Humor der Gäste; aus dem Achtelchen, welches man im Vorübergehen genießen wollte, wird ein Viertelchen, eine Flasche und zuletzt wohl auch ein Rausch. Der Berliner trinkt gern. Ich bemerke dies ausdrücklich, damit mich mein Landsmann nicht etwa der Parteilichkeit beschuldige. Der Berliner trinkt sogar sehr gern und meint mit dem Volksliede: das Essen, nicht das Trinken hat uns um das Paradies gebracht. Dies bringt uns sogar auf Augenblicke wieder hinein.«

Zuflucht in dieses Paradies, in Berlin gewährte sie der tröstende Griff zur Kümmelflasche, suchte vor allem die ärmere Bevölkerung, das schnell anwachsende Proletariat in den Städten. Allein in Preußen waren 1831 mehr als 20 000 Brennereien in Betrieb, nicht wenige davon Tag und Nacht, um den auf acht Quart pro Kopf errechneten Branntweinbedarf zu decken. Da wenig geschah, der Masse der Entwurzelten und Deklassierten ein menschenwürdiges Dasein zu ermöglichen, fanden die Empfehlungen des Onkenschen Mäßigkeitsvereins in Hamburg ebenso wenig Anklang wie das persönliche Einschreiten König Friedrich Wilhelms III. von Preußen, der sich in dieser Sache 1833 sogar an die Regierung der Vereinigten Staaten wandte und die Übersetzung einer Schrift über die Temperenzler auf seine Kosten drucken und an sämtliche Geistliche des Landes verschicken ließ mit der Ordre, von der Kanzel herab den Trunkenbolden ins Gewissen zu reden.

Zeit der Hypochonder

Gegen Übel, Krankheit und Siechtum kannte das Biedermeier kaum andere Heilmethoden als die herkömmlichen Hausmittel, die Roßkuren und Scharlatanerien, mit denen Quacksalber und Wunderdoktoren ihr dubioses Wesen trieben. So real man dachte, so nüchtern man sich gab, bestimmten jedoch unhaltbar abergläubische Vorstellungen, die selbst die Aufklärung nicht auszurotten vermocht hatte, die Behandlung jedweder Gebrechen. Wo die Kunst des Baders versagte, dem neben Haarschneiden und Barbieren auch das Zahnziehen, Fontanellenschlagen und Ansetzen von Blutegeln oblag, hielt man sich in aller Heimlichkeit an sogenannte »weise Frauen«, vornehmlich Hebammen und Leichenwäscherinnen. Diese verstanden sich darauf, Zahnschmerzen in Bäume zu vernageln, Ausschläge, Geschwülste und Geschwüre durch Bestreichen mit einer Totenhand zu heilen, von anderen obskuren Künsten ganz zu schweigen. Wilhelm von Kügelgen war mit einem Pastor Roller befreundet, der verkohlte und pulverisierte Elstern als unfehlbares Mittel gegen die Epilepsie empfahl. Als ebenso probat galt das Blut von Hingerichteten. So berichtet Jakob Grimm, daß in Kassel einmal »das Schafott fast umgerissen wurde«, als die Menge sich drängte, ein paar Blutspritzer des Geköpften mit dem Taschentuch aufzutupfen.

In Berlin erzielte ein ehemaliger Pferdeknecht, ein heller

Disch-bra-zi-ohns = oder Sanfter Heinrichs-Walzer

Wenn Ener weeß, wie Enen iß,
Wenn Ener Enen nimmt,
Wenn wabblich En umt Herze iß,
Denn weeß ickt woll bestimmt.

Wenn Ener weeß, wie Enen iß,
Wenn Ener Enen pfeift,
Un Ener mal im Stillen so
Recht ochsig Enen kneift.

Wenn Ener weeß, wie Enen iß,
Wenn Enen garnischt paßt,
Wenn Enen denn aus Disch-bra-zi-ohn
Geschwinde Enen faßt.

Wenn Ener weeß, wie Enen iß,
Wenn Ener man genießt,
Denn weeß ickt woll, wie wohl et duht,
Wenn man denn En' ufgießt.

En sanften Heinrich lob' ick mir,
So lang et Enen gippt;
Un soll et Ener extra sind,
Wird en Offizier gekippt.

Un iß et mal en großet Fest,
Drinkt man in Companie,
Appsonderlich gelutscht wird denn
So à la Tivoli.

Och wenn spazieren ick duh gehn,
Nehm ick mir Enen mit,
Wenn ja denn schlimm mich werden duht,
Wird Ener uffgeschitt.

Drum iß det Beste allemal,
Wenn Ener Enen hat,
Mag Ener sind, wo Ener will,
Vort Dohr wie in die Stadt.

Neuruppiner Bilderbogen

Junge namens Grabe, als bevorzugter Wunderdoktor der Hofgesellschaft die spektakulärsten Erfolge. Dieser Pfiffikus heilte seine Patienten mit einer Schockmethode: er ließ sie den Mund aufmachen und spuckte ihnen kräftig hinein.

Vernünftige Ärzte, die in einer gesunden Lebensweise das wirksamste Vorbeugungs- und Heilmittel sahen, wären für einen Narren gehalten worden, hätten sie irgendeinem Kranken klarzumachen versucht, wie einfach ihm zu helfen sei.

Ein unentbehrliches Requisit biedermeierlicher Leibespflege war das Klistier. Das »Musée grotesque«, eine Sammlung humoristischer Blätter, preist die Vorzüge des neu erfundenen Irrigators gegenüber der herkömmlichen Klistierspritze. »Stubenhocker und Reisende sollten dem Himmel dankbar sein für ein so köstliches und bequemes Instrument ...«

Im »Schatzkästlein des Rheinländischen Hausfreundes« findet sich die schöne Kalendergeschichte »Der geheilte Patient«. Hier erzählt Johann Peter Hebel, welche List ein kluger Arzt gebrauchte, um einen hoffnungslosen Hypochonder zu kurieren.

Die Praktiken der Ärzte beruhten mehr auf altüberlieferten Erfahrungen und einer glücklichen Hand als auf wissenschaftlichen Erkenntnissen, denen exakte Forschung zugrunde lag. Selbst medizinische Kapazitäten wie der Ludwig I. nahestehende Münchner Universitätsprofessor Ringseis und sein Leipziger Kollege Heinroth konnten sich nicht von konservativen kirchlichen Vorstellungen lösen und führten die Heimsuchung der Menschen durch Krankheiten als »Ausfluß des Bösen« auf die Erbsünde zurück.

Ebenso anachronistisch, ja mittelalterlich muten die an Teufelsaustreibungen erinnernden Methoden an, mit denen der Berliner Geheimrat Horn in der Irrenabteilung der Charité Geisteskranke behandelte. Als Carl Gustav Carus aus Dresden, der als Philosoph, Arzt und Maler einer der letzten großen Universalisten war, diese Anstalt besuchte,

glaubte er sich angesichts von Drehmaschinen, Drehstühlen und anderen Geräten zum Herumwirbeln der Kranken in eine Folterkammer versetzt. Hier war es auch, wo Karl Blechen, eines der hoffnungsvollsten Talente der deutschen Malerei des 19. Jahrhunderts, als unglückliches Opfer Horns gänzlich den Verstand verlor.

Zum Bild des kranken Biedermanns, des wehleidigen Hypochonders, mit dem die humoristischen Zeichner lange ihre gutmütigen Späße trieben, gehört das Stilleben von Medizinflaschen und -schachteln auf dem Nachttisch. Gegen den wahllosen und unmäßigen Gebrauch von Pillen, Pulvern und Tropfen, der den Apothekern auf die Beine half, selten

Bade- und Brunnenkuren bewirkten den gleichen prompten Effekt wie Klistiere. Eine englische Karikatur von 1823 führt drastisch vor Augen, daß nach dem zweiten Glas »Cheltenham Water« bereits höchste Eile geboten war, einen stillen Ort zu erreichen.

aber den Kranken, machte Samuel Hahnemann, der Schöpfer der Homöopathie, mit der Entdeckung Front, daß kleine, gezielte Arzneidosen mit einer der Krankheit ähnlichen Reizwirkung genügen, diese zum Erlöschen zu bringen. Seine auf naturwissenschaftliche Beobachtungen gegründete Methode fand viele Bewunderer, aber zugleich so erbitterte, selbst auf polizeiliches Eingreifen dringende Widersacher, daß der berühmte Arzt der Geniezeit, der greise Christoph Wilhelm Hufeland, 1831 mit den unvergeßlichen Worten für ihn Partei ergriff: »Freiheit des Denkens, Freiheit der Wissenschaft ist unser höchstes Palladium. Die Regierung darf in wissenschaftliche Gegenstände nicht eingreifen, weder hemmend noch eine Meinung ausschließlich begünstigend, denn beides hat, wie die Erfahrung lehrt, der Wissenschaft Schaden getan. Nur Prüfung durch Erfahrung kann das Wahre vom Falschen, das Brauchbare vom Unbrauchbaren sondern.«

Nicht weniger zwiespältig urteilte man über die Kaltwasserheilkunde, die Vinzenz Prießnitz, ein ohne jede Schulbildung aufgewachsener schlesischer Bauer, in seinem Heimatort Gräfenberg begründete. Seiner Kunst vertraute sich 1833 der im Besuch von Bädern erfahrene Heinrich Laube an. Dessen Reisebeschreibung ist zu entnehmen, daß der Kuraufenthalt – er kam mit Mühe in einer kargen Bauernstube unter – jeder Gemütlichkeit entbehrte. Die Wasserkur begann um vier Uhr früh: »Man wickelte mich in wollene Decken, warf noch ein Bett über mich und überließ mich meinem Schicksale. Als ich nach einigen Stunden im Schweiße meines Angesichts lechzte, ward mir kaltes Wasser eingeflößt. Es befördert die Transpiration aufs äußerste, und wenn diese nun den ganzen Körper aufgelöst hat, wird das Deckbett weggehoben, und wie ein weißer Bettelmönch wandelt man in der wollenen Hülle hinaus zu den Bädern. Die sind meist dicht an den Häusern angebracht und werden fortwährend von dem in Rinnen und Röhren herabkommen-

Die Beliebtheit der Bäder demonstriert der Zeichner F. Bamberger. Seinem Skizzenblatt »Kissinger Kurgäste im Jahre 2238« ist zu entnehmen, daß es noch immer die von 1838 sind. München, Stadtmuseum.

Unter den Elegants
auf der Kurpromenade
von Bad Pyrmont genoß
der bürgerliche Parvenü
die teuer bezahlte Wonne,
zur Crème der Gesellschaft
gezählt zu werden.
Kol. Lithographie, um 1825,
von Georg Emanuel Opitz.

den Bergwasser angefüllt, sind also stets lieblich eiskalt und frisch. Als ich an jener Decke meinen Gräfenberger Brautgang hielt, flog mir der Schnee ins Gesicht. – Wirklich tritt nach ungefähr einer Minute völlige Erwärmung in dem kalten Wasser ein, die indes bald wieder neuer Kälte weicht. Diese zweite Kälte muß eigentlich abgewartet werden, sie schüttelt innen und außen den Menschen zusammen. Es ist völlig unbegründet, sich dabei vor dem Schlagflusse und dergleichen fatalen Zuständen zu fürchten. Die schwächsten Personen erleiden gefahrlos diesen Wechsel, und man merkt täglich, daß das kalte Bad um so wohltuender wirkt, je gründlicher und heftiger die Transpiration vorher war. Man darf dabei nicht außer acht lassen, daß der vorhergehende Schweiß nicht durch künstliche Mittel erzeugt wird, daß man bei offenen Fenstern liegt und die Lungen vollkommene Ruhe halten. – Nun kleidet man sich an und trinkt Wasser.

Im Schreckensjahr 1831 tanzte Wien den »Cholera-Walzer« – und Freund Hein war der Partner. Anonyme Lithographie.

Der Frost treibt gewöhnlich zum Laufen hinaus, und man sieht frierende Badegäste überall auf den Bergen herumtraben ...«

Das unwirtliche Gräfenberg war nichts für Leute, die von einer Badekur mehr erwarteten als die Wiederherstellung der angegriffenen Gesundheit. Für sein gutes Geld wollte der zur Kur weilende Herr Biedermeier auch zu jener illustren Gesellschaft zählen, die in jeder Saison berühmte Bäder wie Gastein und Karlsbad, Baden-Baden oder Ems in Jahrmärkte der Eitelkeit verwandelte.

In seinen »Reisenovellen« begegnet man Heinrich Laube auch in den böhmischen Bädern. Er hatte ein Faible für den Kurbetrieb, der ihm in Hülle und Fülle Anschauungsmaterial zu zynischen Glossen über die Großmannssucht des arrivierten Bürgertums lieferte. In Karlsbad gedenkt er der guten Zeiten, da »die Gäste bloß als Menschen herkamen und alle gleich waren vor dem gleichmäßig wirkenden Brunnen, der kein Ansehen des hoch oder niedrig geborenen Magens kennt. Damals, so erzählten mir ältere Leute, brachte man keine Orden und Auszeichnungen in die Bäder mit. Jetzt glaubt jeder, er müsse um Gottes willen sich so etwas anhängen. Bei jedem zweiten Schritt sieht man ein großes Verdienst an Leberschmerzen leiden. Deutschland strotzt von bedeutenden Leuten. Sie sollten hier aber offiziell verboten werden. Die kleinen Leute könnten beim Anblick der Koryphäen von irgendwelchen Karlsbader Krankheiten erneut angegriffen werden.«

In Marienbad erinnert ihn der Kursaal an ein Klosterrefektorium. »Es sieht reizlos und wüst aus. Die Leute schleppen sich mit schweren Mänteln und Überschuhen auf und nieder. Sonst betet man in einer so frühen Stunde nur für das Wohl der Seele. Jetzt und hier betet man für das Wohl des Unterleibes. Statt Gebetbüchern und Rosenkränzen verkaufte ein stiller Mann in einer Fensternische weiche Quartblätter feinsten Papiers. Er lächelte still und innerlich, als ich mir ein Blatt kaufen und lesen wollte. Nicht zu so gemeinen Zwecken war das Papier bestimmt.«

Kein Ereignis zeigte der Medizin so schmerzlich ihre Grenzen, ihre Anmaßung und ihre Ohnmacht wie die 1831 von Indien nach Europa vordringende Cholera, eine Epidemie, die vornehmlich in gebildeten Kreisen Panik auslöste und die mutige Rahel Varnhagen (»Ich verlange ein besonderes, ein persönliches Schicksal, ich kann an keiner Seuche sterben!«) zu dem Ratschlag veranlaßte, viel Ingwer zu essen, die Zimmer mit Bernstein auszuräuchern, den Leib in Flanell zu hüllen, Rücken und Fußsohlen mit Löschpapier zu bedecken.

Weniger gelassene Naturen verließen, wie Arthur Schopenhauer, der von Berlin nach Frankfurt floh, Hals über Kopf die großen Städte, wo die Seuche zwar in den Elendsvierteln am schlimmsten wütete, jedoch so unberechenbar auftrat, daß ihr auch Persönlichkeiten wie Gneisenau und Hegel zum

Portrait eines
Cholera-Präservativ-Mannes,
oder Strenge Diät, wie sie heutiges
Tages leicht zu halten wäre:

Ein Mensch, mit allen Präservativen versehen, muß folgendermaßen einhergehen. Um dem Leib erst eine Haut von Gummi Elasticum, darüber ein großes Pechpflaster, über diesem eine Binde von 6 Ellen Flanell. Auf der Herzgrube einen kupfernen Teller. Auf der Brust einen großen Sack mit warmen Sand. Um den Hals eine doppelte Binde, gefüllt mit Wachholderbeeren und Pfefferkörnern, in den Ohren zwei Stück Baumwolle mit Campher, an der Nase hat er eine Riechflasche von Vinaigre des quatro voleurs hängen, und in dem Munde eine Cigarre. Über den Binden ein Hemd in Chlorkalk, darüber eine baumwollne Jacke, darüber einen heißen Ziegel, und endlich eine Weste mit Chlorkalk, flanellene Unterbeinkleider, Zwirnstrümpfe in Essig gekocht, und Schafwollstrümpfe darüber mit Campher eingerieben. Sodann zwei Kupferflaschen-Sohlen mit heißem Wasser gefüllt und Oberschuh darüber. Hinter den Waden hat er zwei Wasserkrüge hangen. Sodann einen großen Überrock aus Schafwolle mit Chlor, und über den ganzen Anzug einen Mantel aus Wachsleinwand und einen dito Hut. In der rechten Tasche trägt er ein Pfundt Brechwurzel und ein halbes Pfundt Salbey, in der linken Tasche ein Pfundt Melissenthee und ein Pfundt Eberwurzel. In der Westentasche eine Flasche mit Kamillenöl, und eine Flasche mit Campheräther. Auf dem Hut eine Terrine mit Graup-Suppe, in der linken Hand einen ganzen Wachholder-Strauch, und in der rechten Hand ein Räucher-Gefäsz, worauf ein Tasse mit Essig und Gewürznelken. Hinter sich an den Leib gegürtet schleppt er einen Karren nach sich; auf welchen sich eine Badewanne, 15 Ellen Flanell, ein Dampfbad-Apparat, eine Räucherungs-Maschine & Frottir Bürsten, 18 Ziegel, zwei Pelze, ein Bequemlichkeits-Stuhl und ein Nachtgeschirr befinden. Über dem Gesicht muß er noch eine Larve aus Krausemünzenteich haben. So ausgerüstet und so versehen ist man sicher, die Cholera – am ersten zu bekommen.

Flugblatt von Saphir, 1831

Ludwig Kalisch

AUFMUNTERUNG

Faßt Muth und seid mir nicht so
weinerlich,
So schlappisch und so
griesgramgreinerlich,
So dämlich und so ochsentrampelich,
So ächt teutonisch hahnebampelich,
So kribblig und so achselzuckerlich,
So wupperhaftig hypermuckerlich,
So ewig jammertönefletscherlich,
So ewig thränendrüsenquetscherlich,
So geistlos freudelos wortspielerlich,
So lyrumlarumlöffelstielerlich!

Opfer fielen. Die Hysterie erreichte solche Ausmaße, daß jeder ängstlich lauerte, die ersten Krankheitssymptome an sich selbst festzustellen. Unter dem 21. September 1831 vertraute Grillparzer seinem Tagebuch an, was er in jener bangen Zeit durchlitt:

»Die Cholera ist in Wien. Als sie entfernt war, fürchtete man sich, als sie zögerte zu kommen, ward man leichtsinnig, als sie eintrat und von einzelnen wenigen Erkrankungsfällen mit einem ungeheuren Sprunge an einem Tage anderthalbhundert erkrankten und verhältnismäßig viele daran starben, und noch dazu fast alle aus den beßren Ständen, ward das Entsetzen allgemein. Ich verhielt mich ziemlich gleichgültig. Aber, als ich im Gasthause mich an den Tisch setzend plötzlich höre, daß der Advokat Dr. Götz, mit dem ich seit 5 Jahren täglich zu speisen gewohnt war und auch noch den Tag zuvor gespeist hatte, denselben Morgen nach einem kurzen Übelbefinden gestorben sei, schlug es plötzlich grauenhaft in mich. Ich konnte nicht essen, und die folgende Nacht bekam ich selbst einen Anfall, der, obschon nicht heftig, doch schon ein bedenkliches Symptom zeigte. Die rechte Hand nämlich war für einige Augenblicke eiskalt und bewegungslos geworden, sie erwärmte und belebte sich aber bald wieder. Mit diesem Anfalle war aber auch mein bewegter Zustand vorüber. Widerlich war mir eigentlich nur gewesen, daß ich glaubte, der Cholera-Tod trete in Folge ungeheurer, unleidlicher Schmerzen ein, und die Idee, wie ein verwundetes Tier sich krümmend, sinnlos, im Schmutz eckelhafter Leibesentleerungen aus der Welt zu gehen, empörte mich. Aber als der Arzt, über meinen Krankheits-Anfall viel mehr erschreckt als ich selbst, die irrige Idee über die den Tod begleitenden Zufälle genommen hatte, schien es mir gar nicht mehr so schlimm, mitten in einer allgemeinen Kalamität, unbemerkt, kaum bedauert, das Los vieler zu theilen. Ja, als ein neuer Anfall, obwohl unendlich schwach und bald vorübergehend, mich verflossene Nacht aus dem Schlafe weckte, dehnte ich mich mit einer Art Wollust bei dem Gedanken eines so schnellen Überganges in das unbekannte Land. Ich hegte gleichsam die Empfindung des erwachten Grimmens im Unterleibe, schlief aber darüber ein und erwachte gesund und dießseits. Ich glaube nicht, daß ich an dieser Krankheit sterben werde; sie nimmt wohl nur die, die noch gerne da bleiben möchten.«

ENDE DER GERUHSAMKEIT

Adieu, Postillon

»Wer geht, sieht mehr, als wer fährt. – Überfeine und unfeine Leute mögen ihre Glossen darüber machen nach Belieben; es ist mir ziemlich gleichgültig. Ich halte den Gang für das Ehrenvollste und Selbständigste in dem Manne und bin der Meinung, daß alles besser gehen würde, wenn man mehr ginge. Man kann fast überall bloß deswegen nicht recht auf die Beine kommen und auf den Beinen bleiben, weil man zu viel fährt. Wer zu viel im Wagen sitzt, mit dem kann es nicht ordentlich gehen. Wo alles zu viel fährt, geht alles schlecht; man sehe sich nur um! Sowie man im Wagen sitzt, hat man sich sogleich einige Grade von der ursprünglichen Humanität entfernt.«

Dieses Bekenntnis zum Gehen als dem besten Fortbewegungsmittel setzte Johann Gottfried Seume, der kauzige Wandersmann aus Sachsen, seinem berühmten Reisebericht »Spaziergang nach Syrakus« voran. Wenn er, nur mit einem Knotenstock bewaffnet, die verrufensten Straßenräubergegenden des damaligen Europas auf Schusters Rappen durchstreifte und auf dem Heimweg nach Leipzig noch einen Abstecher in die Schweiz und nach Frankreich machte, so geschah es nicht allein, um die Muskulatur seiner Waden zu betätigen, sondern wohl auch als Demonstration seiner grimmigen Abneigung gegen das Reisen mit der Postkutsche. Seume machte schon 1803 seinem Ärger über eine Sache Luft, die eine Generation später viele Reisende in Harnisch brachte, als sich die Straßen nach den napoleonischen Kriegen in so erbärmlichem Zustand befanden, daß man es mitunter vorzog – wie Hoffmann von Fallersleben –, nach dem Kompaß querfeldein zu fahren.

Hierzu kamen unaufhörliche Klagen über die Prellereien und Unverschämtheiten der Posthalter, über unbequeme Wagen, unangenehme Mitreisende, faule Postillone, lahme Pferde, teure Wirtshäuser und schlechtes Essen. Die für einen unruhigen Geist enervierende Gemächlichkeit der Hochfürstlich Thurn und Taxisschen Wagen veranlaßte Ludwig Börne 1821 zu seiner bitter satirischen »Monographie der deutschen Postschnecke«. Es reizte ihn, für die Strecke von Frankfurt nach Stuttgart nicht weniger als 46 Stunden gebraucht zu haben, wovon allein 15 Stunden für Rasten benötigt wurden, auf denen er 12 Schoppen Wein getrunken und noch einige mehr für den Kutscher bezahlt hatte. »Es wäre Unverstand von mir, wenn ich das langsame Fahren der Postwägen innerhalb der Städte aus dem Grunde tadeln wollte, weil Knigge in seinem Buche ›Über den Umgang mit Menschen‹ das Gegenteil anratet. Knigge nämlich sagt, in Städten solle man schnell fahren, damit, wenn am Wagen

Der Postillon
bläst sein Abschiedslied.
Illustration von
Moritz von Schwind.

Die alten Straßen können die bis zur Achse im Morast versinkenden Fuhrwerke nur passieren, wenn die Fahrgäste aussteigen und selber in die Speichen greifen. Ihr katastrophaler Zustand verleidet jede Landpartie.

etwas Zerbrechliches sei, er da zerbräche, wo Hilfe in der Nähe wäre. Conducteurs und Postillone können hinlänglich beweisen, daß sie jenes Werk über feine Lebensart niemals gelesen haben; vielmehr sind die Vorteile dieses langsamen Fahrens auffallend. Nach den Fenstern guter Freundinnen kann man oft und lange zurücksehen; guten Freunden begegnet man zweimal auf der Straße; hat ein Reisender vergessen, seine Rechnung im Gasthause zu bezahlen, so kann ihm der Wirt nachgehen und ihn daran erinnern ...«

Zu seinen Reisebegleitern zählte ein neuvermähltes Paar, das vor neun Wochen am Tage der Hochzeit in Memel aufgebrochen war und sich auf dem Weg nach Triest, der Heimat des Mannes, befand. Börne erquickte der Gedanke, daß sie sich statt der üblichen Flitterwochen langer Flittermonate erfreuen konnten. Er bedachte, »wie die schlechten Herbstwege die Fahrt verzögern müssen, und berechnete, daß die harrende Schwiegermutter in Triest nicht bloß eine geliebte Schwiegertochter, sondern auch einen Enkel werde bewillkommnen und küssen können«.

Die Romantik der Postkutsche ist eine glatte Erfindung späterer Generationen. Ihre poetische Verklärung verdankte sie Leuten, denen – nach Gérard de Nerval – »die numerierte Regelmäßigkeit der Eisenbahnstationen, die festgelegte Pünktlichkeit der Dampfschiffe«, kurz die ersten Anzeichen von Perfektion und Rationalisierung die tägliche Welt auf eine beängstigende Weise zu verengen schienen. Für die reisenden Zeitgenossen jedoch, die sich auf Gedeih und Verderb den Tücken und Mängeln der Post ausliefern mußten, war

Die neuen Straßen mit grob aufgeschütteten Steinen machen die harmloseste Ausfahrt zu einem halsbrecherischen Unternehmen. Aus »Plaisirs et Occupations de la Vie de Château« von Karl (Quillambois).

sie eine Quelle ewigen Verdrusses, ob man sich wie Roland Menzel bei der königlich sächsischen Ordinari-Post auf Stroh im rot angestrichenen Leiterwagen und wie Fritz Reuter in

Unfälle sind unvermeidlich, wenn ein Pferd gewohnt ist, jedes Hindernis zu nehmen, und ein Torgatter für eine Barriere auf dem Parcours hält. Aus »Studies from the Stage or the Vicissitudes of Life« (1823).

Im Gasthof
erwartet die Reisenden
ein ungemütliches Quartier
mit klammen Betten,
das man des Morgens,
nicht selten von Flöhen
und Wanzen zerstochen,
gern wieder verläßt.

Mecklenburg auf einem mit acht Pferden bespannten Kartoffelwagen fortbewegte oder bei steigendem Fahrkomfort und verkürzten Reisezeiten Eilwagen, Separateilwagen oder gar die Extrapost benützte.

Varnhagen ereiferte sich 1844 über das alle Augenblicke zu entrichtende Chausseegeld und fragte sich, als er vor Homburg sechs oder sieben Schlagbäume passierte, »ob die hessischen Fürsten von diesen Notgroschen leben müßten«. Verärgert schrieb er: »Die Fürsten brandschatzen die Reisenden wie die Wegelagerer.«

Wer nicht reiste, erging sich in Klagen über die teure und

unzuverlässige Beförderung der Briefpost – von allen Unannehmlichkeiten der Zensur ganz zu schweigen. Selbst Friedrich von Gentz, Metternichs rechte Hand, riet seiner alten Brieffreundin Rahel Varnhagen zur Vorsicht: »Der Post ist ja durchaus nicht zu trauen; und ich bitte Sie, mir, wenn es nicht ganz gleichgültige Dinge betrifft, nie anders als durch unsere Gesandtschaft zu schreiben.«

Die Kutscher
galten als Faulpelze,
Trunkenbolde und Grobiane,
die sich bei der geringsten
Meinungsverschiedenheit die
Peitsche um die Ohren knallten.
Kol. Lithographie von L. Boilly.

Wer aber reiste, war nicht nur der Grobheit der Fuhrleute (»Herr Baron, fahr'n Se mit, es fehlt bloß noch eene lumpigte Person!«), sondern auch der Halsabschneiderei der Wirte und der Schlampigkeit der Quartiere ausgesetzt. Gästen, denen zu Hause einige Bequemlichkeiten zu Gebote stan-

den, kostete es nicht wenig Überwindung, die kalten und klammen Schlafräume aufzusuchen, in denen, ließ man sie heizen, sogleich Hunderte von Kakerlaken zum Leben erwachten. Der Wiener Salonlöwe Castelli wußte von ihrer Ungemütlichkeit ein Lied zu singen und fand »die Betten so hoch, daß man auf einen Stuhl steigen mußte, um sich hineinzulegen, und dann in Federn wie eingegraben lag. Kein Portier, keine Glockenzüge, keine Teppiche ...«

Wie sie von einer Station zur anderen holperte und schaukelte, gab die Postkutsche die Gangart an für alles, das seinen Lauf nahm, sie prägte, sie justierte den Zeitsinn nach Meilen, und Entfernungen, die ein Gedanke im Nu überspringt, nach Tagesreisen. »Niemand hat es eilig anzukommen, aber zu guter Letzt kommt man immer an. Der Strom des Lebens fließt langsamer in diesen Gegenden und nimmt ein majestätisches Gehabe an«, notierte Nerval 1843 auf einer Reiseetappe von Lindau nach München.

Mit Volldampf in die Zukunft

Während ein Romantiker wie Nerval der Stagnation des Zeitbegriffs Vorschub leistet aus Skepsis, ja Widerwillen gegen alles Neue, deckt im gleichen Augenblick Karl Immermann schon die Tatsachen einer bereits vollzogenen Verwandlung auf. Klarsichtig, intelligent, aggressiv, ein Kritiker seiner Epoche, die er ziemlich unsanft des Schlafrocks und der Zipfelmütze beraubt, identifizierte er in den »Memorabilien« von 1840 bis 1844 die Entthronung der Postkutsche durch die Eisenbahn, die Abwertung der Chausseen durch den Schienenstrang mit dem Untergang all dessen, was das Biedermeier ausmacht:

»Es existiert jetzt eine weitverbreitete Gesellschaft empor sich Schraubender und Emporgeschrobener, deren Zustand fast an den frevelhaften Rausch und an das ernüchterte Elend der Opiumesser erinnert ... – Daß jemand zu Hause bleibe, gehört zu den Ausnahmen; daß alles, was nur die Mittel erschwingen kann, welche die neueren Erfindungen so sehr herabgesetzt haben, sich jährlich oder in nicht viel längeren Zwischenräumen über hundert deutsche Meilen wenigstens fortbewege, bildet die Regel. Die Minderzahl unter diesen Reisenden sind Geschäfts- oder Zweckreisende, die große Mehrheit reist, um zu reisen. Die Figur des reinen Reisenden oder des Reisenden schlechthin, welche sonst nur bei den Engländern vorkam, ist seit dem Beginn der Friedensperiode nun auch reichlich nach Deutschland übersiedelt worden. – Sie reisen um zu reisen. Sie wollen der Qual des Einerlei entfliehen, Neues sehen, gleichviel was, sich zerstreuen, obgleich sie eigentlich nicht gesammelt waren. Ist diese Wanderlust zu schelten? Auch nicht. Sie ist

Nikolaus Lenau

Schlimmer Gast

Mitten durch den grünen Hain,
Ungestümer Hast,
Frißt die Eisenbahn herein,
Dir ein schlimmer Gast.

Bäume fallen links und rechts,
Wo sie vorwärts bricht,
Deines blühenden Geschlechts
Schont die rauhe nicht.

Pfeilgeschwind und schnurgerad,
Nimmt der Wagen bald
Blüt und Andacht unters Rad,
Sausend durch den Wald.

natürlich und zum Teil wenigstens Nachwirkung der politischen Stürme. Napoleon hat die Völker einst zueinander spazierengeführt, das mußte aufhören, die Reisen der einzelnen sind aber gewissermaßen die leisen äußersten Kreise der einst so gewaltig im Mittelpunkt erregten Flut.«

Karl Immermann, der 1840 starb, war es versagt, noch zu erkennen, daß die von ihm mit Unbehagen registrierte allgemeine Hektik von anderen Kräften ausgelöst wurde. Ein Ereignis, das diese säkulare Krise enorm beschleunigte und das – nach Friedrich List – wie ein elektrischer Schlag auf Europa wirkte, war die in merkwürdiger Duplizität mit der Pariser Julirevolution von 1830 erfolgte Eröffnung der ersten Eisenbahn zwischen Liverpool und Manchester. Der schwäbische Volkswirtschaftler Friedrich List, der nach längerem Aufenthalt in Amerika genug Phantasie besaß, die ökonomischen Vorteile wie auch die nationalen Möglichkeiten eines einheitlich geplanten gesamtdeutschen Eisenbahnnetzes zu ermessen, das Zollschranken und Landesgrenzen illusorisch machen würde, unterbreitete bereits 1829 der bayerischen Regierung einen Plan zur Aufnahme des Eisenbahnverkehrs. König Ludwig I. nahm diesen jedoch nur mit halbem Ohr zur Kenntnis, denn ihn beschäftigte damals die Anlage eines schon von Karl dem Großen geplanten Donau-Main-Kanals, der die Ostsee mit dem Schwarzen Meer verbinden sollte.

Tränenreicher Abschied von den Pferden der München–Augsburger Retourchaise: »Retour! – die letzte Stunde hat geschlagen / Für euch, die man zu Tode fast gejagt / Im schwindelnden Galopp habt ihr uns oft getragen / Aus München, ehe kaum es noch getagt. / In Odelzhausen schien die Mittagssonne / Euch senkrecht auf das Haupt, – u. weiter dann / Ging's raschen Aug's dahin, – das Auge naß vor Wonne / Kamt spät am Abend ihr in Augsburg an.« Münchner Lithographie

Nächste Doppelseite:
Wer hoch hinaus wollte, reiste mit der neuen Dampfpost. Das Risiko der Fortschrittsfanatiker führte 1820 eine englische Karikatur vor Augen. Für Reisende, die am Leben hingen, empfahl sich die gute alte Patentsicherheitskutsche.

We'll take a flight
To Heaven to night
THE ASCENDANCY OR R.M.S.
And leave dull Ca
behind us
Well they will have their Hobbies
Gee up, and Gee Whoa?
Blown up by G—d and
not one Soul left behind
Property Insured for any Journey on Earth
Lives Insured at the Booking Office
PATENT SAFETY COACH
LONDON and Windsor
Snow Hill
Saracen's Head

We'll watch their Motions

Trotzdem war es das romantischen Vorhaben sehr zugetane Bayern, das den Bau der ersten deutschen Eisenbahn verwirklichte: Mit der am 7. Dezember 1835 unter Kanonendonner und Landwehrmusik eröffneten sieben Kilometer langen Strecke zwischen Nürnberg und Fürth (»Bäume und Felder sausten wie ein Wassersturz vorbei«, schrieb Ludwig Richter) ging zu einem bescheidenen Teil der grandiose Zukunftstraum von Friedrich List in Erfüllung:

»Wie unendlich wird die Kultur der Völker gewinnen, wenn sie in Massen einander kennenlernen, wie schnell werden bei den kultivierten Völkern Nationalvorurteile, Nationalhaß und Nationalselbstsucht besseren Einsichten und Gefühlen Raum geben. Wie wird es noch möglich sein, daß die kultivierten Nationen einander mit Krieg überziehen, wenn erst die große Mehrzahl der Gebildeten miteinander befreundet sein wird? Die Eisenbahn ist ein Herkules in der Wiege, der die Völker erlösen wird von der Plage des Krieges, der Teuerung und Hungersnot, des Nationalhasses und der Arbeitslosigkeit, der Unwissenheit und des Schlendrians, der ihre Felder befruchten, ihre Werkstätten und Schächte beleben und auch den Niedrigsten unter ihnen Kraft verleihen wird, sich durch den Besuch fremder Länder zu bilden, in entfernten Gegenden Arbeit und an fernen Heilquellen und Seegestaden Wiederherstellung ihrer Gesundheit zu suchen.«

Während List die Eisenbahn mit emphatischem Idealis-

Brotlos geworden durch die Eisenbahn, betätigen sich die Pferde als wandernde Artisten und Gelegenheitsarbeiter. Münchener Lithographie, um 1835.

mus als ein einzigartiges Instrument der Völkerverständigung propagierte und in ihrem Nutzen für jedermann das demokratische Prinzip verwirklicht sah, erweckte sie in einflußreichen Kreisen erst dann ein wachsendes Interesse, als der erfolgreiche Ausbau des belgischen Eisenbahnnetzes aller Welt zeigte, welche spekulativen Möglichkeiten sie bot. Bedenken, wie sie der Marburger Professor für Staatswissenschaften Alexander Lips noch 1833 angemeldet hatte in seiner Broschüre »Die Unanwendbarkeit der englischen Eisenbahnen auf Deutschland und deren Ersatz durch Dampf-Fuhrwerk auf verbesserten Chausseen«, erwiesen sich als gegenstandslos, als nach der sogenannten Ludwigsbahn zwischen Nürnberg und Fürth die erste größere Strecke von Dresden nach Leipzig klar die Vorteile der Personen- und mehr noch der Warenbeförderung erkennen ließ – sowie die daraus resultierenden ungeahnten Geldeinnahmen.

Dennoch scheiterte der Ausbau eines von allen deutschen Ländern gemeinsam geplanten Eisenbahnnetzes, wie es Friedrich List vorgeschwebt hatte, an der Zurückhaltung Preußens als Vormacht des Zollvereins. König Friedrich Wilhelm III. steckte, verständlich für einen so unbeweglichen alten Herrn, voller Mißtrauen, das nicht nur seine kurzsichtigen Ratgeber, sondern auch viele seiner Untertanen teilten. Wie mußten sich die Zweifler und Gegner in ihrer Abneigung, ja in ihrer Furcht bestärkt sehen, als sich 1842 die

Das Gerücht von der Eisenbahn malträtiert die Phantasie:
Wie ein Mammut anzusehn,
stampft sie schnaubend durchs Land.
Alles flüchtet – nur ein
Rindvieh stellt sich ihr entgegen.
Anonyme Lithographie, um 1832.

Die erste deutsche Eisenbahn fuhr zwischen Nürnberg und Fürth. Die sieben Kilometer lange Strecke wurde am 7. Dezember 1835 mit Kanonendonner und Landwehrmusik eröffnet.

Nachricht von einem großen Eisenbahnunglück auf der Strecke Paris–Versailles verbreitete, bei dem gegen hundert Menschen ihr Leben verloren, darunter der berühmte Weltumsegler Admiral Dumont d'Urville. Noch zwei Jahrzehnte später wird in den »Fliegenden Blättern« die Eisenbahn als »Teufelsfuhrwerk« bezeichnet: »Es ist totes Metall und scheint doch zu leben, es hat eine rasende, entsetzliche Kraft und dabei keine Seele. Man sieht, es ist ihm ganz gleich, ob es die Hunderte von Menschen, die es aufnimmt, gesund an Ort und Stelle bringt oder ob es sie in den Abgrund reißt ... Es ist nichts Menschliches, nichts Christliches in ihm.«

Rechte Seite:
Die neuen Bahnprojekte lösen wilde Grundstücksspekulationen aus. Satiriker verspotten die Geldgier der Eigentümer, die nicht davor zurückschrecken würden, die Trasse mitten durch ihre Wohnhäuser legen zu lassen. Litho von Karl (Quillambois). Die Invasion der Vermessungstrupps (unten) überrumpelt die ahnungslosen Mieter. Aus den »Fliegenden Blättern«, 1845.

»Die jüngere Welt wird es bald vergessen haben«, schreibt Carl Gustav Carus in seinen Lebenserinnerungen, »wie sonderbar fremdartig und geradezu dämonisch dieses große Verkehrsmittel damals ins Leben trat.« Die »Vorschriften für Reisende und Lustfahrende« auf der München-Augsburger Eisenbahn erinnern durchaus an den Abfertigungsbetrieb heutiger Flugplätze, wo man sich nach Anweisungen der Lautsprecheranlagen und des Personals in präziser Ordnung seinem Schicksal ergibt:

»Die Passagiere werden ersucht, sich beim ersten Glocken-

— Je désirais voir le chemin de fer traverser mes propriétés — Vous devez être très satisfait de ce tracé?....

Eisenbahnvermessung.

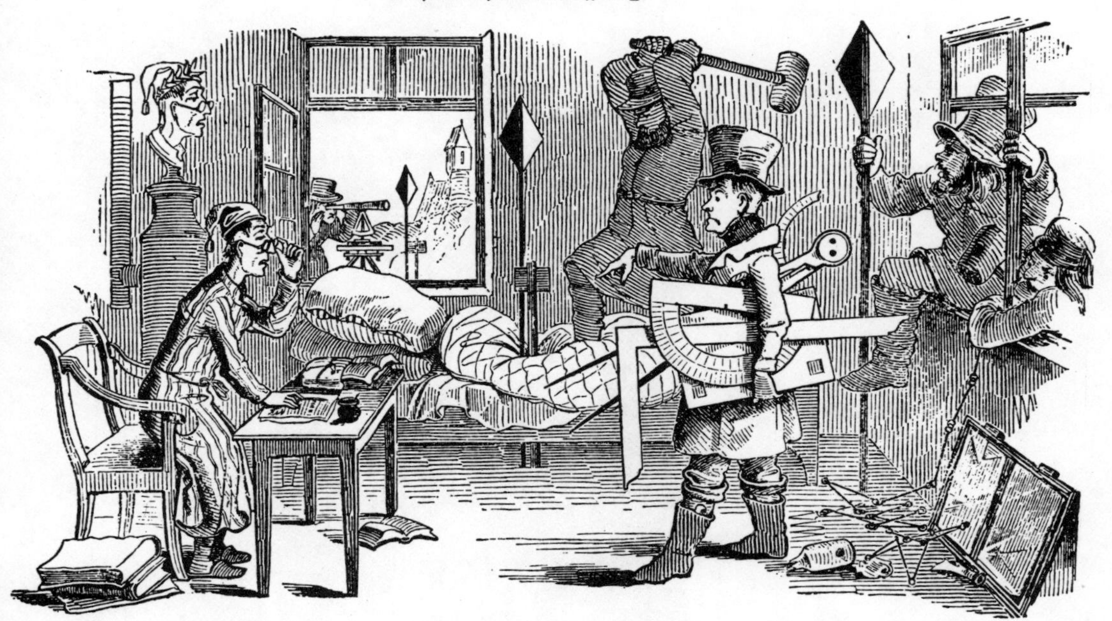

Lorenz Kindlein. Aber mein Herr, so schätzenswerth mir die Ehre ihres Besuches ist, so muß ich doch gestehen, daß ich die Absicht hatte, auch heute, nach Beendigung meiner gewöhnlichen Anzahl Verse, dort in dem Bette zu schlafen.

Der Geometer. Herr, schlafen Sie, wo Sie wollen oder mögen, aber merken Sie sich diese offizielle Verkündigung: Im Namen der Eisenbahn! Wer irgend einen der zu der Vermessung nöthigen Pfähle, Pflöcke und Merkzeichen auch nur auf kurze Zeit herauszieht, muß die sämmtlichen Vermessungskosten zahlen. Im Namen der Eisenbahn! — Guten Abend.

Anastasius Grün

Die Poesie des Dampfes

Ich will indes hinab die Bahn des Rheines
Auf schwarzem Schwan, dem Dampfschiff, singend schwimmen,
Den Becher schwingen voll des goldnen Weines,
Dir, Menschengeist, den Siegeshymnus singen!
Schon seh ich dort entlang des Gaues Straßen
Die dampfgetriebnen Wagenburgen fliegen,
Wie scheu gewordne Elefantenmassen,
Türm und Geschwader tragen fort zu Siegen!
Der schwarzen Rüssel Schlöte hoch erhoben,
Dampfschnaubend, rollend, wie die Wetterwolke!
Die Mannen, siegestrunken, jauchzen oben!
Weithin gelichtet alle Bahn dem Volke!

zeichen in die Wartesäle oder auf den Sammelplatz der Station zu begeben. Dieses erste Zeichen erfolgt bei den Hauptstationen München und Augsburg 15 Minuten vor der Abfahrt ... Mit dem zweiten Glockenzeichen, welches 10 Minuten nach dem ersten folgt, werden sowohl die Kassen als auch die Eingangstüren zu dem Bahnhofe geschlossen und niemand mehr eingelassen; die Passagiere begeben sich zum Wagenzuge und nehmen die ihren Billetten entsprechenden, ihnen vom Personale angewiesen werdenden Plätze in den Wagen ein ... Unmittelbar nachdem alles Platz genommen und die Wagenschläge geschlossen sind, beginnt die Billettkontrolle ... Das dritte Glockenzeichen erfolgt in dem Augenblicke, wo sich der Wagenzug auf ein Hornsignal des Kondukteurs, welches die Dampfpfeife erwidert, in Bewegung setzt ...«

Noch lange führten die Passagiere und Anrainer Klage, daß die von der Lokomotive ausgestoßenen glühenden Kohlenbrocken nicht nur Hüte und Hauben versengten, sondern auch Wald und Feld in Brand setzten. Den Chor der Mißmutigen übertönte aber auch manche euphorische Stimme – wie die von Max Maria von Weber, dem Sohn des »Freischütz«-Komponisten. Seine Begeisterung für die Eisenbahn ging so weit, daß er fast ein Jahr auf der Lokomotive Dienst tat. Hier fesselten ihn nicht nur technische Vorgänge, eine Aufzeichnung von 1855 zeigt, daß ihn auch das Bild der Reisenden in Atem hielt:

In froher Aufbruchsstimmung studieren Schwinds reisende Damen, von romantischen Erwartungen erfüllt, die Route auf der Karte. München, Neue Staatsgemäldeslg.

»Mit blitzenden Lackstiefeln, Glacéhandschuhen tadellosen Sitzes, Jockeimützen oder Matrosenhut, in kurzem flüchtigen Habit, den Plaid über die Schulter geworfen, höchstens eine ganz kleine Tasche aus Gemsleder an einen Finger gehängt, die Toilettenutensilien, Operngucker und ›Guide‹ enthält, hüpft der Herr in den Wagen; im knappsten, kokettesten Amazonenkleide, das frische, moderne Hütchen weit hinten auf dem glänzenden Haare, chaussiert, um vor hundert Zuschauern in und aus den Wagen steigen zu können, nur das leichteste Mäntelchen zurückflatternd am Halse, Flakon und Lorgnette am Gürtel, läßt sich die Dame auf den Tritt heben; der Kofferträger läuft mit dem glänzend roten juchtenledernen Köfferchen, das die Effekten des Paares für die kurze Tour nach London enthält, vorüber, und ist ihnen Wetter, Wind und Staub günstig, so steigen Herr und Dame nach zurückgelegten hundert Meilen so frisch und elegant aus dem saubern, bequemen Wagen, daß sie sofort nach der Oper fahren können.«

Das erschreckend grandiose Schauspiel der ersten Eisenbahnen lenkte offensichtlich von der nicht weniger epochalen Entwicklung der Dampfschiffahrt ab. Schon am 1. Mai 1827 war auf dem Rhein zwischen Köln und Mainz die erste regelmäßige Dampferlinie eröffnet worden. Die Erfindung der Schiffsschraube durch den Österreicher Joseph Ressel und ihre 1836 einsetzende praktische Verwertung durch den

Im Gedränge um das Bahnhofsbuffet, das Gellen des Abfahrtssignals im Ohr, erlebt der Zeitgenosse von 1849 die Eile und Unrast einer neuen Epoche. Zeichnung von Richard Doyle.

Ein festliches Ereignis: »Abfahrt des Dampfschiffes vom Prater nächst Wien nach Semlin [Belgrad] den 19ten April 1831.«

Engländer Smith verkürzte nicht nur die Reisen zu fernen Küsten und Kontinenten, sie erwies sich auch im Binnenverkehr als so nützlich, daß auf den deutschen Flüssen und Seen im Jahre 1846 bereits gegen 180 Dampfer auf festen Routen verkehrten.

Obwohl sie sich mit größerer Kommodität als die Eisenbahnen und vor allem in den von der Natur vorgezeichneten Bahnen fortbewegten, sah man auch hier zunächst eher die Nachteile als die Vorzüge. Wilhelm Heinrich Riehl beklagt zum Beispiel, daß die kleinen Rheinstädte infolge der täglich stromauf, stromab fahrenden Dampferflottille von Reisenden kaum noch besucht werden. »Tausende sehen sich jetzt im Vorüberfahren an den schönen Städten satt, in welchen sich früher hundert Reisende satt zehrten.«

Über die Dampfschiffahrt auf dem Starnberger See äußerte sich König Ludwig I. im Frühjahr 1838, daß er weder Vergnügen- noch Nutzvermehrendes darin sehen könne, »denn der Raum ist so klein, daß des Dampfschiffes Schnelligkeit nicht schadlos hält für den Verlust, die Gegend mit Muße zu betrachten, und dessen Gebrauch kostet zu viel, [als] daß der Zeitgewinst von wenigen Stunden es ersetzen könnte, denn ob Holz oder Schlachtvieh einige Stunden früher oder später ankommen, darauf kommt's nicht an. Die Fischerei aber kann viel leiden.« Dem Unfug, »einer eingepackten, willenlosen Ware gleich ... durch die schönsten Naturschönheiten« dahinzurasen, setzt der bayerische Mon-

arch in klassischem Versmaß ein düsteres Zukunftsbild entgegen:

Aufgehn wird die Erde in Rauch, so steht es geschrieben,
Was begonnen bereits; überall rauchet es schon.
Jetzo lösen in Dampf sich auf die Verhältnisse alle,
Und die Sterblichen treibt jetzo des Dampfes Gewalt,
Allgemeiner Gleichheit rastloser Beförd'rer. Vernichtet
Wird die Liebe des Volks nun zu dem Land der Geburt.
Überall und nirgends daheim, streift über die Erde
Unstät, so wie der Dampf, unstät das Menschengeschlecht.
Seinen Lauf, den umwälzenden, hat der Rennwagen begonnen
Jetzo erst, das Ziel lieget dem Blicke verhüllt.

Das ungeheuer ausgreifende, revolutionierende Wesen der Dampfmaschinen, von denen es in Preußen 1810 erst eine gab, 1837 schon 423, 1855 bereits 4085 und 1872 nahezu das Zehnfache dieser Zahl, wirkte sich nicht allein auf die Erzeugung von Energie und Waren aus, sie ließ auch in den Hirnen technischer Phantasten die skurrilsten Projekte Gestalt annehmen. Von dieser entfesselten Imagination einer neuen, utopisch mechanisierten Welt zeugen Grandvilles aberwitzige Illustrationen zu »Un autre monde«. Das schaurige Aufheulen der Dampfsirene, das gellende Pfeifen der Lokomotive inspirierten ihn zur Idee eines Dampforchesters, das die Effekte einer modernen Music-Box nahezu multipliziert

Eine Sensation,
die nicht stattfand:
Nur in der Phantasie
seines Erfinders erhob sich
Hensons Luftdampfwagen
zum Fluge über London.
»Deutsches Familienbuch«, 1843.

vorwegnimmt. Grandville hatte bei dieser Erfindung einen Vorgänger in dem Wiener Mechanikus Mälzel, der sich allerdings noch des Blasebalgs bediente. Er baute um 1810 sogenannte Kriegsmusikmaschinen von den Ausmaßen eines kleinen Hauses, »darin ein ganzes Orchester, 16 Trompeten, Pauken und viele Trommeln nebst einigen Kanonen arbeiteten«.

Zur gleichen Zeit und ebenfalls in Wien konstruierte der Uhrmacher Jakob Degen eine Flugmaschine mit beweglichen Flügeln aus Papier, das er mit Firnis überzog und mit Streifen von Schilfrohr verstärkte. Mit diesem halsbrecherischen Vehikel, das den Flügelschlag der Vögel nachzuahmen suchte, stieg er in der Reitschule 54 Fuß empor. Bei einem zweiten, wesentlich höheren Aufstieg im Prater, bei dem er seinen Flugapparat an einen Luftballon hängte, hat er von den begeisterten Zuschauern nach Augenzeugenberichten ein kleines Vermögen von etwa 10 000 Gulden kassiert.

Nur die Hälfte dieser Summe benötigte der Nürnberger Mechaniker und Physiker Leinberger für den Bau eines lenkbaren Luftschiffes. Er hoffte sein Projekt aus den Mitgliedsbeiträgen der 1842 von ihm gegründeten »Ersten aeronautischen Gesellschaft Deutschlands« finanzieren zu können. Sein aus Messingblech angefertigtes Luftschiff sollte mit einem ebenso leichten wie billigen Gas gefüllt sein, das er vorgab erfunden zu haben. Dieses mit einer Dampfmaschine angetriebene und in jede beliebige Richtung zu steuernde Fahrzeug war für den Transport von 50 Reisenden

Fortschritte in der Literatur: Dampffrau und Dampfbedienter gehören zum Troß des Riesen Schlagodro in Karl Immermanns »Tulifäntchen« (1830). Illustration von Th. Hosemann.

Neuerfundene Reichs-Parlaments-Dampf-Maschine.

Ein tüchtiger Werkführer mit einem guten Feuerschürer können mittelst dieses Apparats alle Arten Petitionen u. Adressen aufs schnellste und billigste durchhecheln und raffiniren.

Linke Seite:
Fortschritte in der Pädagogik erzielen Mr. Croquemitaine, Frankreichs »Schwarzer Mann«, und Mme. Briquabrac durch Anwendung einer Dampfprügelmaschine. Der Kessel wird mit den Spielzeugen der unartigen Kinder geheizt.

Fortschritte in der Politik durch neue Arbeitsmethoden im Frankfurter Parlament. Ein von Heinrich von Gagern und Robert Blum bedienter Dampfapparat ermöglicht die rascheste Erledigung aller Petitionen.

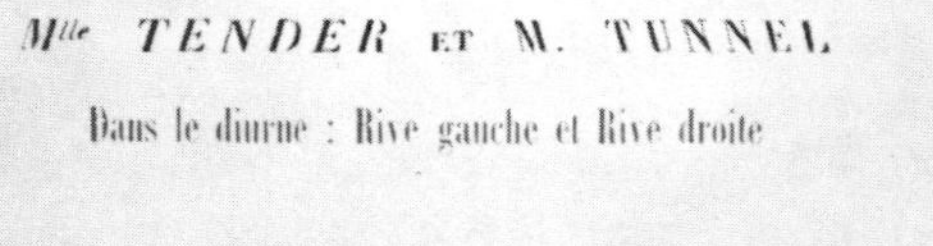

Fortschritte in der Musik durch Grandvilles »Concert à la Vapeur«, einem Vorläufer der Music-Box. Aus »Un autre monde«, 1844.

Gottfried Keller

ZUKUNFTSAUSBLICK

Und wenn vielleicht in hundert Jahren
Ein Luftschiff hoch mit Griechenwein
Durchs Morgenrot käm' hergefahren –
Wer möchte da nicht Fährmann sein?
1845

mit Vorräten und Lebensmitteln für 14 Tage geplant. Der Konstrukteur versprach, daß es sich im Falle eines Absturzes über dem Meer ohne Schwierigkeit in ein Dampfschiff verwandeln ließe. Leider gelangte Leinbergers Luftdampfer ebensowenig zur Perfektion wie die von dem Engländer Henson zur gleichen Zeit angekündigte Dampfflugmaschine, mit der man binnen 96 Stunden von London nach Ostindien gelangen sollte.

Von den kühnen Projekten zeitgenössischer Erfinder unterrichtet in altklugem Reader's-Digest-Stil das »Deutsche Familienbuch zur Belehrung und Unterhaltung« von 1843. (Motto: »Wenn in traulicher Stube Alle beisammen sitzen, wenn man das Nächste und Unmittelbare, die Tagesereignisse u. s. w. besprochen und erzählt hat, wenn dann bisweilen das Gespräch oder die Unterhaltung stockt – dann thut man oft gut, den Blick hinauszuschicken über die engen Grenzen des Familienkreises, die weite Welt mit ihrer reichen und unendlichen Naturpracht und die Geschicke der Menschen zu betrachten.«) Hochgestimmt sieht der Chronist die Männer der Technik bereits nach den Sternen greifen und verwandelt sich, den Blick in die Zukunft gerichtet, in einen Propheten:

»Nieder mit den Eisenbahnen! Weg mit diesem elenden Verkehrsmittel, dessen sich schon längst kein irgend anständiger Handwerksbursch mehr bedient ... Es lebe die Luft! Auf die Eisenbahn blicken wir vornehm herab; von sogenannten Eilposten ist gar keine Rede mehr. Eine Reise um die Welt in ein paar Tagen! Zwei Liebende geben sich ein Stelldichein zweihundert Meilen vom väterlichen Herde entfernt, in einem Lande, wo Niemand sie kennt. Sie sind vor jeder üblen Nachrede sicher. Die Lehrer machen mit ihren Schülern Ferienreisen nach den Gärten der Hesperiden, oder nach Athen oder zu den Eskimos. Hier wird eine Luftfahrt nach Moskau angekündigt, dort geht ein Luftpaketboot nach Lima in Peru ab, ein drittes nach Berlin über Leipzig, ein viertes über Konstantinopel nach dem Kaukasus ... Die Fahrt übers Meer ist so ungefährlich; jedes Paketboot hat für alle Notfälle ein Notschiff und jedes auf der See fahrende Frachtschiff einen Rettungsballon. – Schlachten liefert man sich nicht mehr auf der Erde; nur noch in der Luft streiten die Völker miteinander; von ›natürlichen Gränzen‹ ist keine Rede mehr ... Mit Mauth und Schleichhandel hat es für immer ein Ende. Das System der ›Handelsfreiheit‹, um welches die Nationalökonomen sich früher so heftig stritten, hört jetzt auf, ein Unding zu sein, was es früher allerdings war, da es nur in verschrobenen Köpfen spukte. Die Geburtstagsfeste von Tänzerinnen à la Fanny Elßler werden nicht mehr auf der armseligen Erde, sondern in der Luft, der freien, reinen gefeiert ...«

FLUCHT ZU DEN MUSEN

Ludwig der Schönheitstrunkene

König Ludwig I. von Bayern war Frühaufsteher: »Mein Licht ist immer das erste, wenn ich morgens auf den Max-Joseph-Platz hinausblicke. Erst nach und nach kommen die Lichter in den Bürgerhäusern, und wenn die Beamten in ihre Kanzleien gehen, habe ich schon alle Mappen durchgearbeitet.« Diese selbstgefälligen Worte – er äußerte sie gegenüber seinem Zeremonienmeister Graf Pocci – charakterisieren einen Autokraten, der das Bewußtsein seiner erlauchten Geburt mit der Überzeugung verbindet, auch durch seine persönlichen Leistungen weit über seine Untertanen und seine Zeit hinauszuragen.

Tatsächlich war er nicht nur ein vielbeschäftigter, sondern auch ein vielseitig talentierter, ja ein genialischer Mann. Mit der Turbulenz seines Tatendranges, der Kühnheit, unablässig mit dem Risiko zu leben, das Irreale in Realitäten umzumünzen, verkörperte er den Typ eines modernen Unternehmers, nach Art und Ausmaß seiner Vorhaben vielleicht sogar den eines designierten Bankrotteurs. In seinem romantischen Ehrgeiz, einem schwärmerischen Traum von Glanz und Schönheit leibhaftige Gestalt zu geben, war er zugleich eine völlig anachronistische, in der Welt der Legende, der Idealität beheimatete Erscheinung, die sich im Vergleich zu seinem Kollegen Louis Philippe auf Frankreichs Thron wie ein Märchenprinz neben einem behäbigen Biedermann ausnimmt. Der dem bürgerlichen Zeitgeist so wesensfremden, so abgewandten Exzentrik des Königs verdankt allerdings die bayerische Landeshauptstadt Baulichkeiten von nobler Repräsentanz und Klassizität, die seitdem ihr architektonisches Bild bestimmen. Er verwandelte in den 23 Jahren seiner Regierung, die 1848 ein abruptes Ende nahm, eine durchaus ländliche Residenz in eine Kunstmetropole und fügte zum musischen Air durch die Verlegung der Universität von Landshut nach München noch den Ruf von Bildung und Gelehrsamkeit.

In Leo von Klenze, dem Erbauer der Glyptothek, der Alten Pinakothek, der Propyläen, wie auch der Walhalla – der »Tempel deutscher Ehren« bei Regensburg –, fand Ludwig den großartigen Verwirklicher seiner Vorstellungen von einem bayerischen Athen – eine Spiegelung seiner enthusiastischen Parteinahme für die um ihre Freiheit ringenden Griechen, denen er sich nach der Wahl seines Sohnes Otto zum König der Hellenen im Jahre 1832 auch persönlich ganz verbunden fühlte.

Den »heiteren Kunsttempeln und edlen Palästen des großen Meisters« zollte selbst der von München enttäuschte Heinrich Heine sein uneingeschränktes Lob. Um so hämischer schmähte er eine andere künstlerische Unternehmung Ludwigs, die Schönheitsgalerie, für die von ihm auserwählte Frauen »aus verschiedenen Ständen und Nationalitäten« dem Hofmaler Joseph Stieler Modell saßen. Daß der König nicht nur für die Schönheit, sondern auch für das schöne Geschlecht erglühte, eine Neigung, die ihm später im Fall der Lola Montez zum Verhängnis wurde, bezeugt die Wahl des sogenannten Auracher Madels, der in einem Spielwarengeschäft gegenüber der Residenz als »Ladnerin« beschäftigten Helena Sedelmayer. Des Landesvaters Auge ruhte mit soviel Huld auf ihrer wohlgebildeten Gestalt, daß sie die vom König gekauften Sachen selbst bei ihm abliefern durfte. Als sie einen Knaben gebar, der dem Monarchen aus dem Gesicht geschnitten war, verheiratete er sie mit seinem Leibdiener Miller, dem sie noch weitere acht Kinder schenkte.

Ludwigs Schönheitensammlung – insgesamt umfaßt sie 38 Bildnisse – erweckte in der Münchner Bürgerschaft, wie August Lewald berichtet, durchaus nicht den Eindruck, »daß dies Beginnen der Moralität förderlich sei. Die stillen Bürgerstöchter sehen sich auf solche Weise zu einer Celebrität erhoben, die ihnen oftmals sehr verderblich wird. Sie erregen Aufmerksamkeit, wo sie sich blicken lassen, und der Gedanke ›Du bist die Schönste, weil es ja der König selbst gesagt hat und Stieler dich malen mußte‹, verdreht die Köpfchen, facht Hoffnungen und Wünsche an und untergräbt oft das Glück des ganzen Lebens.«

Welche Empfindungen den König beim Anblick der Schönen beseelten, drückt er in einem seiner Gedichte aus: »Dein Bild betrachtend mir die Worte fehlen, / Die reiche teutsche Sprache ist zu arm / Für die Gefühle, welche mich beseelen, / Von denen mir das Herz so voll, so warm. / Bist nicht gemalt, du bist es selbst, du lebest, / Die Augen, liebesschwimmend, sehn mich an, / Du neigest dich zu mir, du nahest, schwebest, / Die Arme dehn ich aus, dich zu umfahn.«

Auch Heinrich Heine, der einmal Professor in München werden wollte und Ludwig nie verzieh, daß dieser Wunsch unerfüllt blieb, widmete der Schönheitsgalerie einige Verse: Da ist Herr Ludwig von Bayerland, / Desgleichen gibt es wenig; / Das Volk der Bayern verehrt in ihm / Den angestammten König. / Er liebt die Kunst und die schönsten Fraun, / Die läßt er porträtieren; er geht in diesem gemalten Serail / Als Kunst-Eunuch spazieren ... / Herr Ludwig ist ein großer Poet, / Und singt er, so stürzt Apollo / Vor ihm auf das Knie und bittet und fleht: / »Halt ein, ich werde sonst toll, o! ...«

Statt seiner bitteren Enttäuschung Luft zu machen, hätte Heine wohlmöglich zum Ruhme Münchens beigetragen – vielleicht aber auch eigenen Ruhm nie erlangt, wäre die Empfehlung des damaligen Ministers Eduard von Schenk, den Dr. Heinrich Heine als außerordentlichen Professor anzustellen, bei Ludwig auf Sympathie gestoßen: »... In den

Aus der Schönheitengalerie
König Ludwigs I. von Bayern.
Gemälde von Joseph Stieler
aus den Jahren 1827 bis 1850.
München, Schloß Nymphenburg.

1. Caroline Gräfin von Holnstein, geb. Freiin von Spiering
2. Auguste Strobl
3. Nanette R. Kaula
4. Isabella Gräfin von Tauffkirchen-Englburg
5. Friederike Freiin von Gumppenberg
6. Anna Hillmayer
7. Charlotte von Hagn, Schauspielerin
8. Lola Montez, Maria Dolores Elisa Gilbert
9. Jane Lady Ellenborough
10. Marie, Königin von Bayern, geb. Prinzessin von Preußen
11. Lady Jane Erskine, Tochter des britischen Gesandten.
12. Caroline Lizius.

Die Eröffnung
einer Kunstausstellung ist
für das arrivierte Bürgertum
ein willkommener Anlaß,
sich selbst zur Schau zu
stellen. Die Wiener Theater-
Zeitung kommentiert mit einem
Anflug von Ironie das Entzücken,
das Friedrich von Amerlings »Traum«
auf einer Vernissage auslöst.

Schriften des letzteren waltet ein wahrer Genius; sie haben das größte Aufsehen in ganz Deutschland erregt; einige Auswüchse und Verirrungen fanden sich in den Jugendwerken aller unserer großen Schriftsteller; mehreren wahrhaft genialen Menschen in unserem teutschen Vaterlande hat am Anfang nur eine wohltätige Fürstenhand gefehlt, die sie in Schutz und zugleich Pflege nahm, ihre guten Eigenschaften aufmunterte und ihre Mängel und Verirrungen väterlich zurecht zu weisen suchte. Dr. Heine bedarf auch einer solchen

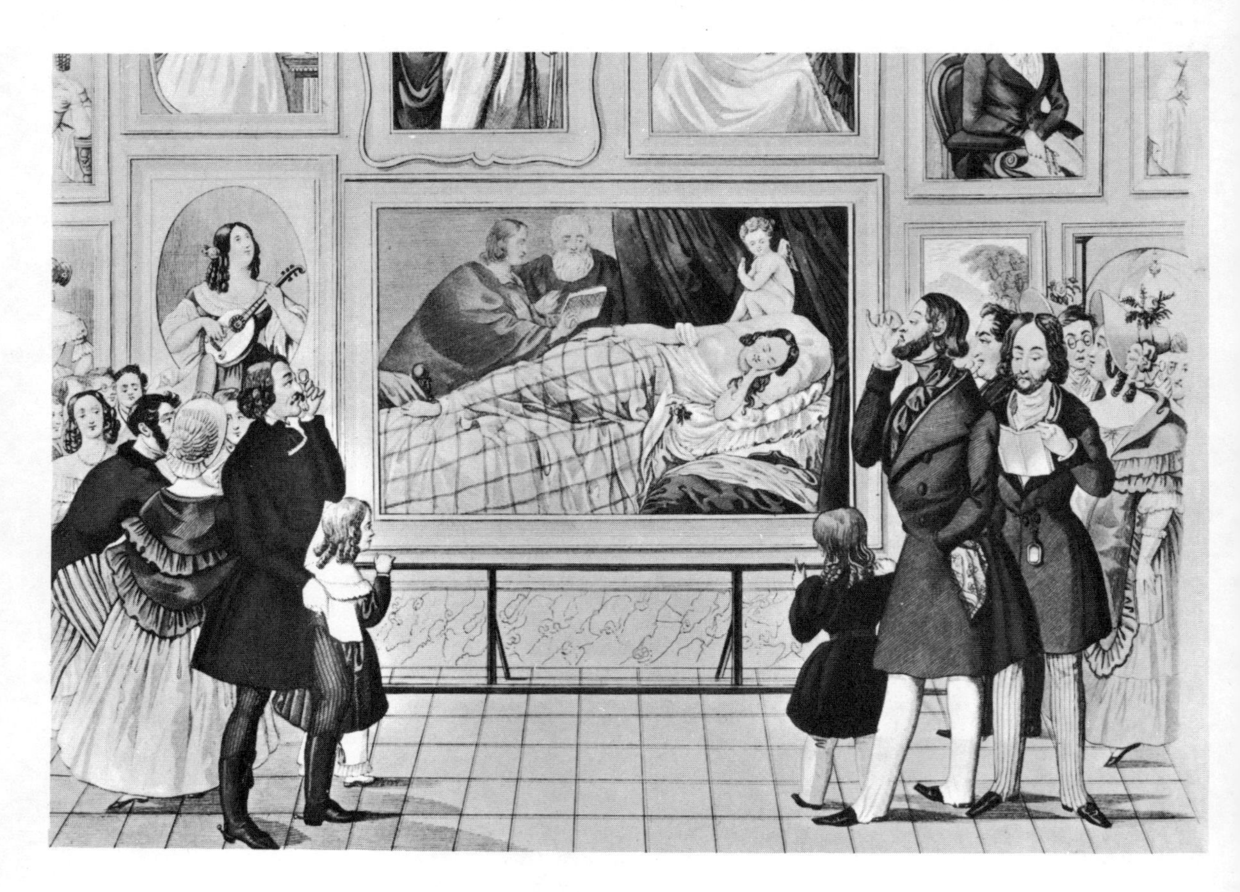

Hand, und ich bin überzeugt, daß er – wenn Eure Majestät ihn Allerhöchst Ihres Schutzes würdigen – einer unserer ausgezeichnetsten Schriftsteller werden wird.«

Ob Heine allerdings die Einflußnahme des königlichen Dichterkollegen, seine gegen Widerspruch so empfindliche Einmischung in das Schaffen seiner Schützlinge auf die Dauer ertragen hätte, erscheint ziemlich zweifelhaft. Denn der eigenwillige Monarch gab seinen Günstlingen zu spüren, wer Herr im Hause war und in Fragen des Geschmacks das letzte Wort hatte. So nahm Ludwig Anstoß daran, daß Moritz von Schwind seinen Vater Rhein mit einer Geige darstellte – er war der Meinung, für einen Flußgott gezieme sich die Leier. Als Schwind antwortete, wenn es der König befehle, könne er den Vater Rhein auch Klavier spielen lassen, fehlte Ludwig jeder Humor, und er ließ Schwind unverhohlen seinen Ärger spüren.

JOSEF STIELER (1781–1858)
Marie Dietsch
Ölgemälde
München, Schloß Nymphenburg (Schönheitsgalerie)

»Ick bin nich sehr für Italien, und die Bööme jefallen mir nu schon ja nich. Immer diese Pinien un diese Pappeln. Un wat is denn am Ende damit? De eenen sehen aus wie ufjeklappte Rejenschirme und die andern wie zujeklappte.« Der Berliner Bildhauer Gottfried Schadow, dem diese lästerlichen Worte über die für jeden Kunstjünger obligatorische Pilgerreise zu den Stätten der Klassik in den Mund gelegt werden, hatte nichtsdestoweniger 1818 zu den Bevorzugten gehört, die der bayerische Kronprinz Ludwig bei seinem Aufenthalt in Rom mit einem Besuch im Atelier beehrte. Der hohe Gast war besonders von zwei Statuen »mit ungemein lieblichen, unschuldigen Gesichtchen« so angetan, daß er eine davon erwarb und mit nach München nahm. Noch wesentlich stärker mußte der Eindruck gewesen sein, den Ludwig und seine Begleiter in der Werkstatt des Malers Peter Cornelius aus Düsseldorf empfingen. »Nie in meinem Leben«, notiert der Leibarzt und Reisechronist Dr. Ringseis, »hat mich ein Gemälde so ergriffen, erschüttert, als die Handzeichnung des großen Titelblattes zu den Nibelungen, die vorzüglichsten Gegebenheiten aus dem Lied in Feldern darstellend ...« Und bei einem Fest zu Ehren Ludwigs am 29. April 1818 in der vor der Porta del Popolo gelegenen Villa Schultheis, wo die bayerischen Gäste gemeinsam mit den Künstlern und deren Damen in altdeutscher Tracht erschienen waren, saß – nach einer Schilderung des schwedischen Dichters Atterbom – »der geniale und liebenswürdige Maler Cornelius, in dem die Deutschen einen neuen Dürer erwarten, beständig an der Seite des Kronprinzen und wurde unaufhörlich von ihm karessiert«.

Ein Jahr später siedelte Cornelius, von Ludwig berufen, nach München über. »Die Großmut des Königs«, so der

Voilà le point d'attaque!
Mit Staffelei und Sonnenschirm ausgerüstet, machen sich die »Stranieri in Italia« auf die Suche nach einem Motiv.
Kol. Lithographie von Lindström.

Daheim bei Frau und Kindern umfängt den Künstler ein grüblerischer Ernst und eine durch die Heiterkeit des biedermeierlichen Ambiente kaum gemilderte häusliche Enge.
Wilhelm von Harnier, »Selbstbildnis«.

Hamburger Maler Friedrich Wasmann in seiner Selbstbiographie, »ermöglichte es diesem Meister ... mit gleichgesinnten Männern eine neue, auf Wahrheit und Geschichte gegründete Richtung anzubahnen und die Adlerschwingen des Genius zu entfalten«. Wo der Altmeister »in seiner ge-

drungenen Gestalt, mit seinen majestätischen, scharf ausgeprägten Gesichtszügen« auftauchte, knallten Champagnerflaschen, schmetterten Trompeten, erhob sich Jubel und Hurrageschrei.

Eines Tages stürzte der Vergötterte aus allen Wolken, als

In Rom unter Freunden verbinden sich Arbeit und Ausgelassenheit. Die Studienjahre in Italien bilden den Höhepunkt und oft den ganzen Inhalt eines Malerlebens.
Friedrich Moosbrugger, »Atelier«.

der König ihm angesichts der Fresken in der Ludwigskirche auf einmal erklärte: »Mein Lieber, Sie können nicht malen.« Cornelius glaubte sich an seinem ungnädigen Mäzen zu rächen, indem er 1841 einem Ruf Friedrich Wilhelms IV., des Schwagers Ludwigs, nach Preußen folgte, was einen seiner glühendsten Bewunderer, den Münchner Germanisten und Turnlehrer Hans Ferdinand Maßmann, bewegte, zum Ruhme des Scheidenden den Pegasus zu besteigen: »Und nun er vollendet, / Was sein König hieß, / Seine Glut sich wendet / Nach der Spree Gefließ: / Wie ein junger Wandrer / Zieht er neu gestrafft, / Denn schon harrt ein andrer / König seiner Kraft.«

Hier scheiterte Cornelius jedoch erst recht – seine Entwürfe für den Camposanto der Hohenzollern blieben unausgeführt – am »prosaischen Zeitgeist« der Berliner Kunst, über den Goethe schon im Jahre 1800 geklagt hatte: »Poesie wird durch Geschichte, Charakter und Ideal durch Porträt, symbolische Behandlung durch Allegorie, Landschaft durch Aussicht, das allgemein Menschliche durchs Vaterländische verdrängt.« Der tiefschürfende, ja dramatische, für das 19. Jahrhundert so kennzeichnende Konflikt zwischen idealistischer und realistischer Anschauung war in der bürgerlichen Kunst Berlins schon seit Daniel Chodowiecki gegenstandslos geworden. Dessen unermüdliche, fast journalistische Beobachtungsgabe (»Ich habe gehend, stehend, reitend gezeichnet; ich habe Mädchen im Bette in allerliebsten, sich selbst überlassenen Stellungen durchs Schlüsselloch gezeichnet.«) hatte Gottfried Schadow in seinen Ausführungen »Über einige in den Propyläen abgedruckte Sätze Goethes die Ausübung der Kunst in Berlin betreffend« nicht nur in Schutz genommen, sondern auch in ihrem Naturalismus als beispielhaft hingestellt, zumal Chodowiecki weder einer Schule angehörte noch bei einem Meister gelernt hatte.

Berlin hat zur Wirklichkeit ein eigenes Verhältnis, sie wird nicht als grau und nüchtern empfunden, sondern als Inbegriff des Lebendigen, des Augenblicklichen und Interessanten. Man fürchtet und flieht sie nicht, man sucht sie. So entzückte die topographische Akkuratesse eines Gärtner, Hintze, Klose oder Brücke das Auge der Lokalpatrioten – denn was stimmt, ist auch schön. Ebenso schmeichelte die Porträtmalerei eines Karl Begas, Franz Krüger oder Wilhelm Schadow in der wahrheitsgetreuen Wiedergabe der individuellen Züge dem Selbstbewußtsein des wohlhabenden Bürgers. Im diametralen Gegensatz zu Schinkels idealen Veduten zeigt die Landschaftskunst eine Aktualität der Stimmung, die, etwa in Blechens Ansicht des »Walzwerks bei Eberswalde« oder in der »Berlin-Potsdamer Bahn« von Menzel, bereits den zerstörenden Einbruch der Technik in das Naturbild sichtbar macht und zugleich als stilistisches Phänomen zukünftige Entwicklungen vorwegnimmt.

Im Streben nach Naturwahrheit steht der bedeutendste Vertreter des Wiener Biedermeier, Ferdinand Georg Waldmüller, den Berliner Veristen gewiß nicht nach (»Die Natur ist so reich, so mannigfaltig und unerschöpflich, daß nichts weiter als das Auge eines talentvollen Künstlers dazu gehört, diesen Schatz zu entdecken, diese Fülle auszubeuten.«). Doch erschöpfen sich und enden seine Absichten im genauen Abbilden, im exakten Abschreiben der Wirklichkeit. Es gibt

auch in den detaillierten Veduten von Rudolf Alt keine Konfrontierung, keine persönliche Auseinandersetzung mit dem Sujet, die einen mehr als topographischen Standpunkt, eine Meinung oder gar eine Idee durchschimmern ließe. Ihre Modernität beruht darin, daß sie die damals sicher noch nicht erkannte technische Objektivität, die harte Optik der Photographie schon zu beherrschen scheinen.

Mit der Beobachtung der Wirklichkeit, die vor allem bei Waldmüller dazu führt, daß ihn auch ausgesprochen soziale Themen, zum Beispiel Pfändung und Armut beschäftigen, verbindet sich der resolute Anspruch auf Natürlichkeit in der Kunst und die Verurteilung jedes akademischen Zwanges: »Es ist meine tiefbegründete Überzeugung, daß die gänzliche Aufhebung der sämtlichen Akademien der erste und nöthigste Schritt zur Schaffung eines neuen Zustandes der vaterländischen Kunst sei!«

Zur Elite der Berliner Künstler rechnet das Sammelporträt des Verlags George Gropius

1. Franz Krüger, Maler (1797–1857)
2. Karl Begas, Maler (1794–1854)
3. Wilhelm Wach, Maler (1787–1845)
4. Karl Friedr. Wichmann, Bildhauer (1775–1836)
5. Johann Gottfried von Schadow, Bildhauer u. Graphiker (1764–1850)
6. Ludwig Wichmann, Bildhauer (1788–1859)
7. Christian Daniel Rauch, Bildhauer (1777–1857)
8. Karl Friedr. Schinkel, Baumeister u. Maler (1781–1841)
9. Christian Friedr. Tieck, Bildhauer (1776–1851)

Hier spricht er eine wahrhaft revolutionäre Forderung aus, die an allen Hauptplätzen des Kunstgeschehens von der Generation des frühen Realismus mit respektlosem Ungestüm gegenüber den Professoren erhoben wird. Der Düsseldorfer Johann Wilhelm Schirmer teilt in seinen »Lebenserinnerungen« mit, daß es genügte, in die vom Direktor geleitete erste Klasse aufzurücken, wenn man »die Gipsklasse mit bescheidenen Leistungen absolviert und eine Komposition, natürlich in stilisierten Linien, von irgend einem historischen oder religiösen oder poetisch-allegorischen Moment in Figuren dargestellt« hatte. »Auch im Aktmodell wurde schon streng darauf gehalten, die Natur zu stilisieren; die Folge war denn auch, daß ein ähnliches Porträt, weder in Zeichnung (mit dem Bleistift gewöhnlich), geschweige in Malerei, zu den größten Seltenheiten gehörte, ja wenn die Zeichnung nach dem modellstehenden Musketier mit seinem Schildwachenkopf zufällig an die Natur erinnerte, so wurde dies als Mangel an Talent angesehen.«

Reinhard Sebastian Zimmermann, dem es versagt blieb, der Nachwelt ein Begriff zu werden, äußerte sich in den »Erinnerungen eines alten Malers« über seine Münchner Studienkollegen recht abfällig: »Man macht sich kaum einen Begriff, was für junges Volk sich damals auf der Akademie herumtrieb, nicht etwa aus Eifer, etwas zu lernen, sondern hauptsächlich um sich zu amüsieren. Die Akademie war ein Rendezvous für eine große Menge jugendlicher Müßiggänger, welche nur bei schlechtem Wetter oder etwa an bösen Wintertagen hier, bei gutem Wetter aber viel eher an der Isar aufwärts, in der Menterschwaige, in Hesselohe und Pul-

In Affen verwandelt Grandville, der romantisch-ironische Wiederentdecker der Metamorphosen, die Nachahmer und Nachäffer jeder Mode in der bildenden Kunst.

In der Pionierzeit der Photographie machte der Maler von einem optischen Hilfsgerät Gebrauch, Wallostons Camera clara-lucida, die die mechanische Wiedergabe des Modells erleichterte und die zeitraubende Porträtsitzung wesentlich verkürzte.

lach, zu treffen waren ... Ich konnte nicht begreifen, wie man so ohne Wahl beinahe jeden, der sich meldete, aufnahm ..., als könnten alle, welche nirgends zu gebrauchen und allen Schulen entlaufen waren, immer noch wenigstens Maler werden, noch dazu ohne einen Funken von Talent.«

Über München, das königlich privilegierte Dorado der akademischen Malerei, wo Wilhelm von Kaulbach nach dem Abgang von Cornelius den Denkmalssockel des Malerfürsten bestiegen hatte, machte der aus Wien zugereiste Moritz Schwind seiner Enttäuschung in einem Brief an den Reproduktionsstecher Julius Cäsar Thäter Luft: »Hier hatscht die Kunst ihren Weg, daß es ein Jammer ist. Immer noch die abgedroschenen Redensarten von Historie und Genre; immer noch der Dideldum von Farbengebung und solchen Lumpereien. Mir fallen immer die Lebensgeschichten der Maler des vorigen Jahrhunderts ein: geboren da und da, ging anno soundso viel nach Rom, studierte den und den und malte lieber auf Blech als auf Holz ...«

Wie der ganz und gar undogmatische Schwind stand auch der spät zur Malerei gekommene Ex-Apotheker Carl Spitzweg außerhalb des offiziellen Kunstbetriebs. Sein Beitrag zur Münchner Griechenlandmode war ein satirischer: der

When only I have the lineaments,
I am sure of the effect!
Die Errungenschaften der Optik
erlauben dem Maler-Dandy,
die Bucht von Neapel,
Italiens meistbehandeltes Motiv,
rasch und sicher zu erfassen.
Kol. Lithographie von Lindström.

Die Wurzelmenschen entstammen der von Mythen und Märchen erfüllten romantischen Stimmungswelt des Waldes, in der auch die Kunst Moritz von Schwinds beheimatet ist, die sich mit ihren oft bizarren Schöpfungen gegen die spröde Einfallsarmut der Akademie aufzulehnen scheint. München, Graphische Sammlung.

Franz Graf Pocci, Zeremonienmeister Ludwigs I. und paradoxerweise auch ein skurriler Humorist des Wortes und der Zeichenfeder, kam auf die närrische Idee, seine trinkfesten Freunde auf einem »Flaschenkonzil« um sich zu scharen.

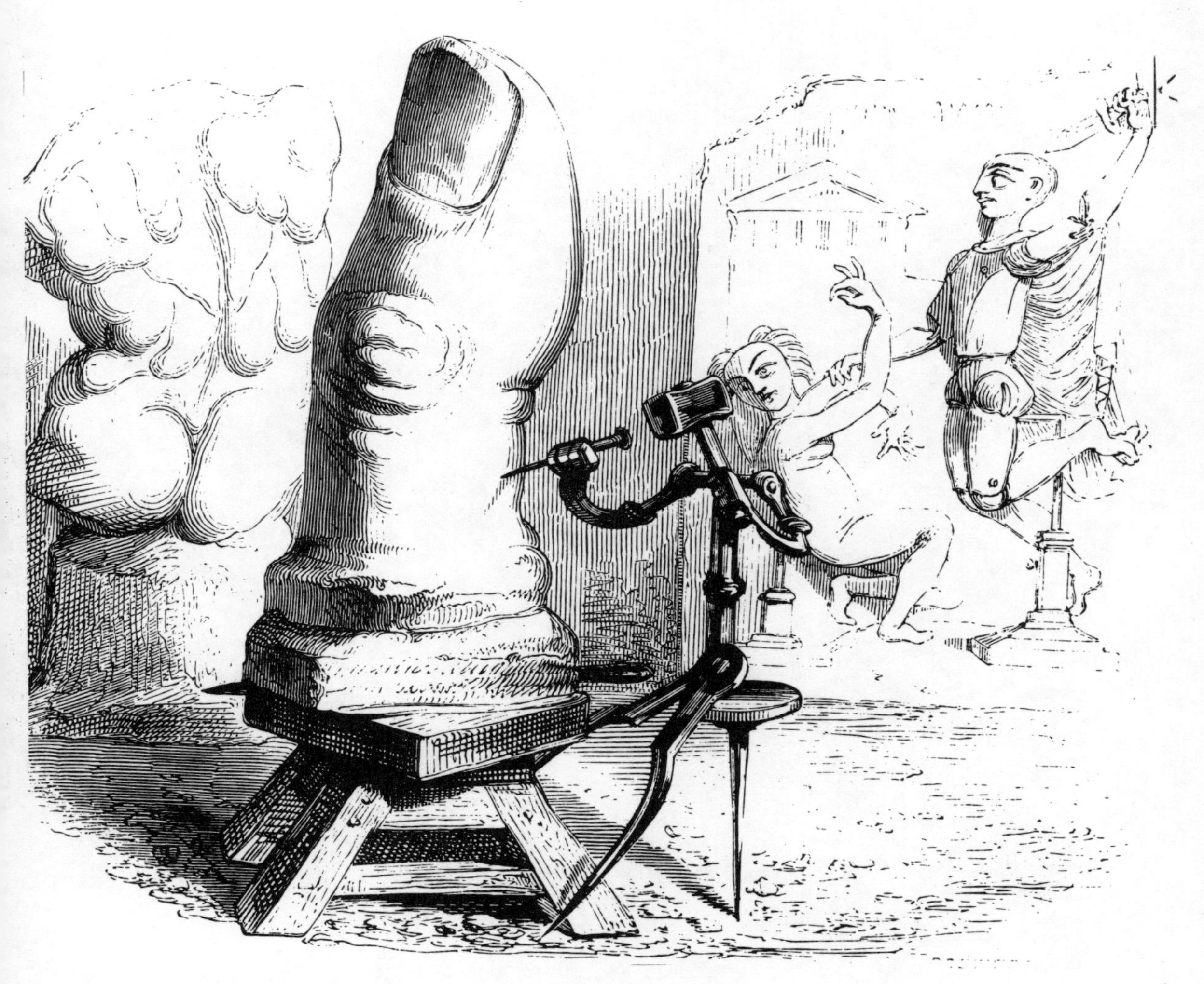

sogenannte »Arme Poet« ein Hexameter skandierender Hungerleider in einer elenden Dachkammer, in die kein Strahl der Sonne Hellas dringt, wohl aber das Regenwasser, gegen das er sich mit einem aufgespannten Regenschirm zu schützen sucht. Seine Ansicht über die aus allen Teilen Deutschlands nach München strömenden Lukasjünger faßt er nach einem Gedankenaustausch mit dem Kollegen Schwind in der Weise des dichtenden Landesherrn in diese Verse:

»Ich: O Himmel, ist die Kunst doch schwer!
Die Göttin spröd, die dralle!
Schwind: Ja, Lieber, wenn so leicht es wär,
Die Luder malten alle!«

Den im 19. Jahrhundert munter und reichlich sprudelnden biographischen Quellen ist zu entnehmen, daß München – schon lange bevor es sein Schwabing hatte – der bei Künstlern verbreiteten Neigung zum Schlendrian sehr entgegenkam. Als der Schweizer Gottfried Keller in der Absicht, Maler zu werden, 1840 in München Fuß zu fassen suchte, hielt er es zunächst für »Ein liederliches, sittenloses Nest, / Voll Fanatismus, Grobheit, Kälbertreiber, / Voll Heil'genbilder, Knödel, Radiweiber«. Daß er bald auch angenehme Ein-

Pathos und Anmaßung
des akademischen Monumentalstils
glossiert der Illustrator Grandville mit gallischem Spott.
Im Atelier eines Gliedermännchens
ohne Hirn und Herz geht
die Skulptur »Der Daumen Gottes«
ihrer Vollendung entgegen.

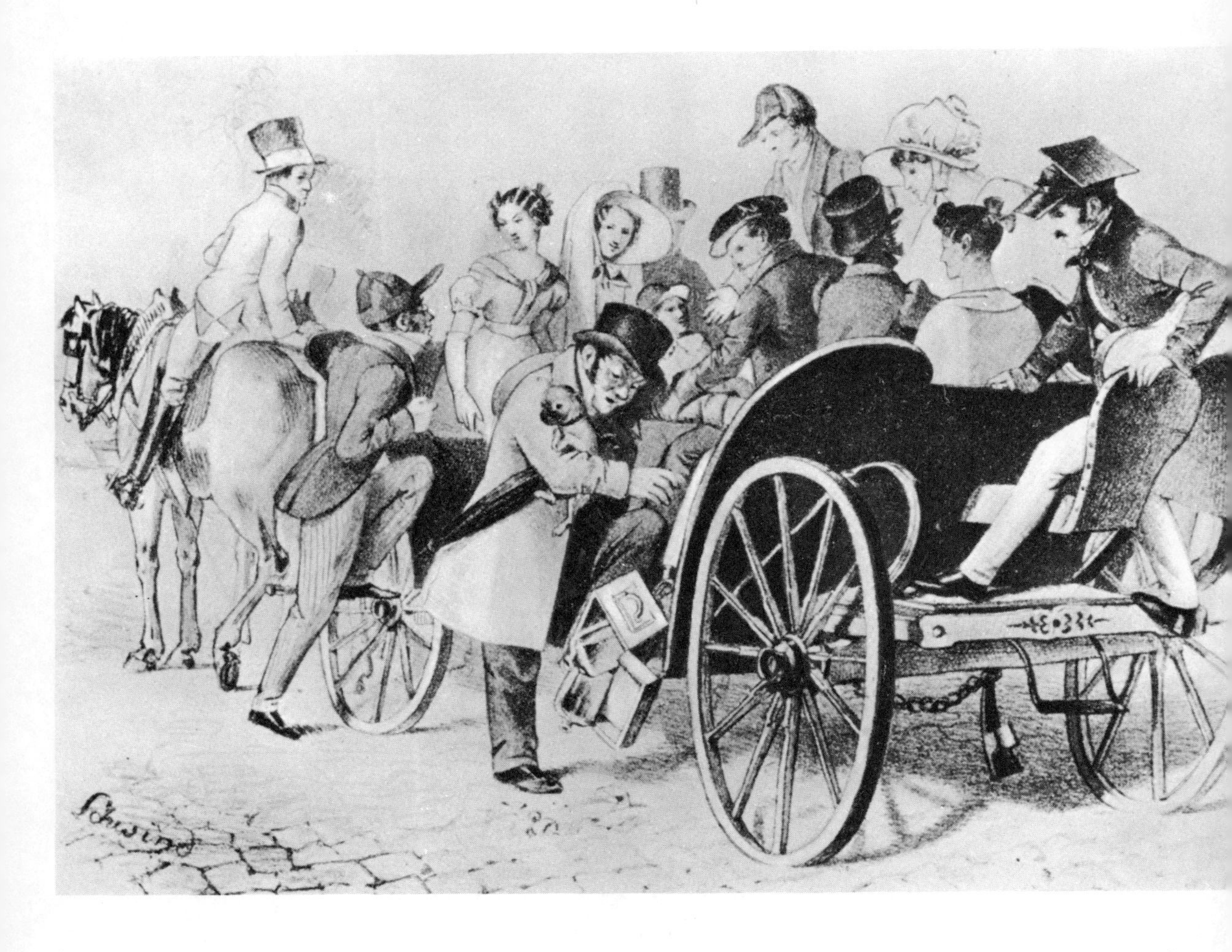

Der Aufbruch zur Landpartie, deren Ziel Nußdorf vor Wien oder der Leopoldsberg ist, vollzieht sich in aufgeräumter Stimmung, doch nicht immer ohne Zwischenfall – hier geht die obligatorische Wegzehrung in Scherben. Lithographie von M. von Schwind.

drücke sammelte, das dortige Künstlerleben ihn entzückte und enthusiasmierte, bezeugt sein großer Roman »Der grüne Heinrich«, dem München als authentische Kulisse dient, der aber auch Einblick in die private Misere des hier gescheiterten Malers gibt (»Die Schulden sind für den modernen Menschen eine ordentliche hohe Schule, in welcher sich sein Charakter auf das trefflichste entwickeln und bewähren kann.«).

Auch Friedrich Wasmann bestätigt den wohltätigen Einfluß der Kunststadt München auf die Studierenden, der verhindert, daß sie »in Pedanterie oder zuchtlose Wildheit ausarten«. Von den vierzehn Hamburger Kunststudenten im Jahre 1829 erzählt er, sie hätten wie eine Landsmannschaft zusammengehalten, »und wenn einer von uns krank war, wachten die andern abwechselnd die Nächte bei ihm. Wie heimisch dünkte mir dies gemütliche Leben nach dem wüsten Treiben, in das ich auf der Dresdner Akademie gestürzt war ... Unser Senior war ein wohlbeleibter Kupferstecher, Vater Borum genannt, der bei Gelagen und Festlichkeiten präsidierte. Unter seiner Leitung feierten wir den Weihnachtsabend mit Tannenbaum und kleinen Geschenken, und ein kleiner, häßlicher, koboldähnlicher, hinkender Junge, der Sohn der Hausfrau, als Amor mit Flügeln ausstaffiert, mußte

die Lose ziehen. Dann wurden Karpfen geschmaust, gepunscht und darauf die Runde durch die katholischen Kirchen gemacht, um die Christmette anzuhören, wobei ich vergeblich mich anstrengte, in eine andächtige Stimmung zu kommen ...« Wo immer Maler zusammentrafen, floß der Wein »von den schönsten Namen des Rheins« in Strömen. »Gesundheiten wurden getrunken, des Königs, der Professoren, auf Vergessen alles Zwistes und Haders, wie sie unter Künstlern stattfinden. Man herzte, umarmte sich, bat um Verzeihung, brach in den lautesten Jubel oder in Tränen aus, je nachdem sich nach der Verschiedenheit des Landes und der Temperamente die Wirkung des Weines kundgab.«

Der unter dem Pseudonym Carl Fernau bekannte bayerische Ministerialrat Franz Sebastian Daxenberger schätzte die Maler ihrer kräftigen Stimmen wegen. »Ihr Gesang ist eine herrliche Arabeske im Münchner Künstlerleben«, rühmt er 1840 in »Münchner Hundert und Eins«. »Regelmäßig erschallt er in einem Nebensaale des Englischen Kaffeehauses, wo an sechsunddreißig Kunstzöglinge sich unter dem Namen ›Neu-England‹ zu einer heiteren Abendgesellschaft konstituiert haben ... auch kann man diese frische Sängerschar bei feierlichen Anlässen, Cornelius-Fest, Gärtner-Diner, bei Künstler-Maskenbällen und Banketten zu hören bekom-

Auf Atelierfesten verbringt die biedermeierliche Bohème ihre Faschingsnächte. Die jungen Emanzipierten bevorzugen Hosen und Zigarillos und machen von den Freiheiten in vollen Zügen Gebrauch, die ihnen die Literatur des »Jungen Deutschland« zugesteht. Lithographie von Bülow.

men ... Unvergeßlich allen sind jene lebenskräftigen Bilder der Vergangenheit, die Maskenzüge der Künstler im königlichen Hoftheater (1835–1840), die Gestalten aus Wallensteins Zeit und Lager, noch mehr aber der Einzug Kaiser Maximilians I. in Nürnberg, wobei über 300 Personen, Bürger und Gefolge des Kaisers, Mummenschanz und Meistersänger, die berühmten Künstler, Gelehrten, kaiserlichen Räte, Kriegsobristen und Feldhauptleute aus der ersten Hälfte des 16. Jahrhunderts, von Künstlerhand wieder ans Licht gerufen, erschienen. Die deutschen Maler aus dem Zeitalter König Ludwig des Ersten haben sich in der großen Mehrzahl den Toilettenformen der Gegenwart entrückt; sie sind herrschend geworden und haben sich auf Natur, Geschichte und Romantik zurückgezogen ...« Man muß ergänzend sagen, daß Münchens Künstler ihrer Epoche ostentativ den Rücken kehren, daß sie durch die Penetranz ihres musealen Hanges zur Historie zwar dem biedermeierlichen Bildungsstreben entsprechen, als Repräsentanten des Biedermeiers aber kaum ins Gewicht fallen.

Fast unerwähnt lassen die Chronisten der musischen Glanzzeit unter Ludwig I. und Max II., daß es selbstredend auch Maler gab, die in ihrem Metier mit Hingabe aufgegangen sind. Im Hause des Erzgießers Ferdinand von Miller weilte Ende der vierziger Jahre, als der spektakuläre Guß der Schwanthalerschen Bavaria gerade im Gange war, Moritz von Schwind oft zu Gast, der damals nicht in den besten Verhältnissen lebte. Ein frischer Trunk Bier und ein gutes

»Wie die jungen Krähwinkler Maler auf einer Kunstreise das Land durchstreifen.« Die ahnungsvollen Avantgardisten von 1830 bereiten offensichtlich die Straßen für den Autoverkehr im 20. Jahrhundert vor. Kupferstich von Geißler

Nachtessen regten ihn so an, daß er, während die anderen plauderten, eine Zeichnung nach der anderen anfertigte. »Seine Phantasie war unerschöpflich. Einmal wünschte er, man solle ihm auf einem Bogen Papier ganz beliebig fünf Punkte machen. Auf einen Punkt wolle er dann den Kopf eines Menschen hinbringen und auf die anderen vier Punkte die Hände und Füße. Schwind entwarf aus den fünf Punkten eine reizende Komposition. Sie war so hübsch, daß man ihn veranlaßte, sie in den ›Fliegenden Blättern‹ zu veröffentlichen. Er zeichnete nun eine solche mit fünfzehn Punkten, in die er drei Figuren komponierte. Nie saß Schwind da, ohne zu zeichnen oder sich zu beschäftigen. Auch Silhouetten schnitt er aus: Kaminkehrer und Gnomen – alles mit feinem künstlerischem Empfinden.«

Nicht minder fleißig, aber anspruchsloser und begrenzter in seiner Phantasie war der Dresdner Maler und Illustrator Ludwig Richter. Dem gemütvoll stillen und naiven Geist des frühen Biedermeier blieb er in wahrhaft kindlicher Treue noch verhaftet, als dieser schon längst entzaubert und einer veränderten Wirklichkeit gewichen war. »In der Natur und meiner Kunst will ich meine höchsten Freuden suchen ...«, schreibt er 1824. Mehr als dreißig Jahre später heißt es in seinem Tagebuch: »Ist es nicht schön und verdienstlich, auch in malerischer Form die Schönheit des Lebens und seiner

»Piu presto di me
non farà nessuno!«
Auf der Jagd nach Erinnerungen
läßt sich der Schnellmaler
– ein Vorläufer des modernen
Bildungsreisenden – im Galopp durch
das pittoreske Italien kutschieren.
Kol. Lithographie von Lindström.

Das Morgenkonzert im Hofgarten war sonntags ein Treffpunkt des flanierenden Wiens. Lithographie von Anton Zampis.

Erscheinungen auch in den kleinsten und gewöhnlichsten Gegenständen aufzudecken? Die Liebe macht ja alles bedeutend und wirft einen Himmelsschimmer auf alles, was sie betrachtet. Was sie anrührt, wird Gold.«

Daß nicht alles Gold war, was seine Zeichenfeder hervorbrachte, läßt sich einem Brief des alten Malerkollegen Stifter an den Verleger Heckenast von 1852 entnehmen, worin sich

der Verfasser der »Bunten Steine« über die hierfür von Ludwig Richter ausgeführten Vignetten beklagt: »Welcher Schreck! Da ist alles verfehlt. Der Künstler hat nach einer eingelernten Manier gearbeitet, nicht nach der Natur, und diese Manier ist noch dazu alles Talentes ledig. Darum sind alle Gesichter dieselben (wie Kinder, die Wasser im Haupte haben, ganz gleiche geistlose Augenbrauenbogen, Augenschnitt und Augenlider, dieselbe Nasenlinie ohne Charakter, dicke Wangen ohne Grazie und Sanftheit, kleiner Mund in der faden, nichtssagenden Art der Bilder in den Modejournalen, und, wo Hände vorkommen, krötenartig) ... Sie sehen, daß nichts klappt und trifft. Von Poesie ist endlich keine Spur da.«

»O schreie du, quieke, miaue, gurgle, stöhne, ächze, tremuliere, quinkeliere nur recht munter: ich habe den Fortissimozug getreten und orgle mich taub. – O Satan, Satan! welcher deiner höllischen Geister ist in diese Kehle gefahren, der alle Töne zwickt und zwängt und zerrt ... Meine Ohren gellen, mein Kopf dröhnt, meine Nerven zittern ...« Diese enervierende Marter erleidet der Kapellmeister Johannes Kreisler während einer musikalischen Soirée bei dem Geheimen Rat Röderlein, wo er am Pianoforte eine sangesfreudige Finanzrätin Eberstein akkompagniert und zum Teufel wünscht. Hinter dem malträtierten Kapellmeister verbirgt sich der Berliner Kammergerichtsrat E. T. A. Hoffmann, der als Dichter, Maler, Komponist, Musiklehrer, Kritiker, Kapellmeister, Dramaturg ein musisches Universalgenie von verblüffender Facettierung war.

»Es ist nicht zu leugnen«, fährt Kreisler nach ein paar Gläsern Burgunder fort, »daß in neuerer Zeit, dem Himmel sei's gedankt! der Geschmack an der Musik sich immer mehr verbreitet, so daß es jetzt gewissermaßen zur guten Erziehung gehört, die Kinder auch Musik lernen zu lassen, weshalb man denn in jedem Hause, das nur irgend etwas bedeuten will, ein Klavier, wenigstens eine Gitarre findet ... Der Zweck der Kunst überhaupt ist doch kein anderer, als dem Menschen eine angenehme Unterhaltung zu verschaffen ... Nun ist aber keine Kunst zur Erreichung dieses Zwecks tauglicher als die Musik. Das Lesen eines Romans oder Gedichts ... hat doch das Unangenehme, daß man gewissermaßen genötigt wird, an das zu denken, was man liest: dies ist aber offenbar dem Zweck der Zerstreuung entgegen ... Das Beschauen eines Gemäldes kann nur sehr kurz dauern; denn das Interesse ist ja doch verloren, sobald man erraten hat, was es vorstellen soll. – Was nun aber die Musik betrifft, so können nur jene heillosen Verächter dieser edeln Kunst leugnen, daß eine gelungene Komposition, d. h. eine solche, die sich gehörig in Schranken hält und eine angenehme Melodie nach der andern folgen läßt, ohne zu toben oder sich in allerlei kontrapunktischen Gängen und Auflösungen närrisch zu gebärden, einen wunderbar bequemen Reiz verursacht, bei dem man des Denkens ganz überhoben ist oder der doch keinen ernsten Gedanken aufkommen, sondern mehrere ganz leichte, angenehme – von denen man nicht einmal sich bewußt wird, was sie eigentlich enthalten – gar lustig wechseln läßt. Man kann aber weiter gehen und fragen: Wem ist es verwehrt, auch während der Musik mit dem Nachbar ein Gespräch über allerlei Gegenstände der politischen und moralischen Welt anzuknüpfen und so einen doppelten Zweck auf eine angenehme Weise zu erreichen? Im Gegenteil ist dies gar sehr anzuraten, da die Musik, wie man in allen Konzerten und musikalischen Zirkeln zu be-

Ludwig van Beethoven starb 1827 in Wien. Die Gestalt des mürrischen Genies ragt tief in das Biedermeier hinein, ohne dessen Geist zu repräsentieren. Zeichnung von Joh. Peter Lyser.

Eine Katzenkantate widmete Moritz von Schwind Joseph Joachim, dem von ihm bewunderten »Hexenmeister auf der Geige«. »Ich bin Musiker geworden«, schrieb er an Eduard Mörike, »und zwar Zukunftsmusiker, im zweiten, höheren Grade. Weg mit dem alten, steifen, trockenen Notensystem! Veraltet, überwunden, abgetanes Zeug ...«

merken Gelegenheit haben wird, das Sprechen ungemein erleichtert. In den Pausen ist alles still, aber mit der Musik fängt der Strom der Rede an zu brausen und schwillt mit den Tönen, die hineinfallen, immer mehr und mehr an.«

In Kreislers ironischen »Gedanken über den hohen Wert der Musik« zeigt sich der Unwille des Fachmannes gegenüber der Anmaßung selbstgefälliger Dilettanten, vor denen keine Gesellschaft sicher ist. Trotz der epidemischen Ausmaße der bürgerlichen Musikbeflissenheit kann jedoch von einer Trivialisierung der künstlerischen Maßstäbe nicht die Rede sein. In der Musik, im Lied vor allem, drückt sich – unbehindert von Zensur und Verfolgung – die Gemütsverfassung des Biedermeiermenschen aus, in der sich ein unkomplizierter Wirklichkeitssinn, Sentimentalität und Resignation zu gleichen Teilen durchdringen. In dieser Zeit entstanden nicht nur an Abschied und Vergänglichkeit mahnende Weisen wie »Schön ist die Jugend«, »Es kann ja nicht

immer so bleiben« und »Freut euch des Lebens«, zum erstenmal erklangen auch unter dem Weihnachtsbaum, der im Licht der eben erfundenen Stearinkerzen erstrahlte, »Stille Nacht« (1818), »O du fröhliche« (1819) und »O Tannenbaum« (1824).

Am liebsten sang man gemeinsam, nach der Tafel, im Garten, auf dem Sonntagsspaziergang, bei Kremser- und Kahnpartien. Da die häuslichen Anlässe nicht ausreichten, die des Biedermanns Brust sprengende Sangeslust ganz zu befriedigen, fand man sich zur Pflege des mehrstimmigen Männergesanges in Vereinen zusammen. Wie es in der berühmten Liedertafel von Carl Friedrich Zelter, dem Direktor der Berliner Singakademie und Freund Goethes, zuging, schildert der dänische Dichter Adam Öhlenschläger in einem seiner 1820 veröffentlichten »Briefe in die Heimat ...«

»Denke Dir einen Klub in einem hübschen Lokal: einen Gabeltisch, wie bei uns am Geburtstage des Königs, um welchen sich die Mitglieder herumsetzten, von denen, wie bei uns auf der Schützenbahn, ein jeder die Erlaubnis hat, einen

3

Gast mitzubringen. Zelter ist Meister in diesem Klub und sitzt obenan; gerade vor ihm auf dem Tisch steht eine kleine, mit Purpursamt bekleidete Erhöhung, mit einem großen vergoldeten silbernen Becher geziert; rund umher liegen nicht, wie bei uns, nur Lieder, sondern auch Notenbücher. Nun wählte Zelter ein Lied und klopfte mit seinem Hammer. Ein leises vorangehendes Trällern, um den rechten Ton zu finden, folgte; und denke Dir nun meine frohe Verwunderung, als darauf plötzlich die ganze Gesellschaft vierstimmig, in der schönsten Harmonie, den herrlichsten fugierten Chor mit der größten Leichtigkeit zu singen begann. Bald hörte man einzelne Stimmen, bald wechselten sie von einer Tischreihe zur anderen. Alle waren geübte Sänger, Kaufleute und so weiter.«

Im Takt des Gondelliedes schaukeln die Barken bei musikalisch bewegtem Wellengang. Das dramatische Notenbild der »Barcarole« und des »Marche militaire et orientale« (unten) zeichnete J. I. Grandville unter dem Titel »Musique animée« für das Pariser »Magasin pittoresque«.

4

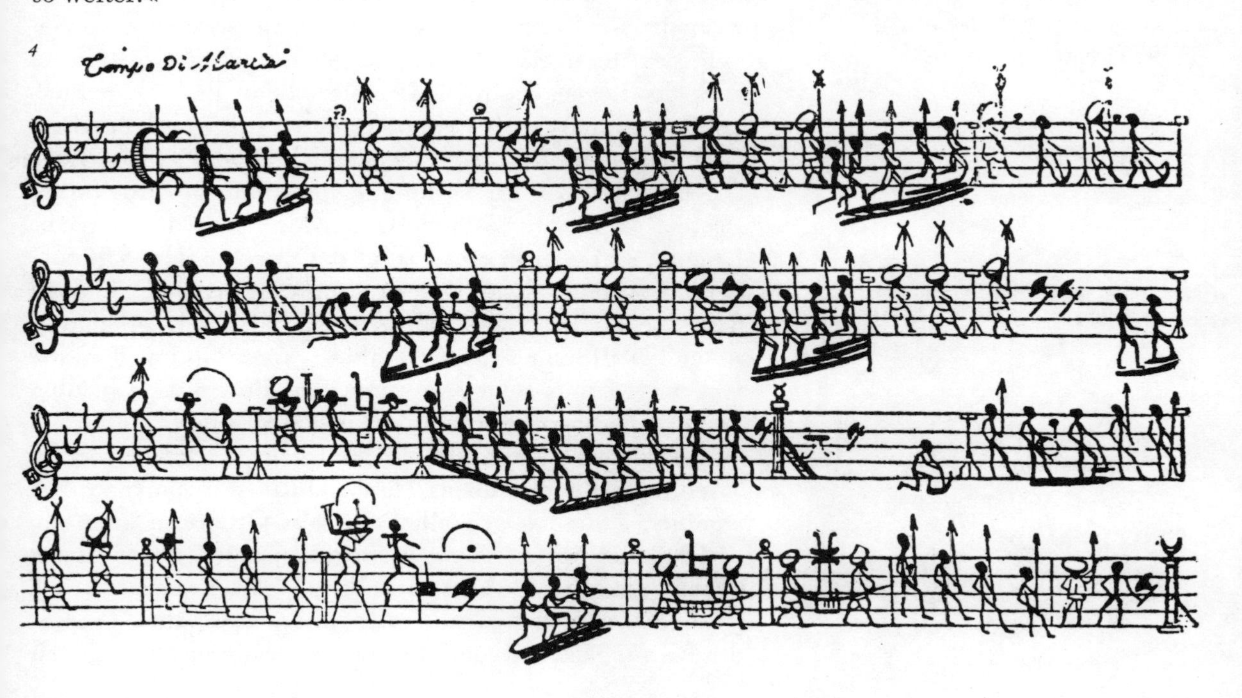

Die Damen am Pianoforte entzückten den Hausherrn Dr. A. Vrolik so sehr, daß er sie mit dem Salon, in dem sie vierhändig spielten, im Jahre 1837 aquarellierte. Hilversum, Slg. Meevrouw S. van Hoogenhuize-Gevers

Ermahnung für Kinder, fleißig Klavier zu üben. Holländischer Bilderbogen.

Diente Zelters 1809 ins Leben gerufene Liedertafel mehr der Geselligkeit, so unterzogen sich die Männergesangvereine strengen, ehrgeizigen Exerzitien. Dennoch machten sie derart Schule, daß bald jeder kleine Ort seinen Männergesangverein hatte – Berlin im Jahre 1850 nicht weniger als zwanzig. Ihr Begründer war der Züricher Hans Georg Nägeli, der schon als Zwanzigjähriger im Jahre 1793 »Freut euch des Lebens«, des Biedermeiers Leib- und Magenlied, komponiert hatte. Als Repertoire boten sich den Sangesbrüdern Balladen und Lieder aus dem Füllhorn der Romantik an, die erst durch ihre Vertonung volkstümlich wurden. Ihre Poeten, sei es der Schlesier Eichendorff oder der Schwabe Uhland, schlugen so echte, so in die »Wonne der Wehmut« getauchte Töne an, daß man weithin vergessen hat, wer denn die Urheber sind von Liedern wie »O Täler weit, o Höhen«, »Wer hat dich du schöner Wald«, »Wem Gott will rechte Gunst erweisen« oder »Es zogen drei Burschen wohl über den Rhein« und »Bei einem Wirte wundermild«.

Musik und Gesang hatten ihren fruchtbarsten Boden in Wien. Selbst in Preußens Hauptstadt, »wo man noch vor wenigen Jahren gegen alles, was aus Österreich kam, ein bedeutendes Vorurteil hatte«, wurden, so bemerkt August Ellrich in seinen 1833 erschienenen »Genre-Bildern ...«, die Wiener Melodien »gebührend goutiert und vom Schuster-Straßenjungen und den Lords vom Mühlendamme, con amore und ganz admirabel gesungen, gepfiffen und gejodelt. Die Wiener Melodien zu loben oder zu empfehlen, ist ganz überflüssig, denn sie loben und empfehlen sich selbst am besten: ich habe Menschenantlitze, deren sich Heraklit nicht schämen durfte, sich erheitern und zu einem Lächeln Anstalt machen sehen, wenn die Melodien ›War's vielleicht um eins‹, oder ›Und wenn ich anen möcht, und a hübscher müßt's sein‹, oder ›'s Bettelmandl tut's dem Richter klagen‹ ertönten. Diese allerliebsten Melodien zeichnen sich aber nicht nur durch ihre Qualität, sondern auch durch ihre Quantität rühmlichst aus: mit jedem Tage tritt eine neue ins Leben, wird in allen Straßen, Tavernen, Gärten, Tabagien gespielt und gesungen, bis nach einigen Tagen eine glücklichere Nebenbuhlerin sie verdrängt. So wie in Paris sind diese Liederchen in Wien ein allgemeines Nationalbedürfnis, und der Wiener würde nicht ganz froh sein können, wenn er nur zu kifeln und zu pipperln und nicht auch vollauf zu singen hätte.«

Zu den vergänglichen Gassenhauern traten die Kunstlieder von Schubert, Schumann, Mendelssohn und später auch Brahms. Franz Schubert hinterließ, als er 1828 nach einem glanzlosen und leidvollen Leben im Alter von 31 Jahren starb, einen klassischen Schatz von 600 Melodien. Sein begrenztes, in der kleinen Form so großes Werk gehört der Romantik an, seine unscheinbare Existenz jedoch weist ihn

Im gemeinsamen Lied fand des Biedermeiers Sangeslust zu glücklichen Höhen menschlicher Verbundenheit. Der dilettantischen Ernsthaftigkeit gewann der Lithograph Dura auch durchaus komische Seiten ab.

ganz als Gestalt des Biedermeier aus. Einer seiner Jugendfreunde, der Schriftsteller Eduard von Bauernfeld, charakterisiert ihn als »eine Doppelnatur, die Wiener Heiterkeit mit einem Zuge tiefer Melancholie verwebt und veredelt. Nach innen Poet und von außen eine Art Genußmensch, ... welchem überdies der herkömmliche Geselligkeitsschliff fehlte, war er so, daß mancher gebildete Alltagsgesell sich etwas weit besseres dünken mochte als der ungehobelte Sänger der ›Müllerlieder‹ und der ›Winterreise‹.«

Franz Schubert (1797–1828). Kreidezeichnung von Moritz von Schwind. Wien, Akademie.

Der große Durchbruch, den Schubert vergeblich von einer seiner Opern erhofft hatte – er schrieb in 14 Jahren nicht weniger als 17 Bühnenstücke –, glückte nicht ihm, wohl

Franz Grillparzer

Franz Schubert

Schubert heiß' ich, Schubert bin ich,
Und als solchen geb' ich mich,
Was die Besten je geleistet,
Ich erkenn' es, ich verehr' es,
Immer doch bleibt's außer mir.
Selbst die Kunst, die Kränze windet,
Blumen sammelt, wählt und bindet,
Ich kann ihr nur Blumen bieten,
Sichtet sie und – wählet ihr.
Lobt ihr mich, es soll mich freuen,
Schmäht ihr mich, ich muß es dulden,
Schubert heiß' ich, Schubert bin ich,
Mag nicht hindern, kann nicht laden,
Geht ihr gern auf meinen Pfaden,
Nun wohlan, so folget mir.

1841

aber Carl Maria von Weber. Sein vom Waldeszauber, vom Morgenlicht der deutschen Romantik erfüllter »Freischütz« entsprach, am 18. Juni 1821 im Berliner Schauspielhaus am Gendarmenmarkt uraufgeführt, den höchsten musikalischen Erwartungen und löste einen Taumel von Enthusiasmus aus, wie ihn keine andere Oper des 19. Jahrhunderts je wieder erreichte.

Heine fand nach diesem musikgeschichtlich einmaligen Ereignis Berlin nicht nur verzaubert, sondern zugleich so verhext, daß ihm der Aufenthalt regelrecht zur Folter wurde – wie einem seiner »Briefe aus Berlin« zu entnehmen ist:

»Haben Sie noch nicht Maria von Webers ›Freischütz‹ ge-

Zusammenkünfte der Schubertianer, hier in Atzenbrugg (Niederösterreich), standen im Zeichen biedermeierlichen Frohsinns. Während Schubert am Klavier pausiert, stellen die Freunde eine Scharade dar, den »Sündenfall«. Den Baum der Erkenntnis verkörpert mit erhobenen Armen, einen Zweig in jeder Hand, der Maler Leopold Kupelwieser, der diese Szene 1821 aquarelliert hat. Wien, Historisches Museum.

hört? Nein? Unglücklicher Mann! Aber haben Sie nicht wenigstens aus dieser Oper das ›Lied der Brautjungfern‹ oder kurzweg den ›Jungfernkranz‹ gehört? Nein? Glücklicher Mann! Wenn Sie vom Halleschen nach dem Oranienburger Tor und vom Brandenburger nach dem Königstor, ja selbst wenn Sie vom Unterbaum nach dem Köpenicker Tor gehen, hören Sie jetzt immer und ewig dieselbe Melodie, das Lied aller Lieder: den ›Jungfernkranz‹. – Wie man in den Goetheschen Elegien den armen Briten von dem ›Marlborough s'en va-t-en guerre‹ durch alle Länder verfolgt sieht, so werde auch ich von morgens früh bis spät in die Nacht verfolgt durch das Lied:

Wir winden dir den Jungfernkranz
Mit veilchenblauer Seide;
Wir führen dich zu Spiel und Tanz,
Zu Lust und Hochzeitfreude.
Chor:
Schöner, schöner, schöner grüner Jungfernkranz
Mit veilchenblauer Seide, mit veilchenblauer Seide!
Lavendel, Myrt' und Thymian,
Das wächst in meinem Garten.
Wie lange bleibt der Freiersmann?
Ich kann ihn kaum erwarten!
Chor:
Schöner, schöner, schöner und so weiter.

Bin ich mit noch so guter Laune des Morgens aufgestanden, so wird doch gleich alle meine Heiterkeit fortgeärgert, wenn schon früh die Schuljugend, den ›Jungfernkranz‹ zwitschernd, bei meinem Fenster vorbeizieht. Es dauert keine Stunde, und die Tochter meiner Wirtin steht auf mit ihrem ›Jungfernkranz‹. Ich höre meinen Barbier den ›Jungfernkranz‹ die Treppe herauf singen. Die kleine Wäscherin kommt ›mit Lavendel, Myrt' und Thymian‹. So geht's fort. Mein Kopf dröhnt. Ich kann's nicht aushalten, eile aus dem Hause und werfe mich mit meinem Ärger in eine Droschke. Gut, daß ich durch das Rädergerassel nicht singen höre. Bei ...li steig' ich ab. ›Ist 's Fräulein zu sprechen?‹ Der Diener läuft. ›Ja.‹ Die Tür fliegt auf. Die Holde sitzt am Pianoforte und empfängt mich mit einem süßen:

›Wo bleibt der schmucke Freiersmann,
Ich kann ihn kaum erwarten.‹ –

›Sie singen wie ein Engel!‹ ruf' ich mit krampfhafter Freundlichkeit. ›Ich will noch mal von vorne anfangen‹, lispelt die Gütige, und sie windet wieder ihren ›Jungfernkranz‹, und windet, und windet, bis ich selbst vor unsäglichen Qualen wie ein Wurm mich winde, bis ich vor Seelenangst ausrufe: ›Hilf, Samiel!‹ – Sie müssen wissen, so heißt der böse Feind im ›Freischützen‹; der Jäger Kaspar, der sich ihm ergeben hat, ruft in jeder Not: ›Hilf, Samiel‹; es wurde hier Mode, in komischer Bedrängnis diesen Ausruf zu gebrauchen, und Boucher, der sich den Sokrates der Vio-

Carl Maria von Weber
(1786–1826)
traf mit der deutschen Waldromantik seines »Freischütz«
den Zeitgeschmack so vollkommen,
daß die Uraufführung 1821
im Berliner Schauspielhaus
am Gendarmenmarkt einer der
spektakulärsten Erfolge in
der Geschichte der Oper wurde.

linisten nennt, hat einst sogar im Konzert, als ihm eine Violinsaite sprang, laut ausgerufen: ›Hilf, Samiel!‹ ...

Und nun den ganzen Tag verläßt mich nicht das vermaledeite Lied. Die schönsten Momente verbittert es mir. Sogar wenn ich bei Tisch sitze, wird es mir vom Sänger Heinsius als Dessert vorgedudelt. Den ganzen Nachmittag werde ich mit ›veilchenblauer Seide‹ gewürgt. Dort wird der ›Jungfernkranz‹ von einem Lahmen abgeorgelt, hier wird er von einem Blinden heruntergefiedelt. Am Abend geht der Spuk erst recht los. Das ist ein Flöten, Gröhlen und Fistulieren und ein Gurgeln, und immer die alte Melodie. Das Kasparlied und der Jägerchor wird wohl dann und wann von einem illuminierten Studenten oder Fähnrich zur Abwechslung in das Gesumme hineingebrüllt, aber der ›Jungfernkranz‹ ist permanent; wenn der eine ihn beendigt hat, fängt ihn der andere wieder von vorn an; aus allen Häusern klingt er mir entgegen; jeder pfeift ihn mit eigenen Variationen; ja, ich glaube fast, die Hunde auf der Straße bellen ihn.«

Auf den Wogen der musikalischen Begeisterung hoch emporgetragen wurden die Koloratursängerin Henriette Sontag und Jenny Lind, die sogenannte schwedische Nachtigall. Das beispiellose Aufleuchten dieser Gestalten am Himmel der öffentlichen Gunst läßt schon zu Beginn des Massenzeitalters dessen Hunger nach Idolen erkennen, die aus seiner Anonymität herausragen und die es vergöttern kann. Die gefeierten Künstlerinnen erregten Bewunderung und Entzücken in einem so überschwenglichen, so hysterischen Maße, daß sie den Starkult späterer Zeiten weit in den Schatten zu stellen scheinen.

Nach einem Auftreten der Henriette Sontag in Frankfurt am Main konnte sich Ludwig Börne zuerst nicht entscheiden, ob man ihre unbeschreibliche Anmut oder ihre Stimme »als den schönen Putz einer vollkommenen Schönheit ansehen soll«. Dann erinnerte er sich, daß er alte Männer weinen sah, und befand, »eine solche Wirkung bringt eine bloße Künstelei, sei sie noch so unvergleichlich und unerhört, nie hervor. Ihre kleinen Töne, ihre wundervollen Verschlingungen, Triller, Läufe und Cadenzen gleichen den anmuthigen kindlichen Verzierungen an einem gothischen Gebäude, die dazu dienen, den strengen Ernst erhabener Bogen und Pfeiler zu mildern und die Lust des Himmels mit der Lust der Erde zu verknüpfen ...«

Mochte das Phänomen ihres Gesangs noch so ungewöhnlich und einmalig sein, gab es für Börne doch kaum eine Erklärung für das Verhalten des Publikums, das in einen Zustand totaler Verzückung und Kopflosigkeit verfiel. Ihre Adorateure schütteten ein ganzes Füllhorn der ungereimtesten Schmeicheleien über sie aus, »die Namenlose, die Himmlische, die Hochgepriesene, die Unvergleichliche, die Hochgefeierte, die himmlische Jungfrau, die zarte Perle, die jungfräuliche Sängerin, die theure Henriette, liebliche Maid,

Henriette Sontag (1806–1854), eine Koloratursängerin von legendärer Schönheit der Stimme und der Erscheinung, versetzte die Welt in Begeisterung. Sie starb, nachdem sie jahrelang der Bühne entsagt hatte, bei einem Gastspiel in Mexiko an der Cholera.

»Der Virtuos«.
Aus einer Bilderfolge
von Wilhelm Busch.

Adagio con sentimento

Capriccioso

Finale furioso

holdes Mägdelein, die Heldin des Gesanges, Götterkind, theurer Sangeshort, deutsches Mädchen, die Perle der deutschen Oper«. Man könnte, so behauptet Ludwig Börne, »einen Preis von hundert Dukaten auf die Erfindung eines neuen Adjektives setzen, das für die Sontag nicht verwendet wäre, und keiner gewönne den Preis«.

Als sie am 9. Mai 1826 ihr Gastspiel am Königstädtischen Theater beendete, für das sie die unerhörte Gage von 7 000 Talern erhalten hatte, war ganz Berlin auf den Beinen, um ihr ein letztes Mal zuzujubeln. Karoline Bauer, zur gleichen Zeit selbst eine der großen Aktricen des Berliner Theaters, knüpfte in ihren Bühnenmemoiren an diese »bittere Scheidestunde« die Frage, »wieviel Fuder von Blumen, wieviel Flaschen von Eau de Cologne, wieviel Hunderte von Gedichten über sie ausgeschüttet wurden? ... Karl von Holtei hat später selber erzählt, daß er an jenem Abend nicht weniger als sechs gedruckte Abschiedsgedichte an die geliebte Henriette vom hohen Olymp auf die Göttliche niederflattern ließ. Die scheidende Sängerin war bis zu Tränen gerührt, und sie schluchzte: ›Ich verdiene soviel Liebe und Wohlwollen nicht!‹ Als sie dann nach der Vorstellung an der Tür des Theaters erschien, fand sie den ganzen großen Alexanderplatz mit einer summenden, wogenden Menge Kopf an Kopf gefüllt. Das waren Tausende, die im Theater keinen Platz gefunden hatten. Mit brausendem Hoch! Hoch! wurde sie empfangen. – Obgleich sie bis zu ihrer Wohnung im ›Kaiser von Rußland‹ auf der anderen Seite des Alexanderplatzes nur hundert Schritte hatte, so bestieg sie doch klüglich ihren berühmten roten Wagen – die Prachtkarosse des Fuhrherrn Gentz Unter den Linden –, um von der Liebe und Bewunderung nicht erdrückt zu werden ... Vor, zu den Seiten und hinter dem Wagen bildete die blumenbeladene alte und junge Garde das Ehrengeleit. Sie durfte ihren Abgott in die festlich beleuchtete und blumengeschmückte Wohnung hinaufbegleiten und den letzten – den letzten Abend in ihrer süßen Nähe verleben. Draußen auf dem Platz wogte die erregte Menge noch bis in die Nacht auf und ab und lauschte dem Fackelständchen mehrerer Regimentsmusikkorps und wurde nicht müde, Vivat! Vivat! zu rufen – bis die Liebliche sich mit dem einen oder anderen auserwählten Gardisten auf dem Balkon zeigte und mit ihrem Tüchlein dankend wehte ... Dann erscholl ein tausendstimmiger Ruf: ›Wiederkommen! Wiederkommen!‹ Und sie nickte freudig dazu.«

Zwei Jahrzehnte später schlüpfte bei dem gleichen Anlaß Jenny Lind in einen verschlossenen Wagen, um sich der »hundertarmigen Begeisterung«, ganz besonders aber den englischen Scheren zu entziehen, mit denen Enthusiasten ihr zu Leibe rückten, um sich Stücke aus Kleid und Mantilla als Souvenirs zu sichern und sie selbst ihres »wunderholden Gelocks« zu berauben. Ein Berliner Kunstschwärmer namens Ludwig Kalisch machte seinen Gefühlen für die Angebetete in einem Brief von 1845 auf folgende Weise Luft: »Ich habe sie

Ferdinand Georg Waldmüller (1793–1865)
Bildnis der Sängerin Isabella Colbran,
Frau des Komponisten Rossini
Ölgemälde
Bonn, Bundesschatzministerium

gehört. Nein, ich habe sie nicht gehört; ich habe sie gefühlt; ich habe sie empfunden; ich habe sie in mich aufgenommen! sie, die himmlische Jenny Lind, der zum Seraph nur die Flügel fehlen; sie, die singende Seele in einem schwedischen Körper; sie, welche die Tonleiter zur Jakobsleiter macht und Engel von dem Himmel zur Erde und Menschen von der Erde zum Himmel steigen läßt! ... Wenn ich die Unvergleichliche mit irgend Jemand vergleichen darf, so würde ich sie mit jenem Götterjüngling vergleichen, an dessen Hand jeder Finger ein Finger Gottes ist, mit dem kühnen, lockenumwallten Liszt, Liszt spielt Schlachten, Jenny flötet Schöpfungen. Wenn Liszt eine zaubersüße Kehle in jedem Finger hat, so hat Jenny ein zauberisches Klavier in jedem Tone. Liszt klimpert Himmel; Jenny singt Elysium. Liszt ist der Napoleon des Flügels; Jenny ist die Semiramis des Gesanges ... Alle Zeitfragen traten in den Hintergrund. Man sprach nicht mehr von der zweifelhaften preußischen Constitution, sondern von der über allen Zweifel erhabenen Constitution der göttlichen Jenny ... Die Philosophie und die Gastronomie, die Schneider- und die Friseurkunst machten die Unerforschliche zum Gegenstand des Nachdenkens und schmückten ihre Werke mit ihrem Namen. Unsere Philosophen nannten sie: das Ding an sich, das in sich geschlossene

Franz Liszt
(1811–1886).
Den Blick zu Beethovens
Büste erhoben, der das
zehnjährige Wunderkind
einmal mit Lob bedacht
hatte, gibt sich Liszt
die große Pose des
vergötterten Genies.
In diese Idealwelt
voller Pathos und Bombast
entrückt ihn das Gemälde
von Joseph Danhauser.

Sein, die singende Urpotenz und die sich selbst setzende Kehlenmöglichkeit ... Der Hengstenberg [Ernst Wilhelm Hengstenberg, Theologieprofessor an der Berliner Universität, erbitterter Gegner Hegels und der freien wissenschaftlichen Forschung] wollte sogar die göttliche Lind zum Doktor machen, und nur an der Bescheidenheit des schwedischen Musenkindes scheiterte seine edle Anerkennung.«

Als Jenny Lind 1846 an der Münchner Oper auftrat, ließ es sich der damalige Akademiedirektor Wilhelm von Kaulbach nicht nehmen, die berühmte Sängerin in seinem Haus aufzunehmen. Aus den Erinnerungen seiner Tochter Josefa

Jenny Lind (1820–1887), die »schwedische Nachtigall«, begann ihren märchenhaften Aufstieg als Sopranistin und Virtuosin des Ziergesangs in Berlin. Eine Amerikatournee 1850–52 trug ihr 770 000 Franken ein, von denen sie 500 000 für wohltätige Zwecke stiftete. Holzschnitt aus dem »Buch der Narrheit« von Ludwig Kalisch.

Dürck erfährt man, daß die Lind zwar eine äußerst liebenswürdige, aber ebenso verwöhnte und überspannte Künstlerin war, die dem selbstherrlichen Kaulbach an Launenhaftigkeit nicht nachstand. Beide bewegten sich in ständigem Gegensatz, »war der eine verstimmt, so war der andere guter Laune; hatte der eine Lust, allein zu sein, so wollte der andere Menschen um sich sehen. Der Höhepunkt dieser Extreme war aber an dem schönen Abend erreicht, als Jenny Lind im ›Freischütz‹ das Annchen sang. Sie hatte während der Vorstellung das Mißgeschick, ihren Schuh zu verlieren; dadurch kam sie aus der Stimmung, dies wirkte wieder auf das Publikum, das Fluidum zwischen Bühne und Hörern war fort, und der erwartete Erfolg blieb aus. Zu Hause aber hatte die Mutter eine große Gesellschaft geladen, und alles war gespannt, die berühmte Sängerin von Angesicht zu Angesicht zu sehen. Wer aber nicht zum Vorschein kam – war Jenny Lind. Sie hatte sich in ihr Zimmer eingeschlossen und hörte auf kein Rufen und Pochen. Der Vater, ärgerlich über diese Rücksichtslosigkeit, schloß sich ebenfalls ein und überließ die erstaunten Gäste der Mutter ...«

Von genialischen Naturen erwartet das Publikum ganz selbstverständlich Launenhaftigkeit und Exzentrik; es ist enttäuscht, ja sogar im Zweifel über die Qualifikation eines Künstlers, wenn er die Stirn hat, sich wie ein gewöhnlicher Sterblicher zu gebärden. Die Kunst, sich ungemein geheimnisreich ins Bild zu setzen, beherrschte der Violinvirtuose Niccolo Paganini ganz gewiß nicht weniger als die Handhabung seines Instrumentes, und sei es nur die der einen G-Saite, mit der er die Zuhörer völlig betörte. Er kultivierte die düstere Brillanz eines in mysteriöse Liebes- und Mordaffären verstrickten Abenteurers und wußte in einem höchst modernen Sinne Kunst und Show mit soviel skrupellosem Geschick und solchem Geiz zu verbinden, daß er bei seinem Tod im Jahre 1840 seinem Sohn Achille ein Vermögen von eineinhalb Millionen Mark hinterließ.

Paganini, der unwiderstehliche Dämon der Violine, begann seinen Eroberungszug durch Europa in Wien, dem Walzerkönigreich von Johann Strauß dem Älteren. Nach seinem ersten Konzert im Redoutensaal belauschte Ignaz Franz Castelli das Publikum und notierte:

Ein junger Mann (zu einem Andern): Nein, wie der Mensch geigt! – das ist himmlisch, göttlich, unaussprechlich.

Ein Andrer (zu seinem Freunde): Hast du die Trippeltriller gehört?

Ein Fräulein: Mama! Ich weiß nicht, ob ich heute Mittags etwas werde essen können. Das Adagio hat mich ganz verstimmt. Ich sag Ihnen, ich hab ordentlich Herzweh.

Die Mama: Mir hat's am besten gefallen, wenn er so – weißt du – wenn er so recht fein gespielt hat.

Ein Musiker: Nein! drei Octaven auf einer Saite, das ist zu arg! Und zwei Töne zu gleicher Zeit auf einer und derselben Saite – ach! Der Mensch ist ein Satan!

Niccolò Paganini (1782–1840).
Seine Anziehungskraft als Violinvirtuose beruhte zu einem nicht geringen Teil auf seiner dämonischen Erscheinung, die ihm den Ruf eines »geigenden Teufels« eintrug.
In Anspielung auf die hohen Eintrittspreise und seinen Geiz illustrierte F. B. Dörbeck, »Wie die Berliner 2 Thlr mit Gewalt los werden«.

Ein alter Herr: Was man sagt, schön, so geschmackig, und zugleich so viel Wurlerei, und hernach wiederum so eindringlich, und gleich wieder so spaßig – ach! der kann seine Sachen.

Ein Zierbengel: Aber seine Stellung war mir nicht angenehm.

Ein Musikdirector von einem Tanzsaale: Alle seine Motive hab' ich mir gemerkt; da will ich Walzer daraus componiren, die sich gewaschen haben.

Spielraum für die Phantasie bieten Zauberpossen und Märchenstücke mit bizarren Balletteinlagen wie die Polka der Bären in »Sieben Schlösser des Teufels« von Dennery und Clairville, um 1844.

Ein Bürger aus einer Vorstadt: Fünf Gulden ist ein Geld; aber nein, nein, sie reuen mich nicht, ich trag' ihm noch fünfe zu.

Ein petit Maître: Il a joué comme un ange! Ah mon Dieu, quel charme dans son jeu, et quelle facilité!

Eine dicke Frau: Mein Mann wird schon auf seine Suppe warten; aber ich kann ihm nicht helfen, ich habe nicht früher fortgehen können; so was hört man nicht alle Tage, und der Herr von Schachtelleitner ist neben mir gestanden, der hat mir Alles explicirt, so daß ich Alles verstanden hab', was er gegeigt hat.

(Ein Virtuose geht ohne etwas zu sprechen ganz traurig vorüber und beißt sich die Nägel an den Fingern ab.)

Der 65jährige Hofrat Friedrich von Gentz, der politische Handlanger und Intimus Metternichs, vertraute seiner alten Herzensfreundin Rahel Varnhagen in einem Brief vom 22. September 1830 mit entwaffnender Ehrlichkeit das Geheimnis einer späten, aller Vernunft spottenden Leidenschaft an: »Daß ich mich noch verlieben könnte, hielt ich für unmöglich und fühlte doch, daß ich zuletzt auch auf diesen Punkt noch einmal gelangen müßte, um meiner [durch eine Kur in Badgastein] erneuerten und verjüngten Existenz recht froh zu werden. Dies Vorgefühl wurde auf eine höchst unerwartete Art realisiert. Ihnen darf und muß ich gestehen, was ich gegen andere bloß nicht förmlich ableugne, daß ich seit dem vorigen Winter eine Leidenschaft von größerer Stärke als irgendeine meines früheren Lebens in meiner Brust trage, daß diese Leidenschaft zwar zufällig entstanden, nachher aber von mir vorsätzlich genährt und gepflegt worden ist. – Sie werden erstaunen, vielleicht sogar erschrecken, wenn ich Ihnen sage, daß der Gegenstand dieser Leidenschaft ein neunzehnjähriges Mädchen, und noch obendrein eine Tänzerin ist. Ich muß nicht allein auf Ihre Gutmütigkeit, sondern auch auf Liberalität (im alten edelsten Sinne des Wortes), auf Ihren über alle gemeinen Ansichten erhabenen Blick, auf Ihre Vielseitigkeit, auf Ihre Toleranz rechnen, um nicht zu besorgen, daß Sie mich auf mein Geständnis dieser Art ohne Gnade und Barmherzigkeit verdammen werden. – Ich bewundere in diesem Augenblicke den Mut, der dazu gehörte, um Ihnen eine solche Reihe höchst unerwarteter Bekenntnisse abzulegen, um Ihnen zu sagen – daß ich mich verjüngt fühle – daß ich liebe – daß ich eine Tänzerin anbete – und daß ich« – ungeheuerlich für einen auf Metternichs Kurs eingeschworenen Reaktionär – »mit Heine sympathisiere. Sie sind aber auch die einzige Person in der Welt, gegen welche ich das wagen würde.«

Das Feuer dieser Liaison dangereuse hatte Fanny Elßler entfacht. Aus den Händen eines übel beleumdeten Impresarios von Neapel nach Wien zurückgekehrt, um in ihrer Heimatstadt einen Knaben auf die Welt zu bringen, den sie Franzl nannte und als Sohn des Prinzen von Salerno ausgab, überschritt sie, ehrgeizig, ihrer weiblichen Wirkung bewußt, dazu ein Genie des Balletts, die Schwelle des Ruhms und fand in Gentz den einflußreichen Weltmann, dessen persönliche Gönnerschaft ihr auch gesellschaftlichen Glanz verlieh. Seine zynische Intelligenz, sein luxuriöses Ambiente wirkten auf sie wesentlich anziehender als etwa auf Grillparzer, der den Hofrat Gentz aufsuchte, um ihn zu bewegen, den von der Zensur zurückgehaltenen »König Ottokar« freizugeben, und nach seinem Bittgang sarkastisch notierte: »Der Fußboden des Wartesalons war mit gefütterten Teppichen belegt, so daß man bei jedem Schritte wie in einem Sumpf versank und eine Art Seekrankheit bekam. Auf allen Tischen

Fanny Elßler
(1810–1884),
ein Genie des Balletts,
war die Botschafterin
Wiener Charmes. Mit ihrer
Interpretation von spanischen
und slawischen Nationaltänzen
eroberte sie sich die Bühne
und durch ihre Liebesaffaire
mit dem alternden Gentz,
dem Intimus Metternichs,
gesellschaftliche Zelebrität.

und Kommoden standen Glasglocken mit eingemachten Früchten, zum augenblicklichen Naschen für den sybaritischen Hausherrn, im Schlafzimmer lag er selbst auf einem schneeweißen Bette im grauseidenen Schlafrocke. Ringsherum Interventionen und Bequemlichkeiten. Da waren bewegliche Arme, die Tinte und Feder bei Bedarf näherbrachten, ein Schreibpult, das sich von selbst hin und her schob,

ich glaube, daß selbst der Nachttopf, allenfalls durch den Druck einer Feder, sich zum Gebrauch darreichte ...«

Während Grillparzer sich über die höfliche Kälte des Hofrates beklagte, verströmte dieser (»nicht aus Geckenhaftigkeit, sondern um die Illusion der Jugend zu verlängern«) seine Gefühle in zärtlichem Liebesgestammel: »Fanny mein, in dieser einzigen Silbe liegt mehr als der Himmel, und Du hast es geschrieben, und Dein Mund, Deine Augen haben es bekräftigt ... Es ist mehr als Liebe, was mich beseelt: Es ist Erhebung des Gemütes, die der Andacht gleicht ...« Und sie, die Unterricht in der deutschen und französischen Rechtschreibung erhält, entzückte ihn durch das kokette Geplapper ihrer Billets d'amour: »Daß Küssen erspahre ich mir bis heutte Abends. Da will ich Dich aber küssen, daß ich deine Seele mit hinabtrinke, bis dahin adieu ... tu voir comme je suive tes conseiles ... adieu, lieber Gentz, ich küsse dich deutsch und bleibe deine deutsche Fanny.«

Als sie, von Gentz getrennt und schmerzlich entbehrt, mit ihrer Schwester Therese am 8. Oktober 1830 in Berlin debü-

Rechte Seite:
Huldigung an die
großen Primaballerinen
Marie Taglioni, Fanny
Elßler und Fanny Cerrito.

»Die belebten Blumen«, choreographische Schöpfung des Berliner Ballettmeisters Paul Taglioni (1808–1884) nach Grandvilles Illustrationen zu »Les fleurs animées«, deren graziöse Motive auch von Porzellanmanufakturen ausgebeutet wurden.

tiert und als Entdeckerin der Nationaltänze für das Ballett die Cachucha, Cracovienne und Smolenska tanzt, schreibt die Varnhagen begeistert: »Gestern ... stieg die ganze Venus aus dem Meere. Wie eine große Sängerin ward sie applaudiert; Pas für Pas; nichts blieb unbeachtet, bei dem großen Publikum. Und *wie* wußte sie zu danken! noch im ungeendigten Tanz! Diese Intelligenz, dies Maß, diese offne Unschuld, diese Rücksicht und Geschicklichkeit! ... Sie war schön wie ein Engel angezogen, die Grazie selbst: die Munterkeit, das ätherische kindische Laufen; der Beifall zu den Gespielinnen und Freundinnen im Ballett: die wirkliche Vollendung in ihrer Kunst!« Und der alte Zelter berichtet an

FERDINAND GEORG WALDMÜLLER (1793–1865)
Rosen im Glas
Ölgemälde
Wien, Österreichische Galerie

seinen Freund Goethe: »Das Mädchen hat eine Fronte ringsherum für tausend Augen. Die Teile ihres Gesichtes sind ein Farbenklavier, mit bewunderungswürdiger Anmut gespielt. Liebreiz, Biegsamkeit, ja Herzlichkeit und Schelmerei spielen durcheinander, von leiser Lust getragen. Es will schon etwas sagen, die verderbte sperrbeinige Pariser Hampelmethode in sanfte Schlangenwindungen des schönen Körpers umzubilden und das Auge ohne Anstoß zu erlustigen.«

Bei einem zweiten Gastspiel in Berlin fand die »wonnesüße Schelmerei« mit Gentz ihr Ende. Die lebensgierige Fanny ließ sich mit dem Wiener Tänzer Stuhlmüller ein, was zur Folge hatte, daß sich zum Franzl, dem Souvenir ihres neapolitanischen Engagements, ein Schwesterchen gesellte. Das freudige Ereignis brach dem alten Kavalier das Herz, er starb ein paar Wochen später.

Nach dem Malheur mit dem Kollegen Stuhlmüller (das Kind wurde in aller Heimlichkeit in England geboren) ging die Elßler mit verdoppelter Energie an ihr ehrgeiziges Ziel heran, die bereits in ganz Europa gefeierte Marie Taglioni zu überflügeln. Hierzu gab ihr ein Gastspiel an der Pariser Oper Gelegenheit, wo die Taglioni seit 1827 ihren Ruhm begründet hatte. Begünstigt wurde Fannys Debüt durch das unerwiesen gebliebene Gerücht, sie sei durch zarte Bande mit dem Herzog von Reichstadt, dem Sohn Napoleons, verknüpft. Außerdem verbreitete der publicitytüchtige Direktor der Pariser Oper Louis Véron, daß ihn die Kostüme für sie und ihre Schwester Therese, die stets gemeinsam mit ihr auftrat, die enorme Summe von dreiundachtzigtausend Francs und sechzig Centimes gekostet hätten. Dieser Aufwand zahlte sich indessen aus, denn Fanny übertraf durch den schrankenlosen Einsatz ihrer Weiblichkeit alle Erwartungen. »Wenn sie kühn ihre Hüften vorstreckt und ihre trunkenen, in Wollust ersterbenden Arme zurückwirft, so glaubt man, eine der wunderbaren Figuren aus Herculaneum und Pompeji sei erwacht«, schwärmte der Rezensent und Ballettenthusiast Théophile Gautier.

Das Entzücken an Fannys sinnlichem Temperament schmälerte keineswegs die Bewunderung, die er für die ätherische Kunst der einer alten italienischen Tänzerfamilie entstammenden Marie Taglioni empfand: »Sie schwebt wie ein Geist inmitten der Durchsichtigkeit ihres weißen Musselins, sie ist einem seligen Schatten zu vergleichen, einer Erscheinung aus dem Elysium.« Als sich die Elßler mit der Interpretation der Sylphide in ein unbestrittenes Reservat der Taglioni vorwagte, lieferten sich die Anhänger der beiden Rivalinnen eine in Tätlichkeiten ausartende Schlacht, und die Pariser Oper erlebte einen ihrer größten Skandale. Der damals 22jährige Théophile Gautier, bei Tumulten dieser Art ganz in seinem Element, kommentierte als Augenzeuge das ihn belustigende Ereignis: »... Man spricht von weißhaarigen Greisen, ehrenwerten Kaufleuten, vielstöckigen Hausherrn, die von der elenden Claque zerrissen, ge-

Marie Taglioni
(1804–1884)
entstammte wie ihr Bruder Paul einer italienischen Tänzerfamilie. Als »Sylphide« wurde sie überschwenglich in Paris gefeiert, wo ihr die ehrgeizige Nebenbuhlerin Fanny Elßler den Rang streitig machte.

rädert, erschlagen, wie Leopardenfelle getigert und gefleckt worden wären. Die Spalten der Zeitungen sind mit Briefen von Getöteten gefüllt ...«

Die Elßler ließ es bei dieser spektakulären Herausforderung bewenden und setzte sich zu einer beispiellosen Erfolgstournee nach Amerika ab (»Nur Fanny brachte es dahin mit ihren Füßen, / Daß alle Welt sich drängt, sie ihr zu küssen«), wo sie – ebenso zielbewußt, wie sie ihre Legende und ihre Karriere aufgebaut hatte – nunmehr daranging, ein riesiges Vermögen zu erwerben. Im Gegensatz zur Elßler, die sich an ihrem 41. Geburtstag von der Bühne zurückzog und in Wien, wohlhabend und verehrt, einen langen, sorglosen Lebensabend verbrachte, mußte sich Marie Taglioni als Tanzlehrerin durchschlagen und starb 1884, im gleichen Jahr wie Fanny, in größter Armut. Indessen hatte die Tochter ihres in Berlin erfolgreich als Ballettmeister wirkenden Bruders Paul, Marie Taglioni die Jüngere, dem Namen zu neuem Weltruhm verholfen.

Für die emphatische und romantische Wertung des Balletts bezeichnend ist das Entschweben seiner strahlendsten Sterne in die Sphäre der Hocharistokratie. Dem Beispiel der großen Taglioni folgend, die kurz mit dem Grafen Gilbert de Voisines verheiratet war, vermählte sich ihre Nichte Marie mit dem Fürsten Joseph Windisch-Grätz, und die bildschöne Therese Elßler, in den Augen Rahel Varnhagens eine wahrhaft königliche Erscheinung, floh aus dem Schatten ihrer berühmten Schwester, um ihren Traum von Karriere und Ruhm als Gemahlin des Prinzen Adalbert von Preußen, des Admirals und Gründers von Wilhelmshaven, zu krönen. Balletteusen, die keinen Prinzen fanden, konnten sich in Berlin immerhin damit trösten, von Friedrich Wilhelm III. in seniler Leutseligkeit mit Schokolade und Kuchen gefüttert zu werden.

Seinen gefeierten Lieblingen gönnte das Publikum den märchenhaften Höhenflug, nicht aber einer dubiosen Abenteurerin wie Lola Montez, die sich, Tochter eines schottischen Offiziers und einer Kreolin, als Spanierin ausgab: ihr skrupelloser Mätressenehrgeiz brachte einen König zu Fall.

Theater: Vorliebe für leichte Sachen

Die Emotionen, die das Theater bot und denen sich das Biedermeier in erregten Stellungnahmen, in Beifall oder Ablehnung, Jubel oder Empörung, uneingeschränkt überlassen durfte, dienten als Ersatz, als Ventil für das verbotene Engagement in der Politik und im öffentlichen Leben. Hier konnten – nach den Worten des preußischen Ministers von Bernstorff: »Na, einen Knochen muß man den bissigen Hunden doch lassen!« – die bevormundeten und gegängelten Bürger, unbehelligt von Polizei und Zensur, mitreden und

Costume-Bild zur Theaterzeitung.

...ller del. And. Geiger ...

Marie Taglioni, als Sylphide.

Wien, im Bureau der Theaterzeitung, Rauhensteingasse N:

ihr Mütchen kühlen. Hier, im Bereich des Illusionistischen, fanden sie auch die geeigneten Objekte für ihr Bedürfnis nach Helden und Idolen. Selbst eine so vielseitig angeregte und geistig verwöhnte Zeitgenossin wie die Rahel gestand: »Eine Stadt ohne Theater ist für mich wie ein Mensch mit zugedrückten Augen, ein Ort ohne Luftzug, ohne Kurs ...«

Distanzierter, aber durchaus im gleichen Sinne äußerte sich der als Sekretär am Oberlandesgericht in Münster tätige Schriftsteller Friedrich Arnold Steinmann über diese »heiligste Angelegenheit des Berliner Publikums«. Seiner Ansicht nach ist sie »der einzige Gegenstand, worüber das ganze Volk Berlins ohne Repräsentativverfassung und freie Presse frei denkt, spricht und schreibt, je nachdem ihm Hirn, Zunge und Feder gewachsen. Es ist das gewaltige Triebrad der großen Konversationswalkmühle Berlins, der einzige Mittelpunkt des Berliner öffentlichen Lebens. Der Generalintendant der Schauspiele ist nach dem Könige der erste Mann in Berlin, und um Schauspieler und Sängerinnen kümmert man sich mehr als um Minister und Küster ... Mit den Kosten der Aufführung einer neuen ephemeren Oper könnte man eine Kirche bauen für Jahrtausende. Kostete doch die Aufführung der Spontinischen Oper ›Olympia‹ 28 000 Taler. Die Besoldung der Bühnenkünstler Berlins ist beispiellos: die Gage des Generalmusikdirektors steht dem Gehalt eines Oberpräsidenten gleich; Schauspieler und Sängerinnen rangieren im Diensteinkommen auf den Präsidenten von Landeskollegien und so weiter.

Das Theater nimmt hier alle Köpfe, alle Zungen ein. Man kümmert sich nicht um volksvertretende Stände, sondern nur um den Stand der Königlichen Bühne, nicht um das Sinken der Volkswohlfahrt, sondern nur um das Sinken des Königstädter Theaters, nicht um den Gang der Staatsangelegenheiten, sondern um den bevorstehenden Abgang des Spitzederschen Ehepaars von der Königstädter Bühne, welches mit einer Gage von 7000 Taler sich nicht begnügen will. Gute Tänzerinnen gelten mehr als gute Minister. Die Wiener Tänzerin Elßler lebt unauslöschlich in dem Gedächtnis Berlins, während man der Ernennung des neuen bürgerlichen Ministers der auswärtigen Angelegenheiten kaum noch nach acht Tagen gedachte, und der Name Sontag versetzt noch das große kalte Herz Berlins in hochklopfende Bewegung ...

Die Vapeurs einer Schauspielerin erfüllen die ganze Stadt mit Schrecken; der Husten eines Sängers ist ein Unglück, das die ganze Stadt niederbeugt; die glückliche Entbindung einer Bühnengöttin ein Ereignis, darob ganz Berlin jubelt, als sei es selbst in die Wochen gekommen; und der Tag, an welchem ein Mime nach langer Abwesenheit oder Krankheit zum erstenmal wieder die Bretter betritt, ein Fest-, Ehr- und Jubeltag. – Wo man spricht, wird nur vom Theater gesprochen; was man hört, was man liest – es betrifft nur das Theater; und den hiesigen Journalen und Blättern ist das Theater der Haupt- und Leibartikel; es ist der Leithammel

Rechte Seite:
Seinen Freunden ein Denkmal setzte Franz Krüger, der Malerchronist der Berliner Parade von 1839. In der schaulustigen Menge vor der Neuen Wache sind viele prominente Berliner zu erkennen. Unser Ausschnitt zeigt im Vordergrund die Schauspielerin Auguste Crelinger, dahinter ihre Schwägerinnen Bertha und Clara Stich. Der Gesprächspartner der Damen ist der Maler selbst.

der Berliner teetrinkenden Schafe, der Stehely besuchenden Böcke – kurz, der ganzen zweibeinigen Herde Berlins.«

Ohne im geringsten ein Zeittheater zu sein, spiegelte sich im Gegeneinander und Miteinander konservativer und liberaler Auffassungen des Bühnenstils das kaum kaschierbare Bild des aufgerührten Vormärz. »Man trete nur vor die nächste deutsche Bühne und schaue in dieses wilde und willkürliche Treiben unserer Künstler«, klagte 1822 der Braunschweiger Theaterdirektor August Klingemann. »Hier conversiert einer in der Toga, dort deklamiert ein zweiter en escarpins; da tritt ein antiker Marinelli herein, dort ein alter

Ludwig Kalisch

UNERHÖRT

Eine schwäbische Ballade

Es saßen auf dem Throne
Der Kaiser und sein Sohne.
Der Kaiser und sein Sohne
Sie saßen auf dem Throne.

Da sprach der Kaiser zum Sohne
Auf seinem gold'nen Throne;
Dann sprach zum Kaiser der Sohne
Auf seinem gold'nen Throne.

Und als sie beide gesprochen,
Nicht länger sie mehr sprachen;
Dieses ist Alles geschehen
In der graßen Kaiserstadt Aachen.

Nordenrecke mit französischem portebras; Hamlet, der Däne, à quatre épingles; Don Carlos als preußischer Fähnrich ausgreifend; Posa als gotischer Raufbold, Tell als antiker Heros usw.; dazu in einem und demselben Stücke das Conversieren, Deklamieren, Scandieren, Toben, Winseln, Lispeln – eine wahre olla potrida aus den entgegengesetztesten Bestandteilen bereitet ...«

Auf dem Wege vom Klassizismus zum Realismus zeichnen sich in der antipodischen Gleichzeitigkeit der Weimarer und der Hamburger Schule die extremsten Gegensätze ab. Die eine, die klassische, erstrebte unter der Obhut Goethes und in Anlehnung an das französische Theater »Grazie und selbstverständliche Eleganz der Bewegungen und Sprache, Schönheit und Gemessenheit, eine steigernde Körperbildung zu ästhetischem Anblick, Noblesse in der Haltung«, während die andere, von Friedrich Ludwig Schröder begründet, den goethischen Deklamationsstil als den Untergang der dramatischen Kunst betrachtete und für natürlichen, individuellen Ausdruck, für Prosarede und Konversationston eintrat.

Die künstlerisch weitgesteckten Reformpläne, die der theaterbesessene Landgerichtsrat Karl Immermann am Düsseldorfer Stadttheater zu verwirklichen suchte, hatten eine disziplinierte Zusammenarbeit aller Schauspieler zum Ziel. Seine sehr verdienstvollen Bemühungen scheiterten jedoch, weil er zu hohe Ansprüche an das Publikum stellte. Man wollte nicht Shakespeare, nicht Calderón, sondern ausspannen, mit unkomplizierten Stücken des heiteren Genres amüsiert werden.

Der Appetit auf leichte Sachen, auf Possen, Burlesken, Vaudevilles, Singspiele, schlägt sich in der Statistik dergestalt nieder, daß zwischen 1815 und 1830 an der Berliner

Die Altberliner Weinstube Lutter & Wegener erlangte Berühmtheit durch die Freundschaft des Kammergerichtsrats, Komponisten und Dichters E. T. A. Hoffmann mit dem Schauspieler Ludwig Devrient. Unter dem Bildnis Friedrich Wilhelms III. führten sie skurrile Gespräche und leerten manche Flasche miteinander.

Hofbühne 292 Lustspiele, aber nur 56 Tragödien erstaufgeführt wurden, und das Repertoire der Dresdner Hofbühne von 1829 verzeichnet 24 Tragödien gegenüber 139 Lustspielen. Neben vielgespielten Autoren wie Kotzebue und Iffland machte sich Ernst Raupach mit historischen Rühr- und Schauerstücken, darunter 16 Dramen, die sich mit der Geschichte der Hohenstaufen befassen, so breit, daß Heine klagte: »Er verleidet uns noch die Erinnerung an die schönsten und edelsten Kaiser des deutschen Vaterlandes.« Und über Carl, den Direktor des Leopoldstädter Theaters (»... streicht die Einnahmen ein, baut sich Häuser und verpestet die Seele des Volkes ...«), ereifert sich Glassbrenner in seinen »Bildern und Träumen aus Wien«: »Nachdem Hunde, Affen, Bären, Pferde, Seiltänzer und andere Thiere kein Publikum mehr hineinziehen wollten, suchte Herr Carl alte Ritterstücke aus dem Staube der Bibliothek hervor; ließ sie noch mehr verhunzen, als sie an und für sich verhunzt waren, gab ihnen einen neuen Titel und ließ sie über die Bühne laufen. Er weiß, daß ihre Albernheit in jetziger Zeit nicht mehr ansprechen kann; er weiß, daß jedes Einzelne

Das Berliner Schauspielhaus auf dem Gendarmenmarkt, das erst 1802 neu erbaut worden war, brannte am 21. Juli 1817 bis auf die Grundmauer nieder. Das Feuer wurde bei einer Probe der »Räuber« bemerkt, gerade als in der 2. Szene des fünften Aktes der Schauspieler Rüthling die Worte deklamierte: »Eilt, helft, gnädiger Herr, das ganze Schloß steht in Brand!« Nach den Plänen Schinkels wurde das Theater 1818–20 wieder aufgebaut.

Franz Grillparzer
(1791–1872)
brachte es als österreichischer Beamter bis zum Archivdirektor des Finanzministeriums, als Dichter aber nur bis zum ausgepfiffenen Bühnenautor, der die demütigende Ablehnung seines Lustspiels »Weh dem, der lügt« nie verwinden konnte. Zu spät entdeckte sein Land den wahren Rang dieses verkannten Klassikers, um ihn noch aus seiner Verbitterung erlösen zu können.
Gemälde von F. G. Waldmüller, 1844.

Ein depressiver Hang hinderte ihn, seine Braut Kathi Fröhlich (rechts oben) zu heiraten, doch verbrachte er seinen Lebensabend in ihrer und ihrer Schwester Obhut.
Miniatur von M. M. Daffinger, 1823.

Sein Arbeitszimmer in der Spiegelgasse (rechts unten) wurde im Historischen Museum der Stadt Wien rekonstruiert.

ausgepfiffen wird, aber jedes Einzelne macht zum Mindesten ein volles Haus und das ist ihm genug.«

Aus den Niederungen »elendster Possenreißerei« ragt das Burgtheater wie eine ehrwürdige, von Raben umkrächzte Bastion hervor. Karl Gutzkow zählt es zu den stärksten, aber auch zu den bedrückendsten seiner »Wiener Eindrücke«:

»Hier ist denn doch eine Überlieferung der Zeit, die sich in vornehm bedeutungsvoller Größe erhalten hat. Man klagt über den Verfall der Bühne, die Deutschlands Musterbühne sein sollte, aber das, was von dem frühern Werte übrig blieb, ist noch immer so groß, daß es die übrigen deutschen Theaterzustände bei weitem überragt. Die Aufgabe dieses Theaters fand ich mit einem gewissen feierlichen Ernst gelöst. Ich fühlte mich ergriffen von diesem geregelten Gang der Geschäfte, von dieser voraussichtigen Beherrschung aller an einer solchen Anstalt vorkommenden Eventualitäten. Die Schauspieler fühlen sich geehrt durch ihre Stellung: sie sind stolz, da zu stehen, wo ihr Talent oder die Gunst des Zufalls sie hinstellte. Das Gefühl, vor einem oft zahlreichen, immer aber gewählten und feinen Publikum, vor einer Kritik zu spielen, die gewohnt ist, ihnen unausgesetzte Aufmerksamkeit zu schenken, läßt sie ihre Kunst mit einer gewissen heiligen Verehrung üben ...

Und diese herrliche Bühne darf nicht dem deutschen Genius gehören! Eine kindisch bornierte Zensur beherrscht sie. Statt den Geschmack des Publikums zu bilden, hängt sie von dem verdorbenen Geschmacke dieses Publikums, von den aristokratischen Prätensionen der Logenbesitzer ab. Es hat sich für diese Bühne durch Zusammenwirkung der Zensur und die Adelsansprüche der Abonnenten eine Atmosphäre des Urteils, ein Dunstkreis des Geschmackes gebildet, in dem die gesunde Vernunft manchmal zu ersticken droht. Das spielend Frivole, das neckisch Zweideutige wird herzlich gern geduldet; jeder ernste Anlauf aber zur Lösung irgend einer sozialen Frage wird mit Mißtrauen betrachtet. Die Geschichte, die Politik, die Religion sind völlig verschlossene Gebiete. Das ginge noch. Aber auch die Moral ist hier eine eigentümliche und von den Standesvorurteilen abhängige. Es darf hier keine illegitimen Kinder auf der Bühne geben, keine Väter dürfen mit ihren Söhnen, keine Söhne mit ihren Vätern zerfallen, Könige müssen immer vortrefflich sein, schlechte Präsidenten und Minister werden Vizedome getauft und wie die Liste jenes baren Unsinns weiter lautet, den sich das gute Wiener Publikum hier gefallen läßt. Der Präsident in ›Kabale und Liebe‹ ist hier des Major Walters Onkel und nicht der Vater! ›Ich habe einen Fleck in meinem Herzen‹, sagt hier Ferdinand, ›wo der Name *Onkel* noch nie hingedrungen ist!‹ Ich würde mich schämen, Beherrscher eines Staates, Minister einer Regierung zu sein, die solche Albernheiten beschönigt.«

In der bedrückenden Enge des Metternichschen Polizei-

»Das Mädchen aus der Feenwelt
oder Der Bauer als Millionär«
mit Raimund und Therese Krones:
*»Alles hat man in der Welt!
Jugend kriegt man nicht fürs Geld.«
»Brüderlein fein, Brüderlein fein,
Mußt mir ja nicht böse sein!«*
Beilage der »Wiener Theaterzeitung«.

Rechte Seite:
Das Gedränge vor dem Theater
bezeugt, daß die Volksposse
sich großer Beliebtheit erfreute.
Kol. Lithographie von Lanzedelly.

staates, der die geistige Anspruchslosigkeit des Theaterpublikums durchaus die Waage hielt, bemühte sich eine der stärksten dramatischen Begabungen des Jahrhunderts, Franz Grillparzer, vergebens um Anerkennung und Lorbeer. Der Dichter von »Des Meeres und der Liebe Wellen«, der »Sappho«, des »König Ottokar« und der »Libussa« war sich, seit 1813 Beamter und 1832 zum Archivdirektor der Finanzverwaltung aufgerückt, jeden Augenblick seiner demütigenden Abhängigkeit bewußt. Als Neunzehnjähriger rebellierte er noch: »Fliehen will ich dies Land der Erbärmlichkeiten, des Despotismus und seines Begleiters, der dummen Stumpfheit, wo Verdienste mit der Elle der Anciennität gemessen werden, und man nichts genießen zu können glaubt, als was eßbar ist ..., wo Vernunft ein Verbrechen ist und Aufklärung der gefährlichste Feind des Staates.« Wenige Jahre später resigniert er schon: »Einer meiner Hauptfehler ist, daß ich nicht den Mut habe, meine Individualität durchzusetzen. Über dem Bestreben, es allen recht zu machen und mich ja im Äußerlichen nicht zu sehr von den Andern zu unterscheiden, werde ich endlich wie die Andern, und die Gewohnheit macht gewöhnlich.«

Eine zwiespältige, zwischen höchsten Ansprüchen und tiefsten Zweifeln schwankende Natur, verlor er vollends den Boden unter den Füßen, als 1838 sein Lustspiel »Weh dem, der lügt« im Burgtheater ausgepfiffen wurde: Er hatte die Unvorsichtigkeit begangen, durch die karikiert angelegte Gestalt des Atalus, eines engherzigen und beschränkten Junkers, die adligen Stammabonnenten der Burg zu brüskieren, die ihre Logen demonstrativ verließen, indem sie die Türen hinter sich zuknallten. »Als Mensch unverstanden, als Beamter übersehen, als Poet höchstens geduldet«, war er nicht nur ein »armer Fremdling in seinem Vaterland«, wie er sagt, sondern auch ein Fremdling in seiner Zeit, in der das Theater von den romantischen Höhen der Klassik längst in die Niederungen von Schwank und Posse herabgesunken war.

An Trübsinn und Selbstquälerei (Saphir nannte Grillparzer die »edle Trauerweide unserer Literatur«), aber auch an poetischem Genie stand ihm Ferdinand Raimund, der volkstümliche Schöpfer von Wiener Lokalstücken und Zauberpossen, nicht nach. Bei ihm verbanden sich in schönster Natürlichkeit Alltag und Märchen, Hypochondrie und Phantasterei, Resignation und Humor. Unter dem Eindruck seines »Der Alpenkönig und der Menschenfeind« fixierte Grillparzer den höchst ehrenhaften Platz, der dem ehemaligen Zuckerbäckerlehrling und Schauspieler in der Literaturgeschichte zukommt: »Man muß die Wüste der neuesten Poesie durchwandelt haben ..., um das Erquickende dieser frischen Quelle ganz zu empfinden. Ich wollte, sämtliche deutschen Dichter studierten dieses Werk eines Verfassers, dem sie an Bildung himmelweit überlegen sind, um zu begreifen, woran es unsern gesteigerten Bestrebungen eigentlich fehlt, um einzu-

Ferdinand Raimund (1790–1836), Schauspieler und Theaterdichter, verschmolz Humor und Resignation, Märchen und Lokalrealismus. Der Sänger des »Hobelliedes« erschoß sich im Glauben, ein tollwütiger Hund hätte ihn gebissen.

»Freiheit in Krähwinkel«, Nestroys satirischer Kommentar zur Wiener Märzrevolution hatte einen Neider gefunden, der den Spaßmacher Nestroy bitter ernst werden ließ.

sehen, daß nicht in der Idee die Aufgabe der Kunst liegt, sondern in der Belebung der Idee; daß die Poesie Wesen und Anschauung will, nicht abgeschattete Begriffe; daß endlich ein lebendiger Zeisig mehr wert ist als ein ausgestopfter Riesengeier oder Steinadler.«

Als Raimund im »Verschwender« sein berühmtes Hobellied sang, war es ihm bitterernst, wenn er darin leichten Herzens der Welt Adieu sagt: In dem Wahn, ihn hätte ein tollwütiger Hund gebissen, schoß er sich, ein beliebter und wohlhabender Mann, mit 46 Jahren eine Kugel in den Kopf.

Raimunds Lebensüberdruß war zu keinem geringen Teil darauf zurückzuführen, daß er sich nicht damit abfinden konnte, die Gunst des Publikums mit einem anderen zu teilen, mit dem zehn Jahre jüngeren Johann Nestroy, der den frischen Morgenwind einer in Bewegung geratenen Zeit im Segel hatte. Beide gelten als superbe Spaßmacher, die keine Tölpeleien zu begehen brauchen, um auch des Gelächters der gänzlich Unbedarften sicher zu sein, denn ihre Gestalten sind unverfälschte Geschöpfe des Wiener Alltags, in denen die Zuschauer sich und ihresgleichen in allen Nücken und Tükken wiedererkennen. Zwischen dem »Verschwender« des romantischen Biedermanns Raimund und dem gleichfalls 1833 erstaufgeführten »Lumpazivagabundus« von Nestroy, dem mit allen Wassern komödiantischer Persiflage gewaschenen Realisten, verläuft jedoch deutlich die Zäsur, die das eigentliche Biedermeier vom Vormärz trennt.

Johann Nestroy
an das Publikum Wiens.

Die freche Beschuldigung des Herrn C. Böhm, ich hätte die Grundidee seines Stückes „Eine Petition der Bürger einer kleinen Provinzstadt" bei dem von mir verfaßten Stücke: „Freiheit in Krähwinkel" benützt, erkläre ich als eine **unverschämte Lüge und Ehren=Beleidigung.**

Ich hatte bei Verfassung meines Stückes noch keine Ahnung von dem Daseyn des Stückes des Herrn Böhm, und habe die Grundidee zu meinem Stücke einzig und allein **aus dem Leben** gegriffen, **ohne** mich darüber **mit irgend Jemand** zu besprechen.

Dieß zur vorläufigen Berichtigung, zu der mich die Achtung für das hochgeehrte Publikum veranlaßte.

Was meine Genugthuung von Seite des Herrn Böhm anbelangt, werde ich sie mir im gesetzlichen Wege zu verschaffen wissen.

Leopoldstadt den 12. Juli 1848. Johann Nestroy.

In der Beobachtung menschlicher Schwächen und Schäbigkeiten besaß Nestroy das unbarmherzige Auge eines Daumier – die gallige Bosheit des Enthüllens, die moralische Verurteilung fehlten ihm jedoch, er war kein Weltverbesserer. »Ich glaube von jedem Menschen das Schlechteste, selbst von mir – und ich habe mich noch selten getäuscht«, gesteht er in den »Beiden Nachtwandlern« mit dem Zynismus eines professionellen Menschenkenners, der sich keinen Illusionen hingibt und die Dinge ins Lächerliche zieht, um nicht an ihrem Ernst zu verzweifeln.

Typisch für die Intelligenz seines Wortwitzes, für das absurde Spiel mit Banalitäten sind Sentenzen wie »Mir dürft' einer zehn Millionen herlegen und sagen, ich soll arm sein dafür, ich nehmet's nicht!« (»Der Zerrissene«) oder »Ja, ja, lang leben will halt alles, aber alt werden will kein Mensch« (»Die Anverwandten«). Selbst das blutige Jahr der 48er Revolution brachte ihn nicht aus seinem Gleichmut. Wohl bejahte er die Revolution, doch er glaubte nicht an sie. Seine politische Posse »Die Freiheit in Krähwinkel« umgeht jedes Engagement; das soviel Leidenschaften, soviel Leid auslösende Ereignis – am Ende doch nur ein Kartenhaus, das in sich zusammenfiel – dient dem eingefleischten Skeptiker lediglich als Stoff für eine Komödie: »Wir haben ein absolutes Regierungsformerl, wir haben ein unverantwortliches Ministeriumerl, ein Bureaukraturl, ein Zensurerl, Staatsschulderln, weit über unsere Kräfterln, also müssen wir auch ein Revolutionerl und durchs Revolutionerl ein Konstitutionerl und endlich ein Freiheiterl krieg'n!«

Ein unerbittlicher Widersacher Nestroys war der Berliner Journalist Adolf Glassbrenner, ein Tucholsky des Biedermeier, ein Mann der Barrikade. Selber ein Spaßmacher von ätzendem Witz, verstand er keinen Spaß, wenn ein Schriftsteller mit dem Volk kokettierte, ohne sich nachhaltig für dessen Belange einzusetzen. In seinen 1836 erschienenen »Bildern und Träumen aus Wien« bezeichnete er Nestroy als »eine kleine Blume auf einem großen Misthaufen« und sprach ihm den ehrenvollen Rang eines Volksdichters entschieden ab. »Sein Witz ist keine geistige Erfindung, keine angeborene Eigenschaft des Geistes, sondern speculativ gemacht; alle seine Scherze haben eine stereotype Form ... Suchen wir nun aber gar nach dem Gemüth, nach dieser conditio sine qua non eines Volksdichters, so finden wir eine Leere, vor der uns Schauder überfällt, ein Grauen, daß dieser Mensch Einfluß auf die Bildung des Volkes hat.«

Während seines Aufenthaltes in Wien nutzte Glassbrenner die Gelegenheit, einen der prominentesten Bürger, den Begründer und Herausgeber der »Wiener Theaterzeitung« (»Unterhaltungsblatt für Freunde der Kunst, der Literatur und des geselligen Lebens«), im Redaktionsbüro aufzusuchen. Adolf Bäuerle, ein sehr unternehmender Mann, hatte bereits im Alter von 18 Jahren die Lizenz für seine Zeitung erhalten, nachdem er mit 16 seinen ersten Ritterroman geschrieben

Johann Nestroy
(1801–1862)
war ein scharfer Gegner der gemütvollen Zauberidylle von Raimund. Seine literarisch schwer fixierbaren Possen und Sittenstücke leben, den wechselnden Schauspielern und Zeitumständen stets neu angepaßt, vom Wortwitz und von der satirischen, wenn nicht gar zynischen Desillusion. Zur lokalen Aktualität tritt die zeitgeschichtliche seiner Persiflage von Hebbels »Judith« und der Wagnerparodie »Tannhäuser oder die Keilerei auf der Wartburg«.

hatte. Ihm ist das für Wiener Ohren schmeichelhafte Lied »Es gibt ja nur a Kaiserstadt, ja nur a Wien« ebenso zu danken wie die von österreichischen Patrioten als nationale Schmach angeprangerte Posse »Die Bürger von Wien«. Ihre Hauptgestalt ist der einfältige Parapluiemacher Chrysostomus Staberl, als Angehöriger der Bürgermiliz ein echter Vorläufer des braven Soldaten Schwejk, dem der Komiker Ignaz Schuster lokale Unsterblichkeit verlieh: »Ich bin ein kleiner Mensch. Ein guater Mensch! Wann i aber a'mol anfang, so bin i ein Viech.«

Ein gleichartiges Bonmot »Jeduldig solange wie't jeht – aber dann eeklich!«, ein Ausspruch seines Buchbinders Kubalsky, der einen rabiaten Stammtischbruder anfährt, wurde dank Glassbrenner in Berlin zu einem geflügelten Wort. Daß die Übereinstimmung der Zitate eine ganz zufällige ist und keinesfalls Rückschlüsse erlaubt auf eine kordiale Absprache zwischen beiden Publizisten, geht aus den Reisenotizen Glassbrenners hervor:

»Die verbreitetste von allen Zeitschriften Oesterreichs ist die Wiener Theaterzeitung. Man weiß, daß sie in ganz Deutschland gelesen wird, und Bäuerle ist daher ein Mann von großem Einflusse, ein Mann, der mehr als eine Papiermühle beschäftigt, der loben und tadeln kann nach seiner besten Überzeugung, und vielleicht noch etwas drüber. Er ist ein Redacteur comme il faut, das muß ihm der Neid lassen, und ich um so mehr; er schreibt selbst Nichts, sondern regulirt nur, er hält viele französische, einige italienische und fast alle deutschen Zeitungen, Zeitschriften, Flug- und Fluchblätter, nimmt den Rothstift und streicht dem geheimen Secretair diejenigen Artikel an, welche würdig sind, seine Blätter zu füllen ... Um Streitigkeiten und deren böse Folgen für das Journal zu vermeiden, ladet er häufig sämtliche Mitarbeiter nach seinem hübschen Landgütchen oder nach Dommaiers Casino ein, läßt sie dort trefflich speisen und flößt ihnen Einigkeit mit 1819er Klosterneuburger und schäumendem Mumm, Gießler und Comp. oder Van der Wecken ein ... Das Dichten hat Bäuerle aufgegeben, seitdem er in seiner glänzenden blauen Equipage durch die Straßen, von tausend Pränumeranten belebt, jagt und den selbstzufriedenen Blick auf einer Menge ruhen läßt, die Gott unstreitig werden ließ, um seine Wiener Theaterzeitung zu lesen. Staberle, der Kutscher, sitzt auf dem Bocke und knallt mit der Peitsche ... Holla, aus dem Wege! der Ehrenbürger von sieben Städten fährt hier, der Beherrscher von Lob und Tadel, der Schöpfer des Staberle, der frische, fröhliche Bäuerle!

Ihm zur Seite sitzt sein Hauptmitarbeiter, eine lange Figur mit blonder, lockiger Perücke, schwarzem Schnurrbarte und silberner Brille ... Es ist Saphir, der wortwitzige Saphir ... man nennt ihn einen herzlosen, oberflächlichen, faden Tagesschreiber, und wird gar von seinem Charakter gesprochen, so setzt man die Humanität bei Seite und

schimpft. Müßte ich nicht gegen meine innerste Überzeugung sprechen, ich würde Saphir vertheidigen, allein ich kann's als redlicher Beurtheiler nicht. – Saphir hat Aufsehen in Deutschland gemacht, als ... man sich eines Wortwitzes oder einer hübschen Larve, einer beweglichen Kehle wegen, von der Ostsee bis hinter die Alpen die Haare ausriß ... Er ist durch und durch Verzerrung, Gespreiztheit, Affectation ... er tappt so lange zwischen Gott, Sonne, Mond und Sternen, Büchern, Speisen, Frauen, Männern, Pflanzen und Thieren umher, bis er einen Witz, eine Antithese, eine Aphorisme gefunden, und um diese opfert er Wahrheit, Charakteristik, Form und Schönheit auf. Er ist das unter den Schriftstellern, was Johann Nestroy unter den dramatischen Spaßmachern ist. Er jeanpaulisiert, er besteigt den Lichtenberg, er hippelt, er läßt Stern-Schnuppen; aus alten und neuen Büchern nimmt er das Gold und vergoldet sein Kupfer. Dabei schreibt Saphir ein schlechtes Deutsch. Sein Styl ist zwar lebendig wie die Straßen in Wien, aber ebenso krumm und eckig, nachlässig, ohne Eleganz und voller Schwulst ...«

Es versteht sich, daß Moritz Gottlieb Saphir auch ein Scherzwort parat hat, um seine Kritiker in die Schranken zu weisen: »Sonderbare Forderung, wenn man von einem Witzbold verlangt, er soll gutmütig sein! Haben Sie schon ein witziges Lamm gesehen oder ein pikantes Schaf oder einen humoristischen Hammel?«

Die in Wien beheimatete Lokalposse hat mit dem »Stra-

Der wegen seiner amüsanten Unverschämtheiten gefürchtete Theaterkritiker Moritz Saphir erteilt den »Generalpardon an alle schlechten Komödianten«. Von links nach rechts: Die Primadonna Schechner, Regisseur Vespermann, Frau Sigl-Vespermann, Saphir, die Schauspieler Urban und Eßlair, Intendant Poißl (in Uniform), Tenorist Löhle, die Schauspielerin Hagn, der Bassist Pellegrini. München, Anonymes Spottblatt.

lauer Fischzug« von Julius von Voß in Berlin ihr Pendant gefunden. Das Stück, das Appetit auf Weißbier, Knoblauchwurst und saure Gurken macht, wurde so volkstümlich, daß es sogar die Puppenspieler in ihr Repertoire aufnahmen. Der Autor, der im polnischen Feldzug von 1794 die Festung Thorn und die preußische Kriegskasse gerettet und, weil nicht er, sondern sein Vorgesetzter für diese Tat honoriert wurde, den Offiziersdienst quittiert hatte, zählte sich danach an den Knöpfen ab, »ob er, ohne Geschäft, Schriftsteller, musikalischer Kompositeur oder Maler werden sollte«. Schon 1826 konnte er sich nicht mehr auf die Titel der hundert Bücher besinnen, die er indessen geschrieben hatte und zu denen Schauerromane zählten wie »Der Kirgisenraub oder die jungen Greise«, »Edwin Pleasure oder die zwölf entzückenden Brautnächte«, »Der einfältige Apotheker oder das Förstergänschen« usw.

»Die falsche Prima-Donna in Krähwinkel, Original-Posse von Adolf Bäuerle« knüpfte an die im Burgtheater von 1802 bis 1852 131mal aufgeführte Krähwinkliade von Kotzebue »Die deutschen Kleinstädter« an und hatte wie diese an allen deutschen Bühnen großen Erfolg – obwohl die Zensur Bäuerles politische Anspielungen und Ausfälle erbarmungslos zusammenstrich.

Er war ein verbitterter Außenseiter, ein Verächter der sogenannten guten Sitten, und man warf ihm vor, mit den Pfunden seines literarischen Talentes übel gewuchert zu haben. Von dem Milieu und den Ansichten dieses Bohemiens höchlichst animiert, beschrieb ein jüngerer Artverwandter, der mephistophelische Zeichner Johann Peter Lyser, einen Besuch bei ihm. Lyser begleitete den großen Mimen Ludwig Devrient, der Jahre zuvor in »Künstlers Erdenwallen«,

WIENER ALLGEMEINE
Theater-
ZEITUNG
Originalblatt
für
Kunst
Literatur
Herausgegeben
von
Adolf Bäuerle.
Sechs und Dreisigster
Jahrgang
1844
Im Bureau
der allgemeinen
Theaterzeitung
Rauhensteingasse
No 926.
Musik
Mode.
UND
geselliges
Leben.
WIEN,
1843.

Vorhergehende Seite:
Die »Wiener Theaterzeitung« erschien von 1806–1859 und spiegelte mit ihren Modekupfern und satirischen Bildern, ihrer »Galerie drolliger bzw. interessanter Szenen«, das Wiener Leben im Vormärz auf einmalig reizvolle Weise. Als die hohen Unkosten der handkolorierten Kupferstichbeilagen die Zeitung unrentabel machten, schlug sich ihr Herausgeber Adolf Bäuerle aus dem liberalen Lager auf die Seite der Ultra-Konservativen, was ihn aller Sympathien beraubte und seinen Ruin besiegelte.

einem Lustspiel von Voß, den verkommenen Skribenten Jeremias Lämmermeier, genannt Strahlenduft, gespielt hatte.

»Mit der Schnelligkeit eines Hamburger Leichenwagens, der eine Senatorsleiche zur Gruft fährt, fuhren wir vom Gensdarmenplatz bis in die Kasernenstraße, was, wie jeder, der damals in Berlin war, weiß, ein tüchtiges Stück Wegs ausmacht. In der Kasernenstraße, jener berüchtigten Tabazin gegenüber, wo damals die ›schöne Lotte‹ florierte, welche durch die Berliner National-Hymne:

Lott' is tot! Lott' is tot!
Jule liegt im Sterben!

verewigt wurde, stand ein schmales, himmelhohes, unsauberes Haus mit unsauberen, knarrenden Stiegen, deren fünf wir erklimmten und endlich schnaufend vor einer niedrigen Tür standen, an die ein vergilbtes Papier aufgeklebt war, worauf zu lesen: ›Julius v. Voß, Dichter.‹

Da weder ein Klingelzug noch ein Klopfer an der Tür zu entdecken war, hieß Devrient mich, nachdem er vergeblich mittels des Drückers zu öffnen gesucht, von meinen Fäusten Gebrauch machen und an die Tür donnern; nach einer guten Weile erscholl drinnen eine heisere Stimme: ›Wer ist da?‹ ›Ick!‹ versetzte Devrient, ›man uffjemacht.‹ Wieder eine Pause – dann ward die Tür geöffnet, und an uns vorbei schoß eine vierschrötige Zimmermagd mit erhitztem Gesichte und sehr drapierter Toilette, vor uns aber stand in einem fettglänzenden Schlafrocke, eine Fellmütze schief auf einem Ohr gerückt, eine lange, schlottrige Gestalt mit einem Gesichte, in welchem Hunger und Kummer, Völlerei und Lustigkeit, Geist und Gemeinheit in wunderlicher Mischung, aber in deutlichen Zügen unvertilgbar eingegraben erschienen.

›Ah! Devrient!‹ rief der Mann, ›was verschafft mir die Ehre und das Vergnügen Eures Besuches; tretet herein, aber nehmt's nicht übel, daß es bei mir etwas lyrisch aussieht, es ist noch nicht aufgeräumt!‹ Damit nötigte er uns in sein Zimmer.

Barmherziger Himmel! wie ward mir, als ich dieses Zimmer betrat; ein mefitischer Dunst qualmte uns entgegen, eine Staubwolke flog vor uns auf bei jedem Schritt, den wir taten, Wände und Decke von unerkennbarer Grundfarbe! ein schmutziges, niedergedrücktes Bett, zwei Stühle, ein Stiefelknecht und ein Tisch – darin bestand das Ameublement; auf dem Tische einige Bücher, ein Tabakskasten nebst Pfeife, Schreibzeug, Papier, Butter, Käse, Brot und eine Rumflasche nebst Bierglas; die Fenster blind, und wo eine Scheibe defekt war, ein Papier darüber geklebt! ...

›Ist es denn wahr, Voß‹, nahm Devrient das Wort, ›ist es denn wahr, daß die Gardeoffiziers Euch geprügelt haben, Eurer ‚Marketenderin' halber?‹

›Haben? – den Teufel ist's! Sie wollten mich prügeln, das

ist wahr! ich gab ihnen aber zu verstehen, daß ich das von meinen ehemaligen Kameraden nicht so hinnehmen würde. – Prügelt mich ein Künstler, ein Schauspieler wegen einer Rezension – à la bonheur! da prügl' ich ihn wieder, und damit ist's ausgeglichen; aber prügelte mich ein Militär, so müßte ich ihn niederschießen oder den Degen durch den Leib rennen, das ist außer Spaß.‹

Die Autoren protestieren gegen den französischen Theaterdichter Eugène Scribe, der mit Stücken aus seiner Lustspielfabrik auch die deutschen Bühnen überschwemmt.

›Ihr könntet aber auch etwas Besseres schreiben als solche Schweinereien!‹ meinte Devrient.

›Freilich könnt' ich's!‹ grinsete Voß, ›aber was hätt' ich davon? verhungern könnt' ich dabei total, und kein Hahn würde darnach krähen – und für wen sollt' ich Besseres schreiben? Auf die Nachwelt wird von mir nichts kommen, und für die Mitwelt ist das, was ich geschrieben habe, mehr als zu gut, und ich versichere Euch, unter hundert meiner Leser wünschen sich neunundneunzig insgeheim und offen noch mehr und ärgere Equirofuen als ich ihnen auftische, und wenigstens bekomme ich für solche Sachen noch ein leidliches Honorar, das ist der Hauptpunkt!‹ Wir fanden, daß es Zeit sei, aufzubrechen, wir gingen. Devrient reichte dem armen Voß die Hand, und ich bemerkte, daß er ihm ein Papier hineindrückte – es mochte wohl ein Fünf- oder Zehntalerschein gewesen sein.«

Rechte Seite:
In Goethes Arbeitszimmer fehlte es an Gardinen, Sesseln und Teppichen, der Dichter wollte sich weder durch Kunstgegenstände noch Bequemlichkeiten ablenken lassen. Den kleinen Arbeitstisch umwandernd, diktierte er seinem Schreiber John. »Was ich guts finde in Überlegungen, Gedanken, ja, sogar Ausdruck, kommt mir meist im Gehen, sitzend bin ich zu nichts aufgelegt.« Das schwerfällig steife Bild von 1831 stammt von Goethes Hausmaler Joseph Schmeller, von dem er auch manchen seiner Besucher zeichnen ließ. Weimar, Landesbibliothek.

Am 22. März 1832 starb Goethe im Alter von 82 Jahren, wenige Wochen nachdem er den zweiten Teil des Faust, sein »Hauptgeschäft« wie es in seinem Tagebuch heißt, unter Dach und Fach gebracht hatte. Als er zur Welt kam, war Ludwig XVI. noch nicht geboren, den die Campagne in Frankreich, an der Goethe als Schlachtenbummler teilnahm, nicht vor der Guillotine hatte retten können, und wenige Jahre nach Goethes Tod bezog Karl Marx, der Urheber des »Kommunistischen Manifestes«, die Universität in Berlin. »Ich habe den großen Vorteil«, sagte er zu Eckermann, »daß ich zu einer Zeit geboren wurde, wo die größten Weltbegebenheiten an die Tagesordnung kamen und sich durch mein langes Leben fortsetzten, so daß ich vom Siebenjährigen Kriege, sodann von der Trennung Amerikas von England, ferner von der Französischen Revolution und endlich von der ganzen napoleonischen Zeit bis zum Untergang des Helden und den folgenden Ereignissen lebendiger Zeuge war. Hierdurch bin ich zu ganz anderen Resultaten und Einsichten gekommen, als allen denen möglich sein wird, die jetzt geboren werden.«

Sein Lebensabend ragt tief in das Biedermeier hinein, geht gemeinsam mit dessen Hauptzeit zu Ende. Das Ereignis seines Todes (Heine: »Les dieux s'en vont!«) markiert sogar, zusammen mit dem schockierenden Geschehen der Julirevolution, der Choleraepidemie und mit dem ersten Schnauben der Dampflokomotive zwischen Liverpool und Manchester, den gravierenden Einschnitt, der die Epoche des Vormärz in ein genügsam stilles Gestern und in ein aufgerührtes Morgen scheidet. Der alternde Goethe, dem Dorothea Schlegel nachsagte, er sei »platt und bierbrudergemein«, dem der grollende Börne (»Wem hätte Goethe nicht weh getan, wer hätte nichts an ihm zu rächen?«) »Hopfen und Petersilie« in die Lorbeerkrone flicht und ihn zelotisch einen »feigen Philister«, einen »Kleinstädter« nennt, ging in seiner häuslichen Ordnung ganz in der Lebenswelt des Biedermeier auf. Heine malte sich damals auf seiner Harzreise aus, »wieviel Erhabenes und Tiefsinniges ich Goethe sagen würde, wenn ich ihn mal sähe. Als ich ihn endlich sah, sagte ich ihm, daß die sächsischen Pflaumen sehr gut schmeckten.«

Spottbild auf Heinrich Laube, dessen Schriften dem 1835 über das »Junge Deutschland« verhängten Bann zum Opfer fielen.

Vier Jahre nach seinem Tode besuchte Heinrich Laube das Goethehaus in Weimar. Er fand die Räume noch unberührt, noch erfüllt von der pedantischen Erscheinung des Greises, doch nicht mehr vom universalen Geist des Klassikers, den kein Rahmen, keine Zeit einengte: »Das Arbeitszimmer ist klein, einfach und schmucklos. Diese größte Einfachheit, der Mangel alles modernen Komforts an Gardinen und an Sofas erinnert an antike Schmucklosigkeit. Man begegnet hier vielen Ausländern, die ihre Namen in das

Gedenkbuch schreiben, so wie man es auf alten Schlössern zu tun pflegt. Die Aussicht des Zimmerchens geht auf das Gärtchen, in dem Goethe so oft umherschritt. Alle Möbel und Geräte liegen noch auf der Stelle, wie er sie an seinem Todestage verlassen hat. Ein großer einfacher Tisch steht in der Mitte. Das kleine Kissen liegt noch darauf, wo er seine Arme auflegte, wenn er diktierte. Im Winkel liegen noch die zerpflückten Läppchen, die er seinem kleinen unruhigen Enkelkinde zur Beschäftigung gab, wenn es darauf drang, bei ihm zu bleiben, und ihn doch nicht stören durfte. Briefe steckten noch reichlich in kleinen Fächern am Fensterwinkel. Man darf ruhig einsehen, was die Leute an ihn geschrieben haben ...

Das kleine Zimmer war übrigens nur den vertrautesten Freunden geöffnet. Fremde wurden vorne in den großen Gemächern empfangen, wonach er sie meistens zu Tische lud. Wenn ihn nicht schönes Wetter zum Spazierenfahren lockte, so war er bis zur späten Tischzeit fast nur in diesem Arbeitskämmerchen. Seine größeren Werke schrieb er gewöhnlich selbst. Er stand dabei an einem kleinen, unscheinbaren Pulte. Er arbeitete gerne partienweise, je nachdem wie er gestimmt war. Bald schrieb er den Mittelteil, dann wieder am ersten Akt. Das darf um so weniger bei ihm verwundern, als der Plan des Ganzen gewöhnlich in seinem Kopfe schon fertig war und nur sorgfältig zu Papier gebracht werden mußte. Diktierte er, so ging er meist umher oder saß mit aufgelegten Armen am Tische. Es ging sehr rasch und dauerte oft viele Stunden lang, so daß der Sekretär ein anstrengendes Geschäft hatte und seiner Versicherung nach oft die Finger nicht mehr fühlte.

Bis zum Mittagessen genoß der alte Herr sehr wenig. Bei diesem aber war er rüstig und tätig, wie es der gesunde Leib eines starken Mannes nur fordern mochte. Dazu trank er seine volle Flasche Würzburger und wohl noch eine halbe Flasche Champagner oder anderen Wein. Er unterhielt sich gerne heiter dabei.

Diese Tagesordnung wurde nur geändert, wenn er sehr lebhaft über einem Werk arbeitete. Dann ließ er sich nur etwas Essen in sein Zimmer servieren. Er blieb den ganzen Tag im Kämmerchen und kam nur am Abend zu seiner Familie hinüber. Gewöhnlich ging er um elf Uhr schlafen

Jean Paul (Friedrich Richter), der 1825 in Bayreuth die bereits erblindeten Augen schloß, wies der Poesie den Weg zum Biedermeier durch seine Schatzgräberei im Unscheinbaren und Begrenzten. Sein Schwiegersohn Ernst Förster zeichnete ihn schreibend und sinnierend in der Gartenlaube.

und stand etwa um sechs Uhr wieder auf. In der schönen Jahreszeit besuchte er oft sein Gartenhaus im Park, begleitet vom Sekretär und seinem Kammerherrn. Früher hatte Goethe hier manche heitere Stunde genossen und das Weib umarmt, das er später zur Frau Geheimrat erhob ... Daß die Frau Geheimrätin, die Goethe immer den ›Herr Geheimderat‹ zu nennen pflegte, keinen besonders schriftstellerischen Geist besessen, hat den Leuten viel zu schaffen gemacht. Man vergißt, daß eine Dame liebenswürdig und reizend sein kann ohne das Zeug der landläufigen Bildung.«

Die Beobachtung, daß eine Epoche die ihr adäquate Literatur in der Regel erst hervorbringt, wenn sie schon der Vergangenheit angehört, bestätigt das Biedermeier auf geradezu exemplarische Weise. Es gibt in der ersten Hälfte des Vormärz keine Schöpfung von literarischem Rang, welche die Stil- und Milieuvorstellung, die sich unmittelbar mit dem Begriff Biedermeier verbindet, befriedigen könnte – es sei denn, daß man auf Geistesverwandtes bei Jean Paul (»Alles, was ich schreiben wollte«, klagte Stifter, »hatte er schon geschrieben!«) oder etwa auf Schillers »Glocke«, das Hohelied von Handwerkerfleiß und Familiensinn, zurückgreift.

Adalbert Stifter, der das Biedermeier dichterisch sicher am reinsten repräsentiert, wurde erst 1840 durch einen Zufall für die Literatur entdeckt: bei einem Besuch im Hause der

Das Eindringen in das Nahe und Alltägliche war auch dem Maler Adalbert Stifter ein Bedürfnis. Auf dem 1839 entstandenen Ölbild »Blick in die Beatrixgasse« ist das Haus dargestellt (zweites von links), in dem der Dichter nach seiner Vermählung mit Amalia Mohaupt lebte. Wohnung und Aussicht hat er zwei Jahre später in den »Feldblumen« geschildert. Wien, Stiftermuseum.

Adalbert Stifter
(1805–1868)
entspricht am reinsten der sanften Natur der Vorstellungen, die sich mit dem Begriff Biedermeier verbinden. Seine beschauliche, in der Landschaft des Böhmerwalds beheimatete Prosa reflektiert nicht die drängenden und zerstörenden Kräfte der Zeit und auch nicht das eigene Lebensleid, das ihn am Ende, hoffnungslos erkrankt, zum Selbstmord treibt.

Baronin Mink zog ihm die Tochter aus Schabernack das Manuskript seiner Erzählung »Der Condor« aus der Rocktasche; die Gastgeberin schickte es daraufhin an die »Wiener Zeitschrift für Kunst, Literatur, Theater und Mode«, wo es alsbald abgedruckt wurde – die Tür zum Ruhm stand offen. Joseph von Eichendorff charakterisierte Stifters Prosa als einen der romantischen Schule entwachsenen Realismus, der »das mittelalterliche Rüstzeug abgelegt, die katholisierende Spielerei und mystische Überschwenglichkeit vergessen und aus den Trümmern jener Schule nur die religiöse Weltansicht, die geistige Auffassung der Liebe und das innige Verständnis der Natur sich glücklich herübergerettet hat«.

Der Verfasser des »Hagestolz« (1845), der »Bunten Steine« (1853) und des »Nachsommer« (1857), ein in liebevoller Naturbeobachtung aufgehender Maler von Mondnächten, Waldesschluchten und Bergseen, bemühte sich um »Ehrerbietung vor der Wirklichkeit« des Kleinen und Unscheinbaren: »Das Wehen der Luft, das Rieseln des Wassers, das Wachsen der Getreide, das Wogen des Meeres, das Grünen der Erde, das Glänzen des Himmels, das Schimmern der Gestirne halte ich für groß; das prächtig einherziehende Gewitter, den Blitz, welcher Häuser spaltet, den Sturm, der die Brandung treibt, den feuerspeienden Berg, das Erdbeben, welches Länder verschüttet, halte ich nicht für größer als obige Erscheinungen, ja ich halte sie für kleiner, weil sie nur Wirkungen viel höherer Gesetze sind.«

Der Poet des »sanften Gesetzes«, der eines Tages, unheilbar an Krebs erkrankt, Selbstmord beging, scheute die Darstellung von Schicksalen und Konflikten; ebenso lehnte er »Revolutionspoesie, Tendenzroman und Parteidichtung« ab, eine Haltung, für die er 1853 mit dem Posten eines k. u. k. Schulrats belohnt wurde. Seine Maxime »Leidenschaft ist immer unsittlich« brachte den Dramatiker Friedrich Hebbel, den Dichter der »Judith«, so gegen ihn auf, daß er sich öffentlich erbot, demjenigen die Krone Polens aufzusetzen, der imstande sei, Stifters »Nachsommer« zu Ende zu lesen. Nietzsche hingegen zählt gerade dieses Werk zusammen mit Goethes Schriften, Lichtenbergs Aphorismen, dem ersten Buch von Jung-Stillings Autobiographie und Kellers »Leuten von Seldwyla« zum bleibenden Bestand der deutschen Prosaliteratur.

Ein Hauch von Stifterschem und zugleich biedermeierlichem Nachsommer durchweht die zur selben Zeit erschienenen Erzählungen und Romane der nachfolgenden Generation, von Theodor Storms »Immensee« bis zu Wilhelm Raabes »Chronik der Sperlingsgasse«. Aber auch bei den literarischen Nachbarn, bei Paul Heyse, Gottfried Keller und Conrad Ferdinand Meyer, wirkt und schwingt das bereits altväterische Lebensbild der Kindheits- und Jugendjahre fort, ganz zu schweigen von der an Reminiszenzen reichen Epik eines Gustav Freytag oder Theodor Fontane.

Wesentlich unverhüllter, bar auch jeder dichterischen Ab-

Julius Hübner (1806–1882)
Des Künstlers Tochter Emma
Ölgemälde
Schweinfurt, Sammlung Georg Schäfer

sicht kommt das Bedürfnis nach Retrospektive in den sehr zahlreichen Selbstzeugnissen zum Ausdruck. Berufene und Unberufene erfüllte ein enormer Mitteilungsdrang. All diese Chronisten, die in Briefen, Tagebüchern und Lebenserinnerungen die Epoche des Vormärz fixiert und ausgelotet haben, waren ganz offensichtlich davon überzeugt, eine denkwürdige Zeit zu durchleben oder hinter sich gebracht zu haben. Meist verbindet sich mit den Berichterstattern die Autorität gesetzter Jahre und der ruhige Aussichtspunkt, den ein hoher, ehrenvoller Platz im öffentlichen Leben gewährt. Zur Prominenz dieser selbstgefälligen alten Herren, die in dem Gefühl, es zu etwas gebracht zu haben, mit langatmiger Jovialität bis auf den Grund der Plaudertasche langen, zählen unter anderen der Mediziner Adolf Kußmaul, der Volkskundler Wilhelm Heinrich von Riehl, der Diplomat und Ägyptologe Heinrich Brugsch-Pascha, der Ausgräber von Troja Heinrich Schliemann. Allen gemeinsam ist der von Anton Springer, dem Begründer der kunsthistorischen Tatsachenforschung, geäußerte Wunsch: »Möchte die Nachwelt, wenn sie dieses Leben an sich vorbeiziehen läßt, von mir sagen: ›Er hat nicht umsonst gelebt!‹«

Die verbreitete Neigung, die eigene Vergangenheit stets als besonnte zu betrachten, wie auch der so deutsche Hang, für unbequeme oder längst aus dem Gesichtskreis geratene Vorgänge eine simplifizierende Formel zu suchen, schmälert zwar den dokumentarischen Wert dieser Memoirenwerke, als Zeugnisse der bürgerlichen Emanzipation, als Äußerungen eines fundierten Selbstbewußtseins, sind sie jedoch recht aufschlußreich.

Das gleiche soziologische Phänomen wirkt sich im poetischen Fleiß und Tatendrang ungezählter Dilettanten aus, die, unbeschwert von jedem literarischen Gewissen, den Gänsekiel ins Tintenfaß tunkten, um Erinnerungsbücher, Denkmäler der Freundschaft und Poesiealben mit hausgemachten Versen zu füllen. Man muß wohl die Produktion dieser Sonntagsdichter als Ersatz für die nicht in die Breite dringende Esoterik und Exzentrik der romantischen Literatur ansehen. Die Surrogate, die das eigenschöpferische Vakuum des Biedermeier ausfüllen, zählt Karl Gutzkow auf: »Es herrschten die Almanache mit ihren goldrändigen Entsagungsnovellen, die Stunden der Andacht mit ihrem in Zucker kandierten, nachsichtigen Christentume, die Tränenfisteln der schriftstellernden Damenwelt, der Pedantismus der Schulen, die sterile Arroganz der Katheder, die Prüderie der Strickstrumpftugenden und die Geistreichigkeit der Teetische.«

Ebenbürtig dem geschriebenen Wort, das im übrigen der Zensur unterlag und dem Austausch von Meinungen recht enge Grenzen setzte, war das Gespräch im Kreise von Freunden und Gleichgesinnten. Man kam an bestimmten Tagen im Nebenzimmer einer Gaststätte zusammen. Der »Berliner Sonntagsverein«, eine Gründung Saphirs, um unbe-

Friedrich Hebbel (1813–1863), der allein in tragischen Dimensionen denkende Dichter der »Judith«, trat dem »überschätzten Diminuitivtalent« Stifter, der Leidenschaft für unsittlich hielt, als völlig antipodische Gestalt entgegen.

Musischer Treffpunkt der Gebildeten war der Salon, wo man musikalischen und literarischen Vorträgen lauschte und unter Gleichgesinnten die letzten Neuigkeiten austauschte. Der Berliner Maler Julius Schoppe hielt 1826 eine solche Abendgesellschaft in einem Bürgerhause am Dönhoffplatz fest. Berlin, Märkisches Museum.

kannte Autoren, die noch keine Honoraransprüche stellten, für die »Schnellpost« zu kapern, veredelte sich unter dem Namen »Der Tunnel über der Spree« zu einem literarischen Tabakskollegium, dem Mitglieder wie Fontane, Heyse, Geibel, Storm, Strachwitz, Hosemann und Menzel eine sogar mehr als lokale Berühmtheit verschafften. Als Heyse und Geibel nach München gingen, zögerten sie nicht, gleich etwas Ähnliches ins Leben zu rufen, das »Krokodil«. Zur gleichen Zeit gab sich die Wiener Intelligenz in der Ludlamshöhle ein ständiges Stelldichein, nach Grillparzers Worten »alle besseren Maler, Musiker und Literatoren«.

In seinen »Erinnerungsblättern aus der Biedermeierzeit« schildert der Romanschriftsteller Alexander von Sternberg die für das geistige Leben Berlins so ausschlaggebende Institution der Salons, die ihre lange behauptete Rolle als Treffpunkt interessanter und geistreicher Leute allerdings schon in den dreißiger Jahren – man sagt der Mode gewordenen Kaffeehäuser wegen – ausgespielt hatten:

»Der Krieg war beendet, die materiellen Kräfte ruhten aus, und die geistigen Interessen nahmen an ihrer Stelle

Platz. Eine große Menge Unterhaltungsstoffe schwammen gleichsam in der Luft, und man durfte sie nur einatmen. Die neue Philosophie, die neue Literatur, die neue Kunst – alles drängte gewaltsam heran, um besprochen zu werden und zur Geltung zu gelangen. Nach Berlin strömte alles hin. Die Dichter, die Künstler, die Komponisten waren auf einer ewigen Wanderschaft begriffen. Das kleine Jena konnte den brausenden Lärm, den die Naturphilosophie und die romantische Schule dort erregten, nicht fassen, es gab seinen Überfluß nach Berlin ab: Schelling, die beiden Schlegel, Tieck kamen entweder in Person oder in ihren Werken nach Berlin und wählten dieses zu ihrem geistigen Kampfplatz. Von Thorwaldsens neuaufstrebendem Ruhme vernahm man von Rom die neuesten Nachrichten, Overbecks und Veits altchristliche Kunst und fromme Richtung kam vom Rhein aus durch die Gebrüder Boisserée frühzeitig nach Berlin. Männer wie Humboldt, Steffens, Raumer waren und wirkten in und für Berlin. Welch ein Stoff also für Besprechungen! Eine geistreiche Jüdin ergriff zuerst die Fahne und ging voran.«

Bei Rahel Varnhagen (1771–1833), der bedeutendsten Repräsentantin des geistigen Berlins, trafen sich Gelehrte, Literaten und Künstler. Von ihrer sympathischen Bescheidenheit, ihren urwüchsigen Ansichten und sehr vielseitigen Interessen zeugen ihre zahlreichen Briefe, die wichtige Zeitdokumente darstellen.

Die erstaunliche Anziehungskraft der Rahel Varnhagen, die sie viele Jahre hindurch zur Mittelfigur einer illustren Gesellschaft werden ließ, lag ganz gewiß nicht in ihrem Äußeren. »Rahel ist klein, ziemlich stark, von Taille keine Spur«, sagt die Schauspielerin Karoline Bauer. »Ein graues Kleid hing wie ein Sack um ihre Gestalt, nur von einer Gürtelschnur lose gehalten, deren Enden nachschleiften. Die dunkelbraunen Haare schienen nur so in aller Eile hinaufgewirbelt zu sein, von einem Kamm gehalten, der immer herabzustürzen drohte.«

Ihren Mann, den preußischen Diplomaten Karl August Varnhagen von Ense, dessen zahlreiche Tagebücher eine unerschöpfliche Quelle für die Zeitgeschichte bilden, bezeichnet die Bauer als eine »Klatschbase prima Sorte«. Sternberg nennt ihn mit mehr versteckter Bosheit »ein Kleinod der gesprochenen Memoiren« und rühmt an ihm die Gabe, »mit guter Laune Dinge zu erzählen, die andern die gute Laune verdorben haben«. Das gemeinsame Erscheinen des kontaktfreudigen Ehepaars, wie es in den Jugenderinnerungen Therese Devrients beschrieben wird, gleicht einem wohleinstudierten, sauber ausgefeilten Bühnenauftritt:

»An Rahel liebte ich den tiefen, ausdrucksvollen Blick ihrer Augen und den wohltuenden Ton ihrer Stimme. Die Wirtschaft aber, die ihr Mann mit ihr machte, widerte mich an. Oft wenn wir im großen Gartensaal bei Mendelssohns munter plaudernd mit der Arbeit saßen, meldete der Diener Herrn und Frau von Varnhagen; dann tat sich die Tür auf, und Herr von Varnhagen trat groß und vornehm herein, die kleine, breite, mühsam gehende Frau feierlich am Arm führend. Zwischen den Fingerspitzen trug er zierlich ein buntgesticktes Kissen. Der Diener mit zwei anderen lief voraus und schob einen Lehnstuhl zurecht. Herr von Varnhagen ließ seine Gattin, die auf dem Wege dahin freundlich grüßte, in den Sessel nieder, nahm dem Diener die Kissen ab, schob eines unter ihre Füße und legte das andere hinter ihren Rücken. Ein liebevoller Blick von ihr lohnte seine Bemühung. Dann trat der verehrerische Gatte hinter ihren Stuhl und zog leise sein Taschenbuch hervor, um jede ihrer Reden gleich niederzuschreiben. Als das Gespräch mit anderen ihn einmal von der Stelle fortgelockt hatte und er in ihrer Nähe sprechen und lachen hörte, stürmte er eiligst herzu mit dem Rufe: ›Was hat sie gesagt? – was hat Rahel gesagt?‹«

In der Tat verdienten die Aperçus der quecksilbrigen Rahel festgehalten zu werden – ihre Briefe an Gentz, Marwitz, Brentano, von denen an Varnhagen ganz zu schweigen, enthalten bei aller Natürlichkeit des Gefühls eine Fülle origineller und pointierter Bemerkungen. Wenn sie einmal formulierte »Keiner hämmerte früher an seiner Bildung und sah alle Viertelstunde im Spiegel, wie weit sie gediehen sei«, so legte sie eine Tatsache bloß, die zu den verblüffendsten Aspekten der bürgerlichen Emanzipation gehört.

Ein handschriftliches Souvenir von Gottfried Keller, der 1840 als junger Mann nach München kam, um Maler zu werden, und nach drei Hunger- und Luderjahren nach Zürich heimkehrte, wo er sich über seine Berufung zum Dichter klar wurde und aus der Rückschau seinen autobiographischen Roman »Der grüne Heinrich« zu entwerfen begann.

Denn ein Galanthomme, wie das Biedermeier seine Salonlöwen nannte, war noch längst nicht »salonfähig«, nur weil er schicklich beim Schneuzen das Trompeten unterließ und es auch anderweitig im Sinne Knigges nicht an Artigkeit und Rücksichtnahme fehlen ließ. Er mußte, um sich auf dem Parkett behaupten zu können, nach den Worten von Joseph Meyer, dem verdienstvollen Schöpfer des Konversationslexikons, »mit allen Haupterscheinungen der Philosophie, Theologie und Literatur, den riesenhaften Fortschritten in der Industrie, mit den Entdeckungen in der Natur und Völkerkunde, der Politik, dem großen Schatz der Geschichte und noch hundert anderen Dingen wohl bekannt sein oder doch im Stande sein, sich das Wissenswerteste in jedem Augenblick zu vergegenwärtigen ...«

Der Besitz einer enzyklopädischen Gelehrtheit, zu der man mit Hilfe der 50bändigen Ausgabe des Meyer oder des 1838 bereits in 180 000 Exemplaren verbreiteten Brockhaus gelangen konnte, bewahrte nicht nur davor, mit dem beleidigenden Schimpfwort »Ungebildeter Mensch« bedacht zu werden, man erlangte auch, wie Theodor Fontane von seinem Vater, dem Apotheker Fontane, erzählt, durch die ständige Anwendung dieses Wissens am kleinstädtischen Stammtisch ein überragendes gesellschaftliches Ansehen.

Der die Romantik auszeichnende Zug zum Hegen und Bewahren, das Sammeln von Märchen bei Jakob und Wilhelm Grimm, von Volksliedern bei Brentano und Tieck, von Gemälden alter Meister bei den Brüdern Boisserée hat in der Idee des Konversationslexikons, dem Horten des Wissens der Welt, seine biedermeierliche Version gefunden. An die Stelle der Dichter traten die Gelehrten, die Professoren.

Literarische Bürgerschrecks waren die »Sieben Weisen« aus dem Hippelschen Weinkeller in der Berliner Dorotheenstraße. Zu diesen philosophischen Exzentrikern aus der Schule Hegels gehörten Arnold Ruge und Bruno und Edgar Bauer, die sich beim Pokulieren und Debattieren im November 1842 in die Haare gerieten. Der Zigarrenraucher ist der Edelanarchist Max Stirner, dessen Schrift »Der Einzige und sein Eigentum« rechtschaffenen Bürgern Schauer über den Rücken jagte. Anonyme Karikatur.

Mit Alexander von Humboldt (1769–1859), dem letzten großen Universalgelehrten, ging die Geniezeit goethischer Prägung zu Ende. Der weitgereiste und weltbekannte Naturforscher verschaffte der deutschen Wissenschaft hohes Ansehen.

Wissenschaftliche Vereine wie die Gesellschaft für deutsche Sprache, die für wissenschaftliche Kritik, die Humanitäts-Gesellschaft, die medizinisch-chirurgische Gesellschaft und viele andere drängten die schöngeistigen Zirkel in den Hintergrund. Unter diesen Professoren lehrten und wirkten ins Große und Außerordentliche greifende Geister, die die »Herbergen der Romantik«, wie man die Universitäten noch lange nannte, mit neuen und kühnen Realitäten erfüllten: die Philosophen Fichte, Hegel und Schelling, die Sprachforscher Bopp und Lachmann, die Historiker Raumer und Ranke, die Geographen Ritter und Alexander von Humboldt, die Naturwissenschaftler Bunsen und Liebig, nicht zuletzt die politischen Kämpfer Luden, Oken, Arndt, Rotteck, Welcker.

Die glänzende Erscheinung Alexander von Humboldts, die des letzten großen Universalgelehrten, überstrahlt weit das 19. Jahrhundert. Als Begründer der Landschaftskunde, der Klimatologie und Pflanzengeographie suchte er die Natur als Ganzes zu erfassen und zu diesem Zweck die verschiedensten wissenschaftlichen Fachgebiete zu koordinieren. Der Erforscher des Orinoko und des Ural besaß die für einen deutschen Professor seltene Souveränität des Weltmannes, die uneingeschränkte Gunst Friedrich Wilhelms IV. und war eine Zierde der Berliner Salons, wo er, emphatisch umringt, in einem fort sprach, »so daß«, wie Börne monierte, »schicklicherweise ein anderer gar nichts reden konnte«. An seinen Vorlesungen von 1827 bis 1828, die vor allem von seiten der Damen starken Zulauf hatten, nahm auch Fanny Mendelssohn, die Schwester Felix Mendelssohn-Bartholdys, teil. »Wären Sie hier«, schrieb sie an den Theaterdirektor Klingemann in Braunschweig, »so würden Sie Ihren Witz an der diesjährigen Gelehrsamkeit des gebildeten Publikums üben. Daß Alexander von Humboldt ein Kollegium an der Universität liest (physikalische Geographie), ist Ihnen vielleicht bekannt, wissen Sie aber auch, daß er auf Höchstes Begehren einen zweiten Kursus im Saal der Singakademie begonnen hat, an dem alles teilnimmt, was nur einigermaßen auf Bildung und Mode Anspruch macht, vom König und ganzen Hof, durch alle Minister, Generale, Offiziere, Künstler, Gelehrte, Schriftsteller, schöne und häßliche Geister, Streber, Studenten und Damen bis zu dero unwürdigen Korrespondentin herab? Das Gedränge ist fürchterlich, das Publikum imposant und das Kollegium unendlich interessant. Die Herren mögen spotten, soviel sie wollen, es ist herrlich, daß in unseren Tagen uns die Mittel geboten werden, auch einmal ein gescheites Wort zu hören, wir genießen dies Glück und müssen uns über das Spötteln zu trösten suchen.«

Der Spötter war Moritz Gottlieb Saphir, der in seiner »Schnellpost« höhnte: »Der Saal faßte nicht die Zuhörer, und die Zuhörerinnen faßten nicht den Vortrag.«

Während mit Humboldt, dem seigneuralen Spätling der

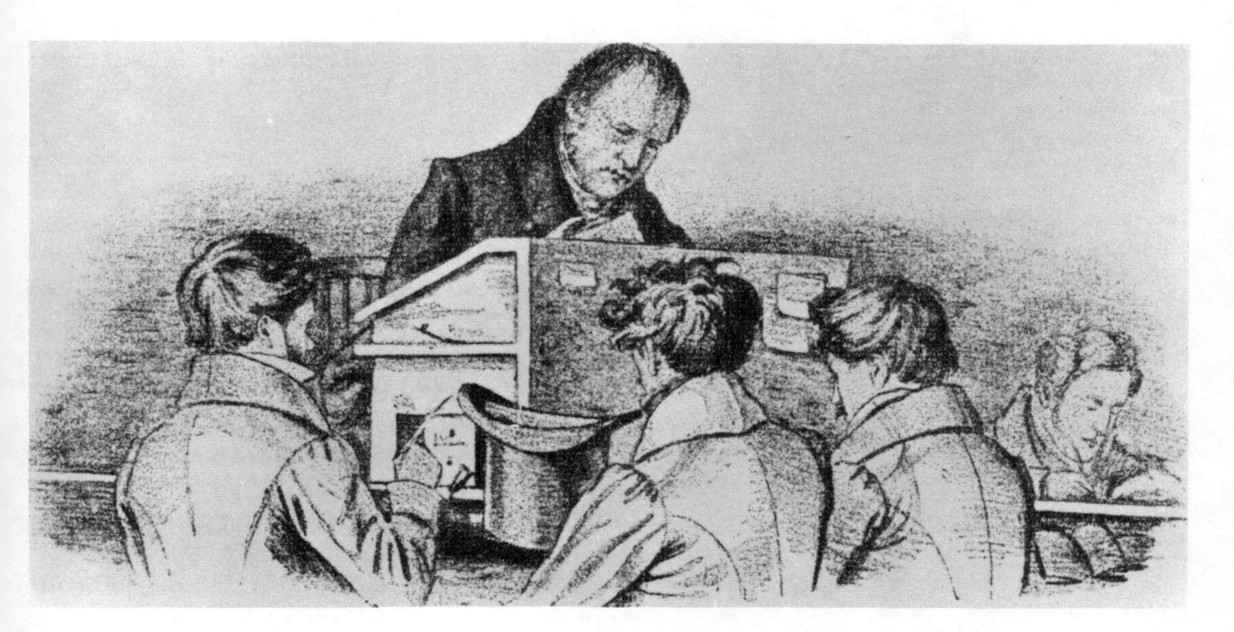

Von Georg Wilh. Friedr. Hegel (1770–1831), dem Schöpfer des umfassendsten philosophischen Systems nach Kant, gingen nachhaltige Wirkungen aus. Er wurde als Nachfolger J. G. Fichtes (unten) 1818 nach Berlin berufen. Die Lithographie von Franz Kugler zeigt Hegel in seinem Kolleg.

Geniezeit, als er 1859 neunzigjährig starb, eine noch vom Goethischen Universalgeist geprägte Welt dahinging, entwickelte sein Generationsgefährte Hegel, den 1831 die Cholera dahinraffte, ein philosophisches System von ungeahnt brisanter Wirkung auf die Nachwelt.

Als der Schwabe Georg Friedrich Wilhelm Hegel die Nachfolge Fichtes an der Berliner Universität angetreten hatte, stand er in dem Ruf eines Restaurationsphilosophen, denn seine These »Alles Wirkliche ist vernünftig« bejaht auch den Staat als das an und für sich Vernünftige. Die Spekulation erhielt aber Spielraum, denn »Die Vernunft ist nicht so machtlos, daß sie unfähig sein sollte, mehr als ein bloßes Ideal oder eine bloße Absicht hervorzubringen, und ihren Platz außerhalb der Wirklichkeit, niemand weiß wo, hätte als etwas Abgesondertes und Abstraktes im Kopfe gewisser menschlicher Wesen. Sie ist der allgemeine Inbegriff aller Dinge, ihr ganzes Wesen und ihre Wahrheit.«

In der doppelbödigen Gedankenwelt des preußischen Staatsphilosophen Hegel begann die Generation der späteren Revolutionäre eine Rechtfertigung ihrer umstürzlerischen Ziele zu finden. Heine feierte ihn als den größten Philosophen Deutschlands, nicht zuletzt, weil ihn an Hegel auch der Weise faszinierte (»Wenn die Philosophie ihr Grau in Grau malt, dann ist eine Gestalt des Lebens alt geworden, und mit Grau in Grau läßt sie sich nicht verjüngen, sondern nur erkennen; die Eule der Minerva beginnt erst mit der einbrechenden Dämmerung ihren Flug.«). Dagegen bedauerte ein anderer Vertreter des »Jungen Deutschland«, Heinrich Laube, »viele Resultate seines Systems hätten sich anders gewendet an den Punkten, wo die Theorie in die praktischen Formen mündet, wenn er ein unbefangener fränkischer Lehrer, oder gar ein schwäbischer Magister geblieben wäre, ein unbefangener Mann, der nach keinem Gefallen fragt«. Es erschien Laube recht fatal, daß das aner-

Karl Gutzkow (1811–1878), den hier beim Besuch einer Kunstausstellung in Weimar eine zeitgenössische Karikatur aufs Korn nimmt, löste durch seinen als Gotteslästerung angeprangerten Roman »Wally, die Zweiflerin« das Verbot der Schriften des liberalen »Jungen Deutschlands« aus, dessen Haupt er war.

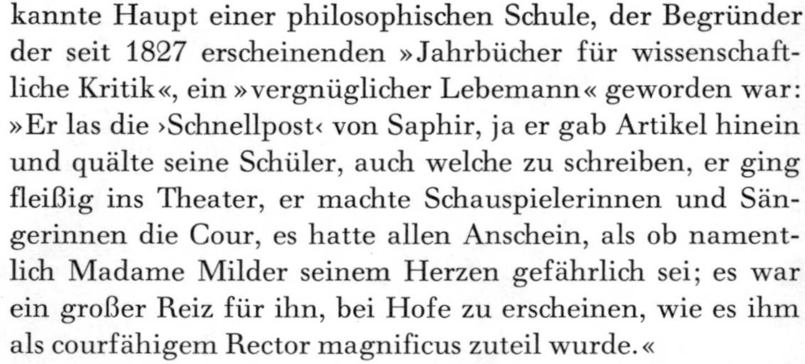

kannte Haupt einer philosophischen Schule, der Begründer der seit 1827 erscheinenden »Jahrbücher für wissenschaftliche Kritik«, ein »vergnüglicher Lebemann« geworden war: »Er las die ›Schnellpost‹ von Saphir, ja er gab Artikel hinein und quälte seine Schüler, auch welche zu schreiben, er ging fleißig ins Theater, er machte Schauspielerinnen und Sängerinnen die Cour, es hatte allen Anschein, als ob namentlich Madame Milder seinem Herzen gefährlich sei; es war ein großer Reiz für ihn, bei Hofe zu erscheinen, wie es ihm als courfähigem Rector magnificus zuteil wurde.«

Unter der Protektion des Ministers Altenstein genoß Hegels Schule, die vor allem in der weit über ihren Meister hinausgehenden Religionskritik die gläubigen Kreise brüskierte, noch eine gewisse offizielle Duldung. Friedrich Wilhelm IV. sprach bereits von der »Drachensaat des Hegelschen Pantheismus«, aus der »alles Unheil in Staat und Kirche« entsprießen würde, und verbot 1843 die »Rheinische Zeitung«, deren Chefredakteur Karl Marx hieß.

Wenige Jahre bevor die aus Hegels Schule hervorgegangenen Theoretiker des wissenschaftlichen Sozialismus, Marx und Lassalle, mit radikalen Forderungen auf den Plan traten, bereitete eine Gruppe von Literaten Ärgernis, die sich von der national-romantischen Devise »Freiheit, Ehre, Vaterland« zu der Parole der Französischen Revolution »Freiheit, Gleichheit, Brüderlichkeit« hingewendet hatte. Es handelte sich um Journalisten und Berufsschriftsteller, die nicht nach der Art von Spitzwegs »Armem Poeten« in vergammelten Dachkammern hausten, sondern in den Redaktionsräumen der Zeitungen und Verlage einem harten Tagewerk nachgingen. Der Schauplatz ihres Schaffens hatte sich von Residenz- oder Universitätsstädten wie Jena, Halle, Weimar, Heidelberg in die Großstädte verlagert, nach Frankfurt, Leipzig, Stuttgart, München, Hamburg oder Berlin, die auch Zentren des Buchhandels geworden waren.

Über den Zeitgeist, dem diese literarischen Neutöner huldigten, liest man in einer Briefnotiz von Theodor Mundt: »Dieser Geist zuckt, dröhnt, zieht, wirbelt, hambachert in mir, er pfeift in mir, hell wie eine Wachtel, spielt die Kriegstrompete auf mir, singt die Marseillaise in all meinen Eingeweiden und donnert mir in Lunge und Leber mit der Pauke des Aufruhrs herum.«

Solche und andere Sentenzen, die der Zensur selbstverständlich nicht verborgen blieben, veranlaßten den deutschen Bundestag, einen Beschluß gegen »Das junge Deutschland« oder »Die junge Literatur« zu fassen, »deren Bemühungen unverhohlen dahin gehen, in belletristischen, für alle Klassen von Lesern zugänglichen Schriften die christliche Religion auf die frechste Weise anzugreifen, die bestehenden sozialen Verhältnisse herabzuwürdigen und alle Zucht und Sittlichkeit zu zerstören ...« Sämtliche deutschen Regierungen wurden angehalten, »gegen die Verfasser,

FKrüger f. 36

Franz Krüger (1797–1857)
Ausritt des Prinzen Wilhelm mit dem Maler
Ölgemälde
Berlin, Staatliche Museen der Stiftung Preußischer Kulturbesitz,
Nationalgalerie

Verleger, Drucker und Verbreiter der Schriften aus der unter der Bezeichnung ›Das junge Deutschland‹ oder ›Die junge Literatur‹ bekannten literarischen Schule, zu welcher namentlich Heinrich Heine, Karl Gutzkow, Heinrich Laube, Ludolf Wienbarg und Theodor Mundt gehören, die Straf- und Polizeigesetze ihres Landes, sowie die gegen den Mißbrauch der Presse bestehenden Vorschriften nach ihrer vollen Strenge in Anwendung zu bringen, auch die Verbreitung dieser Schriften, sei es durch den Buchhandel, durch Leihbibliotheken, oder auf sonstige Weise, mit allen ihnen gesetzlich zu Gebote stehenden Mitteln zu verhindern.« Auch der Buchhandel sollte in angemessener Weise unter Druck gesetzt werden, wobei an die Regierung der freien Stadt Hamburg die Aufforderung erging, »in dieser Beziehung insbesondere der Hoffmann- und Campeschen Buchhandlung in Hamburg, welche vorzugsweise Schriften obiger Art in Verlag und Vertrieb hat, die geeignete Verwarnung zugehen zu lassen«.

Die Behörden gossen nur Öl ins Feuer. Aus den Unterdrückten waren Verfemte, Verfolgte und Ausgestoßene geworden, die aus ihrer Verbitterung die Kraft schöpften, noch

Auf die schwarze Liste setzte der deutsche Bundestag 1835 die Bücher von Gutzkow, Heine, Laube, Wienbarg und Mundt. Die rigorose Verfolgung der auf die Revolutionsparole »Freiheit, Gleichheit, Brüderlichkeit« eingeschworenen »Jungdeutschen« veranlaßte den Maler und Schriftsteller Johann Peter Lyser, den »Kampf der Politik gegen die deutsche Belletristik« satirisch bloßzustellen. Die entscheidenden Akteure waren der mephistophelische Metternich und der heimtückisch-konformistische Literaturkritiker Wolfgang Menzel, der durch Verleumdung Gutzkows zu diesem Verbot den Anstoß gegeben hatte.

schärfere, noch provozierendere Töne anzuschlagen. Einer der Jüngsten aus den Reihen des »Jungen Deutschland«, der Stuttgarter Georg Herwegh, der in ironischer Antithese zu Pücklers »Briefen eines Verstorbenen« die »Gedichte eines Lebendigen« veröffentlichte, suchte in einem emphatischen Manifest die Liebe der Nation »von dem toten, marmornen Ruhm« eines Schiller und Goethe, Herder und Lessing, Tieck und Novalis fortzulenken, um sie ganz für die »Samenkörner der Zukunft«, für die »poetischen Sprößlinge« der »durch und durch von ihrem Ursprunge an demokratischen« jungen Literatur zu entfachen: »Sie braucht zu ihren Tragödien und Novellen nicht mehr jenen fürstlichen Apparat, der selbst Shakespeare zu großartigen Effekten noch zuläßlich dünkte. Für sie ist in jedem Zimmer ein Roman, für sie rauscht in jedem Herzen die Melodie des Schicksals. Während der Dichter in früheren Zeiten sich zurückzog aus dem Gewühle der Welt, stürzt die junge Literatur sich mitten in den Strom des Lebens und schöpft aus ihm die meisten Wellen. Der Dichter vereinsamt sich nicht mehr, er sagt sich von keiner gesellschaftlichen Beziehung mehr los, kein Interesse des Volkes und der Menschheit bleibt seinem Herzen fremd; er ist nicht nur *demokratischer*, er ist auch *universeller* geworden. Es fällt heutzutage manches in den Bereich poetischer Gestaltung, woran vor einem Jahrzehend noch keine Seele gedacht. Mag auch der Tendenz seither oft die Schönheit geopfert worden sein, es ist ein Fehler, der sich leicht gutmachen läßt ... Unsere neue Literatur ist eine Tochter der Kritik, unsere besten Schriftsteller haben in den Journalen ihre Studien vor dem Publikum gemacht ... Wir sind auf einer Höhe philosophischer Betrachtung angelangt, wie sie kaum Lessing geahnt haben mag ...

Die Julirevolution erweckte in Deutschland zwei Genien, deren Einfluß auf die Jugend seinesgleichen sucht, die nicht nur die Schöpfer neuer Ideen, sondern auch die Schöpfer einer *ganz neuen Sprache* geworden sind. Ich meine Heinrich Heine und Ludwig Börne. Es herrscht bloß der Unterschied zwischen beiden, daß es Börne zeit seines Lebens mit jeder Silbe Ernst, fürchterlicher Ernst gewesen, bei Heine dagegen alles Spiel, wenn auch genialisches Spiel, ist.«

Die tragische Gegnerschaft dieser so artverwandten, einander so ebenbürtigen Vorbilder teilte auch die Jungdeutschen in zwei feindliche Lager. Börne und Heine waren politische Schriftsteller, beide Agitatoren der Freiheit, beide frankophil. Eine Bemerkung Heines, auch die Freiheit müsse ihre Jesuiten haben, riß Börne zu der Behauptung hin: »Heine würde die Freiheit anbeten, wenn sie in voller Blüte stände, da sie aber wegen des rauhen Wetters mit Mist bedeckt ist, erkennt er sie nicht und verachtet sie!«

Unversöhnlich entzweit, ließen sie keine Gelegenheit aus, einander zu schmähen und herabzusetzen.

Heine: »Wir stehen sehr schlecht; er hatte einige jakobi-

Ludwig Börne (1786–1837), ein Journalist von rücksichtslosem Engagement im Kampf für die bürgerliche und humane Freiheit, übte – vor allem durch seine »Briefe aus Paris« – eine beispielgebende und anfeuernde Wirkung aus. Seine Fehde mit Heine, dem Geistesgefährten par excellence, kennzeichnet die mannigfaltigen Spannungen im Lager der Liberalen, die ihren Zusammenhalt und ihre Tatkraft schwächten.

Rechte Seite unten: Die Hoffmann und Campesche Buchhandlung in Hamburg zog das obrigkeitliche Mißtrauen auf sich, denn sie nahm mißliebige Autoren in ihre verlegerische Obhut und reizte die Neugier des hellhörigen Publikums durch herausfordernden Wagemut. Federlithographie von Johann Peter Lyser.

nische Ränke gegen mich losgelassen, die mir sehr mißfielen.«

Börne: »Er wird chemisch von mir zersetzt, und er hat gar keine Ahnung davon, daß ich im geheimen beständig Experimente mit ihm mache.«

Heine: »Ich betrachte ihn als einen Verrückten!«

Börne: »Wenn er nur halb ein solcher Schuft ist, als er freiwillig bekennt, dann hat er schon fünf Galgen und zehn Orden verdient.«

Als Börne 1837 an einer akuten Schwindsucht starb, hätten die Querelen wohl ihr Ende haben können. Heine jedoch (»... es kann ihn das Fallen eines Rosenblattes im Schlafe stören ...«) stieß in den frischen Grabhügel noch eine Lanze. Seine Schrift gegen Börne – man hatte ihm dringend abgeraten, sie erscheinen zu lassen – war seinem Renommee überaus schädlich, und in den acht Jahren, die er in seiner Matratzengruft selber dahinstarb, litt er nicht nur an seiner heimtückischen Krankheit, sondern auch an dem heimtückischen Schlag, den er gegen Börne geführt hatte.

Heinrich Heine (1797–1856), lebte wie Börne seit 1831 im Pariser Exil, jener ein Agitator und kompromißloser Radikalist, dieser ein sensitiver Dichter, den als Zeitkritiker mehr die polemische Brillanz als die Sache reizte.

Als 1835 gleichzeitig mit Schlegels vielgelästerter »Lucinde« die von seinem Freund Schleiermacher verfaßten »Vertrauten Briefe« über die Lucinde mit einem Vorwort von Karl Gutzkow neu aufgelegt wurden, sahen Philister und Konformisten ihren häuslichen Frieden und die gesamte moralische Ordnung bedroht. Friedrich Schlegels Absicht, »das hohe Evangelium der echten Lust und Liebe zu verkünden«, war bereits 1799, beim Erscheinen des Romans, als ein unerhörter Affront gegen die guten Sitten empfunden worden. Indem er zwei Klassen von Frauen unterschied – je nachdem »ob sie die Sinne achten und ehren, die Natur, sich selbst und die Männlichkeit; oder ob sie diese wahre innere Unschuld verloren haben und jeden Genuß mit Reue erkaufen« –, propagierte er die absolute Freiheit von Vorurteilen: »Wirf auch Du sie von Dir, liebe Freundin, all die Reste von falscher Scham, wie ich oft die fatalen Kleider von Dir riß und in schöner Anarchie umherstreute.«

Fasziniert von der Idee einer vollkommenen, einer metaphysischen Partnerschaft von Mann und Frau, wie sie Schlegel (Schiller: »Ein unbescheidener kalter Witzling«) zu fordern wagte, bekannte sich Gutzkow (Heine: »Die Natur war sehr bescheiden, als sie ihn schuf, den Unbescheidensten«) zur Emanzipation des Fleisches, zur »Genialität der Liebe«. Wenige Monate nach der Neuauflage der »Lucinde« und wohlmöglich angeregt durch die »Lelia« der George Sand erschien seine »Wally, die Zweiflerin«, eine exaltiert romantische Absage an die Bürgerlichkeit, an die »Wassersuppenhochzeiten, die ordinäre Kindererzeugung und die schimmelige Misere des Broterwerbs«.

Gutzkow sieht seine Heldin mit dem Flair der Grande dame, mit hoher Bildung und frivoler Weiblichkeit ausgestattet. Die Summe dieser Tugenden ergibt eine Amazone

Im Land der Suffragetten macht die beherzte Jungfer von 1820 mit zudringlichen Dandies kurzen Prozeß. Aus »Studies from the Stage, or the Vicissitudes of Life«.

von enervierender Überspanntheit: »Auf weißem Zelter sprengte im sonnengolddurchwirkten Walde, Wally, ein Bild, das die Schönheit Aphroditens übertraf, da sich bei ihm zu jedem klassischen Reize, der nur aus dem cyprischen Meerschaume geflossen sein konnte, noch alle romantischen Zauber gesellten: ja selbst die Drapperie der modernsten Zeit fehlte nicht ...«

Wenn sich Wally, die Zweiflerin, zwischen Gottgläubigkeit und Atheismus schwankend, schließlich einen Dolch ins Herz stößt, so geschieht es ganz offensichtlich unter dem noch frischen Eindruck des Selbstmordes der Charlotte Stieglitz, der dem romantischen Freitod der Günderode in der Exzentrik des Motivs nicht nachsteht.

Charlotte Stieglitz, die Tochter eines Leipziger Kaufmanns, entleibte sich am 29. Dezember 1834 mit einem Dolch, weil sie ihren Mann, einen mäßigen Dichter und Dramatiker, durch den Schmerz über ihren Tod zu großen schöpferischen Leistungen anspornen wollte. Ihr Opfer war vergebens – nicht die literarische Hinterlassenschaft des Berliner Gymnasiallehrers und Bibliothekars Heinrich Stieglitz, der sich fortan einen »grabgeweihten Ritter« nannte, ging in die Literaturgeschichte ein, sondern lediglich ihr Abschiedsbrief:

»Unglücklicher konntest Du nicht werden, Vielgeliebter! Wohl aber glücklich im wahrhaften Unglück! in dem Unglücklich-Sein liegt oft ein wunderbarer Segen, er wird sicher über Dich kommen!!! Wir litten beide ein Leiden, Du weißt es, wie ich in mir selber litt; nie komme ein Vorwurf über Dich, Du hast mich vielgeliebt! Es wird besser mit Dir werden, viel besser jetzt, warum? Ich fühle es, ohne Worte dafür zu haben. Wir werden uns einst wiederbegegnen, freier, gelöster! Du aber wirst noch hier Dich herausleben und mußt Dich noch tüchtig in der Welt herumtummeln. Grüße alle, die ich liebte, und die mich wiederliebten! Bis in alle Ewigkeit!

Deine Charlotte«

Sensation machte 1834 der Freitod von Charlotte Stieglitz. Sie war die Frau eines Schriftsteller-Dilettanten, den sie durch diese Tat aus seiner schöpferischen Lethargie zu reißen glaubte. Ihrem Mann war nicht zu helfen, dennoch erwies sich ihr Opfer nicht als ganz vergeblich, denn sie regte Karl Gutzkow zu seiner »Wally, die Zweiflerin« an und ging auf diese Weise in die Literaturgeschichte ein.

Das Malweib von 1830 herrscht ihren Mann an: »Sie unmöglicher Dickwanst, denken Sie endlich daran, daß Sie hier nicht im Bad sind, sondern Ihrer Gattin und Ihrer Tochter Clara als Achilles Modell stehen!« Lithographie von Ch. Nanteuil.

Und sie beschließt diese Zeilen mit dem Zusatz: »Zeige Dich nicht schwach, sei ruhig und stark und groß!«

Christian Dietrich Grabbe, der bösartige Humorist des Lustspiels »Scherz, Satire, Ironie und tiefere Bedeutung«, verhöhnte den elenden Witwer nicht ohne biedermeierlichen Realsinn: »Hätt'st du der Frau ein Kind gemacht / Sie hätte sich nicht umgebracht.«

Während die Romantik den Frauen eine den Männern völlig äquivalente Freiheit des Körpers, eine Freiheit der Entschlüsse, und seien es die letzten, zugestand (die Gleichheit vor dem Schafott hatte die Französische Revolution bereits praktiziert), kam es dem Biedermeier gar nicht in den Sinn, in den Frauen etwas anderes zu sehen als tüchtige Hausmütter – und diesen blieb für solcherlei Flausen gar keine Zeit. »Ja, die Frauen hatten zu tun«, memoriert Gertrud Bäumer in einem Essay über die sächsische Frauenrechtlerin Luise Otto-Peters, »bis der Meißner Wein in Stückfässern im Keller geborgen war, die Äpfel, die Kartoffeln und das Dörrobst in ihren Hürden, die Kochbutter in den Steintöpfen, das Fleisch in den Pökelfässern oder auf der Räucherkammer, die Gurken in den Krügen, die Lichte gegossen, die Seife gesotten waren, und sie zu der angenehmeren Dauerarbeit mit der Nadel zurückkehren konnten«.

Diese Frauen mit ihrem Sinn für das Praktische und dem rasselnden Schlüsselbund am Gürtel reagierten auch durchaus praktisch, wenn ungewöhnliche Situationen eintraten, die ebenso ungewöhnliche Forderungen an sie stellten. Sie verstanden sich nicht nur darauf, nach Männerart die Är-

Ehekrach bei Monsieur und Madame Brise-Ménage: Wenn der Mann seine Zeit am Billardtisch verbringt und sein Geld im Roulette verspielt, hat er das Recht verwirkt, seiner Frau Vorhaltungen zu machen, wenn sie ins Theater läuft und sich in Ballsälen herumtreibt. Franz. Kupferstich, um 1820.

mel hochzukrempeln, sondern auch ohne weiteres jene Zimperlichkeit abzulegen, die man von einer zarten, verschämten Jungfrau geradezu erwartete. Wie sie sich »der unverhülltesten Natur in die Arme warfen«, blieb Karl von Holtei im Gedächtnis haften, als er 1845 auf die Berliner Cholera-Epidemie von 1830 zurückblickte: »Gegenstände, welche sonst in Damengesellschaft nur anzudeuten ein Verbrechen gegen Schicklichkeit und Anstand gewesen wäre, wurden jetzt mit unverstellter Aufrichtigkeit detailliert und waren den prüdesten Frauen geläufig. Man durfte ohne Gefahr von flanellenen Leibbinden, von Pflastern auf der Magengegend, von Klystierspritzen und Stuhlgängen reden und sicher sein, daß ähnliche Gespräche, waren sie nur einigermaßen instruktiv und gaben sie nur entfernt Aussicht auf Hilfe oder Schutz, unbezweifelten Widerklang fanden.«

Daß das »Biederweib« in Notzeiten seinen Mann stehen kann und soll, war auch die Überzeugung Turnvater Jahns. Besessen von der Idee eines »Volks in Waffen« und der Verwirklichung des Emanzipationsgedankens weit vorauseilend, forderte er in seinem »Deutschen Volksthum«, eine Frau müsse auch schießen können, »das heißt: eine leichte Flinte

Kraft- und Mutübungen zählen zum Stundenplan des gymnasiastisch-orthopädischen Instituts in Wien. Durch fleißiges Training bereiten die höheren Töchter der Legende vom schwachen Geschlecht ein Ende. Lithographie von Franz Wolf.

Folgende Doppelseite:
Eine Damenschwimmschule steht den Wienerinnen bereits 1833 zur Verfügung. Unter Anleitung eines männlichen Individuums lernen sie, wie man sich über Wasser hält und große Sprünge macht. Lithographie von Franz Wolf. Wien, Historisches Museum.

Nach d. Natur gez. u. lyth. v. F. Wolf

»Ich sehe nicht ein, warum Frauen nicht genausoviel Spaß wie Männer haben sollen.« Die weiblichen Pioniere des Radsports heißen die Gelegenheit willkommen, ihre bezaubernden Beinkleider zu zeigen. »The Ladies Accelerator.« Engl. kol. Radierung, 1819.

abfeuern; mit der Pistole leidlich treffen, um nicht kunstgerecht wehrlos zu sein und beim Knall des Gewehrs zusammenzufahren wie Gänse beim Donner ...« Dagegen fand er das Fechten unnatürlich: »Es verstiert den milden Blick und bleibt immer dem weiblichen Körperbau zuwider.«

In der Nachhut der Junghegelianer und im Vorfeld der Revolution von 1848 begegnet man dem Typ der militanten Frau bei den sogenannten »Freien« in Berlin. Aus Protest gegen das von der Regierung begünstigte pietistische Muckertum rauchten sie in aller Öffentlichkeit ihre Zigarren, tranken dazu Bier, Wein oder gar Schnaps und suchten als notorische Bürgerschrecks durch provozierende Mißachtung der guten Sitten die Aufmerksamkeit auf sich zu lenken. Und zur Entrüstung der Moralapostel rief Max Stirner, ein Verfechter der Fleischesemanzipation: »Eine Grisette gegen tausend in der Tugend grau gewordene Jungfern!« Sein Buch »Der Einzige und sein Eigentum«, in dem er das Ich als das einzig Wirkliche proklamiert, widmete Stirner, der eigentlich Johann Kaspar Schmidt hieß und Töchterschullehrer in Bayreuth war, »meinem Liebchen Marie Dähnhardt«, einer Apothekerstochter aus der Provinz, die wie er im Stammlokal der »Freien«, in Hippels Weinstube, verkehrte.

Auf eine vulgärere Ebene gesunken, wirkte im Kreis dieser Libertins der um kein Gerede bekümmerte Anspruch auf persönliche Freiheit nach, auf Umluft und Spielraum für alle Kapriolen und Exzentrizitäten, mit dem sich die Frauen der Romantik umgeben hatten – von einer Lady

Die erste deutsche Aeronautin, Wilhelmine Reichard, erhob sich 1820 im Wiener Prater, von Tausenden bestaunt und applaudiert, in die Lüfte und gelangte unversehrt wieder auf die Erde zurück. Anonyme Lithographie.

Stanhope, einer George Sand bis zu der Romanschriftstellerin Ida Hahn-Hahn, deren »Gräfin Faustine« malt, in den Orient reist, Männerkleidung trägt, mehrere Liebschaften hat und schließlich ins Kloster geht.

Die Unruhe und Maßlosigkeit dieser Außenseiterinnen weisen auf ein Problem, das sich im Zuge der großen gesellschaftlichen Veränderungen wie von selbst auch in breiteren Schichten zu stellen begann, die Gleichberechtigung der Frauen. »Sie haben ... gar keinen Raum für ihre eigenen Füße, müssen sie nur immer dahin setzen, wo der Mann eben stand und stehen will ... Jeder Versuch, jeder Wunsch, den unnatürlichen Zustand zu lösen, wird Frivolität genannt, oder noch für strafwürdiges Benehmen gehalten ...«, so schrieb Rahel Varnhagen 1819 an ihre Schwester Rose.

Als wollte er Rahel in die Schranken weisen, zeigte zwanzig Jahre später Adalbert Stifter in seiner ersten Erzählung, dem »Condor«, am Beispiel der kühnen Ballonfahrerin Cornelia, daß eine Frau jene »willkürlichen Grenzen, die der harte Mann seit Jahrtausenden um sie gezogen hatte«, am Ende doch respektieren müsse. Sie bekommt hoch in den Lüften Nasenbluten, was die Aeronauten, die sie auf einer beispiellosen Fahrt begleitet, zwingt, tief enttäuscht zur Erde niederzugehen.

Die Petticoat-Reform, nach ihrer Befürworterin Amalia Bloomer aus Seneca Falls (USA) auch Bloomerismus genannt, forderte an Stelle des leidigen Unterrocks Pumphosen, die bis über die Waden fallen, und einen bis zum Knie reichenden Kleiderrock. »Punch«, 1851.

Nach der Niederlage von Waterloo fühlen sich Frankreichs Amazonen aufgerufen, im Zeichen der Jeanne d'Arc zu den Waffen zu eilen. Franz. Kupferstich, 1815.

Ehrenhändel trägt die moderne Frau von 1840 mit Säbel und Pistole aus. Da es den Kontrahenten jedoch an Schießübung fehlt, sind die Opfer der Waffen ganz unbeteiligte Passanten: ein vorbeifliegender Vogel und ein Hund, der zufällig des Wegs kommt. Beilage der »Wiener Theaterzeitung«.

Gleichzeitig – man schreibt das Jahr 1840 – beendete Friedrich Hebbel, Stifters erklärter Widersacher, seine »Judith«, die für alle Frauen Rache zu nehmen scheint für die Demütigungen, die Männer ihnen je zugefügt haben: »Bin ich denn ein Wurm, daß man mich zertreten, und als ob nichts geschehen wäre, ruhig einschlafen darf? Ich bin kein Wurm (sie zieht das Schwert aus der Scheide). Er lächelt. Ich kenn' es, dies Höllenlächeln, so lächelte er, als er mich zu sich niederzog, als er – – töt' ihn, Judith, er entehrte dich zum zweiten Male in seinem Traum, sein Schlaf ist nichts als ein hündisches Wiederkäuen deiner Schmach. Er regt sich. Willst du zögern, bis die wieder hungrige Bestie ihn weckt, bis er dich abermals ergreift und – (sie haut des Holofernes Haupt herunter).«

Es ist »weder notwendig noch gerecht, die Frauen zu zwingen, entweder Mütter zu sein oder gar nichts«, polemisierte der englische Philosoph John Stuart Mill. Es ist ihnen nicht zuzumuten, daß sich alle »freiwillig dazu entschließen sollten, ihr Leben *einer* animalischen Funktion und ihren Folgen zu opfern. Sehr viele Frauen sind Gattinnen und Mütter nur deshalb, weil ihnen keine andere Laufbahn offen steht, keine andere Betätigung für ihre Gefühle oder ihren Tätigkeitstrieb sich bietet.« Mill fordert Bildung für sie – schon im Interesse des Ehemannes, damit dieser nicht auf die Stufe einer geistig niedriger stehenden Frau herabgezogen wird – und er verlangt, sie nicht von beruflicher Arbeit und vom öffentlichen Leben auszuschließen.

Mit gleichen Forderungen schaltete sich in Deutschland Luise Otto in den Kampf um bessere Daseinsbedingungen der Frauen ein. In der Leipziger Arbeiter-Zeitung beschwor sie 1848 den sächsischen Minister Oberländer und die durch ihn berufene Arbeiterkommission, »daß es nicht genug ist, wenn Sie die Arbeit für die Männer organisieren, sondern daß Sie dieselbe auch für die Frauen organisieren müssen ... Ein Mädchen, das als Arbeiterin ihr Dasein nur kümmerlich fristen kann, wird ihr ganzes Bestreben darauf richten, einen Mann zu bekommen, durch den sie diesen Sorgen enthoben wird ... Auf alle Fälle wird die Zahl der unglücklichen, unmoralischen, leichtsinnig geschlossenen Ehen, der unglücklichen Kinder und der unglücklichen Proletarierfamilien auf eine bedenkliche Weise gerade dadurch vermehrt: daß das Los der alleinstehenden Arbeiterinnen ein so trauriges ist ...«

Der Schrei nach Arbeit entzückte nicht jedes weibliche Ohr. Die in München lebende Malerin Louise Wolf, vom künstlerischen Beruf her eine angehende Emanzipierte, vertraute als Frucht des Nachdenkens über diesen Gegenstand ihrem Tagebuch folgende Zeilen an: »Verletzt wird des Weibes innerste Blüte, wenn sie um Geld und Gewinn sich unter einer fremden Menge herumtreiben muß. Die Frucht der Zartheit, Herz und Gemüt gehn allemal verloren. Nur unserem durchaus verdorbenen Zeitalter war es aufbehal-

Ein Damen-Duell!

Mädchen in Uniform gelten mindestens auf der Bühne für unbesiegbar. »Drilling the Invincibles« Szene im Coventgarden Theater, 3. März 1828. Kol. engl. Radierung.

ten, von Jungfrauen zu fordern, daß sie ihr Brot erwerben, und von Eltern, daß sie selbe dazu erziehen.«

Karl Immermann reduzierte das Problem der Gleichberechtigung auf den Ausspruch: »Sind die Männer verliebt oder nur galant, so denkt keine Frau an Emanzipation.«

Die wahre Ursache »dieser schrecklichsten Abirrung vom Pfade der Natur« liegt nach den Worten der Wiener Romanschriftstellerin Karoline Pichler jedoch in der Verweichlichung der Männer, ihrem Hang »nach Bequemlichkeit, nach ungestörtem und recht raffiniertem Genuß körperlicher Erquickung ...« Nur so erkläre es sich, daß viele Frauen »den erschlafften Händen der kommoden Ehehälften den Kommandostab entwinden möchten«.

Von diesem Schlage für friedliche Koexistenz der Geschlechter ganz untauglicher Männer war der mecklemburgische Pfarrer Ernst Schliemann, der Vater des Ausgräbers von Troja. Dem gleichen Heft, in das er seine Predigten niederschrieb, entstammt auch die Notiz: »Die meisten Weiber sind Gemälde außer dem Hause, Glucken in ihren Zimmern, wilde Katzen in ihrer Küche, Heilige wenn sie beleidigen, Teufel wenn sie beleidigt werden, Komödiantinnen in ihrer Wirtschaft und Hausweiber nirgends als in ihrem Bett ... Das weibliche Geschlecht gab die erste Idee der Lotterie, wo tausend Nieten auf einen Treffer kommen.«

ENTZAUBERTES BIEDERMEIER

Parvenus und Habenichtse

Der Ehrgeiz, Geld und Besitz zu horten, lag nach den Befreiungskriegen den in kleinen, in schlichtesten Verhältnissen lebenden Gewerbetreibenden, den Handwerkern, Krämern und den Landleuten noch fern. Man hätte, um seine Einkünfte zu vergrößern, andere betrügen oder berauben müssen, denn auch bei größtem Fleiß war der Hände Arbeit und wohl auch dem Volumen der Arbeit selbst eine Grenze gesetzt. Es fehlte indessen nicht nur an Spielraum und Ellenbogenfreiheit, sondern überhaupt an der Phantasie, sich andere Lebensformen vorzustellen, danach zu trachten und zu drängen. Und wo es doch geschah, band und lähmte die Resignation die Kräfte, die Gewohnheit, sich zu bescheiden, zu gehorchen, Untertan zu sein. Die ganz außer Gebrauch gekommene Redensart »Schuster, bleib bei deinem Leisten« benennt mit heuchlerischer Bonhomie die kleinmütige Passivität, aus der das Biedermeier nur zaghaft – und mit dem Verlust seiner Liebenswürdigkeit – heraustritt, als es der verdummenden Anbetung des Geldes verfällt.

»Nicht Armut und nicht Reichtum mir / Herr! – nur mein Quantum gut halb Bier / Und bleibt zum Glase Wein noch was / Mach dankbar ich die Lippen naß.« Das bescheidene Verslein schrieb Gustav Kühn, der nie um einen Reim verlegene Neuruppiner Bilderbogenfabrikant, anno 1823 als Vorspruch für das neue Geschäftsjahr in sein Kassa-Buch. Fünf Jahre später, als sich die Auflage seiner volkstümlichen Druckerzeugnisse bereits vervielfacht hatte, dichtete er bei gleicher Gelegenheit mit der Aufgeräumtheit des erfolgreichen Unternehmers (und mit einem Seitenhieb auf die Konkurrenzfirma Oemigke & Riemschneider): »Herzlich bitt ich Dich o Gott / Treib meine Nebenbuhler fort / Lenk aller Käufer regen Sinn / Nur stets nach meinem Laden hin.«

Wenn Karl Immermann in den »Epigonen« beklagt, daß die französische Thronveränderung das Antlitz der Welt gewandelt habe, und den entschwundenen Jahren nachtrauert, die »an geistigem Gehalt und an einer gewissen Dichtigkeit des Daseins die Gegenwart übertrafen«, so hat er den »Grand diable d'argent« im Auge, jene Ausgeburt der Pariser Julirevolution von 1830, die das um Louis Philippe gescharte Bürgertum zu ihren Kreaturen gemacht hatte. Die schlimme Saat des »Enrichissez-vous«, des »Bereichert euch«, ging auch in den deutschen Ländern auf. Zwar war man hier infolge der vielen Kleinstaaten und der nur langsam sich öffnenden Zollschranken gegenüber dem wirtschaftlichen Aufblühen von Frankreich und England weit

Kommentare zur Frauenemanzipation im »Charivari«. »Es ist gefährlich, eine bewaffnete Frau zu beleidigen.« Lithographie von Beaumont.

An der Garderobe des Frauenklubs: »Nr. 419, ein Ehemann und ein Regenschirm, macht 4 Sous!« Lithographie von Cham.

J. Schwarz

WAS IST EIN BEAMTER?

Die Kinder mit Kartoffeln füttern,
Die spielen im zerriss'nen Hemd;
Vor jedem Glockenzuge zittern,
Ob nicht etwa ein Gläub'ger kömmt;
Und doch den gnäd'gen Herrn bedeuten,
Den man doch spielen muß zum Schein,
Das nenn' ich eine Stell' bekleiden,
Das heiß' ich ein Beamter sein!

1848

Adolf Glassbrenner

DAS IST EIN BEAMTER

Diese Herrn hier sind Beamten,
Haben sie denn Nichts zu thun?
Von den gestrigen Strapazen
Müssen sie sich heute ruh'n.

Gestern waren sie in Baden,
Haben sehr sich divertirt;
Morgen seh'n sie nach ob Etwas
In Geschäften arrivirt.

Übermorgen kommen Beide
Um sechs Wochen Urlaub ein,
Und dann werden d'Herrn Collegen
Wohl a bissel b'schäftigt sein!

So geht das Beamtenwesen
Hier in Oestreich seinen Gang;
Und was das für Stiefeln brauchet,
Dieses Wesen, na i dank!

1836

im Rückstand, doch begannen sich mit der zunehmenden Industrialisierung, der wachsenden Belebung des Handels, rasch die gleichen simplifizierenden Maßstäbe zu bilden, nach denen sich die Gesellschaft nur noch in Reiche und Arme schied. »Unter Deutschen lohnt sich's der Mühe nicht, mehr zu sein als ein Schneider«, klagte Ludwig Börne in einer Theaterkritik über Kotzebues »Gefährliche Nachbarschaft«. »Niemals hohen, nur allerhöchsten Menschen wird Ehrfurcht bezeigt, nur Geldkünstler werden geliebt, und man schätzt keine andere Größe als die arithmetische.«

Selbst ein grundkonservativer Mann wie der preußische General Ludwig von der Marwitz polemisierte gegen die liberalen Reformen Hardenbergs, die den Zerfall der Gesellschaft in Besitzende und Habenichtse begünstigten. In seiner »Lebensbeschreibung« wendet er sich gegen die für die Finanzen eines Staates verderbliche Gewohnheit, alle Stellen mit Parvenüs zu besetzen; »denn diese sind die eitelsten und trachten immer nur nach vermehrter Einnahme und nach vermehrtem Flitterglanz. Wenn sonst ein im Lande angesessener Mann einen Posten zu verwalten hatte, so hatte er ein mäßiges Gehalt und betrieb seine Geschäfte in seinem eigenen Hause. Wurde er verabschiedet, so ging er auf seine Güter zurück und fiel dem Staate nicht weiter zur Last, es sei denn, daß er ein ganzes Leben ihm geopfert hätte. Der Parvenü hingegen will zuvörderst mit allem ausstaffiert werden; er verlangt eine Dienstwohnung, daneben sucht er immer noch allerhand Profitchen mit Staatspapieren und dergleichen, und wenn er sich dann nach einigen Jahren etwas gesammelt hat, so wird er übermütig und weiß sich so zu drehen, daß er sein Gehalt, ohne weitere Geschäfte, auf Lebenslang behält.«

Nicht zu Unrecht besorgt, das unverhohlene Profitstreben an höchster und sichtbarster Stelle könnte sich auf die Moral des Bürgers verheerend auswirken, forderte Gutzkow in einer »Appellation an den gesunden Menschenverstand«: »Man mache alle Staatsämter zu Ehrenämtern ohne Gehalt. Man lasse sich nur von solchen Männern regieren, gegen welche man die Verpflichtung der Dankbarkeit hat ...«

Im Gegensatz zu Gutzkow sah sich Bettina von Arnim außerstande, von Beamten etwas zu erwarten, das sie mit Dankbarkeit erfüllen könnte. In ihrer mutigen Philippika »Dies Buch gehört dem König« sagt sie – vom Adressaten dieser Schrift mehr als lästig und verworren denn als gefährlich angesehen – auf gut frankfurterisch ihre Meinung, gerad wie ihr der Schnabel gewachsen ist: »So ein Staatsbeamter ist wie ein Schafbock; vor Begeisterung über sich hat er den Dreher; hoffärtig ist er; vor was hat er Hörner? damit er um sich stoßen kann auf die demütigen Leute, die 'was von ihm zu fordern haben, ohne daß er acht zu geben braucht, wen's trifft.«

Die Jagd nach Ämtern und Pfründen bringe es mit sich, kommentierte Marwitz, daß in den Städten »kein Bäcker,

ADOLF MENZEL (1815–1905)
Die Märzgefallenen (Ausschnitt)
Ölgemälde
Hamburg, Kunsthalle

LE GRAND DIABLE D'ARGENT, PATRON DE LA FINANCE.

IMAGERIE D'EPINAL, N° 9

Schuster und Schneider« zu finden sei, »der nicht versuchte, seinen Sohn studieren zu lassen, um ihn im Dienste des Staates anstellen zu können, auf dem Lande kein Bauer, der den seinigen nicht in die Stadt geschickt hätte, damit er ein Handwerk lerne«. Im Verein mit der Spekulation, die an den Platz des manuellen und gewerblichen Fleißes getreten war, mit der »heillosen Einrichtung der Hypotheken, durch welche einer Menge Müßiggänger der Mitbesitz und der Erwerb der Fleißigen mit in die Hände gespielt wurde ..., entstand ein allgemeines Drängen von unten nach oben, allenthalben Liederlichkeit, ein Überfluß von brotlosen, leichten Erwerb suchenden Menschen in der Stadt, Mangel an Arbeitern auf dem Lande. Die [durch die Steinsche Aufhebung der Leibeigenschaft und die Hardenbergsche Ablösung der Frondienste] so schnell dienstfrei gemachten Bauern verbesserten ihre Grundstücke nicht, wie man theoretisch kalkulierend gehofft hatte, sondern sie verfielen in Faulheit, ließen ihren Acker für Geld bestellen und abernten und saßen zu Hause oder in der Schenke. Wer sonst im Sommer um drei aufgestanden war, schlief jetzt bis sechs und sieben Uhr, wer sonst gearbeitet hatte, ging jetzt spazieren.«

Die harte Kritik an den Verhältnissen auf dem Land läßt den persönlichen Ärger ahnen, den der märkische Gutsbesitzer von der Marwitz, Herr in Friedersdorf bei Küstrin, über die Aufhebung der alten patriarchalischen Ordnung emp-

Der große Geldteufel geht um und weckt auch bei denen, die bisher bedürfnislos lebten, die Gier nach Besitz und Reichtum. Ein Bilderbogen aus Epinal warnt das Volk, dem satanischen Verführer mit Haut und Haar zu verfallen.

fand. Aber auch die Landbevölkerung sah sich durch das Geschenk der Freiheit vor schwere Existenzbedingungen gestellt und erlag aus nacktem Selbsterhaltungstrieb dem Sog der Städte, wo Handel und Wandel, ausgelöst durch den Deutschen Zollverein, einen vielversprechenden Aufschwung nahmen. Der zwischen 1834 und 1842 erfolgte Zusammenschluß der meisten deutschen Länder zu einem gemeinsamen Wirtschaftsgebiet, der die emphatische Idee eines allumfassenden Nationalstaates der Verwirklichung näherbrachte, ließ Hoffmann von Fallersleben, den Dichter des Deutschlandliedes, jubilieren, triumphieren, tirilieren:

Schwefelhölzer, Fenchel, Bricken,
Kühe, Käse, Krapp, Papier,
Schinken, Scheren, Stiefel, Wicken,
Wolle, Seife, Garn und Bier;
Pfefferkuchen, Lumpen, Trichter,
Nüsse, Tabak, Gläser, Flachs,
Leder, Salz, Schmalz, Puppen, Lichter,
Rettich, Rips, Raps, Schnaps, Lachs, Wachs!
Und ihr andern deutschen Sachen,
tausend Dank sei euch gebracht!
Was kein Geist je konnte machen,
ei, das habet ihr gemacht:
Denn ihr habt ein Band gewunden
um das deutsche Vaterland,
und die Herzen hat verbunden
mehr als unser Bund dies Band.

Die zum Lobe des gesamtdeutschen Güterumschlags genannten Krämerwaren wurden allerdings im Laufe weniger Jahre durch die Erzeugnisse der aufblühenden Industrie in den Schatten gestellt. 1840 erfand Justus Liebig den künstlichen Dünger, 1837 wurden die Maschinenfabrik Borsig in Berlin, 1846 die Zeiss-Werke in Jena gegründet.

Als am 15. August 1844 im Berliner Zeughaus die von allen Ländern des Deutschen Zollvereins beschickte Gewerbeausstellung ihre Pforten öffnete, ergriff die Besucher eine jähe Ahnung der unheimlichen Veränderungen, die sich unabsehbar und unaufhaltsam vor aller Augen vollzogen. Bei dieser Leistungsschau von rund 3 000 Fabrikanten und Handwerkern fielen dem Bäckermeister und Stadtverordnetenvorsteher Kochhann die Klingen und Messer aus Solinger Stahl auf, er bestaunte die Suhler Gewehre, d. h. die neuen Hinterlader mit gezogenem Lauf, die bald genug auf den Schlachtfeldern ihre spektakuläre Überlegenheit beweisen konnten, und ihn erfüllte Bewunderung, wenn nicht gar vaterländischer Stolz angesichts des preisgekrönten Galastücks der Ausstellung, der monströsen Prachtlokomotive von August Borsig.

»Die Fortschritte sind groß«, notierte Varnhagen von Ense nach dem Rundgang, »die Fülle des Erzeugens, der Wetteifer der Erfindung und des Fleißes verdienen alle An-

Rechte Seite:
Der englische Wirtschaftsboom nach der Aufhebung der Kontinentalsperre hatte zur Folge, daß die Reichen noch reicher und die Armen noch ärmer wurden. Während der Parvenü darauf sieht, Reputation und Kredit durch Erwerb eines Landsitzes zu erhöhen, versetzt der arme Teufel, ein Opfer von »Quäkern, Juden, Gottlosen, Brandstiftern, Wucherern und Monopolisten«, die letzte Hose im Pfandhaus. Kolorierte Radierungen, London 1819 und 1824.

A Visit to Cockney Farm ___ Viewing the Grounds &c &c &c

(ie) Being dragg'd through mud & Mire by your cockney friend. (who has lately taken a – seat in the Country) to show the improvements! & his ignorance in Farming!

What does thee want upon these Coverings of Nakedness.

Why Myses I want as much as you can let me have, for my poor Wife and Fry have not had a bit of Victuals these two Days.

I can only lend thee four & Sixpence upon them, but art thou sure there is nothing in them. remember we only take 10 per Cent.

That Hole was made by a Congreve Rocket?

Twenty Sixpence on this here Frying-Pan

THE NEW COMBINATION PAWN BROKING COMPANY.

Dedicated to the Quakers, Jews, Heatherns, Incendiaries, Usurers & Monopolists. a goodly Fry.

erkennung; aber die große Menge, die Masse des Volkes, hat wenig Vorteil davon, geht unberührt nebenher! Selbst diese Dresch- und Sägemaschinen, an unsere Bauern gelangen sie nicht. Der Vortrab unserer Zivilisation, die Reichen und Gebildeten, verzehrt alles, und der nachziehende Haupttrupp, oder gar der Troß, kommt kümmerlich weiter.«

Mit der ästhetischen Gespreiztheit und dem Bedacht in der Sache, welche die nachfolgende Generation der Agitatoren und Radikalen den liberalen Jungdeutschen zum Vorwurf machte, beteuerte Gutzkow: »Ich müßte mich sehr irren, wenn mir nicht Jeder zugestehen wird, daß keine Beschäftigung des denkenden Kopfes so würdig ist, als die, den Gebrechen der Gesellschaft auf eine milde und gefahrlose Weise abzuhelfen.«

In der »Gemeinschaft der Güter«, wie sie die Saint-Simonisten mit militantem Idealismus vertraten, sah er kein rechtes Heil. »Wer wird uns den Wahnsinn zutrauen, das Vermögen der Nation addieren und durch die Millionen Bewohner eines Landes dividieren zu wollen? Die Verarmung der Gesellschaft ist ein großes Übel, aber die Vertheilung der Güter würde es nicht heben. Denn wer giebt mit den Schätzen die Fähigkeit, sie zu erhalten?« Der damals 24jährige, für seine »Wally, die Zweiflerin« mit zehn Wochen Gefängnis bedachte Philanthrop erhoffte sich einen Wandel der Dinge durch Erwecken einer allseits mildtätigen Gesinnung:

Verzweiflung der Hauseigentümer in Paris. Die neuen Schotterstraßen vertreiben die Mieter von den Boulevards. Lithographie von Daumier aus dem »Charivari«.

Verzweiflung der Hauseigentümer in Wien: Nach der Mieterhöhung verschwinden die Bewohner bei Nacht und Nebel, ohne den Zins zu bezahlen. Beilage der »Wiener Theaterzeitung«.

»An unsere Gefühle müssen die Hebel der Aufopferung kommen, wir müssen wenigstens das erreichen, daß niemand eine ruhige Nacht hat, der einen glänzenden Palast mitten in einem Viertel bewohnt, wo die Armuth keine Lumpen hat, um ihre Blöße zu bedecken ...«

Krise der Gesellschaft

Diese mehr feuilletonistische als politisch aktive Einstellung wurde von den nachdrängenden Revolutionären als illusorisch, als ganz und gar unzureichend betrachtet. Mit der Forderung nach Freiheit gab man sich längst nicht mehr zufrieden, man bestand auf totaler sozialer Gleichberechtigung. »Das Gerede von Freiheit und politischen Reformen ist abgenutzt«, polemisierte Moses Heß – als Industriellensohn besonders anfällig für das sozialistische Engagement – gegen den so optimistischen Liberalismus der Jungdeutschen, gegen ihr als Lauheit ausgelegtes Zögern, klar Partei zu ergreifen: »Alle, auch die radikalsten politischen Reformen sind ohnmächtig gegen die Grundübel der Gesellschaft und interessieren die Welt nicht mehr. Der Inhalt alles und jedes Interesses ist die soziale Reform.«

Verzweiflung der Hauseigentümer in Berlin: Die allzu hoch gesteigerten Parteien richten sich auf den Dächern häuslich ein. Holzstich von Thouret.

Karl Marx,
1842/43 Redakteur der liberalen »Rheinischen Zeitung«, verfaßte im Brüsseler Exil gemeinsam mit Friedrich Engels das am Vorabend der Revolution von 1848 erschienene »Kommunistische Manifest«, das den Ursachen der sozialen Mißstände auf den Grund geht.

Genügte die Schöngeisterei eines Gutzkow und seiner Gesinnungsgenossen nicht den Ansprüchen, die Heß an diese Anwälte der Humanität stellte, so war Karl Marx seinerseits über Heß enttäuscht, weil er ihm als Vertreter des »wahren Sozialismus« viel zu gemäßigt erschien.

Der weniger von der menschlichen Problematik bewegte als von der Idee an sich besessene Theoretiker des Sozialismus entwarf gemeinsam mit seinem Freund Friedrich Engels eine Analyse der gesellschaftlichen Verhältnisse im Vormärz, das sogenannte »Kommunistische Manifest«, das zum Ausgangspunkt des Klassenkampfes wurde. In dieser 1848 unmittelbar vor Ausbruch der Märzrevolution erschienenen Schrift suchen Marx und Engels die Ursachen des sozialen Elends bloßzulegen:

»Die moderne Industrie hat die kleine Werkstube des patriarchalischen Meisters in die große Fabrik des industriellen Kapitalisten verwandelt. Arbeitermassen, in der Fabrik zusammengedrängt, werden soldatisch organisiert. Sie werden als gemeine Industriesoldaten unter die Aufsicht einer vollständigen Hierarchie von Unteroffizieren und Offizieren gestellt. Sie sind nicht nur Knechte der Bourgeoisklasse, des Bourgeoisstaates, sie sind täglich und stündlich geknechtet von der Maschine, von dem Aufseher, und vor allem von den einzelnen fabrizierenden Bourgeois selbst. Diese Despotie ist um so kleinlicher, gehässiger, erbitternder, je offener sie den Erwerb als ihren Zweck proklamiert.

Je weniger die Handarbeit Geschicklichkeit und Kraftäußerung erheischt, d. h. je mehr die moderne Industrie sich entwickelt, desto mehr wird die Arbeit der Männer durch die der Weiber und Kinder verdrängt. Geschlechts- und Altersunterschiede haben keine gesellschaftliche Geltung mehr für die Arbeiterklasse. Es gibt nur noch Arbeitsinstrumente, die je nach Alter und Geschlecht verschiedene Kosten machen.

Ist die Ausbeutung des Arbeiters durch den Fabrikanten so weit beendigt, daß er seinen Arbeitslohn bar ausgezahlt erhält, so fallen die anderen Teile der Bourgeoisie über ihn her, der Hausbesitzer, der Krämer, der Pfandleiher usw.

Die bisherigen kleinen Mittelstände, die kleinen Industriellen, Kaufleute und Rentiers, die Handwerker und Bauern, alle diese Klassen fallen ins Proletariat hinab, teils dadurch, daß ihr kleines Kapital für den Betrieb der großen Industrie nicht ausreicht und der Konkurrenz mit den größeren Kapitalisten erliegt, teils dadurch, daß ihre Geschicklichkeit von neuen Produktionsweisen entwertet wird. So rekrutiert sich das Proletariat aus allen Kreisen der Bevölkerung.«

Die Illustration dieser Ideen lieferte Ernst Adolf Willkomm, ein Sohn der Leinewebergegend Zittau, in seinem 1845 erschienenen Roman »Weiße Sklaven«. Er entwirft darin, ein trocken harter Satiriker, das Porträt des frühkapitalistischen Unternehmers, der den feisten Schieber- und

Ausbeutertypen, den »Gezeichneten« eines George Grosz, an Korruptheit nicht nachsteht. Daß ein solcher Unternehmer kein gewöhnlicher Emporkömmling, sondern ein Mann von Adel ist, charakterisiert die agitatorischen Parolen des Klassenkampfes, für alle Mißstände den Adel verantwortlich zu machen, ihn um jeden Preis zu diskriminieren.

»Mit übergeschlagenen Beinen in einem weichgepolsterten Lehnstuhl von massivem Mahagoniholze nachlässig ruhend und eine aromatisch duftende Havanna rauchend, ließ sich Adrian von dem Buchhalter Bericht erstatten über die Ausgaben der letzten Woche an Arbeitslohn. Der Buchhalter las:

›Hundertundzwanzig Feinspinnern, jedem einzelnen einen Taler fünf Silbergroschen.‹

›Streichen Sie für die nächste Woche diese fünf Silbergroschen, Herr Vollbrecht‹, unterbrach Adrian den Vortragenden. ›Die letzten Briefe meiner Korrespondenten in Leipzig, Hamburg, Wien und anderen Plätzen berichten, daß uns ein großer Gewinn sicher ist, wenn wir auf den nächsten Messen alle Konkurrenten durch Billigkeit unserer Wolle aus dem Felde schlagen können. Dies läßt sich leicht durch eine Herabsetzung des Arbeitslohnes erreichen, der ohnehin zu hoch war.‹

›Aber Herr Graf –‹

›Herr am Stein, lieber Vollbrecht, wenn's beliebt!‹

›Nun denn, Herr am Stein, die Arbeiter klagen schon seit langer Zeit, daß sie mit dem jetzigen Lohne kaum mehr ihre Familien unterhalten können! Der harte Winter von 29 auf 30 ist sehr vielen dieser Armen gefährlich geworden und hat ihre geringen Ersparnisse gänzlich erschöpft.‹

›Desto besser, so haben wir sie in unserer Gewalt! Es ist nicht gut, wenn der Arbeiter wohlhabend wird. Das macht sie nur stolz, brutal, aufsässig, wie wir's vor einigen Jahren schon einmal erleben mußten. Damals hätte es not getan, wir hätten diese Elenden mit Bitten bestürmt, und sie vom Kopf zur Zehe übergoldet, nur um ein paar Hände zu bekommen. Ich habe mir diese Lehre gemerkt und mich fest entschlossen, es nie wieder dahin kommen zu lassen. Noch einige Jahre und die im Wohlleben schwelgenden Arbeiter wären unsere Gebieter geworden! Gottlob, mein und einiger Kollegen System hat bereits angefangen, Früchte zu tragen! Das unmerkliche Schmälern des Lohnes, durch die große Konkurrenz leicht zu rechtfertigen, hat diese Übermütigen uns wieder untertänig gemacht. Sorglos verpraßten sie inzwischen ihre Ersparnisse, der schwere Winter half auch mit zehren, und jetzt haben sie nichts mehr als ihr gutes Auskommen von einem Tage zum anderen. Was wollen sie mehr? Ihr Verdienst wird ihnen pünktlich zur Stunde ausgezahlt, während wir armen Spekulanten die Gefahr des Wagens stets mit in Anschlag bringen und sie häufig genug mit Gleichmut überwinden müssen.‹

›Sie sprechen von einem guten Auskommen Ihrer Arbei-

Georg Büchner,
der mit 24 Jahren gestorbene Dichter von »Woyzeck« und »Dantons Tod«, rief bereits 1834 in seiner politischen Flugschrift »Der hessische Landbote« zum offenen Aufstand gegen die Herrschaft der Fürsten auf.

ter, Herr am Stein, und müssen doch wissen, daß schon seit Jahr und Tag die Kartoffel der meisten alleinige Nahrung ist!‹

›Kartoffeln sind eine sehr nahrhafte Kost und geben Kraft. Man merkt's an den vielen Kindern dieser Spinner und Weber! Und überdies gibt es noch Hunderttausende, für die ein Menschenfreund auch sorgen muß. Der Arme will sich kleiden, will sich billig kleiden, mithin dürfen baumwollene Stoffe nicht teuer sein. Streichen Sie also ruhig die fünf Silbergroschen!‹

Kopfschüttelnd gehorchte der Buchhalter und fuhr fort:

›Achtzig Spindelknaben, jedem einzelnen zehn Silbergroschen.‹

›Eigentlich sollte ich diesen Lohn ebenfalls verringern, indes mag er für die nächsten Wochen noch fortbestehen, da in letzter Zeit mehrere Unglücksfälle vorgekommen sind. Ich will nicht unbillig sein und die Gefahr der Beschäftigung so gut wie die Beschäftigung selbst bezahlen. Fahren Sie fort, Vollbrecht.‹

Als Schreckgespenst ging die Pfändung bei Tagelöhnern, Handwerkern und selbst bei Bauern um. Peter Fendis soziale Milieustudie beschwört mit bewegendem Realismus Unglück und Hilflosigkeit der Armen. Auch die Tränen der Kinder hindern den Gerichtsvollzieher und seine Schergen nicht, die letzten Habseligkeiten mitzunehmen. Wien, Historisches Museum.

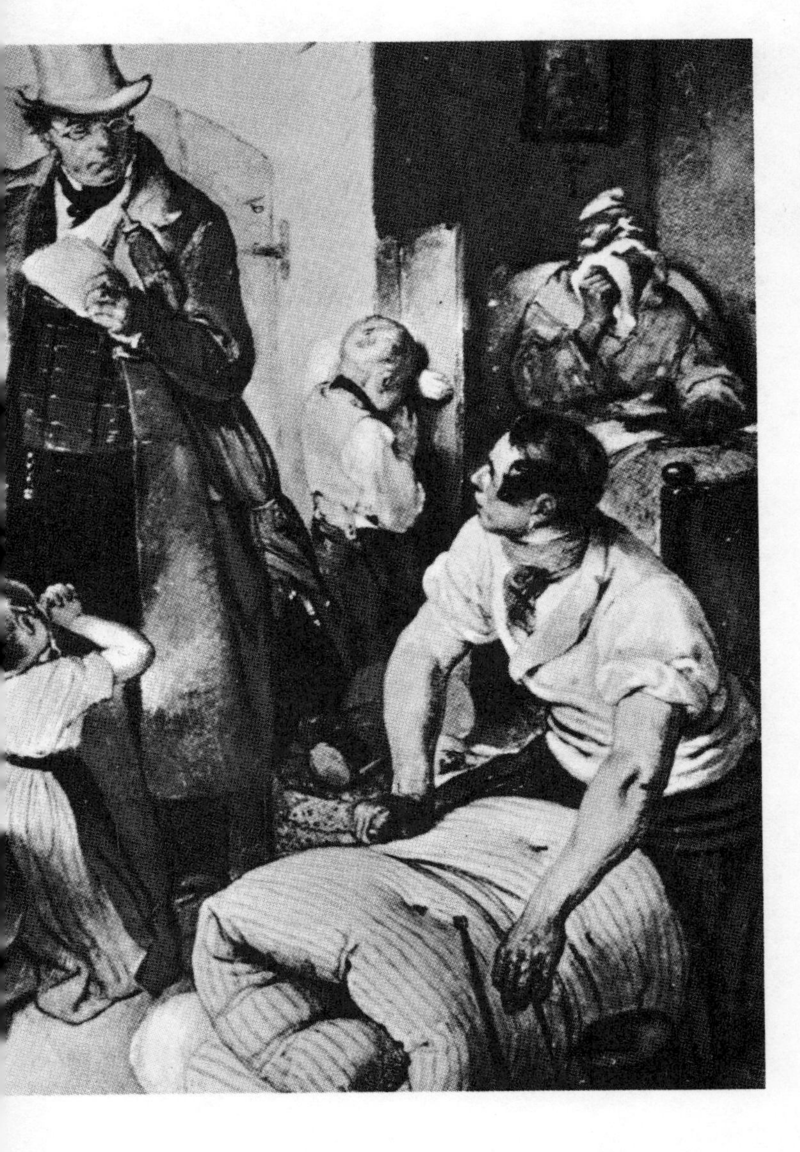

Prospérité du Commerce, Blüte des Handels, betitelt der Lithograph seine Schilderung einer Pariser Zwangsversteigerung unter freiem Himmel. Gebrauchte Pfannen, Töpfe und Matratzen, Requisiten der nackten Armut wandern gegen Höchstgebot in andere Hände.

Berlins Silhouette veränderte sich, nachdem August Borsig 1837 eine Eisengießerei und Maschinenbauanstalt gegründet und 1847 auch noch ein Eisenwerk in Moabit in Betrieb genommen hatte. Borsig baute die ersten deutschen Lokomotiven – sie trugen die Botschaft eines neuen Zeitalters in das Land hinaus.

›Den Käutchenschlingern, jedem einzelnen zwanzig Silbergroschen.‹

›Setzen Sie fünfzehn für die Zukunft! Diese Arbeit wird vom nächsten Montage an eine bloße spaßhafte Unterhaltung sein, sobald die Käutchenmaschinen aufgestellt sind!‹

›Ich erlaube mir, Ihnen zu widersprechen, Herr am Stein. Die Arbeit wird durch die Maschinen erschwert, da der Arbeiter beinahe noch einmal soviel Käutchen liefern muß als früher, wo er bloß mit seinen eigenen Händen arbeitete! Legen Sie den armen Menschen, die ohnehin meistenteils in Ihrer Fabrik Verunglückte sind, lieber einige Groschen zu, da Sie einen bedeutenden Vorteil durch die Maschinen gewinnen.‹

›Vom Gewinn lebt der Kaufmann, für den Gewinn spekuliert er. Die Maschinen kosten Geld, viel Geld, und ehe die Arbeiter das Käuteln auf denselben lernen, werden sie mir manches Schock Garn verderben. Schreiben Sie 15 statt 20, und halten Sie mich nicht länger durch Ihre humanistischen und kosmopolitischen Einwürfe auf.‹«

Wie die Unglücklichen auf derartige Praktiken reagierten, schildert Georg Weerth – selber einige Jahre Buchhalter

Die Kehrseite
der frühen Gründerjahre:
Proletarierelend und ungelöste soziale Probleme.
Holzstich von
Theodor Hosemann, 1845.

August Heinrich Hoffmann von Fallersleben

Der gute Wille

Gern will ich sein ein Rater,
Verlangt nur keine Tat –
Ich bin Familienvater
Und auch Geheimerat.

Ja freilich, beides bin ich,
Das macht mir viele Pein,
Ich bin gewiß freisinnig,
Wie's einer nur kann sein.

Hätt' ich nicht Frau und Kinder,
Da wär's mir einerlei,
Vorsichtig wär ich minder,
Spräch auch noch mal so frei.

Doch ein Familienvater –
Der Punkt ist delikat,
Und noch viel delikater
Ist ein Geheimerat.

in Köln, bevor er als Feuilletonredakteur der »Neuen Rheinischen Zeitung« zu drei Monaten Gefängnis verurteilt wurde und ins Exil ging – in seinem Romanfragment »Lohnauszahlung bei Preis & Co.«: »... die Freude des einen, der mit unverkürztem Lohn nach Hause eilte, das Schluchzen des anderen, der sich plötzlich um die Hälfte seines Erwerbes betrogen sah, die schnarrende Stimme des Contremaîtres, der mit dem Stocke drohte, wenn ein Widersetziger wie ein getretener Wurm sich empört in die Höhe richtete, das Fluchen des Kommis, der um Ruhe und Stille bat, damit er sich nicht um einen Groschen verzähle, das Grinsen des Buchhalters, der voll Bestialität und Geilheit sich an der ganzen Szene höchlichst gaudierte, und endlich das Klappern des Geldes, des schmierigen Metalls, um das sich ja dieser ganze Spektakel drehte – – fürwahr, das Zahlcomptoir der Fabrik bot heute wie an jedem Samstagabend einen Anblick dar, den man in Hurenhäusern, in Diebswinkeln, in Spielhöllen nicht krasser, nicht gemeiner, nicht scheußlicher finden konnte.«

Bettinas soziale Mission

Dann wendet sich Weerth den unglücklichsten Opfern der Ausbeutung, den Kindern, zu: »Knaben mit verrenkten Beinen, mit Buckeln und skrofulös zum Entsetzen, kleine Mädchen zur Arbeit abgerichtet wie Wiesel und Pudel, an die schnurrende Spindel, an die rasselnde Maschine geschmiedet, ehe noch die Knospe ihrer Jugend sich erschlossen ... Entnervt schon und zerfoltert von der Arbeit, ohne Fleisch auf den Lippen, ohne Blut in den Adern, ohne Gehirn im Kopfe – wie Gespenster, eben dem Grabe entstiegen, oder wie welke Blumen, die morgen sterben müssen.«

Tatsächlich waren diese Kinder, die glücklosen Spätlinge aus den Kellern und Hinterhöfen des Biedermeier, der Fron der Fabrikarbeit von morgens fünf bis abends neun Uhr nicht gewachsen, namentlich in den Bleiweißfabriken, wo sich selbst kräftige Männer durch das Einatmen der giftigen Dünste in kurzer Zeit ruinierten. »Und doch senden die Mütter ihre Kinder hierher«, stellte Ernst Dronke lakonisch fest, »obwohl sie wissen, daß die Kinder einem sicheren Tode entgegengehen. Vielleicht gerade, weil sie es wissen. Die Kinder sind ihnen zur Last, und das Elend raubt ihnen jedes menschliche Gefühl ...«

Um Material für ein »Armenbuch« zu sammeln, schreckte Bettina von Arnim nicht davor zurück, die Elendsquartiere des Berliner Nordens persönlich aufzusuchen. Mit der gleichen Hartnäckigkeit, mit der sie Beethoven von einer Wohnung in die andere verfolgt, den Fürsten Pückler mit Briefen traktiert hatte (die er belästigt als »Raserei, die aus bloßer Gehirnsinnlichkeit hervorgeht«, bezeichnete) und Goethe so enervierte, daß er die Notiz in sein Tagebuch aufnahm: »Frau von Arnims Zudringlichkeit abgewiesen« und sie am Ende gar eine »leidige Bremse« nannte, drang sie auch im sogenannten Vogtland vor dem Hamburger Tor in die »Familienhäuser« ein, wo in 400 kleinen Stuben 2500 Menschen zusammengepfercht hausten. Im Detailstil der nüchternsten Reportage registrierte sie: »Das Bett sah schmutzig aus. Diesem gegenüber lag ein Bund frisches Stroh. Über diesem hing eine Schreibtafel, auf welcher die Worte ›Trink und eß‹ fleißig kopiert waren. Neben derselben hing ein geflochtener Strick, der anstatt einer Rute für den elfjährigen Karl gebraucht wird. Unter dem Spiegel, in Goldrahmen gefaßt, hängt der letzte Wille von Friedrich Wilhelm III ...«

Bettina von Arnim
(1785–1859) war die Tochter
der mit dem jungen Goethe
befreundeten Maximiliane Laroche und
die Schwester von Clemens Brentano.
Nach dem Tode ihres Mannes,
des Dichters Ludwig Joachim von Arnim,
wandte sie sich, aufgeschlossen
und couragiert, den politischen
und sozialen Zeitfragen zu.

Sie entdeckte (»Ich habe mich bloß zwischen Zurückweisenden durchs Lebensgewühl gedrängt«), ähnlich wie die literarisch brillantere George Sand, ihre politische, ihre soziale Mission; sie verteilte, wohin sie kam, Arzneien, Geld, Lebensmittel, Kleider, sie trommelte und beschwor: »Man lauert sonst jeder unschuldigen Verbindung auf. Das aber scheint gleichgültig zu sein, daß die Ärmsten in *eine* große Gesellschaft zusammengedrängt werden, sich immer mehr abgrenzen gegen die übrige Bevölkerung und zu einem furchtbaren Gegengewichte anwachsen.«

Sie setzte sich für die Berufung der durch den Hannoverschen Staatsstreich vertriebenen Brüder Grimm nach Berlin ebenso ein wie für die Rehabilitierung des vom Rastatter Kriegsgerichts verurteilten Republikaners Gottfried Kinkel. Sie trat für die hungernden schlesischen Weber ein und wurde sogar beschuldigt, sie hätte den Anlaß gegeben zu deren Aufstand von 1844 in Langenbielau und Peterswaldau, den eilig aus Schweidnitz herbeigezogenes Militär blutig niederschlug.

Als 1844 »Dies Buch gehört dem König« erschien, attestierte ihr Varnhagen, sie sei »in dieser Zeit der eigentliche Held, die einzige wahrhaft freie und starke Stimme«, nicht zuletzt deshalb, weil sie in aller Offenheit tadelte, das Volk hätte gar keine Möglichkeit, dem König seine Sorgen vorzutragen: »... Hat man was vorzubringen, so ist der Akkusativ streng verboten, der Nominativ darf nur in der dritten Person im Pluralis erscheinen, und alle Redeweise ist so, daß man einen Gedanken in seiner Urkraft vorzubringen nicht imstand' ist. – Dann muß man sich so oft mit dem Kopf bücken, daß so einem armen Bürgermeister (ich setz' den Fall, er hat 'was Vernünftiges mit dem Landesherrn zu reden) das Blut in den Kopf schießt! – Dann soll man nicht eher sprechen, bis man gefragt wird – und das will ich noch gelten lassen, aber daß man dann noch höchstens mit Ja oder Nein antworten soll, dabei kommt natürlich wenig heraus.«

AUF DER BARRIKADE

Die alte heilige Treue

Der preußische König, dessen verbohrt romantische Sinnesart ein so anachronistisches und ambivalentes Element in den Vormärz brachte, enttäuschte die großen euphorischen Erwartungen, die man bei seiner Thronbesteigung im Jahre 1840 in ihn gesetzt hatte. »Anfangs wollten mich die Berliner vor Liebe auffressen, jetzt bedauern sie, es nicht getan zu haben«, charakterisierte er selbst die Lage mit jener Portion Mutterwitz, die in so eklatantem Widerspruch stand zum Pathos seiner mehr peinlichen als erhebenden rednerischen Improvisationen. Seine Forschheit, mit der er womöglich nur die Angst vor der eigenen Courage kaschierte, verband sich mit einer pompösen Herausstellung seines Gottesgnadentums und dem viel belächelten Anspruch, in der glorreichen preußischen Geschichte neben Friedrich dem Großen zu stehen, eine Selbsteinschätzung, auf die Heine mit dem Spottvers antwortete: »Ein König soll nicht hitzig sein / Ein König soll nicht witzig sein / Er soll nicht Alten-Fritzig sein« und die Berliner mit dem Geraune reagierten: »Im Schlosse zu Sanssouci geht der Geist Friedrichs II. um – aber ohne Kopf.«

Als er 1840 die Regierung übernahm, hatte er sofort eine Amnestie für politische Vergehen erlassen und im darauffolgenden Jahr eine erhebliche Lockerung der Zensurbestimmungen verfügt. Die drohende Gefahr eines Krieges mit Frankreich, das sich, entgegen den Sympathien der anderen europäischen Länder, in der Auseinandersetzung zwischen der Türkei und Ägypten auf die Seite des letzteren stellte, hatte in Deutschland eine nationale Begeisterungswelle ausgelöst, die Friedrich Wilhelm IV. zum Beschützer des Rheines und zum Symbol der gesamtdeutschen Einheit erhob. Diese Welle – ihre literarischen Schaumkronen waren Schneckenburgers »Wacht am Rhein« (»Reich wie an Wasser deine Flut ist Deutschland ja an Heldenblut«), Beckers Rheinlied und Hoffmann von Fallerslebens Deutschlandhymne – setzte sich fort bei der Grundsteinlegung des Kölner Doms und führte schließlich zum Plan des Hermann-Denkmals im Teutoburger Wald, des »Männeken-Pis der Freienrheinbegeisterung«, wie es der in viele Händel verstrickte Robert Prutz in seiner »Politischen Wochenstube« kichernd benannte.

Erschreckt durch die wachsende Aggressivität der Presse und das immer radikalere Auftreten der Linkshegelianer, neben denen sich die 1835 verbotene liberale jungdeutsche Bewegung als geradezu harmlos ausnahm, kehrte der König wieder zu einer Verschärfung der eben erst gelockerten Presse-

Münchner Satire
auf die Pressefreiheit:
Nur immer herein spazirt! kost nicht mehr als 3 kr. Dunkelmänner, alte Weiber u. kleine Kinder zahlen die Hälfte! Hier können Sie sehen eine neuerfundene Maschine, die Preßfreiheit, sie wurde ohne Licht in 2 sehr dunkeln Kammern verfertiget. Auch sehen Sie die dazu gehörige grausame Menagerie. Obendrauf sitzt ein Geldprotzober als Preßgewicht, er ist sehr gefräßig, anmaßend und dumm, – geben's obacht! – er beißt! – u. gehört, wie die vier andern Preßer zur Gattung der Säugethiere, denn Saugen ist ihre einzige Nahrung. Mehr darüber zu sagen ist nicht recht schicklich, denn der Neuthurm ist kein leerer Wahn! Da sehen Sie noch da drin 3 gefährliche Kerle! man heißt sie Verleger, Literat u. Drucker; sie werden so eben freigepreßt, damit dem einen der Schaft, dem andern der Saft, u. dem dritten die Kraft ausgehe! für jetzt ist die Vorstellung aus. Der Vorhang fällt mit Gefühl, das Publikum weint.

zensur zurück und verbot Blätter wie die »Rheinische Zeitung«, die »Deutschen Jahrbücher« und die »Trierer Zeitung«.

Hoffmann von Fallersleben kommentierte die neue Bevormundung in seinen »Unpolitischen Liedern«, die seine Amtsenthebung als Professor für deutsche Sprache und Literatur an der Breslauer Universität zur Folge hatten:

»Wie ist doch die Zeitung interessant
Für unser liebes Vaterland!
Was haben wir heute nicht alles vernommen!
Die Fürstin ist gestern niedergekommen,
Und morgen wird der Herzog kommen,
Hier ist der König heimgekommen,
Dort ist der Kaiser durchgekommen,
Bald werden sie alle zusammenkommen –
Wie interessant! wie interessant!
Gott segne das liebe Vaterland!

Wie ist doch die Zeitung interessant
Für unser liebes Vaterland!
Was ist uns nicht alles berichtet worden!
Ein Portepeefähnrich ist Leutnant geworden,
Ein Oberhofprediger erhielt einen Orden,
Die Lakaien erhielten silberne Borden,
Die höchsten Herrschaften gehen nach Norden,
Und zeitig ist es Frühling geworden –
Wie interessant! wie interessant!
Gott segne das liebe Vaterland!

Das Unbehagen an ihrem König, der in seinem herausfordernden Mangel an Toleranz und Anpassungsvermögen gegen den immer reißenderen Strom der Zeit zu regieren schien, machte sich auf einmal Luft, als am 26. Juli 1844 der Bürgermeister Tschech aus Storkow in der Mark ein Attentat auf das im Schloßhof gerade eine Equipage besteigende Königspaar verübte. Der Schuß aus der Doppelpistole hatte den König nur geringfügig verletzt, um so mehr fühlte sich jedoch die heimlich mit dem Attentäter sympathisierende Bevölkerung getroffen, weil er ihn ohne viel Federlesens um einen Kopf kürzer machen ließ. »Die Überraschung der Leute war ungeheuer«, heißt es in Varnhagens Tagebuch, »man hatte die Sache bisher für unmöglich gehalten; die Schnelligkeit und Heimlichkeit, mit der die Hinrichtung betrieben worden, macht den übelsten Eindruck, selbst bei solchen Leuten, die der Hinrichtung beistimmten. Allein die Mehrzahl tut letzteres keineswegs, man ist erschrocken, daß der König nicht Gnade geübt,

Heinrich Ludwig Tschech, ehemals Bürgermeister in Storkow (Mark), verübte am 26. Juli 1844 im Berliner Schloßhof ein Attentat auf Friedrich Wilhelm IV., das fehlschlug, ihm aber das Leben kostete.

Friedrich Wilhelm IV. folgte 1840 seinem Vater auf dem preußischen Thron. An den neuen König knüpften sich große, emphatische Erwartungen: Man erhoffte Änderungen im liberalen Sinne, eine tolerantere Zensur, vor allem aber die Verwirklichung des Verfassungsversprechens, das Friedrich Wilhelm III. 1815 dem Volk gegeben hatte. Vor dem Berliner Schloß nahm Friedrich Wilhelm IV. am 15. Oktober 1840 die Huldigung seiner Untertanen entgegen.

daß er sich nicht auf gleiche Höhe mit König Louis Philippe und Königin Viktoria gestellt, man findet es häßlich für ihn, häßlich für Preußen, man nennt ihn jetzt blutbefleckt, man bedauert ihn!«

Noch mehr Aufsehen, noch mehr böses Blut machte die Rede, die Friedrich Wilhelm IV. drei Jahre später vor dem Vereinigten Landtag hielt, dessen Einberufung er nicht verhindern konnte, weil der Bau der Ostbahn (Berlin–Königsberg) ohne eine von den Ständen bewilligte außerordentliche Anleihe nicht hätte durchgeführt werden können. »Eine krankhafte Gereiztheit klang in der ganzen Rede durch, verhaltener Ingrimm über die modernen Zeitideen und Bewegungen«, konstatierte der Leipziger Professor Karl Biedermann, Mitglied der Frankfurter Nationalversammlung als Führer des linken Zentrums.

»... Edle Herren und getreue Stände! Es drängt mich zu der feierlichen Erklärung, daß es keiner Macht der Erde je gelingen soll, mich zu bewegen, das natürliche, gerade

Das Attentat des Bürgermeisters Tschech

Niemals war ein Mensch so frech
Wie der Bürgermeister Tschech,
Denn er traf fast auf ein Haar
Unser teures Königspaar.
Ja er traf die Landesmutter
Durch den Rock ins Unterfutter.

Als die Uhr war kaum halb achte
Und noch niemand Böses dachte,
Ist ein Mann im grauen Mantel
Durch das Schloßportal gewandelt.
Dies war Tschech der Hochverräter,
Königsmörder, Attentäter.

Ach, es hat der Bösewicht,
Unsern Gott im Herzen nicht,
Pocken hat er im Gesicht,
Sonsten sah man Böses nicht.
Friedrich Wilhelm kam heraus,
Sah noch ganz verschlafen aus.

Tschech zieht ein Pistol hervor,
Trifft den König fast ans Ohr.
Doch es packt ihn ein Schandarme
An dem frevelhaften Arme,
Und man keilt den Wüterich
Auf der Stelle fürchterlich.

Als der König ihn erblicket
Von Schandarmen rings umstricket,
Zeigt er plötzlich viel Courage:
»Auf dem Schloßplatz halt man still,
Weil das Volk mich sehen will.«

Drauf dreht er sich um und spricht:
»Kinder ich hab nischt gekriegt.«
Dick und fett, ihm fehlte wenig,
Alles brüllt »es leb der König.«
Aber wo war Dunker hin?

Dunker hätte sonst erraten,
daß man wollte attentaten.
Wär er in Berlin gewesen,
Würd man dieses jetzt nicht lesen.
Aber Leute hört einmal
Von dem Liede die Moral.

Hatt wohl je ein Mensch so'n Pech,
Wie der Bürgermeister Tschech,
Daß er diesen dicken Mann
Auf zwei Schritt nicht treffen kann!

Anonym

Der deutsche Michel
bittet den preußischen König
(»Fort mit euch, aus unserem
Staat, sonst muß euch ein
Brandenburger Donnerwetter
erschlagen«) um Durchreise-
erlaubnis für sich und
Mutter Germania, die guter
Hoffnung ist und in Frankfurt
eine neue Verfassung
zur Welt bringen will.
Anonyme Lithographie.

bei uns durch seine innere Wahrheit so mächtig machende Verhältnis zwischen Fürst und Volk in ein konventionelles, konstitutionelles zu wandeln, und daß ich es nun und nimmermehr zugeben werde, daß sich zwischen unseren Herr Gott im Himmel und dieses Land ein beschriebenes Blatt, gleichsam als eine zweite Vorsehung, eindränge, um uns mit seinen Paragraphen zu regieren und durch sie die alte, heilige Treue zu ersetzen ...

Sie, meine Herren, sind deutsche Stände im althergebrachten Wortsinn, das heißt vor allem und wesentlich ›Vertreter und Wahrer der eigenen Rechte‹, der Rechte der Stände, deren Vertrauen den bei weitem größten Teil dieser Versammlung entsendet. Nächst dem aber haben Sie die Rechte zu üben, welche Ihnen die Krone zuerkannt hat. Sie haben ferner der Krone den Rat gewissenhaft zu erteilen, den dieselbe von Ihnen fordert. Endlich steht es Ihnen frei, Bitten und Beschwerden, Ihrem Wirkungskreise, Ihrem Gesichtskreise entnommen, aber nach reiflicher Prüfung, an den Thron zu bringen.

Das sind die Rechte, das die Pflichten germanischer Stände, das Ihr herrlicher Beruf. Das aber ist Ihr Beruf nicht: ›Meinungen zu repräsentieren‹, Zeit- und Schulmeinungen zur Geltung bringen zu sollen. Das ist vollkommen undeutsch und obenein vollkommen unpraktisch über das Wohl des Ganzen, denn es führt notwendig zu unlösbaren Verwickelungen mit der Krone, welche nach dem Gesetze Gottes und des Landes und nach eigener freier Bestimmung herrschen soll, aber nicht nach dem Willen von Majoritäten regieren kann und darf, wenn Preußen nicht bald ein leerer Klang in Europa werden soll! Meine Stellung und Ihren Beruf klar erkennend und fest entschlossen, unter allen Umständen dieser Erkentnis treu zu handeln, bin ich in Ihre Mitte getreten und habe mit königlichem Freimut zu Ihnen geredet ...«

Der König hatte Farbe bekannt und keinen Zweifel daran gelassen, daß er trotz der immer offener und radikaler gestellten Forderung, die bereits 1815 versprochene Verfassung endlich zu gewähren, nicht gewillt war, dem Volk auch nur einen Schritt entgegenzukommen. So begann sich seine eigene Persönlichkeit, sein Thron von Gottesgnaden, mehr und mehr in Frage zu stellen, und die Agitatoren der Linken setzten sich mit der lapidaren Frage »Was ist ein Fürst« über jedes noch halbwegs heilige Tabu hinweg:

»Ein Fürst ist ein Individuum, dessen ganzes Verdienst es ist, aus einem kaiserlichen, königlichen oder herzoglichen Leibe gekrochen zu sein, das gewöhnlich schon in den Windeln General und, wie man sagt, schon mit 18 Jahren so klug ist wie die geliebten Untertanen mit 40. Ein Fürst ist ferner dasjenige Individuum, welches auf Kosten von Millionen prachtvoll wohnt, Austern speist, Champagner trinkt, sich Mätressen hält, ins Theater geht, Kabinettsorders unterzeichnet, aus Langeweile Reisen macht, kurz, sich vom

Volke füttern läßt, um dafür die genannten Geschäfte zu besorgen. Ein Fürst ist ein gewöhnlicher Mensch, der sich aber ›von Gottes Gnaden‹ nennt, sich als höheres Wesen anbeten läßt und seine alleruntertänigsten Fütterer mit allerhöchsten Steuern plagt.«

Das ist die herausfordernde Sprache des Hohns und des Hasses, von der sich kein Wort widerrufen läßt. Die sich ihrer bedienten, sei es in der Anonymität des Untergrunds oder in freimütiger Offenheit, waren bereit, alle Risiken

Der deutsche Michel und seine Mutter Germania in Berlin.

Hinreißende Beredsamkeit zeichnet die Abgeordneten des Frankfurter Bundestages aus, der sich am 18. Mai 1848 unter dem Druck der Märzrevolution in der Paulskirche als Nationalversammlung konstituiert. Die Karikatur zielt auf die endlosen und einschläfernden Debatten über eine gemeinsame Verfassung.

auf sich zu nehmen, die des jahrelangen Kerkers und die des Exils. Börne und Heine, Büchner, Herwegh, Ruge, Hoffmann von Fallersleben, Freiligrath, Dronke, Heß, Marx und Engels – alle, die dieses selbstprovozierte Schicksal ereilte, waren aufsässige und abtrünnige Söhne des Biedermeier.

Zwischen diesem, einem von exemplarischen Spießbürgern angefülltem Rosenhag, und dem mobilen Standort dieser Unbehausten »außerhalb der bestehenden Ordnung« klaffte indessen ein Raum, den nicht einmal das Heimweh

nach Kanapee und Kachelofen überbrücken konnte, denn es hatte in den grimmerfüllten Herzen keinen Platz. Ein gehöriger Schuß von Infamie bestimmte den Ton, in dem sie zu ihren Vätern wie zu unbelehrbaren Dummköpfen sprachen.

»Laß jede Freiheit dir rauben, / Setze dich nicht zur Wehr, / Du behältst ja den christlichen Glauben: / Schlafe, was willst du mehr? / Und ob man dir alles verböte, / Doch gräme dich nicht zu sehr, / Du hast ja Schiller und Goethe: / Schlafe, was willst du mehr? / Kein Kind läuft ohne Höschen / Am Rhein, dem freien, umher: / Mein Deutschland, mein Dornröschen, / Schlafe, was willst du mehr?«

Was hier Herwegh, »die eiserne Nachtigall«, einer Generation von Schlafmützen als Wiegenlied singt, ist symptomatisch für die Abscheu der Trommler von 1848 vor der durch ein ausgeklügeltes System der Unterdrückung geformten und deformierten Gesellschaft. Gleichgültig, ob es um Nutznießer und Konformisten oder die mit Blindheit geschlagenen Opfer des Obrigkeitsstaates geht: Untertanengeist und Duckmäusertum, Verzopftheit und Bigotterie, kleinmütiges Sicherheitsdenken hatte sie zu unscheinbaren Leisetretern, zu karikaturhaften Spottgestalten werden lassen.

Für die Sache der Revolution war nichts von ihnen zu erwarten – es sei denn ein Grund, der Sprache der Agitation eine extreme Schärfe zu geben, die auch die Masse der Trägen, Gleichgültigen und Furchtsamen zu durchdringen und so aufzuwühlen vermochte, daß sie sich eines Tages willfährig auf die Barrikade treiben ließ. Damit das Volk »nicht ganz in Schlummer und geschichtlichen Tod sinke«, forderte Friedrich von Sallet, den Willen zur Revolution bis zum äußersten zu aktivieren: »Wir müssen dies mit Aufopferung unserer eigenen persönlichen Sicherheit tun, denn es ist eine eitle Träumerei, auf den Sieg ohne Anstrengung und Opfer zu hoffen, wo uns eine wohlorganisierte, mit dem schärfsten Instinkt der Selbsterhaltung und mit allen materiellen und Gewaltmitteln, die uns fehlen, aufs reichlichste ausgerüstete infernalische Macht gegenübersteht – der Absolutismus kämpft um seine Existenz.«

In diese Warnung mischt sich ein düsterer Unterton von Prophetie. Friedrich von Sallet war aktiver Offizier gewesen, bevor er sich – wegen einer satirischen Novelle im Jahr der Pariser Julirevolution gemaßregelt – der Idee des Umsturzes verschrieb und um so fanatischer an ihr festhielt, je utopischer sie ihm als gründlichem Kenner des militärischen Machtapparates erscheinen mußte. Denn um Massen in Bewegung zu setzen, genügte eine zündende Idee und das Dynamit des emotionellen Überdrucks, um aber eine Revolution zu entfachen und siegreich durchzustehen, mußte man diese unorganisierte, kaum dirigierbare Masse militärischer Dilettanten in disziplinierte Kämpfer verwandeln. Mit Knüppeln und Pflastersteinen, mit Wut und Todesverachtung allein konnten sie dem wohlexerzierten Ansturm der Truppen nicht standhalten und liefen Gefahr, in diesem ungleichen Kampf zu Hunderten zusammengehauen und niederkartätscht zu werden. Es war ganz unmöglich, bei dem geringsten Anzeichen eines Aufruhrs nicht die selbst in Augenblicken völliger Kopflosigkeit musterhaft funktionierende Maschinerie des Militärs sofort in Gang zu setzen. »Sire«, hatte Graf Morny einst zu Napoleon gesagt, »alles kann man mit Bajonetten machen, nur nicht auf ihnen sitzen!«

Georg Herwegh

Aufruf

Reißt die Kreuze aus der Erden!
Alle sollen Schwerter werden,
Gott im Himmel wirds verzeihn.
Laßt, o laßt das Verseschweißen!
Auf den Amboß legt das Eisen!
Heiland soll das Eisen sein.

Eure Tannen, eure Eichen –
Habt die grünen Fragzeichen
Deutscher Freiheit ihr gewahrt?
Nein, sie soll nicht untergehen!
Doch ihr fröhlich Auferstehen
Kostet eine Höllenfahrt.

Deutsche, glaubet euren Sehern,
Unsere Tage werden ehern,
Unsre Zukunft klirrt in Erz;
Schwarzer Tod ist unser Sold nur,
Unser Gold ein Abendgold nur,
Unser Rot ein blutend Herz!

Reißt die Kreuze aus der Erden!
Alle sollen Schwerter werden,
Gott im Himmel wirds verzeihn.
Hört er unsre Feuer brausen
Und sein heilig Eisen sausen,
Spricht er wohl den Segen drein.

Vor der Freiheit sei kein Frieden,
Sei dem Mann kein Weib beschieden
Und kein golden Korn dem Feld;
Vor der Freiheit, vor dem Siege
Seh kein Säugling aus der Wiege
Frohen Blickes in die Welt!

In den Städten sei nur Trauern,
Bis die Freiheit von den Mauern
Schwingt die Fahnen in das Land;
Bis du, Rhein, durch f r e i e Bogen
Donnerst, laß die letzten Wogen
Fluchend knirschen in den Sand.

Reißt die Kreuze aus der Erden!
Alle sollen Schwerter werden,
Gott im Himmel wirds verzeihn.
Gen Tyrannen und Philister!
Auch das Schwert hat seine Priester
Und wir wollen Priester sein!
1841

»Dankbarkeit ist die Tugend der Könige!« Die Birne auf dem Thron charakterisiert den korpulenten Bürgerkönig Louis Philippe, der gar nicht soviel Fußtritte austeilen konnte, wie er selber erhielt, nachdem er, um sich beliebt zu machen, die Zensur gelockert hatte.

Eine Birne mit Maden

Im Juli 1830 wurde in Paris die Idee der Revolution neu aufpoliert. Ein mißliebiger König machte einem andern Platz: Karl X. mußte rasch seine Siebensachen packen, weil er leichtfertig ein paar Ordonnanzen erlassen hatte, die Pressefreiheit und Wahlrecht schmälerten, und der unter dem schlichten Namen Louis Philippe von den Pairs und Deputierten auf den noch warmen Thron gehobene Bürgerkönig schwenkte auf dem Balkon die Trikolore, um sich beim Volk einzuschmeicheln, sang die Marseillaise und trat den Takt dazu – und wurde bald selber getreten von den Zeitungsleuten, denen er die Pressefreiheit zurückgegeben hatte, und mit Feder und Lithographenkreide durch jeden Schmutz gezogen.

Die Revolution hatte nur drei Tage gedauert – als es Ziegel von den Dächern und Möbel aus den Fenstern hagelte, verging den Soldaten die Lust, sich mit den von der Erinnerung an 1789 berauschten Arbeitern, Studenten und Veteranen der Grande Armée ernsthaft einzulassen. Dennoch löste die Pariser Julierhebung, die »trois glorieuses«, wie man sie fast zärtlich nannte, in ganz Europa folgenschwere Ereignisse aus: Belgien trennte sich von Holland,

Die Insurgenten von 1830 bombardierten die anrückenden Truppen von den Dächern herab mit Möbeln, Ziegeln und Zubern. Bei den Straßenkämpfen der Revolution von 1848 wurde diese Taktik vervollkommnet, indem man von einem Haus zum anderen die Wände durchbrach, um Fluchtwege zu schaffen.

mit dem es zu einem widersinnigen Staatsgebilde verbunden war, Polen erhob sich gegen den Zaren, der das unglückliche Land am Ende seiner letzten Freiheiten beraubte und zu einer russischen Provinz degradierte, die Schweiz befreite sich von ihren aristokratischen Regierungen und öffnete ihre Grenzen allen politisch Verfolgten, so daß Metternich sie als einen Herd revolutionärer Gifte ansah und als »befestigte Kloake« bezeichnete, die man mit einem »moralischen Gesundheitskordon« umgeben müsse. Es gab Aufstände in Parma, Modena und in der Romagna, Unruhen in Sachsen, Kurhessen, Hannover und in der Pfalz, wo auf dem Hambacher Fest der liberalen Bewegung bereits der Ruf nach einem konföderierten republikanischen Europa ertönte.

Im Glauben, die große soziale Revolution stehe unmittelbar vor der Tür, verdutzte und verschüchterte der Medizinstudent Georg Büchner, der geniale Dichter des »Woyzeck«, der am Tage der Leipziger Völkerschlacht geboren wurde und schon mit 24 Jahren starb, die einfache Landbevölkerung mit der ungewohnt radikalen Sprache einer präkommunistischen Flugschrift, die lange vor Marx und Engels den Klassenkampf proklamierte. Die bieder als »Hessischer Landbote« getarnte hochbrisante Postille – mit einer Anweisung für den Leser, wie er sich im Falle einer Denunziation oder Haussuchung verhalten solle, nämlich naiv zu behaupten, daß er sie gerade dem Kreisrat habe bringen

Von Entsetzen gelähmt starren die alle in einem Boot sitzenden gekrönten Häupter auf das drohend aus den Fluten tauchende Ungeheuer: auf seiner Stirn steht das Wort »Freiheit« geschrieben. Lithographie von Cham.

wollen – zwang ihn, nach Straßburg zu emigrieren, wo er dann, enttäuscht über den verpufften Effekt des Juliaufstands (»Ein Huhn im Topf jedes Bauern macht den gallischen Hahn verenden«), das Thema wechselte und eine in Fachkreisen aufsehenerregende Abhandlung über das Kopfnervensystem der Fische schrieb, die ihm das Doktordiplom der Züricher Universität eintrug.

Die zyklonischen Kräfte, welche die Revolution ausgelöst und als ein Geschenk Saturns der Welt beschert hatte, wirkten auf Paris zurück, auf Louis Philippes Ära des »juste milieu«, des goldenen Mittelwegs, von der Stendhal lakonisch sagte: »Ich sehe mich in einem Übergangszeitalter, das heißt in einem Zeitalter der Mittelmäßigkeit.« Mit Louis Philippe war die Monarchie von ihrer unnahbaren Höhe

Ludwig Pfau

DAS LIED VON DER DEUTSCHEN TREUE

Es klingt ein Lied wie Orgelton,
Das rühmen alle Kenner;
Das krähn im Mutterleibe schon
Die deutschen Biedermänner;
Und wo ein Dichter Verse schmied't,
Da singt er stets aufs neue
Das alte Lied, das schöne Lied,
Das Lied von der deutschen Treue.

Der König lehrt uns Politik
Ganz gnädig mit dem Kantschu,
Wir beugen selig das Genick
Und küssen ihm den Handschuh.
O gib uns einen Tritt dazu,
Daß unser Herz sich freue:
Solch schöne Strophe füge du
Zum Lied von der deutschen Treue.

herabgestiegen, nicht bis ins Souterrain der Arbeiter und kleinen Leute, wohl aber in die Beletage des arrivierten und etablierten Bürgertums, der Bankiers und Kaufleute, der Hausbesitzer, Aktionäre und Spekulanten, in den Kreis derer, die das Geld zur Gottheit erhoben hatten. Es sind die Akteure und Statisten der Balzacschen »Comédie humaine«, deren Gedanken und Gefühle ausschließlich von Ziffern, Zinsen und Prozenten in Anspruch genommen werden und mit wahrhaft religiöser Inbrunst um Mitgiften, Erbschaften und geschäftliche Transaktionen kreisen.

Der betonte Zivilist, der sich seinen Mitbürgern lieber mit Regenschirm und Hut als mit Zepter und einer Krone auf dem berühmt birnenförmigen Haupte darbot, hatte als kluger und beflissen freundlicher Mann nichts für Abenteuer übrig – zog es aber auf eine unheimliche und lebensbedrohende Weise an: Wie durch ein Wunder entging er den vielen Attentaten, die mit Pistole, Dolch und Höllenmaschine auf ihn verübt wurden, im Falle des Korsen Fieschi sogar mit einem aus 24 Gewehrläufen konstruierten Maschinengewehr.

»Es ist ein Jammer, alle diese Menschen zu sehen, die ihren Kochtopf mit einer dreifarbigen Kokarde schmücken.« Als Victor Hugo diese resignierte Feststellung traf, dachte er an das stets marschbereite Fußvolk der Revolution, das die Kontinuität der Geschichte so leicht aus dem Kurs bringen kann. Der sogenannte vierte Stand, das Proletariat, fühlte sich durch den Bürgerkönig und seine Bürger um die Früchte des Aufstands von 1830 betrogen: Im Tuileriengarten gingen die Bänke in Flammen auf, und als am nächsten Tage, es war der 23. Februar 1848, unter den Fenstern des Ministers Guizot eine Pistole abgefeuert wurde, antwortete das Militär mit einer Salve, die zwanzig Demonstranten das Leben kostete.

»Und da, mit einem Male«, erzählt Lorenz von Stein in seiner »Geschichte der sozialen Bewegung in Frankreich«, »in einer einzigen Nacht, ohne große Anstrengung, ohne Vorbereitung, ja wunderbar! zum Teil ohne Bewußtsein der Kämpfenden selber von dem Ausgang ihres Kampfes, bricht es los; Paris wallt auf und das Werk von achtzehn Jahren, das schönste Gebäude menschlicher Klugheit, ist wie vom Sturmwinde ergriffen und weggeblasen ... Wenn die Ereignisse ihre Bedeutung bekommen durch das Maß, in welchem sie klar und entschieden die großen Gesetze des menschlichen Lebens bestätigen, so ist die Februarrevolution das bedeutendste Ereignis der ganzen neueren Geschichte Europas.«

Louis Philippe floh zu Queen Victoria nach England. Wenig später konnte er dort einen anderen prominenten Flüchtling begrüßen, den von seinen Landsleuten vertriebenen Fürsten Metternich. Den Sturz dieser verhaßten Symbolgestalt der Unfreiheit und Despotie hatte das brodelnde Wien an erster Stelle gefordert, als es sich, von den Pariser Ereignissen in revolutionäre Hochstimmung versetzt, zwischen dem 13. und 15. März einmütig erhob, um die so lange vorenthaltene Verfassung zu erzwingen. Zugleich suchten Ungarn, Slawen und Italiener ihre nationale Selbständigkeit zu erlangen. »Man muß aber nicht glauben«, erinnert sich Eduard von Bauernfeld an diese euphorischen Tage, in denen er selbst eine aktive Rolle spielte, »daß die österreichische Begeisterung Hand in Hand gegangen wäre mit irgendeinem greifbar-praktischen Plane oder daß man dabei ein bestimmtes politisches Ziel ins Auge gefaßt hätte. Der Wiener ist nichts weniger als revolutionär, wohl aber eine Art gemütlicher Frondeur, der gegen alles und jedes Opposition zu machen bereit ist, was ›Regierung‹ oder ›Gesetz‹ heißt. ›Es muß anders, es muß besser werden!‹ rief einer dem andern zu – um das Wie fragte niemand. Man sah die Völker ringsumher ihre Fesseln abstreifen – da wird auch für uns etwas ›herausschauen‹! meinte man.«

Tatsächlich löste die unerwartete Situation, in der sich alle bisherigen Tabus zu entwerten schienen, ein solches Maß von Verwirrung und Planlosigkeit in der Wiener Hofburg aus, daß sich das zu einer Generalfront vereinte Volk eines raschen und unblutigen Sieges freuen konnte.

Nur wenige Tage später, am 18. März, machte auch die Bevölkerung der preußischen Hauptstadt ihrem angestauten Unmut gewaltsam Luft: »Seit einem Jahr hatten wir dahingelebt wie Leute, welche unter ihren Füßen Getöse und Schrecken des Erdbebens empfinden. Alles in den deutschen Verhältnissen erschien haltlos und locker, und jeder rief, daß es nicht so bleiben könne.«

So schilderte Gustav Freytag die bange, bedrückende Stimmung, die der aufreizenden Konfrontation der Demonstranten mit dem Militär und ihrer unrühmlichen Entladung in den Straßenkämpfen vorausging. Der zutiefst erschrockene König beendete das Massaker, indem er den Abzug der Truppen aus der Stadt befahl und unter der überspannten und kopflosen Ankündigung, er habe sich »zur Rettung Deutschlands an die Spitze des Gesamtvaterlandes« gestellt, mit schwarz-rot-goldener Armbinde durch die Straßen ritt. Es waren auf seiten der Bürger 183 Männer, 5 Frauen, 2 Kinder gefallen, und Friedrich Wilhelm IV. entblößte, vom Volk gedemütigt, von seiner Umgebung getadelt, zu jedem Zugeständnis bereit, sein Haupt vor den Toten, als sich der endlose Zug der Särge am Schloß vorbei bewegte.

Eine Kanonenkugel traf bei den Märzunruhen in der preußischen Hauptstadt den berühmten Aufruf Friedrich Wilhelms IV. »An meine Berliner« und blieb zur Hälfte sichtbar darin stecken. Trotz des Ernstes der Stunde amüsierten sich die Bürgerkombattanten über den Fehlschuß des königlichen Kanoniers.

Das Militär hatte im übrigen kein leichtes Spiel mit den Berlinern. Obwohl General von Prittwitz, der Befehlshaber der aus den umliegenden Garnisonen eilends herbeigezogenen Truppen, 14 000 Mann und 36 bespannte Geschütze einsetzen konnte, sah er sich mit seiner ansehnlichen Streitmacht doch einer ungewohnten, sozusagen ganz unplanmäßigen Situation gegenüber; denn die Bürgerkombattanten bewiesen eine so verblüffende Findigkeit und Improvisationsgabe in der Wahrnehmung aller örtlichen Vorteile, daß sich die Vermutung aufdrängen konnte, sie seien in der Taktik des Barrikadenkampfes gründlich geschult gewesen. Diese These vertrat jedenfalls Hans Blum, der im Gegensatz zu seinem Vater, dem 1848 in Wien exekutierten Linksliberalen Robert Blum, ein leidenschaftlicher Parteigänger der nationalen Rechten war. In seiner zwar völlig voreingenommenen, jedoch sehr detaillierten Darstellung der deutschen Revolution von 1848 glaubt er »überall die Anweisung und Leitung erfahrener Barrikadenprofessoren« zu erkennen und behauptet sogar, daß sich die Kommunarden der Pariser Straßenkämpfe von 1871 die Taktik der Berliner von 1848 zum Vorbild genommen hätten:

»Vor den Barrikaden wurde überall das Pflaster aufgerissen und die Pflastersteine wurden von Frauen in Körben nach den oberen Stockwerken der Häuser getragen. Mit dieser Arbeit machten sich die Weiber auch noch beim Anrücken der Truppen zu schaffen, um das Feuern der letzteren zu hindern oder zu dem aufreizenden Rufe Veranlassung zu geben: die ›entmenschte Soldateska‹ habe auf wehrlose Frauen geschossen. Die Dächer der Eckhäuser wurden abgedeckt und die Steine zum Werfen bereit gelegt, außerdem Flaschen, Scherben, Eisenstangen, Balken u. s. w., siedendes Wasser, selbst Vitriol zum Bewerfen und Überschütten der Truppen in die oberen Stockwerke geschafft. Eben diese Stockwerke wurden mit den besten Schützen besetzt, namentlich die Eckhäuser über den Barrikaden. Die Hausthüren wurden verschlossen und verrammelt, ebenso die Zugänge zu dem Stockwerke und den Räumen, aus denen die ›Volkskämpfer‹ schossen und warfen; und ehe die mit Äxten und Brechstangen fast gar nicht versehenen Truppen alle diese Hindernisse gesprengt hatten, waren sehr viele ihrer Feinde entkommen, indem sie die Mauer des Nachbarhauses durchbrachen ... Beim Einbruche der Nacht wurden ... in kurzem Abstand vor den Barrikaden auch Drähte oder Stangen über die aufgerissenen Straßen gespannt und diese mit Glasscherben besät, um die andringende Infanterie und Kavallerie zu Fall und Verwundung zu bringen.«

In den Märzstürmen der 48er Revolution, die über ganz Deutschland fegten und seine kleinen und großen Throne ins Wanken brachten, schaffte sich die soziale Unzufriedenheit im allgemeinen ein Ventil in der drohend erhobenen Forderung nach Pressefreiheit, Koalitionsrecht, Schwurgerichten, Volksbewaffnung und einer neuen Reichsverfassung. Der Katalog dieser Wünsche wurde in Bayern durch einige lokale Aperçus bereichert, die zeigen, daß die Geschichte gottlob auch eigene und originelle Wege gehen und sich sogar über den offiziellen Zeitplan hinwegsetzen kann.

In München entlud sich die gereizte Stimmung schon, als die Brauer 1844 die Bierpreise geringfügig erhöhten. Nahm man noch mißmutig die Verteuerung sämtlicher Lebensmittel hin, so gerieten beim Maderbräu im Tal mehrere »Artilleristen und Fuhrwesen-Soldaten« – wie es im »Jahrbuch der Stadt München« heißt – bei dem Ansinnen, für die Maß Sommerbier 6½ Kreuzer zahlen zu müssen, so in Harnisch, daß sie zusammen mit anderen aufgebrachten »Individuen aus der Arbeiterklasse« nicht nur die Krüge, sondern auch Türen, Fenster und Möbel zerschlugen. Der Tumult weitete sich in Windeseile aus – innerhalb von anderthalb Stunden waren mit wenigen Ausnahmen sämtliche Bräuhäuser verwüstet, nicht zuletzt weil sich das schnell herbeibefohlene Militär den Randalierern großenteils anschloß. Der Lärm dieser Gewaltakte drang zu den Gemächern der Residenz herauf, wo gerade in Gegenwart des österreichischen Erzherzogs Karl, des legendären Siegers von Aspern, die Hochzeit seines Sohnes Albrecht mit Prinzessin Hildegard gefeiert wurde. Die zerschlagenen Türen und Fenster standen in makabrem Kontrast zu den Girlanden und Fahnen in den Straßen, durch die sich der Zug der »allerhöchsten und höchsten Herrschaften« nicht ohne Hochnotpeinlichkeit bewegte.

Johann Nestroy

Freiheit in Krähwinkel

Unumschränkt hab'n s' regiert,
Kein Mensch hat sich g'rührt,
Denn hätt's einer g'wagt
Und a freies Wort g'sagt,
Den hätt' d' Festung belohnt,
Das war man schon g'wohnt.
Ausspioniert hab'n s' all's glei,
Für das war d' Polizei.
Der G'scheite ist verstummt;
Kurz, 's war alles verdummt,
Diese Zeit war bequem
Für das Zopfensystem.

Auf einmal geht's los
In Paris ganz kurios,
Dort sind s' fuchtig wor'n,
Und hab'n in ihr'n Zorn,
Weil s' d' Knechtschaft nicht lieb'n,
Den Louis Philipp vertrieb'n.
Das Beispiel war bös,
So was macht a Getös,
Und völlig über Nacht
Ist Deutschland erwacht;
Das war sehr unangenehm
Für das Zopfensystem.
1848

Der König verfügte gegen den Protest seiner Finanzkammer, die auch für das Hofbräuhaus zuständig war, die Herabsetzung des Bierpreises. Nicht so nachgiebig zeigte sich Ludwig indessen, als er wenig später von allen Seiten bedrängt wurde, die in seiner Privatgunst stehende Tänzerin Lola Montez des Landes zu verweisen. Über die Vorgeschichte dieses Falles, in dem das Biedermeier seine bürgerlichen Moralbegriffe gegen eine provokante Außenseiterin erfolgreich durchsetzte, berichtete ein Agent des Wiener Polizeiministeriums an seine Dienststelle:

»Als die Lola im vorigen Jahr (1846) nach München kam, wollte sie im Theater tanzen, was ihr jedoch von der Intendanz nicht gestattet werden wollte. Sie verfügte sich hierüber sogleich zu dem König, hatte gleich im Vorzimmer mit dem diensttuenden Kammerdiener einen heftigen Streit, weil er sie nicht vorlassen wollte, bis endlich der König, von dem anmaßenden und kecken Auftreten unterrichtet, befahl, sie vorzulassen, er würde ihr schon selbst den Kopf waschen. Als sie eintrat, war der König sichtlich überrascht und sogleich für sie eingenommen, und hier soll auch die in München vielseitig erzählte Szene vor sich gegangen sein, daß die Lola, als der König einigen Zweifel über die Realität der ersichtlichen Wölbung ihres Busens andeutete, eine Schere von des Königs Schreibtisch nahm und sich damit das Kleid vor der Brust aufschnitt. Von diesem Moment an soll die Anknüpfung des jetzigen Verhältnisses datieren.«

Zwischen Monten und Montez: Die Familie Ludwigs I. bei Betrachtung des Gemäldes »Einzug König Ottos in Nauplia« schildert die einst als Wandschmuck beliebte Lithographie von Dietrich Monten. So und nicht anders wollte man den königlichen Familienvater sehen, nicht aber als alten Schwerenöter, der sich einer hergelaufenen Tänzerin in die Arme wirft. Das von 1846 bis 1848 währende Abenteuer mit Lola Montez kostete dem egozentrischen Bayernkönig den Thron.

Ein dramatischer Augenblick für die Verteidiger Wiens und der Idee der deutschen Einheit war gekommen, als am 28. Oktober 1848 der balkanesisch bunte Haufe der kaiserlichen Truppen sich den Zugang zur Leopoldstadt erkämpfte. Lithographie von H. Gerhart.

Der alternde Kavalier war in den Sog eines gefährlichen Abenteuers geraten, das er bald nicht mehr zu steuern vermochte (»Brechen kann ich nicht ... Man verlange von mir nicht das Unmögliche«). Ihrer luziferischen Macht über den König sich bewußt und zum Hohn für alle ihre Verächter in Kreisen des Adels und der Geistlichkeit zur Gräfin Landsfeld avanciert, tat sie ein Äußerstes, durch dreisten Hochmut, durch Ohrfeigen nach allen Seiten (»Ich habe niemals ein Tagebuch darüber geführt, auch habe ich es versäumt, mir Quittungen über den Empfang geben zu lassen ...«) alle Welt gegen sich und den kompromittierten König einzunehmen. Als auch nach ihrer Landesverweisung, nach der demonstrativen Abschaffung der Zensur und Gewährung aller

möglichen Freiheiten das einmal in Gang gekommene Gären und Schwären nicht aufhören wollte, zog es Ludwig nach dem blutigen Ausbruch der Berliner Unruhen vor, der Krone zugunsten seines Sohnes zu entsagen; und aufatmend schrieb er: »In München bin ich jetzo wohl der fröhlichste Mensch, obgleich zu regieren mir Freude, Genuß, Besorgung meiner Berufsgeschäfte war.«

Die Kräfte, die Ludwig – offensichtlich zu früh – resignieren und abdanken ließen, waren paradoxerweise die gleichen, die im weiteren Verlauf des Jahres 1848 der Revolution in die Zügel fielen und ihr eine rückläufige Wendung gaben. Man kann diese Kräfte als die Wächter und Wahrer der etablierten Ordnung bezeichnen, die um keinen Deut von überlieferten Auffassungen und vom geraden Wege der Kontinuität abweichen, der immer der rechte und einzig gangbare ist. In diesem begrenzten Weltbild lebt auch der auf das Nahe, Vertraute und Praktische gerichtete Geist des

Standrechtlich erschossen wurde am 9. November 1848 das Frankfurter Parlamentsmitglied Robert Blum. Als Führer der »gemäßigten Linken« mit einer Solidaritätserklärung an die Aufständischen nach Wien gesandt, geriet er in die Kämpfe der letzten Oktobertage und nahm aktiv an ihnen teil. Die widerrechtliche Exekution löste weithin Verbitterung und Abscheu aus.

Biedermeier mit seinen Vorurteilen und Bigotterien fort, ein tief eingewurzelter Konservatismus, von dem der Frankfurter Parlamentarier Karl Nauwerck in den »Deutschen Jahrbüchern« warnend sagt, daß er dazu verführe, sich auf trügerische Weise der Ruhe und dem Schlummer zu ergeben. »Deshalb darf man den Konservatismus für den gefährlichsten Feind der Völker halten. Dieses System ist durch und durch nichtig, es hat gar nicht einmal einen Sinn. Denn die, welche es bekämpft, die ›Destruktiven‹, sind weit entfernt, *alles* zerstören zu wollen, z. B. den Staat. Sie wollen nur das Schlechte am Staate zerstören, ihn gerechter machen; folglich fördern sie die Bedingungen seiner Blüte und Stärke, sind also die wahrhaft Konservativen, wenn man durchaus den Namen haben will. Aber das Konservieren ist überhaupt etwas rein Unmögliches. Die, welche alles beim alten lassen, konservieren nicht, sondern lösen auf, lassen auseinanderfallen.«

Als in Paris ein neuer Aufstand der Arbeiterschaft, die sogenannte Juni-Insurrektion, unter den größten Blutopfern niedergeschlagen wurde, öffnete sich der Restauration Tür und Tor – und schon drei Jahre später war aus der Republik wieder ein Kaiserreich geworden. Ermutigt von der Niederschlagung der Revolution in Frankreich, brachte auch Österreich seine um nationale Selbständigkeit ringenden Völker zur Raison, im Falle der aufständischen Ungarn sogar mit militärischer Hilfe des Zaren, der sich als Erzfeind aller Insurgenten ein Vergnügen daraus machte, dem magyarischen Freiheitshelden Ludwig Kossuth das Handwerk zu legen. Ging es bei den Massakern in Paris bereits um die erste bewaffnete Auseinandersetzung zwischen dem Bürgertum und dem seine Fesseln abstreifenden vierten Stand, dem

Neue Wrangel'sche Straßenreinigungsmaschine.

Baron Eisele und sein Hofmeister Dr. Beisele, zwei satirische Gestalten aus den »Fliegenden Blättern«, geben ihre Reiseeindrücke aus Berlin zum besten, wo nach dem Scheitern des Aufstands in Paris und Wien das Militär die Zustände des Vormärz wieder herstellte.

Proletariat, so verlief die Front auf den anderen Schauplätzen der Revolution mit einem gewissen Anachronismus noch zwischen den Fürsten und dem Volk.

Während in Frankreich das Bürgertum triumphierte, blieb im östlichen, politisch mit Rußland verknüpften Europa das ewige Ancien Régime der Sieger, als Fürst Windisch-Grätz Ende Oktober 1848 mit einer aus allen Völkern des Habsburgerreichs rekrutierten, balkanesisch bunten Heerschar Wien eroberte, das einen neuen Türkeneinfall zu erleben schien, und diese alptraumhafte Aktion mit der Wiederherstellung der alten absolutistischen Verhältnisse krönte.

Das überraschende Aufklaren des politischen Himmels gab auch Friedrich Wilhelm IV. das einem König von Gottes Gnaden geziemende Selbstbewußtsein zurück. Er wies die ihm von einer Delegation des Frankfurter Parlaments angetragene deutsche Kaiserkrone zurück, weil ihr der »Ludergeruch der Revolution« anhaftete, und entwertete damit die

Adolf Glassbrenner

UNTERM BRENNGLAS

An Deutschlands bald'ger 1heit
Da 2fle ich noch sehr;
Ick jebe keenen 3er
4 diese Hoffnung her.
5 Nationalitäten
Sind, wo 6 Deutsche steh'n,
Die alle abzu 7,
Gebt 8, det wird nich jeh'n:
Viel sind dem 9 noch abhold
Vom Scheitel bis zum 10.
1851

erst am 18. Mai konstituierte, von beispiellosem Idealismus getragene Nationalversammlung, deren Mitglieder honorige Professoren und Kapazitäten waren, die zwar viel von ihrem Fachgebiet, aber kaum etwas von Politik verstanden. Fest entschlossen, das »tolle Jahr« rückgängig zu machen und zu annullieren, ließ der Preußenkönig den später sehr populären General Wrangel Berlin besetzen, um die Bürgerwehr zu entwaffnen, und gab seinen Untertanen aus eigener Machtvollkommenheit die sogenannte »oktroyierte Verfassung«, welche die bürgerlichen Rechte nach Besitz und Einkommen abstufte und aus der gescheiterten Revolution die allerhöchste und zugleich die allerniedrigste Bilanz zog.

Krank an Leib und Seele in seiner Pariser Matratzengruft, sah Heinrich Heine ein neues Biedermeier grünen:

»Gelegt hat sich der starke Wind
Und wieder stille wird's daheime;
Germania, das große Kind,
Erfreut sich wieder seiner Weihnachtsbäume.
Wir treiben jetzt Familienglück –
Was höher lockt, das ist vom Übel –
Die Friedensschwalbe kehrt zurück,
Die einst genistet in des Hauses Giebel.
Gemütlich ruhen Wald und Fluß,
Von sanftem Mondlicht übergossen;
Nur manchmal knallt's – Ist es ein Schuß? –
Es ist vielleicht ein Freund, den man erschossen.«

Die gestrenge Mama:
»So Buberln, jetzt habt's
genug mit eure Saberln
und Flinterln g'spielt,
her mit den Waffen!
wieder mal zum Lernen!«
Aus dem »Caricaturen Cabinet«
des Verlags Hohfelder, München.

REGISTER DER NAMEN

VERZEICHNIS DER BILDTAFELN

Farbige Lithographien, Aquarelle

Die Vier Jahreszeiten. Kol. Lithographie. Verlag Wentzel, Wissembourg (Elsaß), 1830 33

Das ländliche Leben. Anschauungstafeln für Kinder. Kol. Lithographien Verlag Schreiber, Eßlingen, um 1825 34

Schottische Edelleute. Schles. Nadelstichbild, um 1815 51

Die kleinen Spielgefährten. Kinderbilderbogen. Kol. Lithographie, um 1830 52

Erinnerungsbuch von 1825 für die Wiener Kaufmannsfamilie Baumann. Aquarelle. Wien, Historisches Museum 85/86

Ehret die Frauen. Neuruppiner Bilderbogen. Kol. Lithographie . . . 103

Blätter aus dem Poesiealbum 104

Offizier der Nobelgarde. Österr. Nadelstichbild, Anfang 19. Jh. . . . 137

»Madame von der Nobelgarde«. Österr. Nadelstichbild, Anfang 19. Jh. 138

Die vier Erdteile. Kostümbilder der bayerischen Hofredoute am 3. Februar 1835. Kol. Lithographien. Verlag I. M. Hermann, München 155/156

Gemälde

Johann Peter Krafft (1780–1856): *Einzug des Kaisers Franz in Wien am 27. November 1809* (Ausschnitt). Enkaustische Wandmalerei. Wien, Hofburg 16/17

Johann Georg Mansfeld (1764–1817) und Johann Adam Klein (1792 bis 1875): *Die drei Monarchen zu Pferd*. (Kaiser Alexander I., Kaiser Franz I. u. König Friedrich Wilhelm III.) Aquarell. Wien, Graph. Sammlung Albertina 60/61

Eduard Gaertner (1801–1877): *Frauenkirche zu Dresden*. Ölgemälde. Schweinfurt: Sammlung Georg Schäfer 120/121

Johann Erdmann Hummel (1769–1852): *Schachpartie im Hause des Grafen Ingenheim* (Ausschnitt). Ölgemälde. Berlin, Staatliche Museen der Stiftung Preußischer Kulturbesitz, Nationalgalerie . . 172/173

Heinrich Maria Hess (1798–1863): *Fanny Gail, die spätere Frau des Malers Peter Hess*. Ölgemälde. Schweinfurt, Sammlung Georg Schäfer 188/189

Jacques Laurent Argasse (1767–1849): *Der Kinderspielplatz*. Ölgemälde. Winterthur, Stiftung Oskar Reinhart 196/197

Josef Stieler (1781–1858): *Marie Dietsch*. Ölgemälde. München, Schloß Nymphenburg (Schönheitsgalerie) 244/245

Ferdinand Georg Waldmüller (1793–1865): *Bildnis der Sängerin Isabella Colbran, Frau des Komponisten Rossini*. Ölgemälde. Bonn, Bundesschatzministerium 268/269

Ferdinand Georg Waldmüller (1793–1865): *Rosen im Glas*. Ölgemälde. Wien, Österreichische Galerie 276/277

Julius Hübner (1806–1882): *Des Künstlers Tochter Emma*. Ölgemälde. Schweinfurt, Sammlung Georg Schäfer 300/301

Franz Krüger (1797–1857): *Ausritt des Prinzen Wilhelm mit dem Maler*. Ölgemälde. Berlin, Staatliche Museen der Stiftung Preußischer Kulturbesitz, Nationalgalerie 308/309

Adolph Menzel (1815–1905): *Die Märzgefallenen*. (Ausschnitt). Ölgemälde. Hamburg, Kunsthalle 324/325

BIBLIOGRAPHIE

Literatur aus der Zeit

Arndt, Ernst Moritz: Erinnerungen aus dem äußeren Leben. 1840.
Arnim, Bettina von: Dies Buch gehört dem König. Berlin 1843.
Atterbom, Per Daniel Amadeus: Menschen und Städte, 1817–1819. Hamburg o. J.
Bähr, Otto: Eine deutsche Stadt vor 60 Jahren. 2. Aufl. Leipzig 1886.
Bauer, Karoline: Aus meinem Bühnenleben. Weimar 1917.
Bauernfeld, Eduard von: Wiener Biedermeier. Wien 1960.
Beurmann: Vertraute Briefe über Preußens Hauptstadt. Stuttgart 1837.
Börne, Ludwig: Gesammelte Schriften. Hamburg und Frankfurt 1862.
Brentano, Clemens: Der Philister vor, in und nach der Geschichte. Gesammelte Schriften. Frankfurt 1852.
Büchner, Georg: Gesammelte Werke. München 1956.
Bülow, Paula von: Aus verklungenen Zeiten. Lebenserinnerungen 1833–1920. Leipzig 1924.
Castelli, Ignaz Franz: Wiener Lebensbilder. Wien 1835.
Cellarius: La danse des salons. Paris 1847.
Daxenberger, S. F. (Carl Fernau): Münchner Hundert und Eins. München 1840/41.
Devrient, Therese: Jugenderinnerungen. Stuttgart 1905.
Dingelstedt, Franz: Drei neue Stücklein mit alten Weisen I: Lieder eines kosmopolitischen Nachtwächters. Hamburg 1842.
Dronke, Ernst: Berlin. Frankfurt 1846. Neuausgabe Berlin 1953.
Dürck, Josepha: Erinnerungen an Wilhelm von Kaulbach und sein Haus. München 1918.
Ellrich, August: Genre-Bilder aus Österreich und den verwandten Ländern. Berlin 1833.
Freiligrath, Ferdinand: Werke. Berlin und Weimar 1967.
Freytag, Gustav: Soll und Haben. Berlin o. J.
Garde, Graf de la: Gemälde des Wiener Kongresses. München 1912.
Gentz, Friedrich: Briefwechsel mit Rahel Varnhagen. In: Rahel Varnhagen im Umgang mit ihren Freunden. München 1967.
Glassbrenner, Adolf: Bilder und Träume aus Wien. Leipzig 1836.
Glassbrenner, Adolf: Berliner Volksleben. Leipzig 1847.
Glassbrenner, Adolf: Unterm Brennglas. Berlin 1912.
Grillparzer, Franz: Sämtliche Werke. Herausgegeben von August Sauer. Wien o. J.
Gutzkow, Karl: Gesammelte Werke. Jena o. J.
Gutzkow, Karl: Wally, die Zweiflerin. Göttingen 1965.
Hebel, Johann Peter: Schatzkästlein des Rheinländischen Hausfreundes. Hgg. von Karl Voll. München und Leipzig o. J.
Heine, Heinrich: Sämtliche Werke in zwölf Bänden. Hgg. von Gustav Karpeles. Leipzig o. J.
Herwegh, Georg: Werke. Berlin 1909.
Hoffmann, E. T. A.: Lebensansichten des Katers Murr nebst fragmentarischer Biographie des Kapellmeisters Johannes Kreisler. 1820 bis 1822.
Hoffmann von Fallersleben, August Heinrich: Unpolitische Lieder II. Hamburg 1842.
Holtei, Karl von: Vierzig Jahre. Berlin 1844.
Immermann, Karl: Memorabilien. München 1966.
Jahn, Friedrich Ludwig: Denknisse eines Deutschen oder Fahrten des Alten im Bart. Schleusingen 1835.
Jahn, Friedrich Ludwig: Das Deutsche Volksthum. Dresden 1928.
Kalisch, Ludwig: Das Buch der Narrheit. Mainz 1845.
Keller, Gottfried: Briefe. Leipzig 1942.
Klöden, Karl Friedrich von: Jugenderinnerungen. Leipzig 1911.
Korth, D.: Neuestes topographisch-statistisches Gemälde von Berlin und dessen Umgebungen. Berlin 1821.
Kotzebue, August von: Die deutschen Kleinstädter. Leipzig 1938.
Kremèr, Wenzel: Erinnerungen eines alten Lützower Jägers (1779–1819).
Kußmaul, Adolf: Jugenderinnerungen eines alten Arztes. Stuttgart 1922.
Laube, Heinrich: Neue Reisenovellen. Mannheim 1837.
Lenz, Ludwig und Eichler, Ludwig: Berlin und die Berliner. Berlin 1840.
Lewald, Fanny: Meine Lebensgeschichte. Berlin 1871.
Marx, Karl und Engels, Friedrich: Das Kommunistische Manifest. Berlin 1919.
Marwitz, Friedrich August Ludwig von der: Lebensbeschreibung. Berlin 1852.
Meyer, Alexander: Aus guter alter Zeit. Stuttgart und Leipzig 1909.
Mill-Taylor, John Stuart: Frauenbefreiung (1851). Gesammelte Werke. London 1867.
Mörike, Eduard: Werke. Leipzig und Wien 1914.
Nauwerck, Karl: Deutsche Jahrbücher, 1842.
Nestroy, Johann: Sämtliche Werke. Wien 1925.
Ohlenschläger, Adam: Briefe in die Heimat auf einer Reise durch Deutschland und Frankreich. Altona 1820.
Pagenstecher, Alexander: Als Student und Burschenschaftler in Heidelberg von 1816 bis 1819. Leipzig 1913.
Parthey, Gustav: Jugenderinnerungen. Berlin 1907.
Pfau, Ludwig: Gedichte. 3. Auflage. Stuttgart 1874.
Pietznigg, Franz: Mitteilungen aus Wien. 1833.
Pocci, Franz Graf von: Lustiges Komödienbüchlein. München 1859.
Raimund, Ferdinand: Dramatische Werke. Wien 1891.
Richter, Ludwig: Lebenserinnerungen eines deutschen Malers. München 1885.
Ringseis, Emilie: Erinnerungen des Doktor Johann Nepomuk von Ringseis. Regensburg 1886–1891.

Rossi, Joseph: Denkbuch für Fürst und Vaterland. Wien 1814.
Saphir, Moritz Gottlieb: Dumme Briefe, Bilder und Chargen, Cypressen, Literatur- und Humoral-Briefe. München 1834.
Sauter, Ferdinand: Gedichte. Wien 1855.
Sauter, Samuel Friedrich: Die sämtlichen Gedichte des alten Dorfschulmeisters. Karlsruhe 1845.
Schaden, Adolph von: Berlins Licht- und Schattenseiten. Dessau 1822.
Schirmer, Johann Wilhelm: Meine Lebenserinnerungen. Deutsche Rundschau 1877.
Schopenhauer, Arthur: Aphorismen zur Lebensweisheit: Parerga und Paralipomena. 1851.
Sealsfield, Charles: Österreich, wie es ist etc. Wien 1919.
Seume, Johann Gottfried: Spaziergang nach Syrakus. München 1962.
Sparfeld, E.: Das Buch von Robert Blum. 1849.
Steub, Ludwig: Deutsche Träume. Braunschweig 1858.
Steub, Ludwig: Bilder aus Griechenland. Leipzig 1841.
Stifter, Adalbert: Bunte Steine. Frankfurt 1960.
Stifter, Adalbert: Briefe, Schriften, Bilder. Ebenhausen bei München 1925.
Varnhagen von Ense, Karl August: Tagebücher. Leipzig 1861/62.
Weber, Max Maria von: Aus der Welt der Arbeit. 1907.
Weyl, Dr. L.: Rebbenhagen auf dem Berliner Corso. Ein Genrebild. Berlin 1845.

Literatur über die Zeit

Berliner Biedermeier von Blechen bis Menzel. Katalog der Ausstellung in der Kunsthalle Bremen. 1967.
Böhmer, Günter: Ewiglich lieb ich dich. Bilderbogen aus dem Biedermeier. München 1961.
Boehn, Max von: Deutschland von 1815 bis 1847. München 1923.
Boehn, Max von: Die Mode im 19. Jahrhundert. München 1907.
Fraenger, Wilhelm: Materialien zur Frühgeschichte des Neuruppiner Bilderbogens (Jahrbuch für historische Volkskunde. I. Band). Berlin 1925.
Greiner, Martin: Zwischen Biedermeier und Bourgeoisie. Göttingen 1953.
Hermand, Jost: Der deutsche Vormärz. Stuttgart 1967.
Hermann, Georg: Das Biedermeier im Spiegel seiner Zeit. Berlin 1913.
Hirth, Friedrich: Johann Peter Lyser. Der Dichter, Maler, Musiker. München und Leipzig 1911.
Houben, Heinrich: Der gefesselte Biedermeier. Leipzig 1924.
Köhler, Ruth und Richter, Wolfgang: Berliner Leben 1806 bis 1847. Rütten & Loening 1954.
Österreichische Meisterwerke aus Privatbesitz. Vom Biedermeier zum Expressionismus. Katalog der Ausstellung in der Residenzgalerie Salzburg, 1967.
Pauls, Eilhard Erich: Der Beginn der bürgerlichen Zeit. Lübeck 1928.
Schäfer, Georg (Sammlung): Der frühe Realismus in Deutschland 1800–1850. Katalog der Ausstellung im Germanischen Nationalmuseum, Nürnberg 1967.
Schramm, Percy E.: Hamburger Biedermeier. Hamburg 1962.
Schrott, Ludwig: Biedermeier in München. München 1963.
Streckfuß, Adolph: 500 Jahre Berliner Geschichte. Berlin 1900.
Volkmann, Ernst: Reihe Deutsche Selbstzeugnisse. Zwischen Romantik und Biedermeier. Band 11. Leipzig 1938.
Volkmann, Ernst: Reihe Deutsche Selbstzeugnisse. Wege zu realistischem Lebenserfassen. Band 12. Leipzig 1943.
Wiener Kongreß, 150 Jahre: Katalog der Ausstellung. Wien 1965.

BILDNACHWEIS

Fonds Albertina, Wien: S. 91 / Ferd. Anton, München: S. 115 / Kunstmuseum Basel: S. 67 / Bayerische Staatsgemäldesammlungen, München: S. 232 / Bruckmann Bildarchiv, München: S. 247 / Coll. Chrysler Gerbisch, Washington: S. 74 / Staatl. Graph. Sammlung, München: S. 252 / Slg. Meevrouw S. van Hoogenhuize-Gevers, Hilversum: S. 262 / Interfoto-Bilderdienst, München: S. 47 / Ny Carlsberg Glyptotek, Kopenhagen: S. 177 / Museum der Bild. Künste, Leipzig: S. 28 / Bildarchiv Foto Marburg: S. 19, 24, 45, 68, 90, 93, 246, 264, 289 / Münchner Stadtmuseum: S. 6, 75, 93, 147, 162, 163, 190, 197, 201, 214, 225, 228, 250, 291, 354, 355 / Germ. Nationalmuseum, Nürnberg: S. 14, 81 / Österr. Galerie, Wien: S. 41, 69, 108, 129 / Bildarchiv d. Öst. Nationalbibliothek, Wien: S. 45, 57, 234, 264, 286, 300, 315, 316, 332 / Historisches Museum d. Stadt Wien: S. 11, 25, 84 (3), 87 (3), 93, 121 (2), 160, 181, 189, 204, 258, 279, 284, 358 / Stiftung Oskar Reinhart, Winterthur: S. 20 / Slg. Georg Schäfer, Schweinfurt: S. 17, 21 / Staatsbibliothek Berlin, Bildarchiv (Handke): S. 59, 306, 330 / Stiftermuseum, Wien: S. 299 / Landesbibliothek Weimar: S. 297 / Südd. Verlag Bildarchiv, München: S. 67 / Ullstein-Bilderdienst, Berlin: S. 18, 23, 38 (2), 42, 46 (2), 55 (2), 57, 66 (2), 72, 88, 183, 184, 205, 230, 241 (4), 242 (4), 243 (4), 259, 266, 267, 274, 276 (2), 281, 282, 283, 287, 302, 303, 334, 340, 359 / Sammlung u. Archiv d. Verfassers: S. 1, 4, 8 (6), 12 (2), 22, 29, 30, 37, 39, 40, 44, 45 (2), 49 (2), 50, 54, 55, 57 (7), 58, 62, 65, 71, 73, 76 (2), 77, 78 (3), 79 (3), 82, 89, 94, 96, 97, 99, 100 (2), 101, 102, 105, 106, 107, 109 (2), 110, 111, 112 (2), 116, 118, 119, 120, 122 (2), 124, 127, 128, 130, 131, 132, 133, 134, 135, 139, 141, 142, 143, 144, 145, 146, 148, 149 (2), 150, 151, 152, 153, 157, 158, 159, 160, 163, 164 (3), 165, 166, 167, 168, 169, 170, 171, 172, 174, 175, 178, 179, 180, 182, 186, 187, 192, 193, 194, 195, 198, 199, 202, 203, 206, 207, 209, 210, 212, 213, 215, 216, 217, 219, 220, 221 (2), 222, 223, 226, 229, 231 (2), 233, 235, 236 (2), 237 (2), 245, 249, 250, 251, 252, 253, 254, 255, 256, 257, 260, 261 (2), 262, 263, 270, 271, 272, 275, 285 (2), 287, 288, 292, 293, 295, 296, 298, 301, 304, 305, 307 (2), 308, 309, 310, 311 (2), 312, 313 (2), 314, 318, 319 (2), 320, 321 (2), 322 (2), 323, 325, 327 (2), 328 (2), 329, 331, 333, 335, 337, 339, 340, 343, 344, 346, 347, 349, 352, 357, 360.

ZEITTAFEL

Politische Geschichte	Soziale Geschichte	Wissenschaft und Technik
1815		
Wiener Kongreß Napoléons »Hundert Tage« Schlacht bei Belle-Alliance und Waterloo (Blücher, Wellington) Zweiter Pariser Friede Verbannung Napoléons Königreich Polen fällt an Rußland Dänemark erhält von Preußen das Herzogtum Lauenburg gegen Rügen und Vorpommern Wilhelm von Oranien wird König von Holland und Belgien * O. v. Bismarck † J. Murat	Gründung der Technischen Hochschule in Wien Gründung der »Baseler Missionsgemeinschaft« (evang.) Gründung der ersten deutschen Burschenschaften in Jena	F. W. J. Schelling: »Über die Gottheiten von Samothrake« A. J. Fresnel: Interferenzprinzip W. Prout: Hypothese: Wasserstoff = einziger Baustein aller chemischen Elemente H. Davy: Sicherheitsgrubenlampe O. v. Kotzebue und A. v. Chamisso: Erforschung der Marshall- und Hawaiinseln
1816		
Gründung des »Deutschen Bundes« unter Österreichs Führung; Sitz in Frankfurt a. M. Großherzog Karl August gibt Sachsen u. Weimar d. erste deutsche Verfassung Verbot des »Rheinischen Merkur« (Görres) K. v. Clausewitz: »Vom Kriege«	A. H. Müller: »Versuch einer neuen Theorie des Geldes« F. L. Jahn: »Die deutsche Turnkunst« Nordseebad Cuxhaven eröffnet	H. W. Brandes: Erste synoptische Wetterkarten K. Fr. Gauß: Nichteuklidische Geometrie Erste deutsche Gasanstalt in Freiberg/Sachsen * W. v. Siemens
1817		
J. Monroe (1758–1831) Präsident der USA (bis 1825) Wartburgfest der deutschen Burschenschaften D. Ricardo: »Principles of Political Economy and Taxation«	R. Owen fordert im englischen Parlament die Gründung kleiner, nach kommunistischen Idealen lebender Gemeinschaften Friedrich Wilhelm III. verkündet die »Union« der Lutheraner und Reformierten in Preußen (Evangelische Union) F. W. Gubitz gibt den »Gesellschafter« heraus	J. J. v. Berzelius entdeckt Selen und Lithium G. Baron Cuvier: »La règne animal distribué d'après son organisation« K. Frhr. v. Drais: Laufrad (Draisine) D. Brewster: Kaleidoskop A. Stieler: Handatlas
1818		
Zar Alexander I. kündigt bei Eröffnung des polnischen Reichstages liberale Reformen für Rußland an. Karl XIV. Johann (J. B. J. Bernadotte) wird König von Schweden und Norwegen Chile wird unabhängig von Spanien Bayern und Baden erhalten Verfassungen	J. Mill: »Geschichte Indiens« (Kritik an der engl. Verwaltung) »Allgemeine deutsche Burschenschaft« gegründet * K. Marx, Fr. W. Raiffeisen	Gründung der Bonner Universität G.W. F. Hegel geht von Heidelberg nach Berlin A. W. Schlegel wird Professor für indische Sprache in Bonn A. Coindet verwendet Jod in der Kropftherapie Stearinkerzen kommen auf * M. Pettenkofer (Begründer der modernen Hygiene)
1819		
Beginn der Befreiung Südamerikas (Simon Bolivar) Ermordung Kotzebues Karlsbader Beschlüsse Demagogenverfolgung in Deutschland F. List fordert allgemeinen deutschen Zollverein * Queen Victoria † G. L. Blücher	Zwölfstündiger Arbeitstag und Arbeitsverbot für Kinder unter neun Jahren in England Erstes Dampfschiff (Raddampfer »Savannah«) überquert Atlantik (USA–Europa = 26 Tage) * Luise Otto Peters, deutsche Frauenrechtlerin	Gründung der »Monumenta Germanica Historica« durch Frhr. K. vom Stein Entdeckung des Chinins durch Caventou und Pelletier R. T. H. Laënnec erfindet das Hörrohr (Stethoskop) W. E. Parry erforscht die amerikanische arktische Inselwelt

Philosophie und Literatur	Musik	Kunst
J. v. Eichendorff: »Ahnung und Gegenwart« A. W. Iffland: »Theorie der Schauspielkunst« (posthum) Fr. Schiller: Erste Gesamtausgabe Fr. Schlegel: »Geschichte der alten und neuen Literatur« G. Schwab: »Neues deutsches allgemeines Commers- und Liederbuch« * E. Geibel, J. J. Bachofen † M. Claudius, F. Mesmer	F. Schubert: »Heideröslein« (Goethe), erste Klaviersonaten und Singspiele J. N. Mälzel: Metronom Gesellschaft der Musikfreunde in Wien (gegr. 1812): erstmals regelmäßige Konzerte	Chr. Rauch: Sarkophag für Königin Luise von Preußen F. Goya: »Hexensabbat« »Die Erschießung der Aufständischen« Fr. Kersting: »Körner, Friesen und Hartmann auf Vorposten« »Die Kranzwinderin« C. D. Friedrich: »Der Hafen von Greifswald« K. Fr. Schinkel: »Der Morgen«, »Der Abend« † J. S. Copley, H. Füger
G. W. F. Hegel: »Wissenschaft der Logik« L. Oken: »Isis oder Enzyklopädische Zeitung« J. W. Goethe: »Italienische Reise« E. T. A. Hoffmann: »Die Elixiere des Teufels« L. Tieck: »Phantasus« * G. Freytag, J. A. Gobineau	L. Spohr: »Faust« (dirigiert von C. M. v. Weber) E. T. A. Hoffmann: »Undine« G. Rossini: »Der Barbier von Sevilla«, »Othello« F. Schubert: »Der Erlkönig« L. v. Beethoven: »Lieder an die ferne Geliebte« C. M. v. Weber begründet in Dresden die deutsche Oper	K. Fr. Schinkel: Neue Wache in Berlin (vollendet 1818) Skulpturensammlung Lord Elgin für das Britische Museum J. Fr. Staedel stiftet Museum und Kunstschule in Frankfurt/M. * A. Rethel
G. W. F. Hegel: »Enzyklopädie der philosophischen Wissenschaft im Grundriß« A. v. Arnim: »Die Kronenwächter« (1. Teil) Lord Byron: »Manfred« F. Grillparzer: »Die Ahnfrau« E. T. A. Hoffmann: »Nachtstücke« * Th. Storm, Th. Mommsen, Georg Herwegh † Madame de Staël	G. Weber: »Versuch einer geordneten Theorie der Tonsetzkunst« M. Clementi: »Gradus ad parnassum« für Klavier Im Klavierspiel werden »Brillanz« und freie Phantasie (Improvisation) bedeutsam; Beginn des Virtuosentums A. Salieri gründet »Singschule« in Wien	B. Thorwaldsen: »Lord Byron« J. H. v. Dannecker: »Die Brunnennymphe« J. A. Gros: »Ludwig XVI. nimmt Abschied von seinen Getreuen« G. v. Dillis: »Die Isarüberfälle bei München«, »Blick über Rom« J. Schnorr v. Carolsfeld: »Die Familie des Johannes« Beginn der Freskenausmalung im Casino Massimo (Nazarener) * Ch. F. Daubigny, G. Dupré.
E. M. Arndt: »Der Geist der Zeit« C. v. Brentano: »Geschichte vom braven Kasperl und vom schönen Annerl« W. Scott: »Rob Roy« L. Uhland: »Ernst, Herzog von Schwaben« Gebrüder Grimm: »Deutsche Sagen« * I. Turgenjew, J. Burckhardt	L. v. Beethoven: Hammerklaviersonate, op. 106 Missa solemnis (begonnen) C. M. v. Weber: Jubelouvertüre K. Löwe: Balladen »Edward« und »Erlkönig« Fr. Gruber: »Stille Nacht, heilige Nacht« (Text J. Mohr) Deutsches Kommersbuch * Ch. Gounod	K. Fr. Schinkel: Schauspielhaus in Berlin (bis 1821) Th. Géricault: »Portrait Delacroix», Studien aus Irrenhäusern und Gefängnissen J. E. Hummel: »Schachpartie« H. Reinhold: »Der Watzmann« A. Senefelder: Lehrbuch der Lithographie * C. Ph. Fohr
A. Schopenhauer: »Die Welt als Wille und Vorstellung« E. M. Arndt: »Fragmente über Menschenbildung« J.Grimm: »Deutsche Grammatik« (4 Bände bis 1837) W. Scott: »Die Braut von Lammermoor« * Th. Fontane, Gottfried Keller, Walt Whitman, H. Melville	G. Spontini: »Olympia« C. M. v. Weber: »Aufforderung zum Tanz« F. Schubert: »Forellenquintett« J. G. Schicht: »Leipziger Choralbuch« J. N. Hummel wird Hofkapellmeister in Weimar * J. Offenbach, Clara Wieck (verh. Schumann), F. v. Suppé	J. G. Schadow: Blücherstandbild Th. Géricault: »Das Floß der Medusa« W. Turner: »Einfahrt in Venedig« C. D. Friedrich: »Friedhof im Schnee« P. v. Cornelius: Ausmalung der Glyptothek in München * G. Courbet, J. B. Jongkind

Politische Geschichte	Soziale Geschichte	Wissenschaft und Technik
1820		
George IV., König von Großbritannien und Hannover Erhebung der Carbonari in Neapel; national-revolutionäre Bewegung in Italien Wiener Schlußakte: Widerruf des Verfassungsversprechens der Bundesakte von 1815 * F. Engels † J. Fouché, George III.	Frauenmode: langer Rock mit kurzer Taille, bauschige Ärmel, Falbelreihen, Schutenhüte Opiumverbot in China Jesuitenorden aus Rußland ausgewiesen Turnverbot in Preußen Ersteigung der Zugspitze	A. M. Ampère entdeckt wechselseitige Krafteinwirkungen elektrischer Ströme H. Chr. Oerstedt entdeckt Magnetfeld elektrischer Ströme K. E. v. Baer entdeckt Entstehung und Entwicklung der Keimblätter von Tieren
1821		
Aufstand der Griechen gegen die Türken Mexiko von Spanien unabhängig Uruguay fällt an Brasilien, Venezuela an Kolumbien Metternich österreichischer Staatskanzler † Napoléon	E. W. Arnoldi gründet Gothaer Feuerversicherungsanstalt	M. Faraday: Grundprinzip des Elektromotors D. F. Arago und L. J. Gay-Lussac: Elektromagnet J. V. v. Poncelet: Projektive Geometrie * H. v. Helmholtz, R. Virchow
1822		
Unabhängigkeitserklärung Griechenlands S. Bolivar befreit Ecuador von spanischer Herrschaft Brasilien unabhängig von Portugal Liberia von freigelassenen Negern aus den USA gegründet (1847 Verfassung) † K. A. Fürst von Hardenberg	Begründung des modernen Realschulwesens durch A. Spillecke in Berlin A. v. Schaden: »Berlins Licht- und Schattenseiten«	J. F. Champollion entziffert Hieroglyphen auf dem »Stein von Rosette« N. Niepce: Heliographie A. M. Ampère: Magnetismus der Stoffe beruht auf elektrischen Molekularströmen J. B. J. Baron de Fourier: »Analytische Theorie der Wärme« Spiralbohrer für Metall erfunden * G. Mendel, L. Pasteur † Fr. W. Herschel
1823		
Verkündung der Monroe-Doktrin (»Amerika den Amerikanern«) Mexiko wird Republik Revolution in Spanien niedergeschlagen	Papst Leo XII. bekämpft Bibelgesellschaften und Freimaurerei Erster Rosenmontagszug in Köln	F. P. v. Wrangel entdeckt die Wrangel-Insel vor Nordsibirien M. Faraday verflüssigt Chlor K. Fr. Gauß: Ausgleichsrechnung E. A. Geitner: Neusilber (Nickellegierung) Ch. Macintosh: Wasserdichte Gewebe durch Gummilösung J. W. Döbereiner: Wasserstoff-Platin-Feuerzeug
1824		
Simon Bolivar befreit Peru von spanischer Herrschaft Karl X. König von Frankreich Jülich-Cleve-Berg und Niederrhein vereinigen sich zur preußischen Rheinprovinz	Gründung der Berliner Missionsgesellschaft (evangelisch) Deutsche Einwanderer in Südbrasilien Erster Tierschutzverein in London Aufleben des Spiritismus	J. W. Goethe: Wirbeltheorie des Schädelbaus L. A. Seeber: Erste Atomtheorie der Kristalle S. Carnot: Formel für den Nutzeffekt von Wärmekraftmaschinen
1825		
Demokratische und republikanische Partei in den USA Ende der spanischen Kolonialherrschaft in Südamerika Nikolaus I. Zar von Rußland Dekabristenaufstand in Rußland Ludwig I. König von Bayern * F. Lassalle † Alexander I. Zar von Rußland, Maximilian I. Joseph v. Bayern	Wirtschaftskrise in England (Aufstand der Baumwollarbeiter) Erste »sozialistische Schule« der Saint-Simonisten Erste Gaslaternen in Hannover Schwed. Heilgymnastik (Ling) Fr. Weinbrenner: Plan einer Gartenvorstadt für Karlsruhe Pferdeomnibus in Berlin	Erste deutsche Technische Hochschule in Karlsruhe P. S. Marquis de Laplace: »Himmelsmechanik« (seit 1799) J. Liebig und F. Wöhler: Isomerie J. E. Purkinje begründet experimentelle Sinnesphysiologie Eisenbahn Stockton-Darlington Erie-Kanal zwischen Buffalo und Albany (144 km)

Philosophie und Literatur	Musik	Kunst
Th. R. Malthus: »Grundsätze der politischen Ökonomie« E. T. A. Hoffmann: »Lebensansichten des Katers Murr« A. S. Puschkin: »Ruslan und Ludmilla« W. Scott: »Ivanhoe« P. B. Shelley: »Der entfesselte Prometheus« * H. Spencer	Reform der kath. Kirchenmusik in Süddeutschland; Wiederentdeckung der römischen Schule (Palestrina) Reformen im Gesangsunterricht nach der Methode Pestalozzis Musikalisches Methodenfieber G. Spontini, Hofkapellmeister in Berlin * Jenny Lind	F. Goya: »Der Koloß« D. Wilkie: »Die Testamentseröffnung« H. M. Hess: »Bildnis Fanny Gail« J. Schnorr v. Carolsfeld: »Verkündigung« W. Blake: »Jerusalem« Ch. Heath erfindet Stahlstich * E. Fromentin † B. West
G. W. F. Hegel: »Grundlinien der Philosophie des Rechts« F. Schleiermacher: »Der christliche Glaube« H. v. Kleist: »Die Hermannsschlacht«, »Prinz Friedrich von Homburg« uraufgeführt * Ch. Baudelaire, F. Dostojewski, G. Flaubert	C. M. v. Weber: »Der Freischütz« Schuberts »Erlkönig« erscheint als op. 1 Die Catalani singt Roedelsche Violinvariationen Gründung der Meininger Hofkapelle Eröffnung des Wiener Konservatoriums	Chr. Rauch: Goethe G. Schadow: Lutherdenkmal (Wittenberg) Th. Géricault: »Pferderennen in Epsom« W. Blake: Illustrationen zum Buch Hiob (bis 1824) C. D. Friedrich: »Die gescheiterte Hoffnung«
W. v. Humboldt: »Über das vergleichende Sprachstudium« Stendhal: »Über die Liebe« J. Kerner: »Schriften über das Geistersehen« L. Uhland: »Walther von der Vogelweide« Fr. Rückert: Übersetzung orientalischer Dichtungen * E. de Goncourt, A. Rietschl † E. T. A. Hoffmann, P. B. Shelley	L. v. Beethoven: Letzte Klaviersonate Nr. 32 c-moll, op. 111 F. Schubert: 8. Sinfonie h-moll (»Die Unvollendete«), Messe in As-Dur Wilhelmine Schröder-Devrient singt in Wien den »Fidelio« Gründung der »Royal Academy of Music«, London Eröffnung des Königlichen Instituts für Kirchenmusik, Berlin * C. Franck	E. Delacroix: »Die Dantebarke« P. N. Guérin: »Aurora und Cephalus« J. Constable: »Wolkenstudien« C. D. Friedrich: »Mondaufgang am Meer« J. F. Overbeck: »Der Einzug Christi in Jerusalem« * A. Canova, H. Schliemann
C. H. de Rouvroy, Graf von Saint-Simon: »Katechismus für Industrielle« J. W. Goethe: »Die Marienbader Elegie« Fr. Rückert: »Liebesfrühling« Lord Byron beteiligt sich am griech. Freiheitskampf * A. Petöfi, W. H. Riehl † Z. Werner	C. M. v. Weber: »Euryanthe« F. Schubert: »Wandererfantasie« Liederzyklus »Die schöne Müllerin« S. Erard: Repetitionsmechanik am Hammerklavier	J. Soane: Old Colonial Office in London G. Schadow: »Goethe« Chr. Rauch: »Friedr. Wilhelm III.« Th. Géricault: »Bildnis eines Irrsinnigen« † P. P. Prudhon, H. Raeburn
Joh. Fr. Herbart: »Psychologie der Wissenschaft« L. v. Ranke: »Zur Kritik neuerer Geschichtsschreiber« H. Heine: »Harzreise« F. Raimund: »Der Diamant des Geisterkönigs« * A. Dumas † Lord Byron	L. v. Beethoven: 9. Sinfonie »An die Freude« F. Schubert: »Deutsche Tänze« F. Chopin, Schüler Joseph Elsners, in Warschau Königl. Bibliothek in Berlin erhält Musiksammlung Gründung der Zeitschrift »Cecilia« durch G. Weber * A. Bruckner	J. Wyattville: Schloß Windsor E. Delacroix: »Das Massaker von Chios« R. P. Bonington: »An der Küste der Normandie« F. Catel: »Kronprinz Ludwig von Bayern im Kreise deutscher Künstler in Rom« * P. Puvis de Chavannes † Th. Géricault
Saint-Simon: »Neues Christentum« G. Manzoni: »Die Verlobten« W. Müller: »Neugriechische Volkslieder« A. v. Platen: »Sonette aus Venedig« A. Puschkin: »Boris Godunow« E. Tegnér: »Frithjofs Saga« * C. F. Meyer † Jean Paul, C. H. de Saint-Simon	D. F. E. Auber: »Maurer und Schlosser« L. v. Beethoven: Große Fuge B-Dur F. Chopin: Rondo op. 1 F. Mendelssohn: Streichoktett op. 20 F. J. Thibaut: »Über Reinheit der Tonkunst« * Joh. Strauß (Sohn)	R. Smirke: British Museum J. Soane: New Law Courts in Westminster C. Corot: »Studien zur Augustusbrücke bei Narni« Hokusai: »Die Woge« C. Blechen: »Schlucht im Winter« J. Chr. Dahl: Wolkenstudien † J. L. David, Joh. Heinr. Füßli, Heinr. Reinhart

Jahr	Politische Geschichte	Soziale Geschichte	Wissenschaft und Technik
1826	Anerkennung der neugegründeten südamerikanischen Republiken durch England * W. Liebknecht † Th. Jefferson	Gasbeleuchtung »Unter den Linden« in Berlin Fr. Fröbel: »Die Menschenerziehung«	Verlegung der bayerischen Landesuniversität von Landshut nach München Wiederbegründung der Universität Innsbruck O. Unverdorben: Anilin aus Indigo V. Prießnitz errichtet Kaltwasser-Heilanstalt * B. Riemann
1827	Vertrag von London über die Selbständigkeit Griechenlands Simon Bolivar Präsident von Peru auf Lebenszeit Entstehen panslawistischer Ideen in der Slowakei	J. Smith gründet »Kirche Jesu Christi der Heiligen der letzten Tage« (Mormonen) Friedensrichter in Preußen	C. E. v. Baer entdeckt das Säugetierei R. Brown: Wärmebewegung mikroskopischer Teilchen G. S. Ohm: »Ohmsches Gesetz« Fr. Wöhler gewinnt Aluminium aus Tonerde J. Ressel erfindet Schiffsschraube J. Walker erfindet Schwefelreibzündhölzer † P. S. Laplace
1828	Gründung des mitteldeutschen Handelsvereins (Sachsen, Hannover, Kurhessen) Gründung von Zollvereinen zwischen Preußen und Hessen-Darmstadt, sowie Bayern und Württemberg † Großherzog Karl-August von Sachsen-Weimar	Gründung der Rheinischen Missionsgesellschaft (evangelisch) Auftauchen des rätselhaften Findlings Kaspar Hauser	Gründung der Technischen Hochschule Dresden Industrieausstellung in London J. J. v. Berzelius entdeckt Element Thorium Fr. Wöhler: erste Synthese eines organischen Stoffes (Harnstoff) aus anorganischen Stoffen J. Heilmann: Plattstich-Strickmaschine
1829	Russisch-türkischer Friede zu Adrianopel; Griechenland von Türkei unabhängig A. Jackson Präsident der USA Aufhebung der Test-Akte von 1673 in England: Katholiken zu öffentlichen Ämtern zugelassen	Erste Gewerkschaften (Trade Unions) in England F. M. Ch. Fourier: »Le nouveau monde industriel et sociétaire« Engländer verbieten Witwenverbrennung in Indien Erster Ruderwettkampf Oxford/Cambridge Erster Baedeker	A. v. Humboldts Forschungsreise nach Sibirien J. W. Döbereiner: Triadenlehre G. Baron de Cuvier und A. Valenciennes: »Histoire naturelle des poissons« J. Ressel: Schraubenschiff
1830	Juli-Revolution in Paris; »Bürgerkönig« Louis Philippe Frankreich erobert Algerien Belgische Erhebung gegen die Niederlande; Bildung des Königreichs Belgien unter Leopold von Sachsen-Coburg Unruhen in Irland Vergeblicher polnischer Aufstand Reformierte Schweizer Kantone erhalten demokr. Verfassung Unruhen in Braunschweig, Göttingen, Sachsen und Kurhessen * Franz Joseph I. † L. Yorck v. Wartenburg	Aufhebung der Pressezensur in Frankreich Optische Telegraphenlinie Berlin–Koblenz 26 Straßendampfwagen in London »Vatermörder« in der Männermode »Schneiderrevolution« in Berlin	G. Baron von Cuvier setzt gegen G. Saint-Hilaire die (irrige) Lehre von der Konstanz der biologischen Arten durch Ch. Lysell begründet den geologischen Aktualismus v. Reichenbach: Paraffin Perry und Wise: Stahlfeder Beginn amtlicher Wetteraufzeichnungen in Berlin Gründung des Chemischen Zentralblattes Eisenbahn Liverpool–Manchester † J. B. Fourier

Philosophie und Literatur	Musik	Kunst
J. v. Eichendorff: »Aus dem Leben eines Taugenichts« L. Uhland und G. Schwab geben die Gedichte von Fr. Hölderlin heraus J. Meyer begründet das »Bibliographische Institut« * J. V. v. Scheffel † Joh. P. Hebel, Joh. Heinr. Voß	F. Mendelssohn: Ouvertüre zum »Sommernachtstraum« G. Rossini: »Die Belagerung von Korinth« (seine 36. Oper) F. Schubert: Streichquartett d-moll (»Der Tod und das Mädchen«), Liederzyklus »Die Winterreise« (bis 1828) Fr. Silcher: Erstes Heft der »Deutschen Volkslieder« † C. M. v. Weber	K. Fr. Schinkel: Schloß Charlottenhof P. Fendi: »Messe am Äußeren Burgtor in Wien« F. Olivier: »Das Kapuzinerkloster bei Salzburg« Ludwig I. begründet Münchner Kunstschule (beruft deutsche Künstler aus Rom) * G. Moreau, K. v. Piloty
G. W. F. Hegel: »Jahrbücher für wissenschaftliche Kritik« Chr. D. Grabbe: »Scherz, Satire, Ironie und tiefere Bedeutung« W. Hauff: »Phantasien aus dem Bremer Ratskeller« H. Heine: »Das Buch der Lieder« W. Simrock: »Das Nibelungenlied« * P. A. Lagarde, Ch. de Coster † W. Hauff, Joh. H. Pestalozzi	† L. v. Beethoven	E. Delacroix: »Sardanapals Tod« H. Janssen: »Selbstporträt halbnackt« J. Schnorr v. Carolsfeld: Ausmalung der Residenz in München Ludwig I. kauft Sammlung Boisserée für die Alte Pinakothek * A. Böcklin, W. H. Hunt, J. B. Carpeaux † W. Blake
J. Grimm: »Deutsche Rechtsaltertümer« Fr. Schlegel: »Philosophie des Lebens« Goethes »Faust« in Braunschweig uraufgeführt A. Ph. Reclam gründet den Reclamverlag * H. Ibsen, L. Tolstoi, J. Verne, H. Dunant, F. A. Lange	D. F. E. Auber: »Die Stumme von Portici« F. Schubert: 7. Sinfonie C-Dur (»Die Große«) Erste triumphale Erfolge N. Paganinis außerhalb Italiens J. N. Hummels »Große Klavierschule« und C. Czernys »Etüden« † F. Schubert	L.v.Klenze: »Odeon« (München) K. Fr. Schinkel: Alte Museum in Berlin C. Blechen: »Blick auf Häuser und Gärten« E. Engert: »Im Hausgarten« J. Stieler: »Bildnis J. W. Goethe« * D. G. Rosetti, A. Stevens † J. A. Houdon, F. Goya, R. P. Bonington
J. Fr. Herbart: »Allgemeine Metaphysik« Fr. Schlegel: »Philosophie der Geschichte« J. W. Goethe: »Wilhelm Meisters Wanderjahre« W. Grimm: »Die deutsche Heldensage« † Friedrich Schlegel	G. Rossini: »Wilhelm Tell« H. Berlioz: »Phantastische Symphonie« F. Chopin: Erste Etüden Wiederaufführung der »Matthäuspassion« »Verein deutscher Musikalienhändler«: Eigentumsrecht gegen unerlaubten Nachdruck * Anton Rubinstein	C. E. Hansen: Liebfrauenkirche in Kopenhagen Fr. v. Gärtner: Ludwigskirche in München C. Blechen: »Tivoli« * A. Feuerbach, V. Müller, J. E. Millais † J. H. W. Tischbein
A. Comte: »Cours de philosophie« A. de Lamartine: »Harmonies poétiques et réligieuses« H. Wergeland: »Die Schöpfung, der Mensch und der Messias« A. W. Schlegel: »Indische Bibliothek« H. de Balzac: »Tolldreiste Geschichten« K. Immermann: »Tulifäntchen« Stendhal: »Rot und Schwarz« K. A. Varnhagen v. Ense: »Biographische Denkmale« * M. v. Ebner-Eschenbach, J. de Goncourt, P. Heyse, F. Mistral	D. F. E. Auber: »Fra Diavolo« F. Chopin: Klavierkonzert e-moll op. 11 Klavierkonzert f-moll op. 21 R. Schumann: Abegg-Variationen op. 1 F. Mendelssohn: »Lieder ohne Worte« Fr. Hofmeister: »Musikalisch-literarischer Monatsbericht« * H. v. Bülow	L. v. Klenze: Walhalla K. Fr. Schinkel: Nikolaikirche in Berlin B. Thorwaldsen: Reiterstandbild Maximilian I. in München E. Delacroix: »Die Freiheit auf den Barrikaden« J.-L. Agasse: »Kinderspielplatz« E. Hicks: »Reich des Friedens« G. Bendz: »Interieur in der Amaligarde« F. Waldmüller: »Große Praterlandschaft« * C. Pissarro, K. C. v. Zumbusch † Th. Lawrence

Jahr	Politische Geschichte	Soziale Geschichte	Wissenschaft und Technik
1831	Papst Gregor XVI. (bis 1846) Türkei verliert Syrien an Ägypten Französische Fremdenlegion für Nordafrika Aufstände in Modena, Parma und dem Vatikan P. A. Pfitzer wirbt als Süddeutscher für Anschluß an Preußen † K. Frhr. vom und zum Stein, N. v. Gneisenau, C. v. Clausewitz	Baptistenprediger W. Miller gründet Adventistensekte Arbeiteraufstand in Lyon Sachsen erhält Verfassung Pressegesetze in Baden Erste europ. Cholera-Epidemie * Heinr. Stephan (dt. Generalpostmeister)	J. W. Goethe vermutet Abstammung des Menschen vom Tier J. Ross entdeckt Magnetischen Südpol im Nordpolargebiet Ch. Darwin erforscht Entstehung der Koralleninseln J. Liebig und Subeiran entdecken Chlorophorm M. Faraday: Induktionsgesetz J. Liebig: Elementaranalyse organischer Verbindungen
1832	Parlamentsreform in England G. Manzini gründet den republikanischen Geheimbund »Junges Italien« (1834 zum »Jungen Europa« erweitert) Otto von Wittelsbach wird König von Griechenland Hambacher Fest; führt zur Aufhebung von Presse- und Versammlungsfreiheit † Herzog von Reichstadt	P. Leroux prägt den Begriff »Sozialismus« Gründung des Gustav-Adolf-Vereins	J. Liebig: Annalen der Chemie M. Faraday: Elektrische und magnetische »Kraftlinien« J. Fr. Kammerer: Phosphorstreichhölzer † G. Cuvier
1833	Preußen gründet den deutschen Zollverein (ohne Österreich) Hannover erhält eine Verfassung Studenten stürmen die Hauptwache in Frankfurt am Main	England hebt die Sklaverei auf Englisches Gesetz begrenzt die Arbeitszeit für Jugendliche und setzt Fabrikinspektoren ein M. J. Marquis de Lafayette: »Verein der Menschenrechte« J. H. Wichern gründet das »Rauhe Haus« in Hamburg F. List: »Über ein sächsisches Eisenbahnsystem als Grundlage eines allgemeinen deutschen Eisenbahnsystems«	A. Burnes überquert den Hindukusch K. Fr. Gauß und W. Weber: Magnetischer Nadeltelegraph; Absolutes Maßsystem der Physik Wheatstone: Spiegel-Stereoskop A. D. Taylor entwickelt den »balloon frame« * A. Nobel
1834	China schließt seine Häfen für den Europahandel England, Frankreich, Spanien und Portugal schließen ein Bündnis zum Schutze des Liberalismus Liberale Verfassung in Spanien Erster Karlistenkrieg um die Thronfolge in Spanien (bis 1840) † M.-J. Marquis de Lafayette	Aufhebung der Inquisition in Spanien In Preußen schließen sich die »Altlutheraner« gegen die staatlich geförderte »Union« zusammen G. Büchner gibt den »Hessischen Landboten« heraus J. A. L. Werner: »Gymnastik der weiblichen Jugend«	Industrieausstellung i. München F. H. Weber: Weber-Fechnersches Gesetz der Psychophysik F. F. Runge entdeckt Phenol und Anilin im Steinkohlenteer E. Mitscherlich: Kontakttheorie der Elektrolyse Melloni: Erste Messungen ultraroter Strahlen M. H. Jacobi: Elektromotor McCormick: Erntemaschine F. X. Gabelsberger: Stenographie
1835	Ferdinand I. wird Kaiser von Österreich (bis 1848) † Franz I. (römisch-deutscher Kaiser bis 1806, seit 1804 österreichischer Kaiser)	J. G. Bennett gründet den »New York Herald« als ein Ein-Cent-Massenblatt Städtereform nach dem Prinzip der Selbstverwaltung Englands Verbot des »Jungen Deutschland« (Börne, Gutzkow, Heine, Laube u. a.)	Ch. Darwin: Artenbildung durch Isolation (Galapos-Inseln) J. J. Berzelius: Katalyse (Reaktionslenkung) in der organischen Chemie Erste Gewerbe- und Industrieausstellung in Wien Erste deutsche Eisenbahnlinie Nürnberg–Fürth Wiederkehr des Halleyschen Kometen

Philosophie und Literatur	Musik	Kunst
J. W. Goethe: »Dichtung und Wahrheit« A. Grün: »Spaziergänge eines Wiener Poeten« Chr. D. Grabbe: »Napoléon oder die Hundert Tage« H. Heine: »Reisebilder« V. Hugo: »Notre-Dame de Paris« * F. v. Bodelschwingh, N. Ljeskow, W. Raabe † A. v. Arnim, G. W. F. Hegel	V. Bellini: »Norma« »La Somnambula« G. Meyerbeer: »Robert der Teufel« R. Schumann: »Papillons« F. Mendelssohn: Chöre zur »Walpurgisnacht« von Goethe Klavierkonzert g-moll L. Spohr: »Violinschule« Anfänge der romantischen Chorkantate	J. D. Ohlmüller: Auer Mariahilfkirche in München E. Gärtner: »Die Parochialstraße in Berlin« J. E. Hummel: »Die Granitschale im Lustgarten von Berlin« H. Daumier: Satirische Zeichnungen für »Caricature« C. G. Carus: »Briefe über die Landschaftsmalerei« * R. Begas, C. Meunier
G. B. Niebuhr: »Römische Geschichte« J. W. Goethe: »Faust II« E. Mörike: »Maler Nolten« H. Fürst Pückler-Muskau: »Briefe eines Verstorbenen« A. Puschkin: »Mozart und Salieri« * B. Björnson, W. Busch † J. W. Goethe, L. Devrient, W. Scott	F. Mendelssohn: »Hebridenouvertüre« R. Wagner: Jugendouvertüren G. Rossini: »Stabat mater« Auflösung der italienischen Oper in Dresden W. Fr. Wieprecht reorganisiert die preußische Militärmusik † K. Fr. Zelter	K. Fr. Schinkel: Bauakademie in Berlin P. J. D. d'Angers: Jefferson Statue C. Blechen: Das Palmenhaus auf der Pfaueninsel Chr. Købke: Maler Södring S. Boisserée: »Geschichte und Beschreibung des Kölner Doms« * E. Manet, G. Doré, W. Busch, A. Romako † L.-Ph. Dubucourt, J. Lanzedelli
J. G. Droysen: »Geschichte Alexanders des Großen« J. Michelet: »Histoire de France« J. N. Nestroy: »Der böse Geist Lumpazivagabundus« K. Fr. Zelter: »Briefwechsel mit Goethe« L. u. Dorothea Tieck, W. Baudissin: Shakespeare-Übersetzungen * W. Dilthey † P. J. A. Feuerbach	K. Kreutzer: »Melusine« L. Cherubini: »Ali Baba« F. Chopin: Nocturnes op. 9 Fr. Liszt: »Bergsinfonie« F. Mendelssohn wird städtischer Musikdirektor in Düsseldorf Gründung der Meisterschule für Komposition an der Berliner Akademie der Künste * J. Brahms	E. F. Zwirner wird Dombaumeister in Köln C. Corot: »Bildnis der Octavie Senegon« E. Gärtner: »Die Neue Wache in Berlin« Fr. Preller: »Die Odyssee« Wanderausstellung von K. Brüllows »Der letzte Tag von Pompeji« * F. Rops, E. Burne-Jones
L. v. Ranke: »Die römischen Päpste« E. L. Bulwer: »Die letzten Tage von Pompeji« F. Grillparzer: »Der Traum ein Leben« L. Wienbarg: »Aesthetische Feldzüge« * F. Dahn, E. Haeckel, H. v. Treitschke, Ramakrishna † Fr. Schleiermacher	K. Kreutzer: »Das Nachtlager von Granada« H. Berlioz: Harold-Sinfonie R. Wagner geht als Theaterkapellmeister nach Magdeburg R. Schumann gründet die »Neue Zeitschrift für Musik« »Davidsbündler« Händelfest in London † F. Boieldieu	H. Daumier: »Rue Transnonain le 15 avril 1834« W. Turner: »Der Brand des Parlamentsgebäudes« A. Rethel: »Die Harkotsche Fabrik auf Burg Wetter« F. Waldmüller: »Das Höllengebirge bei Ischl« G. Semper wird Professor für Baukunst an der Dresdner Akademie * E. Degas, J. McNeill Whistler
J. Grimm: »Deutsche Mythologie« D. F. Strauß: »Das Leben Jesu« K. F. Gutzkow: »Wally, die Zweiflerin« Bettina v. Arnim: »Goethes Briefwechsel mit einem Kinde« G. Büchner: »Dantons Tod« * G. Carducci, M. Twain † A. Graf v. Platen, W. v. Humboldt	G. Donizetti: »Lucia di Lammermoor« J. F. Halévy: »Die Jüdin« C. Loewe: Goetheballaden R. Schumann: Klaviersonate fis-moll op. 11 Symphonische Etüden op. 13 Belgien schließt sich der deutschschweizerischen Männerchorbewegung an * C. Saint-Saëns	J. Constable: »Stonehenge« C. Blechen: »Das Walzwerk bei Eberswalde« K. F. Lessing: »Hussitenpredigt« L. Richter: »Überfahrt am Schreckenstein« V. Cousin prägt den Ausdruck »l'art pour l'art« * F. Defregger † A.-J. Gros

Politische Geschichte	Soziale Geschichte	Wissenschaft und Technik
1836		
Louis Napoléon versucht von Straßburg aus, sich Frankreichs zu bemächtigen	Todesurteil gegen Fritz Reuter wird in Festungshaft umgewandelt Frauenmode: Fußfreier Glockenrock, enge Taille, Ärmel oben stark gebauscht, unten sehr eng, Kapotthut Erster deutscher Ruderklub in Hamburg	Technische Hochschule in Darmstadt gegründet Dänische und deutsche Vorgeschichtsforscher unterscheiden »Stein-, Bronze- und Eisenzeit« K. F. Schimper begründet die moderne Eiszeitforschung Th. Schwann entdeckt das eiweißverdauende Pepsin J. N. v. Dreyse: Zündnadelgewehr * E. v. Bergmann
1837		
Victoria wird Königin von Großbritannien und Irland Ende der Personalunion zwischen England und Hannover Ernst August, Herzog von Cumberland, König von Hannover, hebt das Grundgesetz auf und entläßt die protestierenden »Göttinger Sieben« (Albrecht, Dahlmann, Ewald, Gervinus, J. und W. Grimm, Weber)	»Kölner Kirchenstreit« mit der preußischen Regierung über Mischehen (bis 1842) Lehrplan für neun Jahre und Klassen-Bezeichnungen »Sexta« bis »Prima« in preußischen Gymnasien eingeführt	S. D. Poisson: Wahrscheinlichkeitslehre in einer für statistische Anwendung passenden Form H. W. Dove: Polare und äquatoriale Luftströme bestimmen das europäische Wetter S. Morse: Schreibtelegraph A. Borsig gründet Eisengießerei und Maschinenbauanstalt in Berlin Eisenbahn Leipzig–Dresden
1838		
Großbritannien beginnt den Opiumkrieg gegen China † Ch. M. Talleyrand	A. Comte prägt den Wissenschaftsnamen »Soziologie« G. Schmoller fördert die Sozialgesetzgebung »Chartismus« in England fordert Wahlrecht für die Arbeiter (Aufstand 1839 unterdrückt) R. Cobden propagiert die Ziele der liberalistischen »Anti-Corn-Law-League«	J. M. Schleiden: Alle Pflanzen bestehen aus wesensgleichen Zellen A. A. Cournot: Mathematische Prinzipien einer Theorie des Reichtums (begr. mathematische Volkswissenschaftslehre) F. W. Bessel mißt erste Fixsternentfernung L. J. M. Daguerre: Photographie
1839		
Die Unabhängigkeit und Neutralität Belgiens wird im »Londoner Protokoll« garantiert Nordluxemburg fällt an Belgien	Kinderarbeit in Preußen eingeschränkt L. Blanc gründet in Paris »Organisation der Arbeit« (1. französische Produktionsgenossenschaft mit Staatshilfe) * Marianne Hainisch (Führerin der österreich. Frauenbewegung)	A. Pauly begründet die »Realenzyklopädie der klassischen Altertumswissenschaften« Soicété d'Ethnologie« in Paris W. H. F. Talbot: Lichtbild auf dem Papier Ch. Goodyear: Vulkanisation von Kautschuk K. A. Steinheil: Elektrische Uhr L. J. M. Daguerre erfindet die Daguerreotypie Eisenbahn Berlin–Potsdam
1840		
Ägyptenkrise löst europäische Kriegsgefahr aus Prinz Louis Napoléon (III.) versucht in Boulogne, sich zum französischen Kaiser zu machen, und muß nach England fliehen Napoléon I. wird im Invalidendom beigesetzt Queen Victoria heiratet Prinz Albert v. Sachsen-Coburg-Gotha Friedrich Wilhelm IV. wird König von Preußen (bis 1858) * A. Bebel † Friedrich Wilhelm III.	P.-J. Proudhon: Was ist Eigentum? F. List: Das nationale System der politischen Ökonomie Erste Briefmarken in England Gründung der britischen »Cunard Steamship Company« Erste Arbeiterbildungsvereine in Deutschland Fr. Fröbel gründet den Allgemeinen Deutschen Kindergarten in Blankenburg/Thüringen	K. Basedow beschreibt die nach ihm benannte Krankheit J. Henle: Pathologische Untersuchungen (Begriff »Ansteckung« geklärt) L. Agassiz: Gletscher-Studien K. Fr. Gauß: Atlas des Erdmagnetismus J. Liebig: Die organische Chemie in ihrer Anwendung auf Agrikultur und Physiologie M. H. v. Jacobi: Galvanoplastik J. Petzval: erstes spezielles Photoobjektiv

Philosophie und Literatur	Musik	Kunst
R. W. Emerson: »Die Natur« A. Schopenhauer: »Über den Willen in der Natur« Ch. Dickens: »Die Pickwickier« J. Eckermann: »Gespräche mit Goethe« N. Gogol: »Der Revisor« K. L. Immermann: »Die Epigonen« N. Lenau: »Faust« * Chr. Fr. Grabbe, J. St. Mill	G. Meyerbeer: »Die Hugenotten« A. Ch. Adam: »Der Postillon von Lonjumeau« R. Wagner: »Das Liebesverbot« F. Mendelssohn: »Paulus« F. Chopin: Ballade g-moll op. 23 R. Schumann: Phantasie C-Dur op. 17 (an Liszt) Wettstreit von Liszt und Thalberg * L. Delibes	L. v. Klenze: Alte Pinakothek D. Raffet: »Nächtliche Heerschau« Chr. W. Eckersberg: »Blick auf Kopenhagen« F. Krüger: »Ausritt mit Prinz Wilhelm« A. Rethel: »Die Mutter des Künstlers« C. F. L. Förster gründet in Wien die »Allgemeine Bauzeitung« * F. v. Lenbach, H. Fantin Latour
Th. Carlyle: »Die Französische Revolution« G. G. Gervinus: »Grundzüge der Historik« M. Hess: »Die heilige Geschichte der Menschheit« Ch. Dickens: »Oliver Twist« J. Gotthelf: »Der Bauernspiegel« J. J. v. Görres: »Athanasius« N. Lenau: »Savonarola« † L. Börne, G. Büchner, G. Leopardi, A. Puschkin	A. Lortzing: »Zar und Zimmermann« H. Berlioz: »Requiem« F. Liszt: »Années de pélérinage« Fr. Silcher: »Ich weiß nicht, was soll es bedeuten . . .« R. Wagner in Riga, Fr. Liszt mit der Gräfin d'Agoult in Italien A. B. Marx: »Die Lehre von der musikalischen Komposition« F. Hand: »Ästhetik der Tonkunst«	L. v. Klenze: Allerheiligen, Hofkirche in München F. W. Schadow: »Die klugen und die törichten Jungfrauen« L. Schwanthaler: Entwürfe zur Münchner Bavaria F. Amerling: »Rudolf Arthaber mit seinen Kindern« F. Kugler: »Geschichte der Malerei« * H. v. Marées † J. Constable, F. Gérard
L. A. Feuerbach: Geschichte der neueren Philosophie von Baco bis Spinoza W. Weitling: »Die Menschheit, wie sie ist und wie sie sein soll« C. v. Brentano: »Gockel, Hinkel und Gackeleia« A. v. Droste-Hülshoff: Gedichte G. Schwab: »Die schönsten Sagen des klassischen Altertums« † A. v. Chamisso	H. Berlioz: Benvenuto Cellini F. Liszt: Dantesonate R. Schumann: Kreisleriana op. 16 Faschingsschwank op. 26 R. Schumann entdeckt Schuberts große C-Dur-Sinfonie J. Joachim wird Violinschüler J. Böhms in Wien Wegeler-Ries: Biographische Notizen über Beethoven * G. Bizet	G. Semper: Dresdner Oper K. Fr. Schinkel: Schloß Kamenz E. Delacroix: »Die Einnahme von Konstantinopel« W. Turner: »Der Téméraire« E. Gärtner: »Die Frauenkirche in Dresden« G. Waldmüller: »Blick auf Ischl« E. Steinle: Fresken im Kölner Dom † Ch. Percier
F. Dingelstedt: »Die neuen Argonauten« Fr. Rückert: »Das Leben Jesu« »Die Weisheit des Brahmanen« Stendhal: »Die Kartause von Parma« M. Lermontow: »Der Dämon« * R. F. A. Sully-Prudhomme, L. Anzengruber † M. de Guérin	H. Berlioz: »Romeo und Julia« F. Chopin: 24 Préludes op. 28 R. Schumann: »Nachtstücke« Uraufführung von F. Schuberts großer C-Dur-Sinfonie im Leipziger Gewandhaus F. Commer eröffnet die Sammlung »Musica sacra« Der »Ulmer Liederkranz« übernimmt die Insignien der letzten deutschen Meistersingergilde * M. Mussorgsky	A. Menzel: Zeichnungen zu Kuglers »Geschichte Friedrichs des Großen« F. Krüger: »Parade auf dem Opernplatz« C. Spitzweg: »Der arme Poet« A. Stifter: »Blick in die Beatrixgasse in Wien« * P. Cézanne, A. Sisley, H. Thoma † J. A. Koch
A. Thiers: »Histoire du Consulat et de l'Empire« A. H. Hoffmann von Fallersleben: Unpolitische Lieder F. Grillparzer: »Weh dem, der lügt« Fr. W. J. Schelling, L. Tieck, Fr. Rückert und Peter v. Cornelius werden von Friedrich Wilhelm IV. nach Berlin berufen Schneckenburger: »Die Wacht am Rhein« * A. Daudet, E. Zola † K. L. Immermann	R. Wagner: Faustouvertüre F. Chopin: Klaviersonate b-moll op. 35 (mit dem Trauermarsch) F. Mendelssohn: »Wer hat dich, du schöner Wald, aufgebaut...« R. Schumanns »Liederjahr« (168 Gesänge); heiratet Clara Wieck A. Debain entwickelt das erste moderne Harmonium A. Sax erfindet das Saxophon * P. Tschaikowsky † N. Paganini	C. Corot: »Le Moulin de la Galette« R. v. Alt: Ansicht von Prag A. Rethel: Entwürfe für die Ausmalung des Aachener Rathauses C. D. Daly gründet die »Revue de l'Architecture et des Travaux publiques« * H. Makart, C. Monet, A. Rodin, J. Sperl † C. Blechen, C. D. Friedrich

1841

Dardanellen-Vertrag verbietet nichttürkischen Schiffen die Fahrt durch Bosporus und Dardanellen
Britisch-afghanischer Krieg
* Edward VII.

S. Smiles: Rede über die Bedeutung der politischen Erziehung in den Berufsschulen
In London wird das satirische Wochenblatt »Punch« begründet
Thomas Cook arrangiert die erste verbilligte Gesellschaftsreise für seinen Mäßigkeitsverein
Eröffnung des Zoologischen Gartens in Berlin

L. Oken: »Naturwissenschaft für alle Stände« (Anfang der populärwissenschaftlichen Schriften)
J. Braid entdeckt das Prinzip der Hypnose
R. A. v. Kölliker erkennt Samenfäden als Träger der Eibefruchtung
Erste Borsig-Lokomotive
* Th. Kocher, H. M. Stanley

1842

Friede von Nanking: China tritt Hongkong an Großbritannien ab und öffnet seine Häfen den westeuropäischen Mächten und dem britischen Opiumhandel
Die Buren gründen den afrikanischen Freistaat Oranje

Beginn der modernen Konsumgenossenschafts-Bewegung in Rochdale/England
Friedrich Wilhelm IV. von Preußen stiftet die Friedensklasse des Ordens »Pour le mérite«
»Rheinische Zeitung« gegründet (K. Marx, M. Hess)

Ch. Darwin: Abstammungslehre (1859 veröffentlicht)
J. R. Mayer: »Bemerkungen über die Kräfte der unbelebten Natur« (Energieerhaltungssatz)
Chr. Doppler: »Doppler-Prinzip«: Farbänderung bewegter Lichtquellen
Chr. Fr. Schönbein entdeckt das Ozon
Erster mit Schrauben betriebener Ozeandampfer »Great Britain«

1843

Tausendjahrfeier des Deutschen Reiches (1843 Vertrag von Verdun)

W. Lindley beginnt in Hamburg die erste systematische Kanalisation einer Stadt
K. Marx heiratet Jenny von Westphalen
B. v. Arnim: »Dies Buch gehört dem König«
* Bertha v. Suttner

A. v. Humboldt: Asie centrale
J. Ross erforscht die Antarktis (seit 1839)
M. Faraday: Erhaltungssatz der Elektrizitätsmengen
J. Joules bestimmt unabhängig von J. R. Mayer das Wärmeäquivalent von mechanischer Arbeit
Fr. G. Keller: Holzschliff-Papier
D. Brewster: Linsenstereoskop
* R. Koch

1844

China schließt Handelsverträge mit Frankreich und den USA

N. F. S. Grundtvig gründet die erste Volkshochschule (für die dänische Landbevölkerung)
Aufstand der Weber in Schlesien
Tschechs Attentat auf Friedr. Wilhelm IV.
K. Marx lernt in Paris Fr. Engels kennen
Regatta-Verein »Allgemeiner Alster-Club« in Hamburg

A. Th. v. Middeldorf erforscht Nord- und Ostsibirien
R. A. v. Kölliker: Tierkeim wächst durch fortgesetzte Teilung der ursprünglichen Eizelle
H. Graßmann: Vier- und mehrdimensionale Geometrie
Erste Telegraphenlinie zwischen Baltimore und Washington
* L. Boltzmann
† J. Dalton

1845

Massenauswanderung in Irland durch Mißernte und Hungersnot
K. Marx, aus Frankreich ausgewiesen, geht nach Brüssel
* Ludwig II. von Bayern

England fördert die meisten Kohlen: 34 Mill. Tonnen (Frankreich 1847: 5 Mill. Tonnen)
F. Engels: »Die Lage der arbeitenden Klasse in England«
»Vorwärts!« Herausgegeben von R. Blum u. F. Heger

A. H. Layard entdeckt Ninive und gräbt es aus
A. v. Humboldt: »Kosmos«
M. Faraday: Magnetfeld beeinflußt Schwingungsrichtung des Lichtes in Materie
Physikalische Gesellschaft in Berlin gegründet
* W. Röntgen

Politische Geschichte	Soziale Geschichte	Wissenschaft und Technik
Th. Carlyle: »Über Helden und Heldenverehrung« L. Feuerbach: »Das Wesen des Christentums« A. Schopenhauer: »Die beiden Grundprobleme der Ethik« J. F. Cooper: »Der Lederstrumpf« Fr. Hebbel: »Judith« E. A. Poe: »Der Mord in der Rue Morgue« † J. Fr. Herbart, M. Lermontow	A. Adam: »Ghiselle« R. Schumann: 1. Sinfonie B-Dur (»Frühlingssinfonie«) 4. Sinfonie d-moll G. Meyerbeer wird in Berlin Nachfolger von Spontini Anfänge des musikalischen Impressionismus Bundesratbeschluß schützt das musikalische Autorenrecht * A. Dvorák, C. Spitta	Fr. v. Gärtner: Feldherrnhalle in München (bis 1844) H. Daumier: »HistoireAncienne« F. Rayski: »Bildnis Graf Zech« Gründung des Vereins Berliner Künstler F. Kugler: Handbuch der Kunstgeschichte * P. A. Renoir, P. Wallot † J. H. Dannecker, K. Fr. Schinkel, F. v. Olivier
R. W. Emerson: »Vertreter der Menschheit« Fr.W.J.Schelling: »Philosophie der Mythologie und Offenbarung« A. v. Droste-Hülshoff: »Die Judenbuche« N. Gogol: »Die toten Seelen« J. N. Nestroy: »Einen Jux will er sich machen« * K. May, H. Seidel, St. Mallarmé E. v. Hartmann, W. James † C. v. Brentano, Stendhal	A. Lortzing: »Der Wildschütz« M. Glinka: »Ruslan und Ludmilla« G. Verdi: »Nabucco« R. Wagner: »Rienzi« F. Mendelssohn: Schottische Sinfonie G. Donizetti wird Hofkomponist in Wien * K. Millöcker, A. Sullivan † L. Cherubini	L. v. Klenze: Walhalla vollendet Befreiungshalle in Kelheim L. v. Schwanthaler: Skulpturen für die Walhalla L. Richter: »Rübezahl« A. Wiertz: »Die Empörung der abtrünnigen Engel« Kölner Dombaufest Zeitschrift »The Builder« in London gegründet † Elisabeth Vigée-Lebrun, P. Fendi, C. Schindler
S. Kierkegaard: »Entweder – Oder« J. St. Mill: System der deduktiven und induktiven Logik W. H. Prescott: »Die Eroberung Mexikos« J. Gotthelf: »Geld und Geist« Fr. Hebbel: »Genoveva« * R. Avenarius, P. Rosegger † Fr. Hölderlin, Fr. de la Motte-Fouqué	G. Donizetti: »Don Pasquale« R. Wagner: »Der Fliegende Holländer« R. Schumann: »Paradies«, »Peri« R. Franz: Lieder op. 1 R. Wagner wird Hofkapellmeister in Dresden F. Mendelssohn gründet das Leipziger Konservatorium Berliner Domchor * E. Grieg	A. W. Pugin: »An Apology for the Revival of Christian Architecture in England« Fr. v. Amerling: Selbstbildnis mit Hund Napoléon J. P. Hasenclever: »Die Weinprobe«, »Das Lesekabinett« M. v. Schwind: Fresken in der Karlsruher Kunsthalle J. Ruskin: »Moderne Malerei« * A. Werner
K. Marx verwandelt G. W. F. Hegels »Dialektischen Idealismus« in einen »Dialektischen Materialismus« H. Heine: »Deutschland, ein Wintermärchen« Fr. Hebbel: »Maria Magdalena« A. Stifter: »Studien« * A. France, T. Kröger, D. Frhr. v. Liliencron, P. Verlaine, Fr. Nietzsche	Fr. Frhr. v. Flotow: Alessandro Stradella F. Mendelssohn: Violinkonzert R. Schumann: Faustszenen Erstes Auftreten J. Joachims im Leipziger Gewandhaus A. Lortzing wird Kapellmeister am Leipziger Stadttheater Wiener Männergesangverein Erstes Erscheinen der Londoner »Musical Times« * N. Rimski-Korsakow	W. Turner: Regen, Dampf und Schnelligkeit H. Daumier: Die Blaustrümpfe (Lithographien) M. v. Schwind: Sängerkrieg auf der Wartburg C. Spitzweg wird Mitarbeiter an den »Fliegenden Blättern« * W. Leibl, I. Repin, H. Rousseau † B. Thorwaldsen
Max Stirner: »Der Einzige und sein Eigentum« L. Feuerbach: »Das Wesen der Religion« A. Dumas: »Zwanzig Jahre später« »Der Graf von Monte Christo« P. Merimée: »Carmen« * C. Spitteler † A. W. Schlegel, H. Wergeland	A. Lortzing: »Undine« R. Wagner: »Tannhäuser« R. Schumann: Klavierkonzert a-moll Sinfonie C-Dur F. Liszt: »Les Préludes« Beethoven-Denkmal in Bonn enthüllt	G. C. Bingham: Pelzhändler auf dem Missouri A. Menzel: »Das Balkonzimmer« F. v. Rayski: »Die Mutter des Künstlers« W. v. Kaulbach: Ausmalung des Treppenhauses im Neuen Museum Berlin * W. v. Bode, A. Oberländer † J. Danhauser

1846

Politische Geschichte	Soziale Geschichte	Wissenschaft und Technik
Krieg zwischen den USA und Mexiko Die Freihandelspartei in England erreicht die Aufhebung der Kornzölle † Fr. List (Freitod)	Papst Pius IX. folgt Gregor XVI. Gründung der »Evangelischen Allianz« in London In Königsberg und Halle entstehen die ersten freireligiösen Gemeinschaften Deutschlands »Concessionierte Berliner Omnibus Compagnie« eröffnet ihren Betrieb A. Spieß: Turnbuch für Schulen	R. Lepsius erforscht Ägypten W. Th. G. Morton und Ch. Jackson (unabhängig voneinander): erste Äthernarkose W. G. Armstrong: Hydraulischer Kran E. Howe: Nähmaschine Chr. Fr. Schönbein: Schießbaumwolle C. Zeiß gründet die Zeißwerke in Jena

1847

Politische Geschichte	Soziale Geschichte	Wissenschaft und Technik
Liberia wird selbständiger Freistaat Algerien wird endgültig von Frankreich unterworfen Der Katholische Sonderbund der Schweizer Urkantone bekämpft die Ausweisung der Jesuiten Einberufung der preußischen Provinzialstände als »Vereinigter Landtag« In Turin wird die Zeitschrift »Il Risorgimento« gegründet * P. v. Beneckendorff und Hindenburg	B. Young gründet die Mormonensiedlung Salt Lake City Einführung des gesetzlichen Zehnstundentags in England Briefmarken von British-Mauritius Dampfschiffahrtslinie Bremen–New York (ab 1857 Norddeutscher Lloyd)	W. Lasell entdeckt den Neptunmond J. Y. Simpson: erste Chlorophorm-Narkose R. G. Kirchhoff: Gesetze der elektrischen Stromverzweigung Sobrero: Sprengstoff Nitroglyzerin W. v. Siemens: Guttapercha-Isolierungen für Kabel Krupp fertigt Achsen, Räder und Federn aus Gußstahl Gründung der Elektrofirma Siemens und Halske

1848

Politische Geschichte	Soziale Geschichte	Wissenschaft und Technik
Februarrevolution in Paris: Louis Philippe dankt ab; Frankreichs 2. Republik mit Louis Napoléon als Präsidenten Märzrevolution in Deutschland und Österreich mit dem Ziel der demokratischen Verfassung Thronverzicht Ludwigs I. (Lola-Montez-Affäre) Metternich flieht nach England Die deutsche Nationalversammlung in der Paulskirche in Frankfurt am Main arbeitet eine Verfassung aus Erzherzog Johann von Österreich wird Reichsverweser Juni-Aufstand in Paris blutig niedergeworfen J. W. Graf Radetzky stellt die Herrschaft Österreichs in Oberitalien wieder her Ungarische und tschechische Erhebungen Oktoberrevolution in Österreich; Ferdinand I. dankt ab; Franz Joseph I. Kaiser von Österreich Robert Blum in Wien erschossen	Deutsche Industrieproduktion hat sich seit 1800 versechsfacht Erstes Gesundheitsgesetz in England (gegen die Cholera) Gold-Rush in Kalifornien In Deutschland wird der zwölfstündige Arbeitstag gefordert (bisher 14–16 Stunden, auch für Jugendliche) Kongreß von Arbeitervereinen unter St. Born in Berlin; Zusammenschluß zur »Arbeiterverbindung« in Leipzig Französisches Gesetz zur Einrichtung öffentlicher Büchereien Hale und Bernett gründen eine Nachrichtenagentur in New York (später Associated Press) O. v. Bismarck gründet die konservative »Neue Preußische Zeitung« (»Kreuzzeitung«) K. Marx gründet die »Neue Rheinische Zeitung« K. Marx und Fr. Engels: Das Kommunistische Manifest * Helene Lange	S. Kneipp gründet die Wasserkuranstalt Wörishofen D. de Boulogne benutzt elektrische Ströme für Heilzwecke (begründet die Elektrotherapie) Bond und Lasell entdecken den achten Saturnmond A. Bravais unterscheidet 14 Kristallgitter (Atomtheorie 1850 veröffentlicht) E. Du Bois-Reymond: Untersuchungen über tierische Elektrizität J. B. L. Foucault: Regulierter Kohlelichtbogen C. Niepce de St.-Victor: Photographische Glasnegative mit frisch anzusetzenden feuchten Schichten Erste telegraphische Wettermeldung in England * O. Lilienthal, H. de Vries † J. J. v. Berzelius

Philosophie und Literatur	Musik	Kunst
C. G. Carus: Psyche, Zur Entwicklungsgeschichte der Seele P.-J. Proudhon: »Philosophie des Elends« H. Chr. Andersen: »Das Märchen meines Lebens« F. v. Freiligrath: »Mein Glaubensbekenntnis« S. Petöfi: »Der Strick des Henkers« Deutscher Germanistentag in Frankfurt am Main * R. Eucken, H. Sienkewicz	F. Mendelssohn: »Elias« A. Lortzing: »Der Waffenschmied« H. Berlioz: »Fausts Verdammnis« R. Wagner führt in Dresden Beethovens 9. Sinfonie auf Gründung der Münchner Akademie der Tonkunst	F. Chr. Gau: Sainte Clotilde in Paris L. v. Klenze: Propyläen in München P. Gavarni: Lithographien zum »Carneval« A. Rethel: Ausmalung des Kaisersaals im Aachener Rathaus L. Richter: Illustrationen zu deutschen Volksliedern J. Schnorr v. Carolsfeld wird Direktor der Akademie in Dresden
K. Marx: »Das Elend der Philosophie« L. v. Ranke: Deutsche Geschichte im Zeitalter der Reformation Ch. Dickens: Eine Weihnachtsgeschichte J. v. Eichendorff: Über die ethische und religiöse Bedeutung der neueren romantischen Poesie in Deutschland I. Gontscharow: »Eine alltägliche Geschichte« H. Hoffmann: Struwwelpeter	Fr. Frhr. v. Flotow: »Martha« P. J. v. Lindpaintner: »Lichtenstein« G. Verdi: »Macbeth« Gründung des Sternschen Konservatoriums in Berlin und des »Deutschen Liederkranzes« in New York † F. Mendelssohn-Bartholdy	G. Semper: Gemäldegalerie in Dresden J. B. F. Rude: »Napoléon zur Unsterblichkeit erwachend« A. Menzel: »Das Schlafzimmer des Künstlers«, »Die Eisenbahn Berlin–Potsdam« M. v. Schwind: »Der Hochzeitsmorgen« * A. v. Hildebrandt, M. Liebermann † Fr. v. Gärtner, Fr. Kersting, J. Chr. Reinhart
J. Grimm: »Geschichte der deutschen Sprache« J. St. Mill: Principles of Political Economy A. Dumas (Sohn): »Die Kameliendame« F. v. Freiligrath: »Februarklänge«, »Die Revolution« E. Geibel: »Juniuslieder« F. Grillparzer: »Der arme Spielmann« W. Thackeray: »Vanity Fair« * Huang Tsun-hien, H. Delbrück † A. v. Droste-Hülshoff, F. R. Chateaubriand, J. Görres, Fr. Gerstäcker	R. Wagner: »Lohengrin« Beginn: Der Ring des Nibelungen R. Schumann: Musik zu Genoveva und Manfred C. Löwe: Oratorium Hiob F. Liszt: Klavierkonzerte in Es- und As-Dur J. Strauß d. Ä.: Radetzkymarsch Das preußische Staatsministerium fordert Denkschriften über den Stand der Musikpflege ein † G. Donizetti	M. G. Bindesbøll: Thorwaldsen-Museum in Kopenhagen J. B. F. Rude: »Jeanne d'Arc, die Stimmen hörend« E. Rietschel: Lessingdenkmal in Braunschweig C. Corot: »Selbstbildnis als Cellospieler« J. v. Führich: »Der wundersame Fischzug« A. Menzel: »Die Aufbahrung der Märzgefallenen in Berlin« A. Rethel: »Auch ein Totentanz« Gründung der »Pre-Raphaelite-Brotherhood« in London * P. Gauguin, F. v. Uhde, G. Seidl † L. v. Schwanthaler, Chr. Købke